ÉCONOMIE ET SOCIÉTÉ

AGORA
LES CLASSIQUES

Collection dirigée par François Laurent

MAX WEBER

ÉCONOMIE ET SOCIÉTÉ

1.

LES CATÉGORIES DE LA SOCIOLOGIE

Traduit de l'allemand par
Julien Freund, Pierre Kamnitzer, Pierre Bertrand,
Éric de Dampierre, Jean Maillard et Jacques Chavy
sous la direction de :
Jacques Chavy et d'Éric de Dampierre

PLON

Le présent ouvrage est la traduction de
Max Weber, *Wirtschaft und Gesellschaft*[4]
(Tübingen, Mohr, 1956)
et de
Max Weber, *Rechtssoziologie*[2]
(Neuwied am Rhein, Luchterhand, 1967)
pour les chapitres I et VII de la seconde partie.

La présente édition reprend en deux volumes distincts
les deux parties composant le tome premier
d'*Économie et société* publié par la Librairie Plon en 1971.

© 1971 by Librairie Plon.
© 1995, Pocket pour la présente édition.

ISBN : 2-266-06987-1

A la mémoire de ma mère Hélène Weber, née Fallenstein

1844-1919

SOMMAIRE

ÉCONOMIE ET SOCIÉTÉ t. 1

LES CATÉGORIES DE LA SOCIOLOGIE

ÉCONOMIE ET SOCIÉTÉ t. 2

L'ORGANISATION ET LES PUISSANCES DE LA SOCIÉTÉ
DANS LEUR RAPPORT AVEC L'ÉCONOMIE

AVANT-PROPOS
de l'édition française

La traduction de l'œuvre célèbre de Max Weber que nous proposons ici au public a été réalisée à partir de la quatrième édition allemande, dont la pagination figure ci-après entre crochets []. Nous faisons toutefois exception pour les chapitres i et vii de la seconde partie (sociologie du droit), dont le manuscrit a été retrouvé et publié en 1960, nous fournissant ainsi un texte plus sûr. On a donc tenu le plus grand compte des additions, remaniements, éclaircissements suggérés par son éditeur, le professeur Johannes Winckelmann, qui ne nous a pas ménagé son aide en attendant la parution de la cinquième édition en préparation.

Toutefois, nous n'avons pas cru devoir reproduire dans cette édition française la dernière section du dernier chapitre de la seconde partie, intitulée « Sociologie de l'État ». Cette section, en effet, que Max Weber n'avait pas rédigée avant sa mort, consiste à présent en un assemblage judicieux de textes empruntés à d'autres écrits de l'auteur ; les uns sont déjà traduits en français, les autres le seront dans leur contexte propre.

De même nous n'avons pas reproduit l'appendice consacré à la sociologie de la musique que Marianne Weber avait incorporé à la deuxième édition allemande en 1925 et qui figure dans les éditions ultérieures. Ce texte, qui examine les conditions auxquelles apparaît en Occident une musique « rationnelle », avait été publié sous forme d'ouvrage séparé en 1921 et ne semble pas relever du plan de l'ouvrage tel qu'il a été arrêté par Max Weber.

Enfin il convient de dire que cette traduction, à laquelle bien des soins ont déjà été apportés, sera reprise et améliorée avec l'aide de tous ceux qui voudront bien l'accueillir. Il faut savoir cependant que cette pensée forte mais compulsive, avide de qualifications, ne s'accommodera jamais des règles usuelles du discours bien tempéré.

Bangassou, 14 octobre 1969

ÉRIC DE DAMPIERRE

Extrait de la
PRÉFACE
à la quatrième édition allemande

[XI] L'œuvre capitale de Max Weber – ouvrage posthume – est publiée ici sous une forme modifiée, en dehors du cadre du *Grundriß der Socialökonomik* dont elle devait constituer la troisième section. L'éditeur a réalisé cette édition en s'appuyant sur les principes qu'il a exposés dans la *Zeitschrift für die gesamte Staatswissenschaft*[a]. L'idée directrice en est simple. La première partie de la grande « Sociologie » de Max Weber, celle qui expose les concepts fondamentaux, a vu le jour après la Première Guerre mondiale, de 1918 à 1920. En revanche, la seconde partie, sauf quelques adjonctions ultérieures, a été composée pour l'essentiel avant la guerre, au cours des années 1911-1913. L'auteur a révélé pour la première fois l'existence de ce premier manuscrit dans la note liminaire de son *Essai sur quelques catégories de la sociologie compréhensive* qui date de 1913[b]. Le plan de la contribution que Max Weber destinait au *Grundriß der Sozialökonomik*, section III : « Économie et société », a été publié par lui – le manuscrit, relativement ancien, existait déjà – dans le tableau synoptique intitulé « Sommaire de l'ensemble de l'ouvrage » qui accompagnait les volumes séparés de cette œuvre collective ; ces volumes ont

a. « Max Webers Opus Posthumum », *Zeitschrift für die gesamte Staatswissenschaft*, CV (1949), pp. 368 sqq.

b. « Uber einige Kategorien der verstehenden Soziologie », *Logos*, IV (1913), pp. 253 sqq., reproduit dans les *Gesammelte Aufsätze zur Wissenschaftslehre* [traduction française de Julien Freund, *ap.* Max Weber, *Essais sur la théorie de la science*, Paris, 1965, dans la même collection].

commencé à paraître à partir de 1914 [a]. Étant donné que le manuscrit de la partie la plus ancienne n'a pas subi de remaniements importants, nous ne serons pas étonnés de voir que ses éléments concordent avec le plan primitif. L'idée qui a présidé à la composition du présent ouvrage est donc manifeste. Le manuscrit le plus récent développe la toute première section du plan en un vaste exposé, inachevé, des concepts fondamentaux de la sociologie. Ce plan établi par Max Weber lui-même pour son esquisse de sociologie compréhensive sert de base à la présente édition de son œuvre ; nous le reproduisons plus bas pour permettre la comparaison et la matérialiser.

Quelques mots d'explication sont indispensables pour nous justifier d'avoir maintenu le titre : *Économie et société*. Dans le « Sommaire de l'ouvrage », la section III portait le titre général d' « Économie et société [b] » ; elle était divisée en deux grandes sous-sections dont seule la première, intitulée « L'organisation et les puissances de la société dans leur rapport avec l'économie [c] », devait être rédigée par Max Weber. En fait, c'est ainsi que devait s'intituler la contribution de Max Weber au *Grundriß der Sozialökonomik*, qui contient sa grande « Sociologie ». Malgré cela, la dernière œuvre, et la plus étendue, de Max Weber est devenue célèbre dans le monde entier sous le titre d'*Économie et société*. En effet, la page de titre définitive, modifiée, de la première édition montre qu'on avait renoncé à incorporer [XII] la seconde contribution à la section III, intitulée dès lors : « III[e] section, *Économie et société*, par Max Weber ». En conséquence, depuis sa parution en 1922, la contribution de Max Weber occupe toute la section III sous le seul titre : *Économie et société* [d]. Deux raisons décisives militent en faveur du maintien de ce titre alors que l'œuvre est publiée isolément,

a. Un exposé très détaillé des « diverses parties de l'ouvrage » comportant l'indication des contributions et le nom de leurs auteurs est reproduit dans le rapport des éditions J.C.B. Mohr (Paul Siebeck) pour 1914 (publié en 1915, pp. 9 à 13). La contribution de Max Weber indiquée dans ce rapport correspond mot pour mot au sommaire figurant dans les tomes du *Grundriß der Sozialökonomik* ; ce sommaire peut donc être considéré comme le plan original.

b. Correspondant, par exemple, aux parties : « Économie et science économique », « Économie et nature », « Économie et technique ».

c. « Die Wirtschaft und die gesellschaftlichen Ordnungen und Mächte » : Eugen von Philippovich devait être l'auteur des autres parties de cette section. Voir détails dans notre étude citée plus haut, note a, p. 13.

d. Pour les détails nous renvoyons à notre étude citée plus haut (en particulier, pp. 370-371, 373, 376-377).

indépendamment de l'ouvrage collectif dont elle faisait partie. D'un point de vue objectif, il est déterminant qu'à l'avenir la masse la plus importante de l'œuvre, toute la seconde partie, pose le titre : « L'organisation et les puissances de la société dans leur rapport avec l'économie » ; on a fait précéder cette seconde partie d'une première, consacrée aux concepts fondamentaux de la sociologie, rédigée plus tard par Max Weber, et à laquelle il n'a pas donné de titre ; le titre « Économie et société » se révèle objectivement comme des plus appropriés pour réunir ces deux parties. D'autre part, dès le début, c'est ce titre qui a été utilisé pour la sociologie de Max Weber, c'est sous cette forme et non sous une autre qu'on a l'habitude de s'y référer. Nous reproduisons ci-après, surmontée du titre de la section, la fraction du plan primitif qui concerne la contribution de Max Weber.

d) Le développement de l'État moderne
e) Les partis politiques modernes

A maints égards, l'articulation de la présente édition s'écarte apparemment du plan primitif de Max Weber. Les deux liasses de manuscrits posent chacune un problème différent. Les manuscrits les plus récents développent une typologie des concepts, tandis que les plus anciens exposent les relations et les évolutions sociologiques. La première livraison d'*Économie et société*, la seule publiée par Max Weber lui-même, donnait le début inachevé de l'exposé conceptuel ; celui-ci était défini comme constituant une première partie, ce qui est souligné tant par de fréquents renvois à des « exposés particuliers » ultérieurs que par les remarques de la seconde partie sur une « sociologie générale [a] », différente des exposés particuliers. En conséquence, la nouvelle édition a été divisée en deux parties : les « Concepts fondamentaux de la sociologie », et les exposés descriptifs qui portent pour titre général : « L'organisation et les puissances de la société dans leur rapport avec l'économie [b] ».

[XIII] La première partie reproduit sans changement le texte de la première livraison procuré par Max Weber. Les sous-titres de Max Weber, qui sont les articulations du texte, ont été également utilisés comme sommaires des sections et les esquisses d'une typologie des ordres, retrouvées dans les papiers de l'auteur, ont été ajoutées en annexe, page 397. La seconde partie reproduit matériellement le texte des manuscrits les plus anciens dans l'ordre correspondant au plan initial de Max Weber ; toutefois elle en diffère sur quatre points. Conformément aux éditions précédentes, les deux sous-sections du numéro 1 sont devenues chacune un chapitre indépendant, les numéros 2 et 3 ont été réunis en un seul chapitre, de même que la sociologie du droit, qui existait sous une forme complète et indépendante, a été placée avant le reste du chapitre correspondant au numéro 7 du plan. Nos éditions précédentes ne faisaient que traduire l'état du manuscrit. Dernière divergence avec le plan primitif de Max Weber : les sections *d* et *e* du numéro 8 prévoyaient d'abord une étude séparée de l'évolution de l'État

a. *Économie et société*, p. 373.
b. Cf. Marianne WEBER, *Max Weber – Ein Lebensbild* (1ʳᵉ éd. 1926, pp. 425, 675, 687 s., 709).

et des partis modernes. Mais d'autre part, dans la section sur les « Concepts fondamentaux », qu'il a publiée en 1920, Max Weber relègue dans la sociologie de l'État la description de la structure et des fonctions des partis [a]. De plus, étant donné que les parlements caractérisent le type de l' « État légal » moderne « à constitution représentative » – et Max Weber les traite par conséquent en organes de l'État – et que, cependant, les parlements ne peuvent être expliqués sans faire intervenir les partis [b], il semble impossible d'étudier séparément les structures modernes de l'État, des partis et des parlements. Les exposés concernant l'État rationnel, le parlement et les partis ont été, en conséquence, réunis dans une section du chapitre consacré à la sociologie de la domination. Au vu des propres explications de l'auteur, on peut considérer que sur ces quatre points Max Weber avait abandonné son plan primitif.

La distribution de la seconde partie a été remaniée suivant les propositions mûries de l'éditeur. Les titres antérieurs et les sommaires des chapitres et des sections ont subi un certain nombre de modifications dans la mesure où une nouvelle disposition, en accord avec le plan primitif, était nécessaire, et chaque fois que de toute évidence il convenait de les adapter au résumé des matières ; d'autre part, leur libellé s'écarte parfois de celui du plan afin de les mettre en accord plus étroit avec le texte. En outre, certains titres ont été rédigés de façon plus précise que l'auteur de ces lignes ne l'avait proposé auparavant. Ceci vaut pour la 8e section du chapitre IX dont le titre, dans sa concision bien wébérienne, a été rétabli conformément au plan primitif, d'autant plus que, suivant les indications authentiques de Max Weber reprises dans la section IX, aucun doute ne peut subsister quand au sens qu'il donne à la catégorie de « domination non légitime » ; celle-ci est d'abord apparue dans la civilisation du Moyen Age occidental avec l'établissement politique des villes en tant que chose publique « libre » – non pas « libre » au sens de libération de la domination violente, mais au sens d'absence d'un pouvoir princier découlant d'une tradition légitime (consacrée le plus souvent religieusement) comme source exclusive de l'autorité.

Pour ce qui est de l'éblissement du texte, nous avons repris

a. *Économie et société*, p. 371.
b. *Loc. cit.*, p. 381.

celui des éditions précédentes, abstraction faite des modifications que nous avons signalées plus haut, concernant l'articulation, les titres et les sommaires. Il n'en a pas moins été soumis à une révision minutieuse. Toutes les fautes d'impression manifestes [XIV] et parfois les inadvertances du manuscrit ont été éliminées en recourant parfois aux sources. Les corrections proposées par Otto Hintze [a] ont été reprises, à l'exception de quelques-unes. Hormis corrections nécessaires, le texte n'a pas été modifié. Dans la 6ᵉ section (inachevée) du chapitre IX de la seconde partie, nous avons procédé en trois endroits à des interversions de texte afin d'en assurer une articulation plus concluante. [...]

Les nombreux termes étrangers empruntés par Max Weber à l'indianisme, à l'orientalisme et à l'ethnologie ont été vérifiés, nous en remercions ceux qui ont bien voulu s'en charger sans ménager leur peine : le pasteur Dr Ernst L. Dietrich (Wiesbaden), le professeur D. Otto Eißfeld (Halle), le professeur Dr Helmuth von Glasenapp (Tübingen), le professeur Dr Hellmut Ritter (Frankfurt am Main), ainsi que le professeur Dr Franz Termer (Hamburg). Nous remercions églement le professeur Dr Carl Schmitt (Plettenberg), le professeur Dr Rolf Stödter (Hamburg), et feu le professeur Dr Carl Brinkmann (Tübingen) pour leurs éclaicissements de certains termes particuliers. [...] Seule l'aide désintéressée de tous ceux que nous venons de nommer a permis l'établissement d'un texte sûr de l'œuvre posthume de Max Weber. Ma reconnaissance s'adresse aussi, et non en dernier lieu, à l'éditeur Hans G. Siebeck qui a accepté les modifications fondamentales que je lui ai proposées et m'a confié la réalisation de l'ouvrage, ainsi qu'à la généreuse collaboration de sa maison d'édition au cours de l'exécution de notre tâche commune.

On n'a pu recourir au manuscrit d'*Économie et société* ; il est introuvable, et peut-être faut-il le considérer comme perdu. Si on le retrouve un jour, une nouvelle révision du texte montrera si les variantes, les conjectures diverses proposées ainsi que les titres des chapitres et des sections de la seconde partie doivent être ou non conservés. Il se peut aussi que l'on constate des lacunes dans le texte imprimé jusqu'ici. [...]

a. Dans le compte rendu de la seconde édition de « Wirtschaft und Gesellschaft », *Schmoll. Jahrb.*, L (1926), pp. 87 sq.

Tous les efforts que nous avons consacrés à établir le texte d'*Économie et société* ne peuvent dissimuler le fait que Max Weber est mort sans avoir terminé sa grande « Sociologie ». Ceci vaut pour le plan général et pour les morceaux non exécutés de la première et de la seconde partie – nous parlons en particulier, pour cette seconde partie, de la sociologie de l'État et de l'exposé de la théorie des révolutions [a]. Mais cela est tout aussi vrai si l'on considère que Max Weber n'a pu introduire les concepts fondamentaux de la première partie auxquels il était parvenu en 1918 dans le reste du manuscrit qui reflète encore l'état de sa pensée telle qu'elle est exprimée dans l'« Essai sur quelques catégories de la sociologie compréhensive », datant de 1913 [b]. Les exposés de ce dernier essai sont donc toujours sous-entendus dans toute la seconde partie aux lieu et place de la typologie des concepts de la première partie. Seul donc peut être donné ici le cadre de la conception générale, dans la mesure où il a été rempli. Dans les limites ainsi définies, nous espérons toutefois avoir réussi à donner un texte bien articulé éclairant comme un tout significatif la structure interne de l'œuvre et son ordonnance conceptuelle. Nous aurons alors atteint notre but, qui était de procurer une édition nouvelle plus lisible, ouvrant un accès plus facile à la démarche de pensée de l'auteur, tout en permettant une compréhension accrue pour la plus grande utilité de la recherche, de l'enseignement et de la culture.

Oberursel, été 1955

JOHANNES WINCKELMANN

---

a. *Économie et société*, p. 293.
b. *Essais sur la théorie de la science*, p. 325.

PRÉFACE
à la première édition allemande

[XVIII] L'édition de cette œuvre capitale posthume de l'auteur n'a pas été sans présenter certaines difficultés. Il n'existait aucun plan général. Le plan primitif esquissé aux pages X et XI du premier volume du *Grundriß der Sozialökonomik* donnait certes des repères, mais il ne faisait pas état de points essentiels. La séquence des chapitres a donc dû être décidée par l'éditrice et ses collaborateurs. Quelques paragraphes étaient inachevés et ont dû le rester. Le sommaire des chapitres n'était établi que pour la « Sociologie du droit ». Certains exemples destinés à éclairer des processus typiques importants, de même que quelques thèses particulièrement significatives, sont répétés à plusieurs reprises, mais bien entendu chaque fois sous un éclairage différent. Il se peut que l'auteur en aurait éliminé quelques-uns s'il lui avait été donné de réviser l'ensemble de son œuvre. L'éditrice ne s'y est crue autorisée qu'en de rares endroits. Les typographes ont eu un grand mérite à déchiffrer le manuscrit ; en particulier, la lecture des nombreux termes techniques étrangers se rapportant à des institutions, et autres, extérieures à l'Europe a fait l'objet de bien des doutes et de bien des enquêtes, et il est fort possible que, malgré l'aide amicale d'érudits appartenant à diverses disciplines, certaines impropriétés aient pu nous échapper.

Heidelberg, octobre 1921

MARIANNE WEBER

ABRÉVIATIONS

WG⁴   *Wirtschaft und Gesellschaft*, quatrième édition (1956).

WL²   *Gesammelte Aufsätze zur Wissenschaftslehre*, deuxième édition (1951).

RS   *Gesammelte Aufsätze zur Religionssoziologie*, I, quatrième édition (1947); II et III, deuxième édition (1923).

SWG   *Gesammelte Aufsätze zur Sozial- und Wirtschaftsgeschichte* (1924).

SSP   *Gesammelte Aufsätze zur Soziologie und Sozialpolitik* (1924).

PS²   *Gesammelte politische Schriften*, deuxième édition (1958).

A ces ouvrages de Max Weber, publiés à Tübingen chez J. C. B. Mohr (Paul Siebeck), il faut ajouter :

W²   *Wirtschaftsgeschichte*, deuxième édition (Berlin, Dunkker & Humblot, 1924).

MS   *Die rationalen und soziologischen Grundlagen der Musik* (Berlin, Drei Masken Verlag, 1921; deuxième édition, 1924).

ABBREVIATIONS

Les ouvrages de Max Weber, publiés à Tübingen chez J. C. B. Mohr (Paul Siebeck) ne sont indiqués que par leur abréviation.

LES CATÉGORIES
DE LA SOCIOLOGIE

CHAPITRE PREMIER

Les concepts fondamentaux de la sociologie

[I] REMARQUE PRÉLIMINAIRE. La méthode de cette introduction, consacrée à la définition de concepts dont il est difficile de se passer, bien qu'elle soit inévitablement abstraite et qu'elle fasse l'effet d'être étrangère au réel, ne prétend d'aucune manière à la nouveauté. Elle n'a au contraire d'autre ambition, nous l'espérons, que de formuler en un langage plus approprié et un peu plus correct (pour cette raison elle fera peut-être l'effet d'être pédante) ce que toute sociologie empirique entend effectivement quand elle parle des mêmes choses. Il en est également ainsi là où nous utilisons des expressions apparemment inhabituelles ou nouvelles. Par rapport à l'étude publiée dans *Logos* (IV, 1913, p. 253 [*WL*² 427 sqq.] la terminologie a été simplifiée autant que faire se pouvait et modifiée pour cette raison à maintes reprises, afin d'être comprise aussi facilement que possible. L'exigence de la vulgarisation à tout prix ne saurait, certes, se concilier toujours avec l'exigence de la rigueur conceptuelle la plus grande possible et elle doit le cas échéant s'en dispenser.

Pour la notion de « comprendre », voir l'*Allgemeine Psychopathologie* de K. Jaspers (certaines remarques de Rickert dans la deuxième édition des *Grenzen der naturwissenschaftlichen Begriffsbildung* [1913, 514-523] et surtout de Simmel dans *Problemen der Geschichtsphilosophie* ont également leur place ici). Pour la méthode, je renvoie également ici, comme je l'ai déjà souvent fait, à la manière dont Gottl procède dans *Die Herrschaft des Worts*, livre parfois rédigé de manière difficilement intelligible et dont les idées ne sont sans doute pas toujours complètement élaborées. Pour des raisons pratiques je renvoie avant tout au beau livre de F. Tönnies, *Gemeinschaft und Gesellschaft*. De plus, à l'ouvrage de R. Stammler, *Wirtschaft und Recht nach der materialistischen Geschichtsauffassung*, qui risque d'égarer singulièrement le lecteur, et à la critique que j'en ai faite dans l'*Archiv für Sozialwissenschaft* XXIV (1907) [*WL*² 291 sqq.], qui contient déjà sous beaucoup de rapports les fondements des développements qui suivent. Je m'éloigne de la méthode de Simmel (exposée dans sa *Soziologie* et sa *Philosophie des Geldes*) en séparant nettement « sens » *visé* et sens objectivement *valable* que Simmel non seulement ne distingue pas toujours mais confond souvent intentionnellement.

§ 1. *Notion de la sociologie et du « sens » de l'activité sociale.*

Nous appelons sociologie (au sens où nous entendons ici ce terme utilisé avec beaucoup d'équivoques) une science qui se propose de comprendre par interprétation [*deutend verstehen*] l'activité sociale et par là d'expliquer causalement [*ursächlich erklären*] son déroulement et ses effets. Nous entendons par « activité » [*Handeln*] un comportement humain (peu importe qu'il s'agisse d'un acte extérieur ou intime, d'une omission ou d'une tolérance), quand et pour autant que l'agent ou les agents lui communiquent un *sens* subjectif. Et par activité « sociale », l'activité qui, d'après son sens visé [*gemeinten Sinn*] par l'agent ou les agents, se rapporte au comportement d'*autrui*, par rapport auquel s'oriente son déroulement.

A. *Fondements méthodologiques.*

1. La notion de « sens » veut dire ici ou bien (*a*) le sens *visé* subjectivement en réalité, α) par un agent dans un cas historiquement donné, β) en moyenne ou approximativement par des agents dans une masse donnée de cas, ou bien (*b*) ce même sens visé subjectivement dans un *pur* type construit conceptuellement par l'agent ou les agents *conçus* comme des types.

28

Ce n'est donc pas un sens quelconque objectivement « juste » ni un sens « vrai » élaboré métaphysiquement. C'est en cela que consiste la différence entre les sciences empiriques [2] de l'activité, comme la sociologie et l'histoire, et toutes les sciences dogmatiques, telles que la juristique, la logique, l'éthique et l'esthétique qui cherchent à explorer le sens « juste » et « valable » de leurs objets.

2. La frontière entre une activité significative [*sinnhaftes Handeln*] et un comportement (que j'appellerait ici) simplement réactionnel, parce que non associé à un sens visé subjectivement, est absolument flottante. Une part très considérable de l'ensemble des comportements sociologiquement importants, en particulier l'activité purement traditionnelle (voir plus loin), se situe aux limites des deux. Dans de nombreux cas de processus psycho-physiques on ne trouve même jamais d'activité significative, c'est-à-dire compréhensible ; dans d'autres, elle n'apparaît qu'aux spécialistes ; les phénomènes mystiques, qui de ce fait ne sont pas adéquatement communicables par les mots, ne sont pas entièrement compréhensibles à celui qui est réfractaire à ce genre d'expérience. Par contre, la capacité de reproduire soi-même une activité d'autrui analogue ne constitue pas comme telle une condition de la compréhensibilité [*Verstehbarkeit*] : « Il n'est pas besoin d'être César pour comprendre César. » La possibilité de « revivre » entièrement est importante pour l'évidence propre à la compréhension, mais elle n'est pas une condition absolue de l'interprétation significative [*Sinndeutung*]. Les éléments compréhensibles et non compréhensibles d'un processus sont souvent emmêlés et liés.

3. Toute interprétation, comme en général toute science, tend vers l'évidence. L'évidence propre à la compréhension peut avoir ou bien un caractère rationnel (et dans ce cas elle peut être logique ou mathématique) ou bien le caractère de ce que l'on peut revivre par empathie, c'est-à-dire être de nature émotionnelle ou esthético-réceptive. Est rationnellement évident dans la sphère de l'activité, avant tout, ce qui est compris [*das Verstandene*] de manière entièrement et clairement *intellectuelle* quant à ses relations significatives visées. Est évident par empathie dans une activité ce qui est revécu [*das Nacherlebte*] pleinement quant à ses *relations affectives* vécues. Ce sont avant tout les relations significatives se rapportant les unes aux autres,

comme les propositions mathématiques ou logiques, qui sont au plus haut degré rationnellement compréhensibles, ce qui veut dire ici appréhensibles immédiatement et de façon univoque dans leur signification intellectuelle. Nous comprenons de façon absolument univoque ce que veut dire significativement l'acte de celui qui, par la pensée ou au cours d'une démonstration, utilise la proposition $2 \times 2 = 4$ ou bien le théorème de Pythagore, ou encore qui effectue « correctement » – d'après nos habitudes de penser – un raisonnement logique. Il en est de même quand, au cours de son activité, il tire à partir de « faits d'expérience » qui nous semblent « connus » et de fins données les conséquences qui, eu égard à la nature des moyens employés, en résultent de façon univoque (d'après notre expérience). Toute interprétation d'une activité en finalité [*Zweckhandeln*], qui est orientée rationnellement en ce sens, possède – en ce qui concerne la compréhension des *moyens* employés – le plus haut degré d'évidence. Nous comprenons également, non avec la même évidence, mais avec une évidence suffisante pour notre besoin d'explication, ces sortes d' « erreurs » (y compris la « confusion des problèmes ») que nous sommes nous-mêmes portés à commettre, ou les erreurs dont la genèse peut venir par empathie à notre conscience claire. Par contre, très souvent, nous ne sommes pas capables de comprendre avec une entière évidence maintes « fins » ultimes et « valeurs » d'après lesquelles l'activité d'un individu peut s'orienter empiriquement, mais le cas échéant nous pouvons les saisir intellectuellement, encore que nous ayons alors d'autant plus de mal à les rendre compréhensibles par reviviscence, grâce à l'imagination empathique, qu'elles s'écarteront plus radicalement de nos propres évaluations ultimes. Nous sommes alors obligés, suivant les cas, de nous contenter de les interpréter *intellectuellement* ou encore, le cas échéant, si cette interprétation est elle aussi défaillante, de les accepter tout simplement comme des données et chercher ensuite à rendre compréhensible, sur la base des indications qu'on aura autant que possible interprétées intellectuellement ou essayé autant que possible de revivre approximativement par empathie, le déroulement de l'activité qu'elles ont motivé. De nombreuses manifestations religieuses ou caritatives, de virtuoses par exemple, appartiennent à cette catégorie pour celui qui est inaccessible à ces expériences. Il en est de même des fanatismes du rationalisme extrême (par exemple celui des « Droits de l'homme ») pour celui qui a en parfaite horreur cette tendance. – Nous sommes d'autant plus capables de revivre avec une évidence émotionnelle les affects [*Affekte*] actuels (tels la peur, la colère, l'orgueil, l'envie, la jalousie, l'amour, l'enthousiasme, la fierté, la soif de vengeance, la piété, le dévouement, les désirs de toute sorte) ainsi que les réactions irrationnelles (considérées évidemment du point de vue de l'activité rationnelle en finalité) qui en découlent, que nous y sommes nous-mêmes davantage accessibles. Quoi qu'il en soit cependant, il nous est du moins possible de les comprendre significativement par empathie et de peser intellectuellement leur influence sur la tendance et les moyens de l'activité, même si par leur intensité ils dépassent absolument nos propres possibilités.

Pour l'étude scientifique qui construit des *types* [*typenbildende*], la façon la plus pertinente d'analyser et d'exposer toutes les relations significatives irrationnelles du comportement, conditionnées par l'affectivité et exerçant une influence sur l'activité, consiste à les considérer comme des « déviations » [*Ablenkungen*] d'un déroulement de l'activité en question, construit sur la base de la pure rationalité en finalité. Pour expliquer une « panique à la Bourse » par exemple, on établira d'abord de façon appropriée comment l'activité se *serait* déroulée *sans* l'influence d'affections irrationnelles et l'on enregistrera ensuite ces éléments irrationnels comme des « perturbations » [*Störungen*]. De même, à propos d'une entreprise militaire ou politique, on établira d'abord de façon appropriée comment l'activité se *serait* déroulée si les acteurs avaient eu connaissance de toutes les circonstances et de toutes les intentions des participants [3] et s'ils avaient choisi les moyens selon la stricte rationalité des fins en s'orientant d'après les règles de l'expérience qui nous apparaissent comme valables. Ce n'est qu'ainsi qu'il est possible ensuite d'imputer causalement les déviations aux éléments irrationnels qui les ont conditionnées. Grâce à son évidente compréhensibilité et à son univocité [*Eindeutigkeit*] – corollaire de sa rationalité – la construction d'une activité strictement rationnelle en finalité sert, dans ces cas, de « *type* » [*Idealtypus*] à la sociologie, afin de comprendre l'activité réelle, influencée par des irrationalités de toute sorte (affections, erreurs), comme une « déviation » par rapport au déroulement qu'il aurait fallu attendre dans l'hypothèse d'un comportement purement rationnel.

C'est *dans cette mesure* et uniquement pour ces raisons de convenance méthodologique que la méthode de la sociologie « compréhensive » est « rationaliste ». Il ne faut donc évidemment pas entendre ce procédé comme un préjugé rationaliste qu'impliquerait la sociologie, mais seulement comme un moyen méthodologique, et, par conséquent il ne faudrait pas l'interpréter inexactement au sens d'une croyance en la prédominance effective du rationnel dans la vie humaine. En effet, il ne saurait le moins du monde dire jusqu'à quel point dans la réalité les évaluations rationnelles en finalité déterminent ou non l'activité *effective* (nous ne nierons cependant pas que le danger d'interprétations rationalistes illégitimes continue à subsister, ainsi que toute l'expérience ne cesse malheureusement de le confirmer).

4. Pour toutes les sciences de l'activité les processus et les objets étrangers à une signification [*sinnfremd*] entrent en ligne de compte comme occasion, résultat, élément qui favorise ou entrave l'activité humaine. Mais « étranger à une signification » n'est pas identique à « inanimé » ou « non humain ». Tout objet artificiel, une « machine » par exemple, est susceptible d'être interprété et compris à partir du sens que l'activité humaine (dont il se peut que les directions soient très diverses) a attribué (ou a voulu attribuer) à la fabrication et à l'utilisation de cet objet ; si l'on ne se reporte pas à ce sens, la machine reste totalement incompréhensible. Ce qui y est par conséquent compréhensible, c'est le fait d'y rapporter l'*activité* humaine, soit comme « moyen », soit comme « fin » que l'agent ou les agents se sont représentés et d'après lesquels ils ont orienté leur activité. C'est *uniquement* dans ces catégories qu'une compréhension de cette sorte d'objets a lieu. Par contre, restent étrangers à une signification tous les processus ou états – qu'ils soient inanimés, animés, humains ou extra-humains – qui n'ont aucun contenu significatif *visé*, pour autant qu'ils n'entrent pas en rapport avec l'activité comme « moyen » ou « fin » et jouent seulement le rôle d'occasion, d'élément favorisant ou entravant cette activité. L'effondrement du Dollart en 1277 a (peut-être !) une importance « historique », parce qu'il a déclenché des proces-

sus historiquement considérables de transplantation des populations. Le rythme de la mortalité et en général le cycle organique de la vie humaine, compris entre l'incapacité de l'enfant et l'impotence du vieillard, ont naturellement une portée sociologique de première importance, en raison des diverses manières dont l'activité humaine s'est orientée et s'oriente d'après cet état de choses. Par ailleurs, il existe une autre catégorie de phénomènes de ce genre, ce sont les observations expérimentales non compréhensibles concernant le développement de phénomènes psychiques ou psychophysiques (comme la fatigue, l'exercice, la mémoire, etc., ou encore les euphories typiques que suscitent certaines formes de mortifications, ou enfin les variations typiques de certaines réactions quant à leur rythme, leur modalité, leur précision, etc.). En fin de compte, il en est de ces faits comme des autres données incompréhensibles : de même que l'individu qui agit pratiquement, l'étude compréhensive les considère comme de simples « data » avec lesquels il faut compter.

Si peu que ce soit le cas jusqu'à présent, il est possible qu'à l'avenir la recherche découvre aussi des régularités *incompréhensibles* dans un comportement significativement différencié [*besondertes Verhalten*]. A condition et pour autant que l'on apporte la preuve statistiquement concluante de leur influence sur le mode de comportement sociologiquement important, en particulier sur la nature de leur rapport significatif pour l'activité sociale, la sociologie sera alors obligée de prendre en considération des faits tels que les différences provenant de l'hérédité biologique (la « race » par exemple) au titre de données, tout comme elle tient déjà compte de certains phénomènes physiologiques tels que la nature de l'alimentation et l'influence de la sénescence sur l'activité. La reconnaissance de leur importance causale ne modifierait évidemment en rien les tâches de la sociologie (ni en général celle des sciences qui s'occupent de l'activité humaine), à savoir comprendre par interprétation les actions orientées significativement. Elle intercalerait seulement, en certains points, au sein de l'ensemble des motifs que l'on peut interpréter de façon compréhensible, un certain nombre de faits incompréhensibles (par exemple elle introduirait, dans l'ensemble des relations typiques dues à la fréquence de certaines directions de l'activité ou au degré de la rationalité typique de celle-ci, des éléments comme l'indice céphalique, la couleur de la peau ou d'autres sortes de caractéristiques physiologiques héréditaires). Elle le fait déjà, comme nous l'avons vu plus haut.

5. La compréhension peut signifier d'une part la compréhension *actuelle* [*aktuelles Verstehen*] du sens visé dans un acte (y compris une expression). Nous « comprenons » par exemple le sens de la proposition $2 \times 2 = 4$ que nous entendons ou lisons (compréhension actuelle rationnelle [4] d'idées) ou un éclat de colère qui se manifeste par une mimique, des interjections et des mouvements irrationnels (compréhension actuelle irrationnelle d'affections) ou le comportement d'un bûcheron ou d'une personne qui saisit une clenche pour fermer une porte ou d'une personne qui met un animal en joue (compréhension actuelle rationnelle d'actes). – Elle peut également signifier d'autre part une compréhension *explicative* [*erklärendes Verstehen*]. Nous « comprenons », parce que nous saisissons la *motivation* [*motivationsmässig*], le sens qu'une personne a associé à la proposition $2 \times 2 = 4$ qu'elle prononce ou qu'elle a écrite, à cet instant précis et dans ce contexte, si nous la voyons plongée dans une comptabilité commerciale, dans une démonstration scientifique, dans un calcul technique ou autre acte de ce genre, ensemble dans lequel, d'après son *sens* qui nous est compréhensible, « entre » la proposition en question, c'est-à-dire acquiert une relation significative qui nous est compréhensible (compréhension rationnelle par motivation). Nous comprenons le mouvement du bûcheron ou l'acte d'épauler un fusil non seulement actuellement mais dans sa motivation, si nous savons que le bûcheron accomplit son acte soit pour gagner sa vie, soit pour ses besoins personnels, soit pour des raisons de santé (forme rationnelle), ou bien par exemple parce que, énervé, il « abréagit » (forme irrationnelle) ; de même nous comprenons le geste de la personne qui épaule un fusil si nous savons qu'elle fait cet acte soit pour fusiller quelqu'un sur ordre, soit pour combattre des ennemis (forme rationnelle) ou bien par vengeance (forme affectuelle, et par conséquent irrationnelle en ce sens). Nous comprenons enfin dans sa motivation une colère si nous savons qu'elle a pour origine une jalousie, une vanité maladive, un honneur blessé (donc si elle est conditionnée affectuellement : forme irrationnelle par motiva-

tion). Dans tous ces cas nous avons affaire à des *ensembles significatifs* [*Sinnzusammenhänge*] compréhensibles, et nous considérons leur compréhension comme une *explication* [*Erklären*] du déroulement effectif de l'activité. Pour une science qui s'occupe du sens de l'activité, « expliquer » signifie par conséquent la même chose qu'appréhender l'*ensemble* significatif auquel appartient, selon son sens visé subjectivement, une activité actuellement compréhensible (pour plus de renseignements sur la signification causale de cette « explication », voir *infra* 6). Dans tous ces cas, même lorsqu'il s'agit de processus affectifs, nous désignons par sens « visé » le sens subjectif du devenir [*Geschehen*], y compris l'ensemble significatif (nous nous écartons donc de l'usage usuel qui n'emploie habituellement la notion de « viser » [*Meinen*] en ce sens que dans les cas d'une activité rationnelle et intentionnellement orientée vers une fin).

6. Dans tous ces cas, « comprendre » signifie saisir par interprétation le sens ou l'ensemble significatif visé (*a*) réellement dans un cas particulier (dans une étude historique par exemple), (*b*) en moyenne ou approximativement (dans l'étude sociologique des masses par exemple), (*c*) à construire scientifiquement (sens « idéaltypique ») pour dégager le type *pur* (idéaltype) d'un phénomène se manifestant avec une certaine fréquence. Les concepts ou les « lois » qu'établit la pure théorie de l'économie politique constituent par exemple des constructions idéaltypiques de ce genre. Elles décrivent comment une activité humaine, d'une nature déterminée, se *déroulerait, si* elle s'orientait de façon rigoureusement rationnelle en finalité, en dehors de toute perturbation provenant d'erreurs ou d'affects, et *si* en outre elle s'orientait de façon entièrement univoque d'après une seule fin (l'économie). Ce n'est qu'en de très rares cas (celui de la Bourse), et encore de façon approximative, que l'activité réelle se déroule telle qu'elle est construite dans l'idéaltype. Sur l'utilité de telles constructions, voir l'*Archiv für Sozialwissenschaft*, XIX, p. 64 sqq. [*WL*^{2} 190] et *infra* 11.

Toute interprétation tend, certes, vers l'évidence. Mais une interprétation significative, si évidente soit-elle, ne peut pas encore comme telle et en vertu de ce caractère d'évidence prétendre être une interprétation *valable* du point de vue causal. Elle n'est jamais en elle-même qu'une *hypothèse* causale particulièrement évidente. *a*) Des motifs invoqués et des « refoulements » (ce qui veut dire d'abord des motifs non avoués) dissimulent trop souvent à l'agent même l'ensemble réel dans lequel s'accomplit son activité, à tel point que les témoignages, même les plus sincères subjectivement, n'ont qu'une valeur relative. La tâche qui incombe alors à la sociologie est de découvrir cet ensemble et de le déterminer par interprétation, *bien que* l'on n'ait pas pris *conscience*, ou le plus souvent insuffisamment, du sens « visé » *in concreto* : c'est là un cas limite de l'interprétation significative. *b*) Certains processus externes de l'activité qui nous apparaissent comme « semblables » ou « analogues » peuvent avoir pour fondement, du côté de l'agent ou des agents, des ensembles significatifs extrêmement divers ; et nous « comprenons » aussi une activité qui dévie très fortement et qui souvent va significativement dans le sens opposé aux situations que nous regardons comme « similaires » (Simmel en donne des exemples dans ses *Problemen der Geschichtsphilosophie*). *c*) Face à des situations données, les agents sont très souvent animés par des tendances opposées, se combattant mutuellement, que nous « comprenons » toutes. Nous savons par expérience que dans de très nombreux cas nous ne sommes pas en mesure d'apprécier, pas même approximativement, avec une entière régularité, mais sans certitude, la *force* relative avec laquelle s'expriment d'ordinaire dans l'activité les diverses relations significatives qui s'affrontent dans le « conflit des motifs », bien qu'elles nous soient les unes et les autres également compréhensibles. Seule la tournure prise effectivement par le conflit nous fournit des éclaircissements à ce sujet. Tout comme pour toute autre hypothèse, il est indispensable de contrôler l'interprétation significative compréhensible par le résultat, c'est-à-dire la tournure prise par le déroulement réel de l'activité. On n'y parvient avec une relative exactitude que dans les cas, malheureusement très rares, [5] qui s'y prêtent en raison de leur nature particulière, dans l'expérimentation psychologique. On y arrive aussi avec une approximation extrêmement variable, grâce à la statistique, dans les cas (également limités) de phénomènes collectifs dénombrables et univoques du point de vue de leur imputation. Pour le reste il n'existe d'autre possibilité que la comparaison de processus aussi nombreux que possible de la vie historique et journalière qui sont semblables en tout, mais diffèrent sur un *unique* point, celui du « motif » ou « facteur » dont l'importance pratique fait chaque fois l'objet de la recherche : c'est là une tâche importante de la sociologie comparée. Lorsque nous voulons faire une imputation causale il ne nous reste malheureusement souvent que le moyen incertain de l' « expérience mentale », c'est-à-dire imaginer la suite possible d'éléments singuliers de la chaîne des motifs et construire le cours des choses probable en ce cas.

La prétendue « loi de Gresham », par exemple, est une interprétation rationnellement évidente de l'activité humaine dans des conditions données et sous la présupposition idéaltypique d'une activité purement rationnelle en finalité. Pour savoir dans quelle mesure on agit réellement en conformité avec cette loi, il n'y a que l'expérience (qui finalement doit en principe s'exprimer d'une manière ou d'une autre sous une forme « statistique ») qui puisse nous renseigner sur la disparition effective de la circulation des espèces de monnaie dont l'évaluation est chaque fois trop inférieure par rapport au système monétaire : de fait, elle confirme la validité considérable de cette loi. En vérité, le cheminement de la connaissance a été le suivant : les observations d'ordre expérimental ont *précédé* l'interprétation qui en a permis la formulation. Sans cette interprétation réussie [*gelungene*], notre besoin causal serait manifestement insatisfait. Sans la confirmation par preuve, en outre, que le développement de ce comportement inféré – admettons-le – en pensée est effectivement intervenu, dans une mesure quelconque, une telle loi, si évidente qu'elle puisse être en soi, ne constituerait pour la connaissance de l'activité effective qu'une construction sans valeur. Dans cet exemple, la concordance entre l'adéquation significative et la vérification par l'expérience est absolument concluante et les cas sont suffisamment nombreux pour qu'on admette que la preuve est suffisamment établie. L'hypothèse ingénieuse d'Eduard Meyer, significativement raisonnée et appuyée sur des événements symptomatiques (comportement des oracles et prophéties helléniques à l'égard des Perses), pour expliquer causalement l'importance que les batailles de Marathon, Salamine et Platées ont eue pour le développement singulier de la civilisation grecque (et par là de la civilisation occidentale), ne saurait être corroborée que par la preuve qu'on peut tirer de l'exemple du comportement des Perses en cas de victoire (sur Jérusalem, en Égypte et en Asie Mineure) ; aussi ne peut-elle que rester nécessairement imparfaite à beaucoup d'égards. L'évidence rationnelle considérable de l'hypothèse doit nécessairement venir ici en appui. Dans de très nombreux cas où l'imputation causale historique paraît très évidente, toute possibilité d'apporter une preuve telle qu'on a pu le faire dans le cas précédent fait défaut ; aussi l'imputation garde-t-elle définitivement le caractère d'une « hypothèse ».

7. Nous appelons « motif » un ensemble significatif qui semble constituer aux yeux de l'agent ou de l'observateur la « raison » significative d'un comportement. Nous appellerons « significativement adéquat » un comportement qui se développe avec une telle cohérence que la relation entre ses éléments est reconnue par nous comme constituant un ensemble significatif typique (nous disons d'ordinaire « juste »), suivant nos habitudes moyennes de penser et de sentir. Par contre nous appellerons « causalement adéquate » une succession de processus dans la mesure où, suivant les règles de l'*expérience*, il existe une chance qu'elle se déroule en réalité constamment de la même manière. Est par exemple significativement adéquate, suivant notre terminologie, la solution d'une opération arithmétique qui est *juste* d'après les normes courantes du calcul et du raisonnement. Est causalement adéquate – dans les limites de l'événement statistique – la probabilité qu'effectivement, suivant les règles éprouvées de l'expérience, on considérera une solution comme « juste » ou « fausse » sur la base des normes qui nous sont aujourd'hui familières ; il peut donc s'agir également d'une « erreur de calcul » typique et d'une « confusion de problèmes » typique. L'explication causale signifie donc qu'on établit que, suivant une règle de probabilité évaluable d'une manière ou d'une autre ou bien, dans le cas idéal – plutôt rare –, exprimable numériquement, à un événement déterminé (interne ou externe) qu'on a observé succédera un autre événement déterminé (ou qu'il apparaîtra en même temps que lui).

Une *interprétation* causale *juste* d'une activité concrète signifie que le déroulement extérieur et le motif sont reconnus comme *se rapportant l'un à l'autre* et *compréhensibles* significativement dans leur ensemble. Une interprétation causale juste d'une activité *typique* (type d'acte compréhensible) signifie que l'on peut établir que le déroulement de l'activité reconnue comme typique est aussi bien significativement adéquat (à un degré quelconque) que causalement adéquat (à un degré quelconque). L'adéquation significative fait-elle défaut, nous ne sommes plus en présence que d'une simple probabilité *statistique non compréhensible* (ou seulement imparfaitement compréhensible), même si la régularité du déroulement (externe aussi bien que psychique) se laisse exprimer de façon précise avec la plus grande probabilité numérique. D'un autre côté, l'adéquation significative, fût-elle la plus évidente, ne constitue pour la portée des recherches sociologiques un énoncé *causalement* juste qu'à la condition qu'on puisse apporter la preuve qu'il existe une chance quelconque [6] (plus ou moins déterminable) indiquant que l'activité adopte *ordinairement de fait* (en moyenne ou dans le cas « pur »), avec une fréquence ou une approximation déterminables, la direction du déroulement qui semble significativement adéquat. Seules les régularités statistiques qui correspondent à un sens visé *compréhensible* d'une activité sociale constituent des types d'actes compréhensibles (au sens de notre terminologie), c'est-à-dire des « règles sociologiques ». Seules les constructions rationnelles d'une activité significative compréhensible constituent des types sociologiques du devenir réel que l'on peut observer dans la réalité au moins avec une certaine approximation. Cela ne tient pas, tant s'en faut, au fait que la chance effective de la fréquence du déroulement qui y correspond s'accroîtrait *toujours* parallèlement à l'adéquation significative qu'il est possible d'inférer. Seule l'expérience externe peut montrer dans chaque cas particulier s'il en est ainsi. – Il existe des *statistiques* de phénomènes *étrangers* à une signification (par exemple celles qui portent sur la mortalité, la fatigue, le rendement d'une machine ou sur les chutes de pluie), exactement dans le même sens qu'il en existe de phénomènes significatifs. Des statistiques *sociologiques*, cependant, il n'y en a que dans le dernier cas (telles celles qui portent sur la criminalité, la profession, les prix ou les exploitations agricoles). Il va de soi que les cas qui comportent les *deux* éléments, significatif et non significatif, sont fréquents, par exemple celui qui porte sur les récoltes.

8. Les processus et régularités auxquels nous n'accordons pas ici la qualité de « faits ou de règles sociologiques », parce

qu'ils ne sont pas compréhensibles (au sens de notre terminologie), n'ont évidemment pas pour cette raison une *moindre importance*. Ils ne l'ont même pas pour la sociologie au sens où nous la concevons ici (qui se limite à la « sociologie *compréhensive* » que l'on ne peut ni ne doit imposer à personne). Pour des raisons méthodologiques absolument inévitables, ils entrent dans une autre problématique que celle de l'activité compréhensible : celle des « conditions », « occasions », « entraves » et « facteurs qui favorisent » cette activité.

9. Il ne saurait exister, à notre avis, d'activité au sens d'une orientation significativement compréhensible d'un comportement propre que sous la forme d'un comportement d'un ou plusieurs personnes *singulières*.

Il peut être utile, voire nécessaire pour d'autres buts de la connaissance, de considérer l'individu singulier comme une sociation [*Vergesellschaftung*] de « cellules », comme un complexe de réactions biochimiques, ou encore de concevoir sa vie « psychique » comme une organisation d'éléments isolés (peu importe comment on les qualifie). Par ces voies on aboutit indubitablement à des connaissances d'un très grand prix (des règles causales). Néanmoins nous ne saurions *comprendre* le comportement de ces éléments exprimés dans des règles. Cela vaut également pour les éléments psychiques, car on les comprend *d'autant moins* qu'ils sont saisis plus exactement par les procédés des sciences naturelles ; ce n'est jamais la voie de l'interprétation d'un comportement à partir d'un *sens* visé. Au contraire, pour la sociologie (au sens que nous employons ici, ainsi que pour l'histoire), c'est précisément l'ensemble *significatif* de l'activité qui constitue l'objet de l'appréhension. Nous pouvons (du moins en principe) chercher à observer ou inférer à la suite d'observations le comportement d'unités physiologiques (par exemple les cellules), ou celui de n'importe quels autres éléments psychologiques, dégager ensuite des règles (ou « lois ») et grâce à celles-ci essayer d' « expliquer » causalement certains processus singuliers, ce qui veut dire les subsumer sous des règles. Malgré tout, l'interprétation de l'activité ne prend en considération ces faits et règles que dans la mesure et au sens où elle tient compte de n'importe quels autres faits (par exemple les faits physiques, astronomiques, géologiques, météorologiques, géographiques, botaniques, zoologiques, physiologiques, anatomiques, psychopathologiques étrangers à une signification ou des faits techniques conditionnés par les sciences de la nature).

Il peut d'autre part être opportun et directement indispensable, pour une autre série de fins de la connaissance (par exemple juridiques) ou pour des buts pratiques, de traiter certaines structures sociales (l' « État », les « coopératives », les « sociétés par actions » ou les « fondations ») exactement de la même façon que les individus singuliers (par exemple comme sujets de droits et de devoirs ou comme des auteurs d'actes *juridiquement* importants). Par contre, pour l'interprétation compréhensive de l'activité que pratique la sociologie, ces structures ne sont que des développements et des ensembles d'une activité spécifique de personnes *singulières*, puisque celles-ci constituent seules les agents compréhensibles d'une activité orientée significativement. Malgré tout, la sociologie ne peut pas, même pour ses propres fins, *ignorer* les formes collectives de pensée qui ressortissent à d'autres procédés de recherche. En effet, l'interprétation de l'activité entretient avec ces concepts collectifs trois sortes de rapports : *a)* Elle est souvent elle-même obligée d'opérer avec des concepts collectifs tout à fait analogues (ou même très souvent désignés de la même façon) pour arriver en général à une terminologie compréhensible. Le langage des juristes, aussi bien que le langage courant, désigne par exemple par « État » aussi bien le concept juridique que le phénomène concret de l'activité sociale pour lequel valent les règles de droit. Pour la sociologie le phénomène appelé « État » ne consiste pas nécessairement, uniquement ou exactement dans les éléments importants du point de vue *juridique*. En tout cas, il n'existe pas pour elle de personnalité collective « exerçant une activité ». Quand elle parle d' « État », de « nation », de « société par actions », de « famille », de « corps d'armée » ou de structures analogues, elle vise au contraire *purement et simplement* un développement de nature déterminée d'une activité sociale effective ou construite comme possible ; [7] par conséquent elle glisse sous le concept juridique qu'elle utilise, à cause de sa précision et de son usage courant, un sens totalement différent. – *b)* L'interprétation de l'activité doit tenir compte d'un fait d'importance fondamentale : ces structures collectives qui font partie de la pensée quotidienne ou de la pensée juridique (ou d'une autre pensée spécialisée) sont des *représentations* de quelque chose qui est, pour une part, de l'étant [*Seiendes*], pour une autre part, du devant-être [*Geltensollendes*], qui flotte dans la tête des hommes réels (non seulement les juges et les fonctionnaires, mais aussi le « public »), d'après quoi ils *orientent* leur activité ; et ces structures comme telles ont une importance causale fort considérable, souvent même dominante, pour la nature du déroulement de l'activité des hommes réels. Cette importance, elles l'ont avant tout comme représentations de quelque chose qui *doit* être (ou au contraire *ne doit pas* être). L' « État » moderne consiste pour une part non négligeable en une structure de ce genre – en tant qu'il est un complexe d'activités d'êtres solidaires – *parce que* des hommes déterminés orientent leur activité d'après la *représentation* qu'il existe et doit exister sous cette forme, par conséquent que des réglementations orientées juridiquement en ce sens *font autorité*. Nous en reparlerons plus loin. Pour possible qu'il soit, bien que pédant et prolixe, pour la terminologie propre à la sociologie (voir ce qui a été dit sous *a*), d'exclure entièrement les concepts du langage courant qu'on utilise non seulement pour désigner le devoir-être d'ordre juridique, mais aussi le devenir réel, et de leur substituer des termes totalement nouveaux, il est évident qu'il ne faudrait pas le faire du moins dans le cas du problème important que nous venons de poser. – *c*) La méthode de la sociologie « organiciste » (dont le type classique est l'ouvrage ingénieux de Schäffle, *Bau und Leben des sozialen Körpers*) cherche à expliquer la coopération sociale à partir de la notion du « tout » (par exemple celui de l'économie), au sein duquel elle interprète pareillement l'individu singulier et son comportement, à peu près à la manière dont le physiologiste traite la fonction d'un « organe » corporel dans l' « économie générale » de l'organisme (c'est-à-dire du point de vue de sa « conservation »). (A comparer avec la déclaration célèbre qu'un physiologiste fit un jour dans l'un de ses cours : « § *x* : La rate. Messieurs, nous ne savons rien de la rate. C'est tout pour la rate ! » En fait, le professeur en question « savait » beaucoup de choses sur la rate : sa position, sa taille, sa forme, etc., il ignorait seulement sa fonction, et c'est cette défaillance qu'il appelait un « non-savoir ».) Laissons de côté la question de savoir dans quelle mesure cette sorte d'étude *fonctionnelle* des parties dans le tout doit avoir un caractère (nécessairement) définitif dans d'autres disciplines ; personne n'ignore que la recherche en biochimie et biomécanique ne saurait en principe s'en contenter. Pour une sociologie interprétative ce langage peut être utile pour deux raisons : 1° aux fins d'illustrer pratiquement et d'orienter provisoirement la recherche (en ce cas il peut être extrêmement utile et nécessaire, mais également très dangereux, si l'on surestime sa valeur pour la connaissance et son faux réalisme conceptuel) ; 2° seul il peut, le cas échéant, nous aider à déceler l'activité sociale dont la compréhension par interprétation est *importante* pour l'explication d'un ensemble. En vérité, ce n'est qu'à ce moment-là que *commence* le travail de la sociologie (telle que nous l'entendons ici). En effet, dans le cas des « structures sociales » (à l'opposé des « organismes »), nous sommes en mesure d'apporter par-delà la constatation de relations et règles (les « lois ») fonctionnelles *quelque chose de plus* qui reste éternellement inaccessible à toute « science de la nature » (au sens où elle établit les règles causales de processus et de structures et « explique » à partir de là les phénomènes singuliers) : il s'agit de la *compréhension* du comportement des *individus singuliers* qui y participent, alors que nous ne pouvons pas comprendre le comportement des cellules par exemple, mais l'appréhender seulement fonctionnellement et le déterminer ensuite d'après les règles de son développement. Cet acquis supplémentaire est cependant payé chèrement, car il est obtenu au prix du caractère essentiellement hypothétique et fragmentaire des résultats auxquels on parvient par l'interprétation. Néanmoins, c'est précisément en cela que consiste la spécificité de la connaissance sociologique.

Je laisserai ici entièrement de côté la question de savoir dans quelle mesure le comportement des animaux nous est significativement « compréhensible » et inversement le nôtre aux animaux – dans les deux cas le sens en reste très incertain et la portée extrêmement problématique – et aussi dans quelle mesure il pourrait y avoir théoriquement de ce fait une sociologie des relations entre l'homme et les animaux (les animaux domestiques ou de chasse). (C'est que de nombreux animaux « comprennent un ordre, une colère, l'amour, l'intention agressive et ils y réagissent manifestement non seulement d'une façon mécanique et instinctive, mais aussi avec plus ou moins de conscience significative et d'orientation selon l'expérience.) Le degré de notre capacité d'empathie dans le cas du comportement des « hommes de la nature » n'est en soi guère supérieur. Quant aux moyens *sûrs* pour déterminer le comportement subjectif de l'animal, ils font en partie défaut, en partie ils sont très insuffisants : tout le monde sait bien que les problèmes de la psychologie animale sont aussi intéressants qu'épineux. Personne n'ignore non plus qu'on rencontre les formes de sociation animale les plus diverses : « familles » monogamiques et polygamiques, troupeaux, bandes et enfin « États » comportant une division du travail. (Le degré de différenciation des fonctions dans ces formes de sociation animale n'est aucunement parallèle au degré de différenciation du développement des organes [8] ou du développement morphologique des espèces animales en question. Il en est ainsi de la différenciation des fonctions chez les termites, dont les ouvrages sont en conséquence plus différenciés que ceux des fourmis et des abeilles.) Il est évident que dans ces cas l'étude purement fonctionnelle pour découvrir les fonctions déterminantes que remplissent les divers types d'individus (« rois », « reines », « ouvrières », « soldats », « bourdons », « étalons de reproduction », « reines de rechange ») afin d'assurer la conservation de l'espèce, c'est-à-dire pour la nourriture, la défense, la propagation ou la reproduction des sociétés en question, constitue très souvent, du moins pour l'instant, le stade définitif, la recherche devant se contenter de cette constatation. Pendant assez longtemps, les recherches qui dépassaient ces limites n'étaient que de pures et simples spéculations ou des études sur le degré de la contribution possible soit de l'hérédité, soit du milieu dans le développement de ces aptitudes « sociales ». (Voir notamment à ce propos la controverse entre Weismann – dont la théorie de la « toute-puissance de la sélection naturelle » se fondait en grande partie sur des déductions totalement extra-empiriques – et Götte.) La recherche sérieuse est évidemment d'accord pour considérer cette limitation aux études fonctionnelles comme une *satisfaction* forcée et, espère-t-elle, purement provisoire. (Sur l'état actuel des recherches sur les termites par exemple, voir l'ouvrage d'Escherich, 1909.)

Il ne s'agit pas seulement de reconnaître l' « importance pour la conservation de l'espèce », assez facile à saisir, des fonctions de ces divers types différenciés, ni non plus d'admettre comme éclaircie la manière dont cette différenciation est explicable suivant que l'on n'accepte pas l'hérédité des caractères acquis ou, inversement, suivant qu'on l'accepte (auquel cas il faut préciser comment on interprète la théorie), mais nous voulons également savoir : 1° quel est le facteur qui *décide* de l'apparition de la différenciation dans l'individualité originelle primitivement neutre et indifférenciée ; 2° ce qui *incite* l'individu différencié à se comporter (en moyenne) de la manière qui est utile effectivement aux intérêts de la conservation du groupe différencié. Chaque fois que le travail a progressé en ce domaine, ce fut toujours par la voie expérimentale, grâce à des constatations (ou des suppositions) d'excitants chimiques ou de faits physiologiques (processus de nutrition, castration parasitaire, etc.) observés sur des individus *singuliers*. Quant à l'espoir problématique d'une probabilité qu'un jour on expliquera par la voie expérimentale l'existence « psychologique » et l'orientation « significative », le spécialiste lui-même aurait de la peine à nous fournir actuellement des indications. L'image contrôlable de la psyché de ces individualités animales vivant en société, fondée sur une « compréhension » significative, apparaît elle-même comme un but idéal qui n'est sans doute réalisable que dans d'étroites limites. Quoi qu'il en soit, ce n'est certainement pas par ce moyen qu'on peut espérer arriver à une « compréhension » de l'activité sociale de l'homme, car on y procède plutôt inversement, puisque l'on travaille dans ce domaine et que l'on est obligé d'y travailler avec des analogies humaines. Ce que l'on peut espérer peut-être, c'est que ces analogies pourront un jour être utiles pour résoudre le problème suivant : comment faut-il apprécier durant les stades primitifs de la différenciation sociale humaine la sphère de la différenciation purement mécanique et *instinctive* relativement à ce qui est compréhensible significativement dans l'individu, et par la suite à ce qui est créé rationnellement par une *conscience* ? Il est évidemment nécessaire pour la sociologie compréhensive de savoir clairement qu'à l'époque primitive de l'humanité la différenciation instinctive était en définitive prépondérante, de même qu'elle doit rester consciente du fait qu'aux stades ultérieurs du développement celle-ci n'a jamais cessé d'intervenir (cette intervention étant parfois d'une importance décisive). Toute l'activité traditionnelle (voir § 2) et d'importantes stratifications [*Schichten*] du « charisme » (voir chap. III), en tant que « germes » d'une « contagion » psychologique et par là en tant qu'agents d'une « excitation sociologique au développement », sont très proches, à travers d'imperceptibles transitions, des processus de ce genre que l'on ne peut saisir que biologiquement et que l'on ne saurait (ou seulement partiellement) interpréter compréhensivement et expliquer par une motivation. Mais tout cela ne délie pas la sociologie compréhensive de l'obligation d'accomplir, avec la claire conscience des limites étroites dans lesquelles elle est confinée, ce qu'elle seule *est vraiment en état* d'accomplir.

Les divers travaux d'Othmar Spann, souvent riches en bonnes idées, il est vrai à côté de malentendus malencontreux, et avant tout d'arguments qui se fondent sur de purs jugements de valeur qui n'ont rien à voir avec une recherche empirique, ont indiscutablement raison de mettre l'accent, pour toute sociologie, sur l'importance, que personne n'a jamais sérieusement contestée, de la question *préalable* de la notion de fonction (qu'il baptise « méthode universaliste »). Certes, il nous faut d'abord savoir quelle activité est fonctionnellement *importante* du point de vue de la « conservation » (mais en plus et même avant tout du point de vue de la singularité culturelle !) et de l'orientation déterminée du développement ultérieur du type d'activité sociale, pour pouvoir poser ensuite les questions : comment ce genre d'activité a-t-elle lieu ? quels sont les motifs qui la conditionnent ? Il faut donc savoir d'abord *quel service rendent* un « roi », un « fonctionnaire », un « entrepreneur », un « souteneur » ou un « magicien » – par conséquent quelle activité typique est *importante* pour l'analyse et entre en ligne de compte (étant donné que cela seul permet de la classer dans une de ces catégories), avant de s'attaquer à l'analyse elle-même (il s'agit du « rapport aux valeurs » au sens de Rickert). Ce n'est cependant que cette analyse qui réalise vraiment ce qu'une compréhension sociologique de l'activité d'êtres humains, [9] différenciés typiquement (et *uniquement* d'êtres humains), peut et par conséquent doit accomplir. Il faut en tout cas proscrire le malentendu monstrueux suivant lequel la *méthode* « individualisante » (quel que soit le sens possible qu'on lui donne) signifierait la même chose qu'une *évaluation* individualiste, tout comme il faut rejeter l'opinion suivant laquelle le caractère inévitablement (mais relativement) rationaliste de l'élaboration de *concepts* signifierait une croyance en la *prédominance* des motifs rationnels ou même une *évaluation* positive du « rationalisme ». Du point de vue sociologique, une économie socialiste devrait elle aussi être *comprise* par interprétation de façon tout aussi « individualiste », c'est-à-dire à partir de l'activité des *individus particuliers* – les types de « fonctionnaires » qu'elle produit, – que par exemple les processus d'échange dans la théorie du marginalisme (ou toute autre méthode « meilleure » qu'on peut élaborer, mais qui serait analogue pour ce qui concerne *ce* point). En effet, dans ce cas aussi le travail empirico-sociologique déterminant commence invariablement par la question suivante : quels sont les motifs qui *ont déterminé* et qui *déterminent* les divers fonctionnaires ou membres de la « communauté » à adopter un comportement capable de la *faire naître et durer*? Toute construction conceptuelle fonctionnelle (qui part du « tout ») n'est qu'un travail *préliminaire*, dont l'utilité et la nécessité sont évidemment indiscutables – s'il a été effectué correctement.

10. Les « lois », terme par lequel on désigne d'ordinaire maintes propositions générales de la sociologie compréhensive – par exemple la « loi » de Gresham – consistent en des *chances* typiques, confirmées par l'observation, d'un déroulement de l'activité sociale auquel on peut *s'attendre*, au cas où certains faits sont donnés, et qui sont *compréhensibles* à partir de motifs typiques et d'un sens visé typique des agents. Elles sont compréhensibles et univoques au plus haut degré pour autant que des motifs purement rationnels en finalité sont à la base du déroulement typique observé (ou constituent respectivement l'assiette du type construit méthodiquement pour des raisons appropriées), et pour autant que, en même temps, la relation de moyen à fin est univoque suivant les leçons de l'expérience (au cas où le moyen est « inévitable »). En ce cas il est permis de dire que *si* l'on *agissait* d'une façon strictement rationnelle en finalité, il *faudrait* agir de *telle manière et non d'une autre* (parce que, pour des raisons « techniques », les participants n'auraient à leur disposition que ce moyen-là et non un autre pour servir leurs fins déterminables de façon univoque).

Ce cas montre précisément en même temps combien il est faux de considérer une psychologie, quelle qu'elle soit, comme le « fondement » dernier de la sociologie compréhensive. De nos jours, en effet, chacun entend autre chose par « psychologie ». Certaines raisons méthodologiques très précises justifient, du point de vue de l'étude naturalistique de certains phénomènes, une distinction entre le « physique » et le « psychique » qui, *ainsi comprise*, est cependant étrangère aux disciplines qui ont pour objet l'activité. Les résultats d'une science psychologique, quelle que soit sa structure méthodologique, qui n'étudierait le « psychique » que dans le sens de la méthode naturalistique avec les moyens des sciences de la nature et qui par conséquent – ce qui signifie tout à fait autre chose – n'interpréterait pas de son côté le *sens* visé d'un comportement humain, peuvent évidemment être tout aussi importants pour l'investigation sociologique, et souvent ils le sont considérablement, que ceux de n'importe quelle autre science. Cependant, la sociologie *n'entretient* pas avec la psychologie des rapports généraux plus étroits qu'avec n'importe quelle autre discipline. L'erreur a sa source dans le concept de « psychique » : ce qui n'est pas « physique » serait « psychique ». Le *sens* d'une opération arithmétique n'est pourtant pas « psychique ». La réflexion rationnelle d'un homme qui se demande si une activité déterminée est, suivant les intérêts donnés avec précision, profitable ou non aux conséquences qu'il en attend et la décision qu'il prend par la suite en fonction du résultat ne nous deviennent en rien plus compréhensibles au moyen de considérations « psychologiques ». Or c'est sur ce genre de présuppositions rationnelles que la sociologie (y compris l'économie politique) construit la plupart de ses « lois ». Par contre, lorsqu'il s'agit d'expliquer les *irrationalités* de l'activité, il est indiscutable que la psychologie *compréhensive* peut effectivement rendre des services définitivement importants. Mais cela ne modifie en rien le problème fondamental de la méthodologie.

11. La sociologie – ainsi que nous l'avons à maintes reprises présupposé comme évident – élabore des concepts de *types* et elle est en quête de règles *générales* du devenir. Elle s'oppose à l'histoire qui a pour objet l'analyse et l'imputation causale d'actes, de structures et de personnalités *individuelles, culturellement* importants. L'élaboration de concepts propre à la socio-

logie prend ses *matériaux*, sous la forme de paradigmes, dans les réalités de l'activité qui sont également importantes pour les points de vue de l'histoire. Elle élabore ses concepts et en recherche les règles avant tout également du point de vue de la possibilité de rendre service à l'imputation causale historique des phénomènes importants pour la culture. Comme pour toute science généralisante les abstractions qui lui sont propres font que ses concepts ne sauraient être que relativement *vides* en contenu par rapport à la réalité concrète d'ordre historique. [10] En compensation elle fournit une *univocité* accrue des concepts. Cette univocité accrue est obtenue par un optimum aussi élevé que possible d'adéquation significative, ainsi que l'élaboration sociologique des concepts se le propose. Cette adéquation – et c'est cela qui a été jusqu'à présent pris en considération de façon prépondérante – peut être obtenue de façon particulièrement complète à propos des concepts et des règles rationnels (rationnels en finalité ou rationnels en valeur). Mais la sociologie cherche aussi à saisir au moyen de concepts théoriques et précisément adéquats *significativement* les phénomènes irrationnels (mystiques, prophétiques, pneumatiques ou affectuels). Que l'objet de son étude soit rationnel ou irrationnel, la sociologie *s'éloigne* de la réalité et rend service à la connaissance en ce sens que, en indiquant le degré de l'*approximation* d'un événement historique relativement à un ou plusieurs concepts, elle permet d'intégrer cet événement. Le même événement historique peut par exemple avoir par un de ses aspects une structure « féodale », par un autre « patrimoniale », par d'autres « bureaucratique » et par d'autres encore « charismatique ». Si l'on veut penser quelque chose d'*univoque* sous ces termes, la sociologie est obligée d'élaborer de son côté des types (« *idéaux* ») « purs » de chacune de ces sortes de structures qui révèlent alors chacune pour soi l'unité cohérente d'une adéquation *significative* aussi complète que possible, mais qui, pour cette raison, ne se présentent peut-être pas davantage dans la réalité sous cette forme *pure*, absolument idéale, qu'une réaction physique que l'on considère sous l'hypothèse d'un espace absolument vide. Ce n'est que sur la base de ce *pur* type (« idéal ») qu'une casuistique sociologique est possible. Il va de soi que la sociologie utilise également, suivant les circonstances, le concept de type *moyen*, du même genre que les types empirico-statistiques, mais il s'agit là de formations conceptuelles qui n'appellent aucun commentaire méthodologique spécial. Chaque fois cependant qu'elle parle de cas « typiques », elle désigne toujours par ce terme, en cas de doute, l'*idéaltype* qui peut de son côté avoir un caractère rationnel ou irrationnel. Le plus souvent il est rationnel (et dans la théorie économique il l'est par exemple toujours), mais inévitablement il est construit d'une manière *significativement* adéquate.

Il est nécessaire de se rendre clairement compte que dans le domaine de la sociologie on ne peut élaborer de manière relativement univoque des concepts de « moyenne » ou de « type moyen » *que* là où il s'agit de différences de *degré* dans des comportements significatifs déterminés, qualitativement de *même nature*. On en rencontre. Dans la plupart des cas cependant l'activité sociologiquement ou historiquement importante est influencée par des motifs qualitativement *hétérogènes*, entre lesquels il n'est pas possible d'établir une « moyenne » au sens propre du terme. Les constructions idéaltypiques de l'activité sociale qu'élabore par exemple la théorie économique sont « étrangères à la réalité » [*wirklichkeitsfremd*] en ce sens qu'elles se demandent toujours – du moins dans le cas présent – comment l'on *agirait* dans le cas d'une rationalité en finalité idéale et en même temps orientée dans un sens purement économique, pour pouvoir saisir de la sorte l'activité pure en tant qu'elle a été *coconditionnée* [*mitbestimmt*] pour le moins par des obstacles de caractère traditionnel, des affections, des erreurs, par l'intervention de buts non économiques et d'autres précautions, et ainsi 1° la comprendre *dans la mesure où* elle a été effectivement *coconditionnée* de façon économiquement rationnelle par finalité dans le cas concret ou qu'elle l'est d'ordinaire dans le cas d'une étude portant sur la moyenne, 2° discerner plus facilement, grâce à l'écart entre le développement effectif et le développement idéaltypique quels en ont été les *véritables* motifs. Une construction idéaltypique d'une attitude acosmique cohérente, conditionnée par la mystique, face à la vie (par exemple face à la politique ou à l'économie) procéderait d'une manière tout à fait analogue. Plus la construction des idéaltypes est rigoureuse, c'est-à-dire plus elle est *étrangère* à la réalité en ce sens, mieux elle remplit son rôle du point de vue de la terminologie et de la classification aussi bien que de celui de la recherche. Les imputations causales concrètes d'événements historiques qu'élabore l'histoire ne procèdent en substance pas autrement. Par exemple, quand elles se proposent d'expliquer le déroulement de la campagne de 1866, elles cherchent d'abord à élaborer (« en pensée ») aussi bien pour Moltke que pour Benedek (et finalement elle *ne peut pas* faire autrement) comment chacun d'eux *aurait* agi dans le cas d'une rationalité idéale en finalité, s'il avait eu une connaissance complète des situations respectives dans son propre camp et dans celui de l'adversaire, pour comparer ensuite avec cette construction comment ils ont agi en réalité et *expliquer* en conséquence causalement l'écart observé (en raison soit de mauvais renseignements, soit d'erreurs de fait ou de prévision, soit du tempérament personnel, soit de considérations étrangères à la stratégie). Ici aussi on utilise (de façon latente) une construction idéaltypique rationnelle en finalité.

Les constructions conceptuelles sont du point de vue idéaltypique non seulement à usage externe, mais aussi interne. Dans la grande masse des cas, l'activité *réelle* se déroule dans une obscure semi-conscience ou dans la non-conscience [*Unbewußtheit*] du « sens visé ». L'agent le « sent » imprécisément plus qu'il ne le connaît ou ne le « pense clairement » ; il agit dans la plupart des cas en obéissant à une impulsion ou à la coutume. Ce n'est qu'occasionnellement qu'on prend conscience du sens (qu'il soit rationnel ou irrationnel) de l'activité, et dans les cas de l'activité similaire d'une masse c'est souvent le fait de quelques individus seulement. Une activité effectivement significative, ce qui veut dire pleinement consciente et claire, n'est jamais en réalité qu'un cas limite. Toute recherche historique ou sociologique devra sans cesse en tenir compte quand elle analyse la *réalité*. [11] Mais cela ne doit pas empêcher la sociologie d'élaborer ses *concepts* par une classification du « sens visé » possible, c'est-à-dire comme si l'activité se déroulait effectivement avec la conscience de son orientation significative. Quand il s'agit d'étudier ces concepts dans leurs éléments concrets, elle doit en tout temps prendre en considération leur écart par rapport à la réalité et en déterminer le degré et le genre.

Méthodologiquement, on n'a très souvent que le choix entre des termes confus et des termes clairs, ceux-ci étant alors irréels et « idéaltypiques ». Dans ce cas il faut, du point de vue de la science, donner la préférence à ces derniers. (Sur toutes ces questions, voir mon article déjà cité de l'*Archiv für Sozialwissenschaft*, XIX, *loc. cit.*)

B. *Le concept d'activité sociale.*

1. L'activité sociale (y compris l'omission ou la tolérance) peut s'orienter d'après le comportement passé, présent ou attendu éventuellement d'autrui (vengeance pour réparer une agression passée, défense contre une agression présente, mesures de défense à prendre contre une agression éventuelle). Par « autrui » il faut entendre ou bien des personnes singulières et connues, ou bien une multitude indéterminée et totalement inconnue (l' « argent » par exemple signifie un bien d'échange que l'agent accepte au cours d'un échange parce qu'il oriente son activité d'après l'expectation [*Erwartung*] que de très nombreuses autres personnes, inconnues et indéterminées, sont prêtes de leur côté à faire un échange éventuel).

2. N'importe quelle espèce d'activité – y compris d'activité externe – n'est pas une activité « sociale » dans le sens du terme auquel nous tenons ici. Une activité externe ne l'est pas si elle s'oriente purement et simplement d'après les expectations du comportement d'objets matériels. Le comportement intime n'est une activité sociale qu'à la condition de s'orienter d'après le comportement d'autrui. Un comportement religieux par exemple ne l'est pas s'il n'est que contemplation, prière solitaire, etc. L'activité économique (d'un individu isolé) ne l'est que dans le cas et dans la mesure où elle fait intervenir le comportement de tiers. Elle l'est de façon tout à fait générale et formelle dès qu'elle spécule sur le fait que des tiers respecteront le pouvoir personnel de disposer en fait de biens économiques. Elle l'est sous le rapport matériel quand elle prend par exemple en considération pour la consommation l'éventuel désir de tiers et qu'elle y oriente en partie la forme de sa propre « épargne ». Ou encore quand, dans la production, elle fait du désir éventuel de tiers le fondement de son orientation, etc.

3. N'importe quel contact entre les hommes n'est pas de caractère social, mais seul l'est le comportement propre qui s'oriente significativement d'après le comportement d'autrui.

La collision entre deux cyclistes par exemple est un simple événement au même titre qu'un phénomène de la nature. Serait une « activité sociale » la tentative d'éviter l'autre et les injures, la bagarre ou l'arrangement à l'amiable qui suivraient la collision.

4. L'activité sociale n'est identique ni (a) avec une activité *uniforme* [*gleichmäßiges Handeln*] de plusieurs personnes ni (b) avec n'importe quelle activité *influencée* [*beeinflußt*] par le comportement d'autrui.

a) Lorsque dans la rue de nombreux passants ouvrent en même temps leur parapluie, au moment où la pluie se met à tomber, l'activité de l'un n'est pas orientée (normalement) d'après celle des autres, elle s'oriente uniformément d'après la nécessité de se protéger contre l'ondée. *b*) On sait que l'activité de l'individu isolé est considérablement influencée par le simple fait qu'il se trouve, en un lieu donné, noyé au milieu d'une « masse » (c'est là l'objet des recherches sur la « psychologie des foules », par exemple les travaux de Le Bon) : il s'agit de l'activité conditionnée par la masse [*massenbedingtes Handeln*]. De même des masses dispersées peuvent faire que, grâce au comportement du grand nombre qui exerce un effet simultanément ou successivement sur l'individu isolé (par le canal de la presse par exemple) et qui le ressent comme tel, le comportement de l'individu soit conditionné par la masse. Certaines espèces de réactions deviennent possibles, d'autres sont rendues plus difficiles, du simple fait que l'individu isolé se sent comme un élément de la « masse ». Par conséquent, une circonstance déterminée, ou un comportement humain, peut susciter les sentiments les plus divers, tels que la gaieté, la colère, l'enthousiasme, le désespoir ou des passions de toute espèce qui n'apparaîtraient pas (ou pas aussi facilement) dans la solitude – sans que pourtant il y ait (du moins dans de nombreux cas) une quelconque relation *significative* entre le comportement de l'individu et sa condition de membre d'une « masse ». Une activité qui serait purement réactive dans son déroulement, parce que provoquée ou coconditionnée par l'effet de la simple situation de fait qu'il y a une « masse » purement comme telle, et qui ne s'y *rapporterait* pas significativement, ne serait pas conceptuellement une « activité sociale » au sens que nous entendons ici. La différence est évidemment très flottante. En effet, on peut rencontrer par exemple non seulement chez le démagogue, mais souvent aussi dans la masse même du public, un degré plus ou moins élevé et plus ou moins facile à interpréter de relation significative du fait même de l'existence d'une « masse ».

Une simple « imitation » de l'activité d'autrui (sur l'importance de laquelle G. Tarde a très justement mis l'accent) ne serait pas conceptuellement une « activité sociale » en un sens *spécifique* si elle se produisait par simple réaction, sans orientation significative de l'activité propre d'après celle d'autrui. La frontière est à ce point flottante qu'il est à peine possible de faire une distinction. Le simple fait [12] qu'un individu adopte une disposition qu'il a remarquée chez autrui et qu'elle lui semble utile ne constitue pas encore une activité sociale en notre sens. En effet, cette activité ne s'oriente pas d'après le comportement d'autrui, mais, ayant appris à connaître *par* l'observation du comportement d'autrui qu'il existe certaines chances objectives, l'agent s'oriente d'après *celles-ci*. Son activité est donc déterminée *causalement* et non significativement par le comportement étranger. Au contraire, si l'on imite l'activité d'autrui parce que telle est la « mode », qu'elle vaut par tradition, qu'elle est exemplaire, qu'elle passe pour « distinguée » dans certains milieux ou autres raisons analogues, nous sommes en présence d'une relation significative, soit par rapport au comportement des imités, soit à celui de tiers, soit aux deux à la fois. Il y a évidemment entre tout cela des transitions. Les deux cas, celui de l'activité conditionnée par la masse et celui de l'imitation, sont flottants et constituent des cas limites de l'activité sociale, ainsi qu'on le constate par exemple encore très souvent dans l'activité traditionnelle (voir § 2). La raison de cette indéterminabilité réside dans ce cas, comme dans de nombreux autres, dans le fait qu'il n'est pas toujours possible d'établir de façon univoque ou même d'avoir seulement *conscience*, plus rarement encore totalement conscience, de l'orientation d'après le comportement d'autrui et du sens de sa propre activité. C'est pourquoi on ne peut pas toujours faire avec sûreté la distinction entre la simple « influence » et l' « orientation » significative. Du point de vue conceptuel il faut cependant les séparer, bien qu'il aille de soi que l'imitation qui n'est que « réaction » a *pour le moins* la même *portée* sociologique que celle qui produit une « activité sociale » au sens véritable du terme. La sociologie n'a pas *uniquement* affaire à l'« activité sociale », car celle-ci ne constitue (dans une sociologie telle que nous la pratiquons ici) que le problème central, celui qui est pour ainsi dire *constitutif* de la science qu'elle est. En disant cela nous ne prétendons affirmer quoi que ce soit sur l'*importance* de ce problème relativement à d'autres.

§ 2. *Déterminants de l'activité sociale.*

Comme toute autre activité, l'activité sociale peut être déterminée : *a)* de façon *rationnelle en finalité* [*zweckrational*], par des expectations du comportement des objets du monde extérieur ou de celui d'autres hommes, en exploitant ces expectations comme « conditions » ou comme « moyens » pour parvenir rationnellement aux *fins* propres, mûrement réfléchies, qu'on veut atteindre ; *b)* de façon *rationnelle en valeur* [*wertrational*], par la croyance en la valeur *intrinsèque* inconditionnelle – d'ordre éthique, esthétique, religieux ou autre – d'un comportement déterminé qui vaut pour lui-même et indépendamment de son résultat ; *c)* de façon *affectuelle* [*affektuel*], et particulièrement *émotionnelle*, par des passions et des sentiments actuels ; *d)* de façon *traditionnelle* [*traditional*], par coutume invétérée.

1. Le comportement strictement traditionnel – tout comme l'imitation par simple réaction (voir paragraphe précédent) – se situe absolument à la limite, et souvent au-delà, de ce qu'on peut appeler en général une activité orientée « significativement ». Il n'est, en effet, très souvent qu'une manière morne de réagir à des excitations habituelles, qui s'obstine dans la direction d'une attitude acquise autrefois. La masse de toutes les activités quotidiennes familières se rapproche de ce type qui entre dans la systématique non seulement comme cas limite, mais aussi parce que (on le verra plus loin) l'attachement aux coutumes peut être maintenu consciemment en des proportions et en un sens variables : dans ce cas, ce type se rapproche déjà du type discuté sous 2.

2. Le comportement strictement affectuel se situe également à la limite et souvent au-delà de ce qui est orienté de manière *significativement* conscient ; il peut n'être qu'une réaction sans frein à une excitation insolite. Nous avons affaire à une *sublimation* lorsque l'activité conditionnée par les affects apparaît comme un effort *conscient* pour soulager un sentiment ; dans ce cas, elle se rapproche la plupart du temps (mais pas toujours) d'une « rationalisation en valeur », où d'une activité en finalité, ou des deux à la fois.

3. L'orientation affectuelle et l'orientation rationnelle en valeur de l'activité se différencient l'une de l'autre par le fait que la seconde élabore consciemment les points de direction ultimes de l'activité et s'oriente d'après ceux-ci d'une manière méthodiquement *conséquente*. Pour le reste elles ont en commun le fait que pour l'une et l'autre le sens de l'activité ne se situe pas dans le résultat, conçu comme étant au-delà d'elle-même, mais dans l'activité ayant comme telle une nature déterminée. Agit de manière affectuelle celui qui cherche à satisfaire le besoin d'une vengeance actuelle, d'une jouissance actuelle, d'un dévouement actuel, d'une félicité contemplative actuelle, ou encore celui qui cherche à se débarrasser d'une excitation actuelle (peu importe s'il le fait d'une manière indigne ou sublime).

Agit d'une manière *purement* rationnelle en valeur celui qui agit sans tenir compte des conséquences prévisibles de ses actes, au service qu'il est de sa conviction portant sur ce qui lui apparaît comme commandé par le devoir, la dignité, la beauté, les directives religieuses, la piété ou la grandeur d'une « cause », quelle qu'en soit la nature. L'activité rationnelle en valeur consiste toujours (au sens de notre terminologie) en une activité conforme à des « impératifs » ou à des « exigences » dont l'agent croit qu'ils lui sont imposés. Ce n'est que dans la mesure où l'activité humaine s'oriente [13] d'après ce genre d'exigences que nous parlerons d'une rationalité en valeur – ce qui n'arrive jamais que dans une proportion plus ou moins grande et le plus souvent assez réduite. Comme on le verra, elle a cependant suffisamment d'importance pour que nous la mettions en évidence comme type spécial, bien qu'au demeurant nous ne cherchions nullement à élaborer une classification complète des types d'activités.

4. Agit de façon rationnelle en finalité celui qui oriente son activité d'après les fins, moyens et conséquences subsidiaires [*Nebenfolge*] et qui *confronte* en même temps rationnellement les moyens et la fin, la fin et les conséquences subsidiaires et enfin les diverses fins possibles entre elles. En tout cas, celui-là n'opère *ni* par expression des affects (et surtout pas émotionnellement) *ni* par tradition. La décision entre fins et conséquences concurrentes ou antagonistes peut, de son côté, être orientée de façon rationnelle en *valeur* : dans ce cas l'activité n'est rationnelle en finalité qu'au plan des moyens. Il peut également arriver que l'agent, sans orienter de façon rationnelle en valeur d'après des « impératifs » ou des « exigences » les fins concurrentes et antagonistes, les accepte simplement comme des stimulants de besoins subjectifs donnés qu'il dispose en un ordre hiérarchique selon un critère consciemment *réfléchi* de l'urgence et y oriente ensuite son activité de telle façon qu'il puisse les satisfaire dans la mesure du possible en respectant cet ordre (tel est le principe du « marginalisme »). L'orientation rationnelle en valeur peut donc avoir avec l'orientation rationnelle en finalité des rapports très divers. Du point de vue de la rationalité en finalité cependant, la rationalité en valeur reste toujours affectée d'une *irrationalité* et cela d'autant plus que l'on donne une signification plus absolue à la valeur d'après laquelle on oriente l'activité. Cela vient de ce que la rationalité en valeur spécule en général d'autant moins sur les conséquences de l'activité qu'elle prend plus inconditionnellement en considération la seule valeur intrinsèque de l'acte (la pure conviction, la beauté, le bien absolu ou le devoir absolu). La rationalité *absolue* en finalité n'est elle aussi, pour l'essentiel, qu'un cas limite théorique.

5. Il arrive très rarement que l'activité, tout particulièrement l'activité sociale, s'oriente *uniquement* d'après l'une ou l'autre de ces sortes d'activité. De même, ces différentes sortes d'orientations ne constituent évidemment en aucune manière une classification complète des orientations possibles de l'activité, mais elles ne sont que de purs types, construits pour servir les fins de la recherche sociologique, desquelles l'activité réelle se rapproche plus ou moins, et – plus souvent encore – elle les combine. C'est leur fécondité qui, *à notre avis*, impose la nécessité de les construire.

§ 3. *Les relations sociales.*

Nous désignons par « relation » sociale le comportement de plusieurs individus en tant que, par son contenu significatif [*Sinngehalt*], celui des uns se règle sur celui des autres [*aufeinander gegenseitig eingestellt*] et s'oriente en conséquence. La relation sociale *consiste* donc essentiellement et exclusivement dans la *chance* que l'on agira socialement d'une manière (significativement) exprimable, sans qu'il soit nécessaire de préciser d'abord sur quoi cette chance se fonde.

1. Un minimum de relation dans l'action *réciproque des uns sur les autres* en constitue donc la caractéristique conceptuelle. Le contenu peut être extrêmement divers : lutte, hostilité, amour sexuel, amitié, piété, échange commercial, « exécution », « esquive » ou « rupture » d'un accord, « concurrence » économique, érotique ou autre, communauté féodale, nationale ou de classe (*au cas où* ces dernières engendrent une « activité sociale » dépassant le simple fait de vivre en commun [*Gemeinsamkeit*] – nous en reparlerons plus loin). Le concept *ne* se prononce *pas* sur l'existence d'une « solidarité » entre les agents ou le contraire.

2. Il s'agit toujours du « contenu significatif » empirique visé par les participants, soit effectivement dans le cas particulier, soit en moyenne, soit dans un type « pur » construit, et jamais d'un sens normativement « juste » ou métaphysiquement « vrai ». Même quand il s'agit de prétendues « structures sociales » comme l'« État », l' « Église », la « confrérie », le « mariage », etc., la relation sociale *consiste* exclusivement, et purement et simplement, dans la *chance* que, selon son contenu significatif, il a existé, il existe ou il existera une activité réciproque des uns sur les autres, exprimable d'une certaine manière. Il faut toujours s'en tenir à cela pour éviter une conception « substantialiste » de ces concepts. Du point de vue sociologique, un « État » cesse par exemple d' « exister » dès qu'a disparu la *chance* qu'il s'y déroule des espèces déterminées d'activités sociales, orientées significativement. Cette

chance peut être très considérable comme elle peut être minime, presque négligeable. Ce n'est que dans le sens et la *mesure* où elle a existé ou existe effectivement (suivant l'estimation) qu'a existé ou qu'existe également la relation sociale en question. Il n'est vraiment pas possible de donner un autre sens *précis* à la proposition : tel « État » déterminé par exemple existe encore ou n'existe plus.

3. Cela ne veut aucunement dire que les individus qui participent à une activité dans laquelle les uns se règlent sur les autres attribuent, dans le cas particulier, un contenu significatif *identique* à la relation sociale ni que l'un des partenaires adopte intérieurement une attitude qui corresponde significativement à celle de l'autre, que par conséquent il existe une « réciprocité » [*Gegenseitigkeit*] en *ce* sens. L' « amitié », l' « amour », la « piété », le « respect du contrat », le « sens de la communauté nationale » [14] que l'on éprouve d'un côté peuvent se heurter à des attitudes absolument différentes de l'autre. Dans ce cas, les participants donnent un sens différent à leur activité : la relation sociale est dans cette mesure objectivement « unilatérale » des deux côtés. La relation des uns aux autres le reste aussi, tant que l'agent *présuppose* (de façon peut-être totalement ou partiellement erronée)) chez son partenaire une attitude déterminée à son égard et oriente en conséquence sa propre activité, ce qui peut avoir, et même a le plus souvent, des conséquences pour le déroulement de l'activité et l'aspect de la relation. Elle n'est objectivement « réciproque » que dans la mesure évidemment où les contenus significatifs « correspondent » l'un à l'autre – suivant les *expectations* moyennes de chacun des participants, – c'est-à-dire si par exemple l'attitude des enfants à l'égard de celle du père correspond, au moins approximativement, à ce que le père attend (dans un cas particulier, en moyenne ou typiquement). Une relation sociale qui reposerait intégralement et sans réserves sur une attitude significativement congruente de part et d'autre ne serait jamais en réalité qu'un cas limite. L'absence de réciprocité ne saurait, selon notre terminologie, exclure l'existence d'une « relation sociale » que si elle entraîne comme conséquence la disparition d'une *relation* réciproque dans l'activité de part et d'autre. Ici comme ailleurs, l'existence de toutes sortes de transitions est en réalité la règle.

4. Une relation sociale peut avoir un caractère éphémère ou

bien être durable, ce qui veut dire qu'elle peut être réglée de telle sorte qu'il existe la chance d'une *répétition* continuelle d'un comportement significativement correspondant (c'est-à-dire valable pour cela et auquel on peut donc en conséquence s'attendre). *Seul* le fait que cette chance existe – par conséquent la plus ou moins grande *probabilité* qu'une activité significativement correspondante se développe, sans *rien* de plus – est l'indication de la « persistance » [*Bestand*] d'une relation sociale – ce qu'il faut toujours avoir présent à l'esprit si l'on veut éviter de fausses représentations. Le fait qu'une « amitié », ou un « État », *existe* ou a existé signifie donc exclusivement et uniquement que *nous* (les *observateurs*) jugeons qu'il existe ou qu'il a existé une *chance* suivant laquelle, sur la base d'une attitude de nature déterminée de certaines personnes déterminées, on *agit* d'une certaine manière encore définissable en un *sens visé en moyenne* – et cela ne veut rien dire d'autre (cf. 2 *in fine*). L'alternative inéluctable dans une recherche d'ordre *juridique* : une proposition *juridique* d'un sens déterminé vaut-elle ou ne vaut-elle pas (au sens juridique)? un rapport *juridique* existe-t-il ou n'existe-t-il pas? est *sans* valeur pour la recherche sociologique.

5. Le contenu significatif d'une relation sociale peut varier. Par exemple, une relation politique fondée sur la solidarité peut se transformer en un conflit d'intérêts. C'est alors une question de commodité terminologique et de degré de *continuité* dans le changement qui permet de dire si une « nouvelle » relation est instituée ou si l'ancienne persiste tout en ayant reçu un nouveau « contenu significatif ». Aussi le contenu significatif peut-il être en partie perdurable, en partie variable.

6. Le contenu significatif qui constitue *perdurablement* [*perennierend*] une relation sociale peut se formuler en « maximes » que les participants *s'attendent* à voir observées en moyenne ou d'une manière approximativement significative par le ou les partenaires et en fonction desquelles ils orientent eux-mêmes (en moyenne ou approximativement) leur propre activité. Cela se présente d'autant plus souvent que l'activité en question est orientée, d'après son caractère général, de façon plus rationnelle – en finalité ou en valeur. Dans le cas d'une relation érotique, et en général d'une relation affectuelle (par exemple une relation de « piété ») la possibilité d'une formula-

tion rationnelle du contenu significatif visé est évidemment beaucoup moindre que dans celui d'une relation contractuelle d'ordre commercial.

7. Le contenu significatif d'une relation sociale peut reposer sur une *entente* [*Vereinbarung*] par un engagement mutuel [*gegenseitige Zusage*]. Cela signifie que ceux qui participent à cette relation se font (entre eux ou d'une autre manière) des *promesses* [*Versprechungen*] valant pour leur comportement futur. Chaque participant compte alors normalement – pour autant qu'il considère les choses rationnellement – sur le fait que (avec une certitude variable) *l'autre* orientera son activité dans le sens que lui-même (agent) donne à l'entente. Il oriente son action en partie d'une façon rationnelle en finalité (suivant le cas, d'une manière plus ou moins significativement « loyale ») d'après cette expectation, en partie d'une façon rationnelle en valeur d'après le « devoir » de « respecter » l'entente intervenue conformément au sens qu'il vise lui-même. Voilà tout ce qu'il fallait dire de prime abord. Pour le reste cf. §§ 9 et 13.

§ 4. *Types de régularités dans l'activité sociale :*
l'usage, la coutume, l'intérêt mutuel.

On peut observer au sein de l'activité de réelles régularités, c'est-à-dire des développements de l'activité qui se répètent ou (éventuellement : en même temps) ont cours chez de nombreux individus en un *sens* visé typiquement similaire durant une même activité. C'est de ces *types* de développements de l'activité que s'occupe la sociologie, à l'opposé de l'histoire qui s'intéresse à l'imputation causale d'ensembles singuliers importants, c'est-à-dire liés à un destin.

[15] La chance réellement existante d'une *régularité* dans la disposition de l'activité sociale, nous l'appelons *usage* [*Brauch*] lorsque et tant que la chance de persister au sein d'un groupe d'hommes est donnée *purement et simplement* par une pratique effective. L'usage devient *coutume* [*Sitte*] lorsque la pratique effective repose sur une *routine ancienne*. Nous dirons par contre qu'elle est conditionnée par une situation d'intérêts (elle

est alors « conditionnée par l'intérêt » [*interessenbedingt*]) lorsque et tant que la chance de sa persistance empirique est conditionnée *purement et simplement* par une orientation purement rationnelle en finalité de l'activité des divers individus d'après des *expectations* similaires.

1. La « mode » fait partie de l'usage. A la différence de la « coutume » la mode s'appellera usage lorsque (à l'inverse de ce qui caractérise la coutume) le fait de la *nouveauté* du comportement en question est la source de l'activité qui s'y oriente. La mode est assez voisine de la « convention », puisque, tout comme celle-ci, elle procède (fréquemment) des intérêts du prestige attaché à une *couche sociale*. Nous ne nous en occuperons pas plus longuement ici.

2. Par « coutume » nous entendons, à la différence de la « convention » et du « droit », une règle *sans* garantie extérieure que l'agent observe librement, que ce soit d'une façon simplement « machinale », par « commodité » ou pour toutes sortes d'autres raisons, en même temps qu'il peut s'attendre pour ces raisons à ce que les autres membres qui appartiennent au groupe la respectent vraisemblablement. Ainsi comprise, la coutume n'a rien d'« obligatoirement valable » [*nichts Geltendes*] : on n'« exige » de personne qu'il la suive. La transition de la coutume à la *convention* et au *droit* est évidemment absolument flottante. Ce qui est de coutume [*Hergebrachte*] a été partout à l'origine de ce qui est « obligatoirement valable ». On a « coutume » de nos jours de prendre le matin le petit déjeuner dans des formes à peu près déterminées ; mais il n'existe aucune « obligation » à ce sujet (sauf pour les touristes à l'hôtel) ; d'ailleurs cette coutume n'a pas toujours existé. Par contre la façon de nous habiller, même là où elle a procédé d'une « coutume », ne consiste plus seulement aujourd'hui, dans une large mesure, en une coutume, mais en une convention. Sur l'usage et la coutume on lira encore aujourd'hui avec fruit les chapitres correspondants de Ihering dans le tome II de *Zweck im Recht*. Cf. également P. Oertmann, *Rechtsregelung und Verkehrssitte* (1014), et plus récemment E. Weigelin, *Sitte, Recht und Moral* (1919) (qui partage mon avis sur Stammler).

3. De nombreuses régularités tout à fait étonnantes dans le déroulement de l'activité sociale, spécialement (quoique non

exclusivement) de l'activité économique, ne reposent nullement sur une orientation d'après une quelconque norme que l'on se représenterait comme « obligatoirement valable », ni non plus sur une coutume, mais purement et simplement sur le fait que la nature de l'activité sociale des participants correspond en moyenne le mieux, par la nature des choses, à leurs *intérêts* normaux, estimés subjectivement, et qu'ils orientent leur activité d'après cette opinion et cette connaissance subjectives : il en est à peu près ainsi de la régularité dans la formation des prix dans le système du marché « libre ». Les personnes intéressées au marché orientent justement leur comportement, considéré comme « moyen », d'après leurs propres intérêts économiques subjectifs et *typiques*, considérés comme « fin », et d'après les expectations également typiques, considérées comme « conditions », qu'ils nourrissent d'après le comportement prévisible des autres, pour finalement atteindre leur but. En tant qu'ils agissent ainsi (c'est-à-dire que plus ils agissent de façon *strictement* rationnelle en finalité, plus ils réagissent de façon uniforme à des situations données) il se produit des uniformités, des régularités et des continuités dans l'attitude et dans l'activité qui sont souvent de loin plus stables que lorsque l'activité se guide sur des normes et des devoirs qui valent effectivement pour un groupe d'hommes comme « obligatoires ». Que se guider sur les seuls intérêts – les siens aussi bien que ceux d'autrui – produise des effets équivalents à ceux que l'on cherche à obtenir par voie de contrainte en imposant des normes – en vain très souvent, – voilà un phénomène qui a tout particulièrement suscité la plus grande attention dans le domaine de l'économie ; il est même l'une des sources de la constitution de l'économie comme science. Ce phénomène se produit de façon analogue dans tous les autres domaines de l'activité. Il constitue, par la prise de conscience et le laisser-aller interne qui le caractérisent, l'exacte antithèse à toute espèce de contrainte interne par insertion dans une simple coutume, familière, et aussi à l'abandon à des normes auxquelles on croit de façon rationnelle en valeur. *Un* des éléments essentiels de la « rationalisation » de l'activité consiste précisément dans la substitution d'une adaptation méthodique commandée par les situations à l'insertion intime dans une coutume familière. Ce processus n'épuise pas, il est vrai, le concept de « rationalisation » de l'activité. En effet, la rationalisation peut se développer positivement dans le sens d'une rationalisation consciente en valeur, négativement au détriment de l'activité affective si ce n'est à celui de la coutume ou encore au profit d'une activité purement rationnelle en finalité, qui ne croit pas aux valeurs, [16] et au détriment d'une activité liée à la rationalité en valeur. Nous aurons à revenir plus d'une fois sur la *multivocité* du concept de « rationalisation » de l'activité. (Voir en *conclusion* la discussion conceptuelle.)

4. La stabilité de la (simple) *coutume* se fonde essentiellement sur le fait que celui qui n'y oriente pas son activité agit de façon « inadaptée », ce qui veut dire qu'il est obligé d'accepter un certain nombre de désagréments et d'inconvénients, aussi longtemps que l'activité de la majorité de ceux qui l'entourent compte avec la persistance de la coutume et s'y conforme.

La stabilité d'un état de choses commandé par l'intérêt se fonde de façon analogue sur le fait que celui qui n'oriente pas son activité d'après l'intérêt des autres – qui n'en « tient pas compte » – provoque la résistance de ces derniers ou s'expose à des conséquences qu'il n'a pas voulues ni prévues, et risque de ce fait de porter préjudice à son propre intérêt.

§ 5. *Concept de l'ordre légitime.*

L'activité, et tout particulièrement l'activité sociale, et plus spécialement encore une relation sociale, peut s'orienter, du côté de ceux qui y participent, d'après la *représentation* de l'existence d'un *ordre légitime* [*legitime Ordnung*]. La chance que les choses se passent réellement ainsi, nous l'appelons « validité » [*Geltung*] de l'ordre en question.

1. A notre sens, la « validité » d'un *ordre* signifie quelque chose de plus qu'une simple régularité dans le déroulement de l'activité sociale, conditionnée par une coutume ou par une situation commandée par l'intérêt. Lorsque les compagnies de déménagement mettent régulièrement une petite annonce dans les journaux à l'époque où les loyers viennent à terme, cette régularité est uniquement commandée par l'intérêt. Lorsqu'un

représentant fait une visite à une clientèle déterminée à des jours déterminés de la semaine ou du mois, il s'agit ou bien d'une coutume machinale, ou bien d'un effet de l'intérêt. Par contre, lorsqu'un fonctionnaire apparaît journellement à heure fixe à son bureau, il ne le fait pas *uniquement* (bien qu'aussi) par habitude prise (coutume), ni *uniquement* (bien qu'aussi) parce que ses propres intérêts le lui commandent, encore qu'il pourrait s'y conformer ou non à son gré, mais il le fait (en règle générale : aussi) parce qu'il respecte par devoir la « validité » de l'ordre (les règlements de service) qui, s'il les violait, non seulement lui causeraient certains préjudices, mais encore lui inspireraient – normalement, – du point de vue de la rationalité en valeur (quand bien même dans une mesure très variable), un remords pour n'avoir pas accompli son « devoir ».

2. Nous désignons d'une part le contenu significatif d'une relation sociale par le concept d'« ordre » uniquement dans le cas où l'activité se guide (en moyenne ou approximativement) sur des « maximes » qu'on peut expliciter. Nous parlerons d'autre part de « validité » de cet ordre uniquement lorsque l'orientation effective de l'activité selon ces maximes se fait pour le moins aussi (c'est-à-dire dans une mesure importante) pour la raison qu'elles sont considérées comme valables d'une manière ou d'une autre *pour* l'activité, qu'elles soient obligatoires ou exemplaires. C'est un fait que l'orientation de l'activité d'après un ordre a normalement lieu, chez les participants, pour des motifs très divers. Cependant le fait que, *à côté* des autres motifs, l'ordre apparaît au moins à une partie des agents comme exemplaire ou obligatoire, et par conséquent comme *devant* valoir, accroît naturellement la chance qu'on oriente l'activité d'après cet ordre, et souvent dans une mesure très considérable. L'ordre que l'on respecte *uniquement* pour des motifs rationnels en finalité est en général beaucoup plus instable que si l'orientation se fait purement et simplement en vertu de la coutume, en raison du caractère routinier d'un comportement ; c'est même là, de toutes les espèces d'attitudes intimes, la plus courante. Néanmoins cet ordre est encore incomparablement moins stable que celui qui s'affirme grâce au prestige de l'exemplarité et de l'obligation, je veux dire de la *légitimité*. Les transitions entre l'orientation d'après un ordre, fondée sur la simple tradition ou sur des motifs simplement

rationnels en finalité, et celle qui se fonde sur la croyance en une légitimité sont naturellement absolument flottantes en réalité.

3. On peut « orienter » son activité d'après la validité d'un ordre sans « obéir » uniquement à son sens (tel qu'on le comprend en moyenne). En effet, même dans le cas où l'on « élude » ou « viole » son sens (tel qu'on l'entend en moyenne), la chance de sa validité, qui subsiste dans une quelconque mesure, peut continuer à *s'imposer* (comme norme obligatoire). Tout d'abord d'une façon purement rationnelle en finalité. Le voleur oriente son activité d'après la « validité » de la loi pénale dans la mesure même où il la masque. Que l'ordre « vaille » au sein d'un groupement d'hommes, cela se manifeste par le fait qu'il est *obligé* de dissimuler l'infraction. Abstraction faite de ce cas limite, la violation de l'ordre se borne très fréquemment à de plus ou moins nombreuses infractions partielles, ou encore elle cherche à se faire passer, avec plus ou moins de bonne foi, pour légitime. Ou encore, des conceptions effectivement différentes sur le sens de l'ordre s'affirment l'une à côté de l'autre, chacune d'elles ayant une « validité » – pour la sociologie, – pour autant qu'elle détermine le comportement effectif. Il n'y a aucune difficulté pour la sociologie à reconnaître la validité coexistante de règlements différents, qui *se contredisent*, au sein d'un même groupe d'hommes. Car il est même possible qu'un individu oriente son activité d'après des règlements qui se contredisent entre eux, [17] non seulement successivement, comme cela arrive journellement, mais au cours d'une même action. Celui qui se bat en duel oriente son activité d'après le code d'honneur, mais, en tant qu'il dissimule son acte ou inversement se présente devant la justice, il s'oriente d'après les prescriptions du code pénal. Lorsque le fait d'éluder ou de violer le sens d'un règlement (adopté en moyenne) est devenu la *règle*, ce règlement ne « vaut » plus que dans certaines limites et finalement plus du tout. Contrairement à ce qui est vrai pour la jurisprudence (suivant ses fins inévitables), il n'existe pas pour la sociologie d'alternative absolue entre la validité et la non-validité d'un ordre déterminé. Il y a, en effet, des transitions flottantes entre ces deux cas et, comme nous l'avons remarqué, des règlements contradictoires peuvent très bien « valoir » l'un à côté de l'autre, chacun – dira-t-on alors –

valant dans la mesure où la *chance* subsiste que l'activité s'y oriente *effectivement*.

Ceux qui connaissent la littérature sur le sujet se rappelleront le rôle que le concept d'« ordre » joue dans le livre de R. Stammler que nous avons cité dans la remarque préliminaire et qui – à l'exemple de tous ses travaux – est remarquablement écrit, mais qui est aussi totalement manqué et confond de manière funeste les problèmes (cf. mon étude critique, également mentionnée plus haut, qui par déception devant la confusion apportée par cet ouvrage, est malheureusement assez dure dans la forme). Non seulement Stammler ne fait pas de distinction entre validité empirique et validité normative, mais de plus il méconnaît le fait que l'activité sociale ne s'oriente pas *uniquement* d'après des « règlements » ; et avant tout il commet une véritable méprise logique par la manière dont il fait de l'ordre la « forme » de l'activité sociale et ensuite le déplace dans un rôle analogue, par rapport au « contenu », à celui qu'il joue comme « forme » dans la théorie de la connaissance (je fais entièrement abstraction des autres erreurs). L'activité économique (primaire) par exemple s'oriente effectivement (voir chap. II) d'après la représentation [que l'on se fait] de la rareté des moyens disponibles déterminés pour couvrir les besoins proportionnellement à la demande (qu'on imagine), ainsi que d'après l'activité présente et future prévisible de tiers qui songent à employer les mêmes moyens. Mais *en même temps*, quand il s'agit de *choisir* les « mesures économiques », elle s'oriente naturellement, d'après les règlements dont l'agent sait qu'ils « valent » comme lois ou conventions, c'est-à-dire dont il sait qu'ils provoqueront une réaction déterminée des tiers au cas où on les violerait. Cette situation empirique extrêmement simple, Stammler l'a embrouillée de la manière la plus désespérante possible ; et surtout il a soutenu qu'une relation causale entre l'« ordre » et une activité réelle était conceptuellement impossible. Certes, il n'existe aucune relation causale entre la validité normative de nature empirico-juridique d'un règlement et un événement empirique, et l'on ne peut que poser les questions suivantes : le règlement (interprété *correctement*) s'« applique »-t-il juridiquement à l'événement empirique ? vaut-il *vraiment* (normativement) *pour* lui ? et, dans l'affirmative, qu'exprime-t-il à propos de ce qui *doit* valoir pour cet événement ? Par contre, entre la *chance* que l'activité s'oriente d'après la *représentation* de la validité d'un règlement entendu en moyenne tant bien que mal et l'activité économique réelle, il existe de toute évidence (le cas échéant) une relation causale dans le sens tout à fait ordinaire de cette notion. Pour la sociologie cependant, c'est cette chance justement que l'on oriente l'activité d'après cette *représentation* qui *constitue* purement et simplement « le » règlement valable.

§ 6. *Sortes d'ordres légitimes : convention et droit.*

La légitimité d'un ordre peut être *garantie :*

A. De façon purement intime et dans ce cas :

(1) de façon purement affective, par un abandon d'ordre sentimental ;

(2) de façon rationnelle en valeur, par la foi en sa validité absolue, en tant qu'il est l'expression de valeurs ultimes obligatoires (d'ordre éthique, esthétique ou autre) ;

(3) de façon religieuse, par la croyance dans le fait que la possession de biens du salut dépend de l'observation de l'ordre ;

B. Ou (et même uniquement) par les expectations de certaines conséquences spécifiques externes, par exemple l'intérêt. Il s'agit cependant d'expectations d'une certaine *espèce.*

Cet ordre nous l'appelons :

1. *Convention [Konvention]*, lorsque sa validité est garantie extérieurement par la chance que, si on s'en écarte à l'intérieur d'un groupe d'hommes déterminé, on s'expose à une *réprobation [Mißbilligung]* (relativement) générale et pratiquement perceptible ;

2. *Droit [Recht]*, lorsque la validité est garantie extérieurement par la chance d'une *contrainte* (physique ou psychique), grâce à l'activité d'une *instance* humaine, *spécialement* instituée à cet effet, qui force au respect de l'ordre et châtie la violation.

Sur la convention, on peut consulter les ouvrages déjà cités de Ihering et Weigelin et en outre celui de F. Tönnies, *Die Sitte* (1909).

[18] 1. Nous entendons par « convention » la « coutume » dont la « validité » est approuvée au *sein d'un groupe humain* et qui est garantie par la réprobation de tout écart. A l'opposé du droit (au sens que nous donnons ici à ce terme) l'*instance* spéciale chargée d'exercer la contrainte fait défaut. Lorsque Stammler cherche à distinguer la convention du droit par la « liberté » absolue de s'y soumettre, cela ne concorde pas avec l'usage courant ni ne se trouve vérifié par les exemples qu'il cite. L'observation de la convention (dans le sens courant du terme) – par exemple en saluant comme tout le monde, en s'habillant d'une façon qui passe pour décente ou en respectant les règles limitatives qui président aux réceptions quant à la forme et au contenu – est « exigée » de façon absolument sérieuse des individus comme quelque chose d'obligatoire ou d'exemplaire, et n'est nullement laissée à leur discrétion – comme dans le cas de la simple « coutume », par exemple préparer ses repas d'une certaine façon. Les membres d'une classe sociale blâment souvent le manquement à une convention (aux « usages de la société ») avec plus de dureté que ne le ferait une quelconque contrainte juridique, du fait des conséquences extrêmement efficaces et sensibles du boycott social. Ce qui fait défaut, c'est uniquement l'instance spéciale instituée pour l'activité spécifique destinée à garantir l'observance des règles (chez nous, les juges, les procureurs, les fonctionnaires de l'administration, les agents d'exécution, etc.). La transition est cependant flottante. Le cas limite du passage de la garantie conventionnelle d'un ordre à la garantie juridique consiste dans l'application d'un boycott *organisé* et destiné à intimider dans les formes. Dans notre terminologie cela constituerait déjà un moyen de contrainte juridique. Certes, il existe d'autres moyens pour protéger une convention que la *simple* réprobation (par exemple le droit du maître [*Hausrecht*] pour réprimer un comportement contraire à une convention), mais cela ne nous intéresse pas ici. Car l'élément déterminant c'est que justement dans ce cas un individu *particulier* applique des moyens de contrainte (souvent énergiques), et ce, précisément, *par suite* de la réprobation conventionnelle, car il n'existe pas une *instance* spécialement instituée à cet effet.

2. L'élément déterminant du concept de « droit » consiste à nos yeux (il est possible de le délimiter autrement pour d'autres

buts de la recherche) dans l'existence d'une *instance* de contrainte. Celle-ci peut évidemment ne ressembler à rien de ce qui nous est familier aujourd'hui. En particulier, l'existence d'une instance « judiciaire » n'est pas indispensable. Un lignage est une instance de ce genre (dans le cas de la vendetta ou de la faide), *si* sa manière de réagir est soumise effectivement à des règlements, quels qu'ils soient, ayant une validité. Il est vrai, ce cas est déjà à la limite extrême de ce que l'on peut encore considérer précisément comme une « contrainte juridique ». Comme on sait, on n'a cessé de contester au « droit des gens » la qualité de « droit » parce qu'il est dépourvu d'un pouvoir de contrainte supra-étatique. Pour la terminologie que nous avons adoptée ici (par commodité) on ne saurait en fait appeler « droit » un ordre qui n'est garanti extérieurement que par les expectations de la réprobation ou par des représailles de la part des victimes, qui est donc garanti de manière conventionnelle et par des considérations d'intérêt, sans qu'il existe une instance dont l'activité serait *spécialement* orientée vers son maintien. Toutefois, le contraire peut être valable pour une terminologie juridique. La question des *moyens* de coercition n'est ici d'aucune importance. L'« exhortation fraternelle », qui fut usuelle dans certaines sectes en tant que premier moyen de douce contrainte à l'égard du pécheur, entre dans notre définition, à condition qu'elle fût ordonnée par des règlements et exécutée par une instance. Il en est de même de la réprimande du censeur, en tant que moyen destiné à garantir les normes « morales » de la conduite ; et tout particulièrement aussi de la contrainte psychique qu'on exerce par les moyens propres à la discipline ecclésiastique. Il existe évidemment un « droit » hiérocratique aussi bien qu'un « droit » politique, tout comme il existe un « droit » garanti par les statuts d'une association, par l'autorité familiale, par les « confréries » ou par les corporations. De même, les statuts qui règlent les « associations d'étudiants » valent comme « droit » dans cette acception du concept. Le cas spécial du § 888, section II, du *R.Z.P.O.* (qui concerne les droits non exécutables) y appartient également. Les *leges imperfectae* et les « obligations en nature » sont des formes du langage *juridique* dans lesquelles on exprime *indirectement* les limites ou les conditions de l'application de la contrainte. Une coutume « régissant la circulation » octroyée par contrainte y appartient aussi (§§ 157 et 242 du *B.G.B.*). Cf. à propos du concept de « bonne coutume » (= coutume « approuvée » et donc sanctionnée par le droit) l'étude de Max Rümelin dans la *Schwäbische Heimatgabe für Th. Häring* (1918).

3. Tout ordre ayant une validité n'a pas nécessairement un caractère général et abstrait. On n'a pas toujours fait une distinction nette entre une « proposition juridique » valable et une « décision juridique » dans un cas concret, quelles que soient les conditions, alors que nous la considérons normale de nos jours. Un règlement *peut* donc ne constituer qu'une réglementation valable uniquement pour une situation concrète. Les autres détails appartiennent à la sociologie du droit. En attendant, sauf indication contraire, nous opérerons pour raison de commodité avec la manière moderne de se représenter la relation entre une proposition juridique et une décision juridique.

4. Les règlements garantis « extérieurement » peuvent aussi l'être « intérieurement ». La relation entre droit, convention et « éthique » ne constitue pas de problème pour la sociologie. Pour elle, un critère « éthique » [19] consiste en ce qu'il applique une sorte spécifique de *croyance* rationnelle en valeur, considérée comme norme, à l'activité humaine ; celle-ci, revendiquant le prédicat du « bien moral » comme l'activité qui revendique le prédicat du « beau », se mesure par là aux critères esthétiques. Les représentations de normes éthiques en ce sens peuvent avoir une influence très profonde sur l'activité et pourtant être dépourvues de toute garantie extérieure. On rencontre d'ordinaire ce dernier cas là où la violation des normes ne porte pas préjudice aux intérêts d'autrui. Elles sont d'autre part très souvent garanties par des dispositions religieuses. Mais elles peuvent également l'être conventionnellement (selon la terminologie utilisée ici) par la réprobation de la violation, par le boycott, ou encore, juridiquement, par des réactions de l'ordre du droit pénal, des mesures policières, ou encore des conséquences relevant du droit civil. Toute éthique qui a une « validité » effective – au sens de la sociologie – est d'ordinaire garantie, dans une très large mesure, par la chance que toute violation sera réprouvée, c'est-à-dire qu'elle est garantie conventionnellement. D'un autre côté, tous les règlements garantis conventionnellement ou juridiquement ne revendiquent

pas (du moins pas nécessairement) le caractère de normes *éthiques* – les règlements juridiques, institués fréquemment de façon rationnelle par finalité, dans l'ensemble beaucoup moins que les règles conventionnelles. Quant à savoir s'il faut regarder une représentation de validité, répandue au sein d'un groupe humain, comme ressortissant à la sphère de l'« éthique » ou non (pour n'y voir qu'une « simple » convention ou une simple » norme juridique), la *sociologie* empirique ne peut en décider autrement qu'en se référant au concept de l'« éthique » qui a été ou est *effectivement* valable dans le groupe humain en question. C'est pourquoi on ne peut *en* dire rien de plus général.

§ 7. *Fondements de la validité de l'ordre légitime : tradition, croyance, légalité.*

Les agents peuvent accorder à un ordre une validité *légitime* :

En vertu de la *tradition* : validité de ce qui a toujours été ;

En vertu d'une croyance d'ordre *affectif* (tout particulièrement émotionnelle) : validité de la nouvelle révélation ou de l'exemplarité ;

En vertu d'une croyance *rationnelle en valeur* : validité de ce que l'on a jugé comme absolument valable ;

En vertu d'une disposition positive, à la *légalité* de laquelle on croit.

Cette légalité peut à son tour avoir une validité légitime, soit en vertu d'une entente des intéressés à son propos, soit en vertu d'un octroi [*Oktroyierung*], sur la base d'une domination de l'homme sur l'homme et d'une obéissance valant comme légitimes.

Toutes les explications supplémentaires (à l'exception de quelques concepts à définir plus loin) appartiennent à la sociologie de la domination [*Herrschaftssoziologie*] et à la sociologie du droit. Nous nous contenterons de faire les remarques suivantes :

2. La validité de règlements en vertu de l'observance sacrée de la tradition est la plus universelle et la plus primitive. La crainte de préjudices magiques renforçait l'appréhension psy-

chologique face à toute modification des habitudes invétérées de l'activité, en même temps que les divers intérêts qui s'attachent habituellement à maintenir la soumission à l'ordre depuis toujours en vigueur agissaient dans le sens de sa conservation. Nous y reviendrons dans le chap. III.

2. Les créations *conscientes* de règlements nouveaux étaient à l'origine presque toujours l'œuvre d'oracles prophétiques ou du moins de révélations sanctionnées par des prophéties auxquelles on croyait pieusement comme telles, et cela jusqu'à l'époque des statuts qu'édictèrent les Aïsymnètes helléniques. L'obéissance dépendait alors de la croyance en la légitimité des prophètes. Sans les révélations, il n'y avait d'autre possibilité à l'époque de la validité du strict traditionalisme d'instituer de nouveaux règlements, c'est-à-dire qu'on ne les *regardait* comme « nouveaux » qu'à la condition de les traiter comme s'ils valaient en vérité depuis toujours, mais qu'ils n'avaient pas été discernés *correctement* ou bien qu'ils avaient été temporairement obscurcis et désormais *redécouverts*.

3. Le type le plus pur de la validité rationnelle en valeur est représenté par le « droit naturel ». Quelque limitée qu'ait été son influence réelle au regard de ses prétentions idéales, on ne saurait contester que ses propositions conclues logiquement ont eu sur l'activité humaine une influence qui est loin d'être négligeable. Il ne faut pas confondre ces propositions avec le droit révélé, ni avec le droit coutumier, ni avec le droit positif.

4. La forme de légitimité actuellement la plus courante consiste dans la croyance en la *légalité*, c'est-à-dire la soumission à des statuts *formellement* corrects et établis selon la procédure d'usage. L'opposition entre règlements établis par contrat [*paktierte Ordnungen*] et règlements octroyés est purement relative. En effet, dès que la validité d'un règlement établi par contrat ne repose plus sur un accord *unanime* – condition qu'on considérait fréquemment dans le passé comme indispensable à la véritable légitimité – mais se fonde, à l'intérieur d'un groupe d'hommes, sur la soumission effective des volontés discordantes [20] à une majorité – ce qui arrive très souvent, – nous sommes effectivement en présence d'un octroi au regard de la minorité. D'un autre côté il arrive très fréquemment que des minorités qui ont recours à la violence ou agissent sans ménagement en pleine conscience de leur but octroient des règle-

ments qui seront par la suite reconnus comme légitimes par ceux qui s'y sont opposés initialement. Tant que le « vote » constituera un moyen légal pour instituer ou modifier des règlements, il arrivera fréquemment que la volonté de la minorité obtienne la majorité formelle et que la majorité s'y soumette, de sorte que le fait de l'emporter à la majorité ne sera qu'un faux-semblant. La croyance en la légalité de règlements établis par contrat remonte assez loin dans l'histoire, car on la rencontre parfois même chez les peuples dits primitifs, mais presque toujours complétée par l'autorité d'oracles.

5. Pour autant que la simple peur ou des motifs rationnels en finalité ne sont pas déterminants, mais qu'il subsiste néanmoins des représentations légalitaires, la soumission à des règlements octroyés par un ou plusieurs individus présuppose la croyance dans le pouvoir de *domination* légitime en un sens quelconque de celui ou de ceux qui les octroient. C'est un problème qu'il faudra traiter spécialement dans les §§ 13 et 16 ainsi que dans le chapitre III.

6. En règle générale, en dehors des sortes les plus diverses d'intérêts, l'obéissance aux règlements est conditionnée par un mélange d'attachement à la tradition et de représentations légalitaires, pour autant qu'il ne s'agit pas de dispositions entièrement nouvelles. Dans de très nombreux cas, l'individu qui obéit n'a évidemment pas conscience de leur nature et ne sait s'il s'agit d'une coutume, d'une convention ou d'un droit. Ce sera précisément la tâche de la sociologie de découvrir les formes *typiques* de la validité.

§ 8. *Concept de la lutte.*

Nous entendons par lutte [*Kampf*] une relation sociale pour autant que l'activité est orientée d'après l'intention de faire triompher sa propre volonté contre la résistance du ou des partenaires. Nous désignerons par moyens « pacifiques » [*friedliche*] de la lutte ceux qui ne consistent pas en un acte de violence physique actuel. La lutte « pacifique » s'appellera « concurrence » [*Konkurrenz*] quand on la mène au sens d'une recherche [*Bewerbung*] formellement pacifique d'un pouvoir propre de disposer de chances que d'autres sollicitent également. Nous appellerons cette concurrence une « concurrence réglementée » [*geregelte*] pour autant qu'elle s'oriente d'après un règlement, aussi bien en ce qui concerne son but que ses moyens. Nous désignerons par « sélection » [*Auslese*] la lutte (latente) pour l'existence qui *oppose* les uns aux autres, sans intention significative de lutte, les individus ou les types humains en vue de leurs chances de vie ou de survie ; elle sera dite « sélection sociale » tant qu'il s'agit de chances d'individus vivants, dans la vie ordinaire, et « sélection biologique » tant qu'il s'agit de chances de survie de caractère héréditaire.

1. On rencontre les transitions continues les plus variées, depuis la lutte sanglante, réfractaire à toute réglementation, dont le but est la simple suppression physique de l'adversaire, jusqu'à la lutte chevaleresque, réglementée par convention (tel le cri du héraut à la bataille de Fontenoy : « Messieurs les Anglais, tirez les premiers ! »), ou encore les jeux de compétition réglementés (sport) ; depuis la concurrence sans règles entre les rivaux érotiques pour s'attirer les faveurs d'une femme ou la concurrence compétitive réglementée par le marché en vue de meilleures chances commerciales jusqu'aux « concours » réglementés d'ordre artistique ou les « campagnes électorales ». La nécessité de traiter à part, du point de vue conceptuel, la lutte qui utilise la violence se justifie en raison de la nature particulière des moyens qu'elle met normalement en œuvre et des particularités qui en résultent en ce qui concerne ses conséquences sociologiques (voir plus loin chap. II et ailleurs).

2. Toute lutte ou concurrence qui se déroule de façon typique ou en masse conduit malgré tout à la longue, en dépit des accidents ou fatalités prépondérantes, si nombreux soient-ils, à une « sélection » de ceux qui possèdent à un degré plus élevé les qualités personnelles qui sont en moyenne importantes pour assurer le triomphe au cours de la lutte. Quant à ces qualités, ce sont les conditions de la lutte et de la concurrence qui en décident : il faudra posséder une plus grande force physique ou une ruse dépourvue de scrupules, de plus grandes capacités intellectuelles, ou de meilleurs poumons, ou une meilleure technique démagogique, être plus obséquieux envers ses supérieurs ou savoir mieux flatter les masses, être plus original dans

l'organisation ou plus apte à s'adapter socialement, posséder des qualités extraordinaires ou d'autres qui ne dépassent pas le niveau moyen de la masse. Indépendamment de toutes ces qualités individuelles ou collectives possibles, il faut également tenir compte des règlements, qu'ils soient traditionnels ou rationnels en valeur ou en finalité, d'après lesquels le comportement s'oriente au cours de la lutte. *Chacun* d'eux influence les chances de la sélection sociale. *N'importe quelle* sélection sociale n'est pas une « lutte » selon notre sens. Au contraire, la « sélection sociale » ne signifie d'abord que ceci : la possibilité d'obtenir une *relation* sociale déterminée (devenir un « amant », un « mari », un « député », un « fonctionnaire », un « conducteur de travaux », un « directeur général », un « entrepreneur efficient », etc.) dépend de certains types de comportements, éventuellement de qualités personnelles qui sont préférables à d'autres. Mais elle ne dit pas en soi si cette chance sociale favorable se réalise par la « lutte », [21] ni non plus si elle améliore la chance de survie biologique du type ou le contraire.

Nous ne parlerons de « lutte » que là où a lieu effectivement une *concurrence*. C'est uniquement au sens de la « sélection sociale » qu'il est impossible, selon toute l'expérience acquise à ce jour, d'éliminer la lutte *en réalité*, et c'est uniquement au sens de la sélection *biologique* qu'il est également impossible de le faire *en principe*. La sélection est « éternelle », parce qu'on ne peut imaginer aucun moyen susceptible de la supprimer totalement. Un ordre pacifiste respecté le plus rigoureusement possible ne saurait jamais que réglementer les moyens, les objets et les directions de la lutte, en ce sens qu'elle élimine seulement certains d'entre eux. Cela signifie que d'*autres* moyens de lutte permettent de triompher au cours de la concurrence (ouverte) pour les chances de vie ou de survie ou – au cas où l'on écarterait en pensée aussi ces moyens (ce qui n'est possible que théoriquement et utopiquement) – de la sélection (latente) et qu'ils favorisent ceux qui en disposent, que ce soit par hérédité ou par éducation. La sélection sociale constitue empiriquement, la sélection biologique en principe, la barrière que l'élimination de la lutte ne saurait franchir.

3. Il faut évidemment distinguer la lutte d'*individus isolés* pour les chances de vie et de survie de la « lutte » ou « sélec-

tion » des *relations* sociales. Ce n'est qu'au sens figuré qu'on peut employer dans ce cas ces concepts. En effet, il n'*existe* de « relations sociales » que d'une *activité* humaine ayant un contenu significatif. Par conséquent, la « sélection » ou la « lutte » entre ces relations signifie qu'au cours du temps une sorte d'activité déterminée est *abolie* au profit d'une autre, du fait des mêmes individus ou d'autres. Cela peut se faire de diverses *manières*. *a*) L'activité humaine peut avoir *sciemment* pour but de *perturber* des relations sociales concrètes, déterminées ou ordonnées en général d'une manière déterminée, c'est-à-dire perturber l'activité qui se déroule conformément à leur contenu significatif, ou bien entraver la formation ou le maintien de relations sociales (par exemple en faisant la guerre à un « État » par la révolution, en noyant dans le sang une conjuration, en empêchant le « concubinage » par des mesures policières, en refusant la protection juridique à des commerçants « malhonnêtes » ou en les frappant d'amendes), ou encore favoriser par des privilèges l'existence d'une catégorie au détriment d'une autre. Des individus isolés ou de nombreuses personnes associées peuvent se donner de tels buts. *b*) Il peut également arriver que la conséquence subsidiaire non voulue d'une activité sociale et des conditions de toute sorte qui sont déterminantes pour elle ait pour résultat de diminuer les chances de conservation ou d'institution de relations concrètes, déterminées ou ordonnées d'une manière déterminée (c'est-à-dire de l'*activité* en question). Dans le cas d'une modification, toutes les conditions naturelles et culturelles, quelle que soit leur nature, agissent d'une manière ou d'une autre dans le sens d'un déplacement des chances de toutes les sortes possibles de relations sociales. Évidemment chacun est libre de parler en pareil cas d'une « sélection » entre les relations sociales, par exemple entre groupements politiques, et y voir le triomphe du plus « fort » (c'est-à-dire du « mieux adapté »). Il faut se tenir fermement à ce fait que cette prétendue « sélection » n'a rien à voir avec la sélection des *types* humains, ni dans le sens social ni dans le sens biologique, que dans chaque cas particulier il faut se demander quelle est la *raison* qui a suscité le déplacement des chances au profit de l'une ou de l'autre forme d'activité ou des relations sociales, ou qui a désagrégé une relation sociale, ou encore qui a permis à une relation sociale de survivre à d'autres, et que ces raisons sont tellement diverses que toute expression unique capable de les grouper semble impropre. En même temps on s'expose constamment au danger d'introduire des *évaluations* incontrôlées dans la recherche empirique et surtout de faire l'apologie d'un *effet*, souvent conditionné de façon purement individuelle, et par conséquent « accidentel », en ce sens. Nous avons rencontré et nous ne rencontrons que trop souvent depuis quelques années des abus de ce genre. En effet, le fait que pour des raisons singulières une relation (concrète ou qualitativement spécifiée) ait été écartée ne prouve absolument rien en soi contre son « adaptabilité » [*Angepaßtheit*] *générale*.

§ 9. *Communalisation et sociation.*

Nous appelons « communalisation » [*Vergemeinschaftung*] une relation sociale lorsque, et tant que, la disposition de l'activité sociale se fonde – dans le cas particulier, en moyenne ou dans le type pur – sur le sentiment *subjectif* (traditionnel ou affectif) des participants d'*appartenir à une même communauté* [*Zusammengehörigkeit*].

Nous appelons « sociation » [*Vergesellschaftung*] une relation sociale lorsque, et tant que, la disposition de l'activité sociale se fonde sur un *compromis* [*Ausgleich*] d'intérêts motivé rationnellement (en valeur ou en finalité) ou sur une *coordination* [*Verbindung*] d'intérêts motivée de la même manière. En particulier, la sociation peut (mais non uniquement) se fonder typiquement sur une *entente* [*Vereinbarung*] rationnelle par engagement mutuel [*gegenseitige Zusage*]. C'est alors que l'activité sociétisée s'oriente, dans le cas rationnel, (a) de façon rationnelle en valeur, [22] d'après la croyance en son *propre* caractère obligatoire [*Verbindlichkeit*], (b) de façon rationnelle en finalité, par anticipation de la loyauté du *partenaire*.

1. Notre terminologie rappelle la distinction que F. Tönnies a établie dans son ouvrage fondamental, *Gemeinschaft und Gesellschaft*. Toutefois Tönnies lui a aussitôt donné, pour des fins qui lui sont propres, un contenu beaucoup plus spécifique

qu'il n'est utile pour nos propres fins. Les types les plus purs de la *sociation* sont : *a*) l'*échange* [*Tausch*], rigoureusement rationnel en finalité, sur la base d'un libre accord sur le marché – compromis actuel entre des intéressés à la fois opposés et complémentaires ; *b*) la pure *association à but déterminé* [*Zweckverein*], établie par libre accord, par une entente concernant une activité continue qui, par son intention aussi bien que par ses moyens, est instituée purement en vue de la poursuite des intérêts matériels (économiques ou autres) des membres ; *c*) l'association à base de *convictions* [*Gesinnungsverein*], motivée de façon rationnelle en valeur, telle que la secte rationnelle, dans la mesure où elle se détourne du souci d'intérêts affectifs ou émotionnels et ne cherche qu'à servir la « cause » (ce qui, en vérité, ne se rencontre sous la forme d'un type tout à fait pur que dans des cas très particuliers).

2. Une *communalisation* peut se fonder sur n'importe quelle espèce de fondement affectif, émotionnel ou encore traditionnel, par exemple une communauté spirituelle de frères, une relation érotique, une relation fondée sur la piété, une communauté « nationale » ou bien un groupe uni par la camaraderie. La communauté familiale en constitue le type le plus commode. Cependant la grande majorité des relations sociales ont *en partie* le caractère d'une communalisation, *en partie* celui d'une sociation. N'importe quelle relation sociale, si rationnelle en finalité soit-elle et si froidement eût-elle été instituée et déterminée quant à son but (une clientèle par exemple), *peut* faire naître des valeurs sentimentales qui dépassent la fin établie par libre volonté. Toute sociation qui déborde le cadre de l'association à but déterminé, par conséquent qui est mise en place pour une longue durée, qui instaure des relations sociales entre les mêmes personnes et qui n'est pas limitée d'emblée à des services matériels particuliers, y tend également d'une manière ou d'une autre, il est vrai à des degrés extrêmement variables – par exemple la sociation dans une même unité militaire, dans une même salle de classe, dans un même magasin ou un même atelier. Inversement, une relation sociale dont le sens normal consiste en une communalisation peut être orientée en totalité ou en partie dans le sens d'une rationalité en finalité, du fait de la volonté de tous les membres ou de quelques-uns d'entre eux. Jusqu'à quel point un groupement familial est ressenti comme

une « communauté » et, d'un autre côté, exploité comme une « sociation » par ses membres, c'est là un phénomène extrêmement variable. C'est intentionnellement que nous avons défini la « communalisation » d'une manière tout à fait générale, et par conséquent comme embrassant des réalités extrêmement hétérogènes.

3. La communalisation est normalement, d'après le sens visé, l'antithèse la plus radicale de la *lutte*. Mais cela ne doit pas nous leurrer sur le fait qu'il est absolument normal de rencontrer effectivement, même à l'intérieur des communalisations les plus intimes, des violences de toute sorte exercées à l'encontre de ceux qui fléchissent moralement, que la « sélection » des types y a lieu comme partout ailleurs et qu'elle conduit à une diversité dans les chances de vie et de survie qu'elle suscite. D'un autre côté, les sociations sont très souvent de *purs et simples compromis* entre des intérêts contradictoires qui n'excluent (ou du moins essaient de le faire) qu'une *partie* de l'objet ou des moyens de lutte et laissent au demeurant subsister l'antagonisme entre les intérêts ainsi que la *concurrence* à propos des chances. « Lutte » et « communauté » sont des concepts relatifs ; la lutte se développe, en effet, sous les formes les plus diverses, suivant la nature des moyens (violents ou « pacifiques ») et la manière plus ou moins brutale de les employer. Toute réglementation de l'activité sociale, quelle qu'en soit la formule, laisse, comme dit, subsister d'une manière ou d'une autre une véritable *sélection* pure dans la compétition des différents types d'hommes en vue des meilleures chances de vie.

4. Le fait d'avoir en commun [*Gemeinsamkeit*] certaines qualités, une même situation ou un même comportement ne constitue pas nécessairement une communalisation. Par exemple, le fait d'avoir en commun les qualités biologiques héréditaires que l'on considère comme les caractéristiques d'une « race » n'est naturellement pas une communalisation des divers membres qui se distinguent par là. Par une limitation du *commercium et connubium* vis-à-vis du monde environnant, on peut tomber dans une situation analogue – tout aussi isolée par rapport au monde environnant. Même si l'on réagissait de manière analogue à cette situation, cela ne constituerait pas encore une communalisation, pas plus que le simple « senti-

ment » pour la situation commune et ses conséquences ne la suscite. En effet, c'est seulement au moment où, en raison de ce sentiment commun, les individus *orientent mutuellement* d'une manière ou d'une autre leur comportement que naît entre eux une relation sociale – et pas seulement une relation individuelle de chacun d'eux par rapport au monde environnant. C'est uniquement pour autant que celle-ci inspire le sentiment d'une appartenance commune que naît une « communauté ». Chez les juifs par exemple – à l'exception des cercles de tendance sioniste et de quelques autres formations sociales qui sont au service d'intérêts juifs – on ne rencontre ce sentiment que dans une mesure relativement faible, et fréquemment il est répudié. La communauté de *langue*, produit d'une même tradition transmise par la famille [23] et le milieu immédiatement environnant, facilite au plus haut point la compréhension réciproque, par conséquent l'établissement de toutes les relations sociales. Néanmoins, en elle-même elle ne constitue pas encore une communalisation, mais elle facilite seulement la communication à l'intérieur des groupes en question et par conséquent elle rend plus aisée la naissance de communalisations. En premier lieu entre les *individus isolés, non pas* en leur qualité particulière d'individus parlant la même langue, mais pour d'autres sortes d'intérêts ; l'orientation d'après les règles d'une langue commune n'est donc, de façon primaire, qu'un moyen de s'entendre et non un contenu significatif de relations sociales. C'est seulement avec l'apparition d'oppositions conscientes à des tiers que se produit chez ceux qui parlent une langue commune une situation analogue, un sentiment de communauté et des sociations dont le fondement conscient d'existence est alors la communauté de langue. – De son côté, la participation à un « marché » prend une forme différente (sur ce concept, voir le chap. II). Elle crée entre les partenaires isolés une sociation et une relation sociale (avant tout une « concurrence ») entre ceux qui cherchent à faire un échange, car ils sont obligés d'orienter mutuellement leur comportement les uns par rapport aux autres. En dehors de cela, il ne se produit de sociations que pour autant qu'un certain nombre de participants s'entendent pour lutter avec plus d'efficacité sur le terrain des prix ou qu'ils s'entendent tous aux fins de réglementer et de protéger le trafic. (Le marché et l'économie du trafic qui en procède constituent au demeurant le type le plus important de l'influence réciproque dans l'activité par le pur jeu des *intérêts*, phénomène qui est caractéristique de l'économie moderne.)

§ 10. *Relations sociales ouvertes et fermées.*

Nous dirons d'une relation sociale (peu importe qu'elle soit une communalisation ou une sociation) qu'elle est « *ouverte* » vers l'extérieur [*nach außen offen*] lorsque et tant que, d'après les règlements en vigueur, on n'interdit à quiconque est effectivement en mesure de le faire, et le désire, de participer à l'activité orientée réciproquement selon le contenu significatif qui la constitue. Nous dirons par contre qu'elle est « *fermée* » vers l'extérieur [*nach außen geschlossen*] tant que, et dans la mesure où, son contenu significatif ou ses règlements en vigueur excluent, ou bien limitent, la participation, ou la lient à des conditions. L'ouverture et la fermeture peuvent être déterminées de façon traditionnelle, affective ou rationnelle en valeur ou en finalité. La fermeture *rationnelle* en particulier l'est par le fait qu'une relation peut offrir à ses membres des chances de satisfaire leurs intérêts intimes ou externes, soit d'après leur but ou le résultat, soit par une action solidaire, soit par un compromis entre leurs intérêts. Si les membres espèrent de l'extension de la relation une amélioration de leurs propres chances, quant au degré, à la manière, à la sécurité ou à la valeur, ils ont intérêt à l'ouvrir vers l'extérieur, et inversement, s'ils l'attendent de leur monopolisation [*Monopolisierung*], ils ont intérêt à la fermer vers l'extérieur.

Une relation sociale close peut garantir des chances monopolisées à ses membres, (a) librement, (b) par *régulation* et limitation de leur quantité et de leur nature, (c) par *appropriation* durable et relativement ou entièrement inaliénable au profit d'individus ou de groupes (*fermeture* vers l'intérieur [*nach innen*]). Les chances appropriées [*appropriierte*], nous les appelons des « droits » [*Rechte*]. Selon les règlements en vigueur, cette appropriation peut profiter 1° aux membres de communautés et de sociétés déterminées – par exemple la communauté familiale ; 2° à des individus isolés, et dans ce cas (a) à titre purement personnel, (b) ou bien de manière que, en cas de décès, elle profite à une ou plusieurs personnes qui étaient liées avec celui qui en jouissait jusqu'alors par une relation sociale ou une relation de filiation (parenté), ou bien encore à telles ou telles autres personnes à désigner par lui (appropriation par voie d'héritage) ; enfin 3° il peut aussi arriver que celui qui jouit des chances puisse s'en dessaisir plus ou moins librement à la suite d'une entente au profit (a) de personnes déterminées, (b) de n'importe quelle autre personne (appropriation aliénable). Celui qui participe à une relation close, nous l'appelons un associé [*Genosse*] et, dans le cas d'une réglementation de la participation, tant qu'elle lui approprie des chances, un associé de droit [*Rechtsgenosse*]. Les chances appropriées à des individus ou à des communautés ou sociétés à titre héréditaire, nous les appelons *propriété* [*Eigentum*] (des individus, des communautés ou des sociétés en question) et, lorsqu'elles sont appropriées de façon aliénable, nous les appelons *libre* propriété [*freies Eigentum*].

Les définitions « laborieuses », apparemment inutiles, de ces faits sont un exemple de ce que d'ordinaire nous « réfléchissons » le moins sur ce qui est précisément « évident » (parce que intuitivement familier).

[24] 1. Sont ordinairement closes :

a) de façon traditionnelle les communautés auxquelles nous appartenons sur la base de relations familiales ;

b) de façon affective les relations sentimentales personnelles (par exemple les relations érotiques ou – souvent – les relations de piété) ;

c) de façon (relativement) rationnelle en valeur les communautés strictement religieuses ;

d) de façon rationnelle en finalité les groupements économiques de caractère monopolistique ou ploutocratique.

Prenons au hasard quelques exemples :

L'ouverture et la fermeture d'une « sociation » de langage actuelle dépend de son contenu significatif (la conversation par opposition à une communication intime ou d'affaires). – D'ordinaire la relation commerciale est de façon primaire souvent ouverte. – Dans de nombreuses communalisations et sociations nous observons une *alternance* entre extension et clôture. Par exemple dans les corporations, dans les cités démocratiques de l'Antiquité et du Moyen Age, les membres aspiraient à tels moments à l'augmentation la plus grande possible des adhérents, en vue d'assurer leurs chances par la puissance, et à d'autres moments à une limitation des membres à cause de la valeur du monopole. Ce phénomène n'est pas rare non plus dans les ordres monastiques ou dans les sectes religieuses qui passèrent de la propagande religieuse à la fermeture en raison de l'estime pour le niveau de vie morale ou aussi pour des raisons matérielles. L'élargissement du marché pour augmenter le volume des affaires va de pair avec la limitation monopolistique du marché. La propagande linguistique est de nos jours la conséquence normale des intérêts des éditeurs et des écrivains et elle s'oppose à ceux des couches sociales assez fréquemment fermées autrefois ainsi qu'aux langages secrets.

2. Le degré et les moyens de la réglementation et de la fermeture vers l'extérieur peuvent être extrêmement variables, de sorte que la transition de l'ouverture à la réglementation et à la fermeture est flottante : épreuves préliminaires en vue de l'admission, noviciat, acquisition par achat du droit de membre, scrutin avec ballottage, appartenance d'office ou par droit de naissance (héritage) ou en vertu d'une participation à des services déterminés, laissée au libre choix de chacun, ou – au cas d'une clôture et d'une appropriation vers l'intérieur – en vertu de l'acquisition d'un droit, et enfin gradations les plus diverses des conditions de participation. « Réglementation » et « fermeture » vers l'extérieur sont donc des concepts relatifs. On rencontre les transitions les plus variées possibles entre un club élégant, la représentation théâtrale contre un billet d'entrée, la réunion d'un parti politique sollicitant des voix, le libre accès à un office religieux et les conditions d'admission à une secte ou aux mystères d'une société secrète.

3. La fermeture vers l'*intérieur* – entre les membres et dans leurs rapports réciproques – peut également se présenter sous les formes les plus variées. Par exemple une caste fermée vers l'extérieur, une corporation ou encore une communauté boursière peuvent laisser leurs membres se faire librement concurrence à propos de toutes les chances monopolisées ou borner strictement chaque membre à des chances appropriées, déterminées pour la durée de la vie ou de façon héréditaire (notamment en Inde), ou avec droit aliénable, telles une clientèle ou une

affaire commerciale ; de même une association communale [*Markgenossenschaft*] fermée vers l'extérieur peut laisser à ses membres la libre disposition des biens ou ne leur accorder qu'un contingent destiné à l'usage du ménage ; de même un groupement de colons [*Siedlungsverband*] fermé vers l'extérieur peut accorder et garantir à ses membres la libre disposition des terres ou seulement en permanence un lotissement [*Hufenanteil*] fixe approprié, le tout suivant toutes les transitions et étapes intermédiaires imaginables. La fermeture vers l'intérieur, accordant à des postulants le droit à un fief, à des bénéfices et à des charges ainsi que le droit de possession, a pris historiquement les formes les plus variées ; de même le droit de postuler et d'occuper certains emplois – pour cette fin le développement des « comités d'entreprise » *(Betriebsräte) pourrait* constituer (mais non *obligatoirement*) le premier pas – peut progresser du *closed shop* jusqu'au droit du titulaire (le stade préliminaire consistant dans l'interdiction de renvoyer quelqu'un sans l'avis du représentant syndical). Quant aux détails, c'est l'affaire de l'analyse positive des cas particuliers. Le degré le plus élevé d'une appropriation permanente consiste dans les chances garanties à un individu (ou à des groupements particuliers déterminés, par exemple la communauté domestique, la parenté ou les familles), de telle sorte que 1° en cas de décès, le transfert en d'autres mains déterminées soit réglé et garanti par des dispositions, 2° le possesseur des chances puisse les transmettre librement à des tiers déterminés qui, *de ce fait*, deviennent partie prenante à la relation sociale ; dans le cas d'une appropriation aussi totale vers l'*intérieur*, la relation est en même temps (relativement) *ouverte vers l'extérieur* (pour autant que le droit de devenir membre *n'est pas* lié au consentement des autres associés de droit).

4. Les *motifs* de fermeture peuvent être : *a*) le maintien de la qualité et (éventuellement), par là, du prestige et des chances d'honneur et (éventuellement) de profit qui y sont liées ; exemples : les groupements d'ascètes, de moines (tout particulièrement les moines mendiants des Indes), de sectes (les puritains !), les associations de soldats, de fonctionnaires de l'administration et autres, [25] les groupements politiques de citoyens (par exemple dans l'Antiquité) et les corporations d'artisans ; *b*) la raréfaction [*Knappwerden*] des chances par

rapport au besoin (de consommation) (« aire de subsistance ») :
d'où monopole de consommation (l'archétype étant l'association communale); *c*) la raréfaction des chances de profit (dans
l'aire de travail) : d'où alors monopole du travail (archétype :
les corporations et les anciens groupements de pêche, etc.). La
plupart du temps le motif *a* est combiné avec le motif *b* ou *c*.

§ 11. *Imputation de l'activité. Rapports de représentation.*

Une relation sociale peut avoir pour les participants, suivant
l'ordre traditionnel ou l'ordre établi légalement, la conséquence
suivante : (a) l'activité de *chaque* membre participant à la relation est *imputée [zugerechnet]* à *tous* les membres (« associés
solidaires ») ou (b) l'activité de certains membres déterminés
(les « représentants ») est imputée aux autres membres (les
« représentés »), de sorte que les chances aussi bien que leurs
conséquences respectivement leur profitent ou leur tombent à
charge. Le pouvoir représentatif *[Vertretungsgewalt]* (mandat)
peut, suivant les règlements en vigueur, 1° être approprié sous
toutes les formes et degrés (mandat en propre), ou 2° être alloué
([*zugewiesen*] en permanence ou temporairement selon certains
critères, ou 3° être transféré [*übertragen*] en permanence ou
temporairement par des actes déterminés de membres ou de
tiers (mandat statutaire). Quant aux conditions sous lesquelles
on peut considérer une relation sociale (une communauté ou
une société) comme une relation de solidarité ou une relation de
représentation, on ne saurait rien en dire de général sinon que
(a) la lutte violente, ou (b) l'échange pacifique, est au premier
chef déterminant pour le degré d'agencement de leur activité
relativement au but. Pour le reste, de nombreuses autres circonstances singulières qu'on ne saurait déterminer qu'au cours
d'analyses particulières ont été et sont décisives. Évidemment,
cette conséquence intervient d'ordinaire le moins fréquemment
à propos des biens purement spirituels que l'on poursuit avec
des moyens pacifiques. Le phénomène de la solidarité ou du
pouvoir représentatif est certes souvent parallèle, mais non toujours, au degré de fermeture vers l'extérieur.

1. *a*) L' « imputation » peut signifier pratiquement une soli-

darité passive ou active, c'est-à-dire que pour l'activité d'un des participants tous passent pour tout aussi responsables que lui-même ; en outre, tous les membres ont le droit de jouir au même titre que lui des chances assurées par ce moyen. Il peut y avoir responsabilité vis-à-vis des dieux et des esprits et par conséquent celle-ci peut être orientée religieusement. Ou vis-à-vis des hommes, et dans ce cas elle peut être orientée conventionnellement pour ou contre des associés de droit (vengeance sanglante exercée contre des membres du clan par d'autres membres, représailles exercées contre les citoyens de la même cité ou contre des compatriotes), ou bien juridiquement (sanctions contre des parents, les membres d'une même maison, les membres d'une même communauté, ou responsabilité personnelle des membres d'une même maison ou d'une société commerciale les uns vis-à-vis des autres et au profit de ces communautés). Mais la solidarité vis-à-vis de dieux a eu elle aussi historiquement d'importantes conséquences (dans les communautés judaïques primitives, dans celles du christianisme primitif ou du puritanisme primitif). – *b*) Elle peut également signifier simplement (au minimum !), que, d'après l'ordre traditionnel ou établi légalement, les membres d'une relation close peuvent considérer comme *légale* pour leur propre comportement une utilisation des chances, quelle que soit leur nature (en particulier les chances économiques), dont le représentant a pris l'initiative. (Par exemple, la « validité » du pouvoir du « comité » d'une « association » ou du représentant d'un groupement politique ou économique de disposer des biens matériels qui, suivant le règlement, doivent servir aux « buts du groupement ».)

– 2. On rencontre des faits de « solidarité » sous une forme typique : *a*) dans les communautés traditionnelles par naissance ou par existence en commun (types : la communauté familiale ou le clan) ; *b*) dans les relations closes qui maintiennent le monopole des chances par leur propre violence (types : les groupements politiques, principalement ceux d'autrefois, bien qu'il en existe encore de nos jours dans une importante mesure en cas de guerre) ; *c*) dans les sociétés à but lucratif, dont le fonctionnement est assuré personnellement par les membres eux-mêmes (type : la société commerciale ouverte) ; *d*) le cas échéant, dans des communautés de travail (type : l'artel). – On rencontre le phénomène de la « représentation » sous une forme typique dans les associations à but déterminé et dans les groupements fondés sur un statut, tout particulièrement lorsque ces associations constituent et gèrent une « fortune ». Nous y reviendrons plus loin dans la sociologie du droit.

3. On dira que le pouvoir représentatif est délégué selon certains critères lorsqu'on l'attribue en tenant compte de l'âge ou d'autres caractéristiques de ce genre.

4. On ne peut expliquer en détail l'ensemble de ces phénomènes d'une manière générale, mais seulement au cours d'analyses sociologiques particulières. Parmi les phénomènes qui appartiennent à ceux discutés ici, le plus ancien et le plus universel est celui des *représailles*, aussi bien sous la forme de la vengeance que sous celle du recours à des gages.

§ 12. *Concept et sortes de groupements.*

[26] Nous dirons d'une relation sociale close ou limitée par réglementation vers l'extérieur qu'elle constitue un *groupement [Verband]* lorsque le maintien de l'ordre est garanti par le comportement de personnes déterminées, instituées spécialement pour en assurer l'exécution, sous l'aspect d'un *dirigeant [Leiter]* ou éventuellement d'une *direction administrative [Verwaltungsstab]* qui, le cas échéant, a normalement en même temps un pouvoir représentatif. La détention du pouvoir directorial ou la participation à l'activité de la direction administrative – les « pouvoirs directoriaux » *[Regierungsgewalten]* – peuvent être (a) acquis par appropriation ou bien (b) alloués en permanence, temporairement ou pour des cas particuliers à des personnes qui sont sélectionnées par les règlements en vigueur dans le groupement, ou d'après des critères déterminés ou dans des formes déterminées. Nous appellerons « activité de groupement » *[Verbandshandeln]* : (a) l'activité légitime de la direction administrative qui se rapporte à l'exécution des règlements en vertu du pouvoir directorial ou du pouvoir représentatif et (b) l'activité des membres du groupement *administrée* par les prescriptions de la direction.

1. Tout d'abord, il importe peu pour la distinction des concepts qu'il s'agisse de communalisation ou de sociation. En effet, la caractéristique suffisante est qu'il existe une « direction », celle d'un « chef de famille », d'un comité d'association, d'un directeur d'entreprise, d'un prince, d'un président d'État, d'un chef d'Église, dont l'activité est réglée dans le sens de l'exécution des règlements du groupement. C'est que cette forme spécifique de l'*activité*, qui ne s'oriente pas seulement d'après les règlements, mais est instituée pour les *imposer par contrainte*, ajoute du point de vue sociologique au contexte de la relation sociale close un caractère nouveau, pratiquement important. Toutes les communalisations ou sociations closes ne constituent pas un « groupement » : par exemple une relation érotique ou une communauté parentale sans chef n'en sont pas.

2. L' « existence » d'un groupement dépend entièrement de la « présence » d'un dirigeant ou éventuellement d'une direction administrative. Ce qui, exprimé de façon plus précise, signifie qu'elle dépend de l'existence d'une *chance*, suivant laquelle une *activité* de personnes définissables a lieu qui, d'après son sens, cherche à appliquer les règlements du groupement, ce qui veut dire que nous sommes en présence de personnes « *instituées* » pour cela, à savoir : agir, le cas échéant, dans ce sens-là. *Conceptuellement*, peu importe, au préalable, sur quoi se fonde cette institution : dévouement d'ordre traditionnel, affectif, rationnel en valeur (devoir du féodal, du fonctionnaire, de l'employé), ou *intérêts* rationnels en finalité (intérêt d'avoir un salaire, etc.). Pour notre terminologie, le groupement, considéré sociologiquement, ne « consiste » en rien d'autre qu'en cette chance d'une activité qui se déroule en s'orientant de la manière que nous venons d'indiquer. Si cette chance de l'activité d'une *direction* par des personnes définissables (ou par une personne singulière définissable) fait défaut, il n'existe selon notre terminologie qu'une « simple relation sociale » et non un groupement. Cependant, aussi longtemps que cette chance « subsiste » il existera du point de vue sociologique un groupement, *en dépit des changements parmi les personnes* qui orientent leur activité d'après l'ordre en question. (La nature de notre définition a précisément pour but d'inclure directement *ce* caractère.)

3. *a*) En dehors de l'activité de la direction administrative

elle-même et de celle qui se déroule sous son autorité, il y a encore une autre activité spécifique orientée d'après les règlements du groupement, c'est l'activité typique des membres ordinaires du groupement, dont le sens consiste en ce qu'ils apportent la garantie que les règlements sont appliqués (par exemple le paiement des impôts et autres services liturgiques personnels : appartenance à un jury, accomplissement du service militaire, etc.). *b*) L'ordre en vigueur peut aussi contenir des normes en fonction desquelles l'activité des membres du groupement doit s'orienter relativement à d'*autres* objets (par exemple, à l'intérieur du groupement étatique, l'activité de l' « économie privée », qui ne sert pas à imposer la validité des règlements du groupement, mais est au service d'intérêts particuliers en s'orientant d'après le droit « civil »). On pourrait appeler les cas de la rubrique *a* « une activité qui se rapporte au groupement » [*verbandsbezogenes Handeln*] et ceux de la rubrique *b* une « activité réglée par le groupement » [*verbandsgeregeltes Handeln*]. Sous la notion d' « activité de groupement » nous ne comprenons donc que celle de la direction administrative elle-même et toute autre qui se rapporte au groupement qu'elle *dirige* méthodiquement. Serait par exemple une activité de groupement celle de tous les participants à une guerre que « mène » un État, la « requête » qu'un comité d'association fait voter, le « contrat » conclu par un dirigeant, dont la « validité » sera octroyée et imputée à tous les membres du groupement (suivant le § 11), en outre tous les développements de la « jurisprudence » et de l' « administration » (voir aussi § 14).

Un groupement peut être (a) autonome ou hétéronome, (b) autocéphale ou hétérocéphale. L'autonomie signifie, à la différence de l'hétéronomie, que l'ordre du groupement est instauré par des personnes qui ne lui sont pas extérieures, mais par des membres du groupement en vertu de cette qualité (peu importe au demeurant comment cela se fait). L'autocéphalie [27] signifie que le dirigeant, ou la direction du groupement, est désigné selon des règlements propres au groupement et non, comme dans l'hétérocéphalie, par une autorité qui lui est extérieure (peu importe comment cette désignation intervient d'ordinaire).

La nomination du *Governor* des provinces canadiennes (par

le gouvernement central du Canada) est un exemple d'hétérocéphalie. Un groupement hétérocéphale peut cependant être autonome et un groupement autocéphale être hétéronome. Un même groupement peut également, sous les deux rapports, consister *pour partie* en l'une, *pour partie* en l'autre. Les États fédéraux autocéphales d'Allemagne étaient, malgré cette autocéphalie, des groupements hétéronomes dans le cadre de la compétence de l'Empire allemand, mais autonomes pour ce qui concernait les cultes et la politique scolaire par exemple. Durant son annexion à l'Allemagne, l'Alsace-Lorraine était autonome dans d'étroites limites, mais aussi hétérocéphale (du fait que l'empereur nommait le *Statthalter*). Tous ces phénomènes peuvent ne se présenter que partiellement. Un groupement *aussi* complètement hétéronome qu'il est complètement hétérocéphale (par exemple un « régiment » dans une armée) devra en règle générale être considéré comme une partie d'un groupement plus vaste. Pour savoir s'il en est ainsi, il faudra tenir compte, dans chaque cas particulier, du *degré* d'indépendance de l'orientation de son activité, ce qui relève terminologiquement de la simple commodité.

§ 13. *Règlements d'un groupement.*

Les règlements statutaires [*gesatzten Ordnungen*] peuvent être établis (a) par libre entente ou bien (b) par octroi et docilité [*Oktroyierung und Fügsamkeit*]. Le pouvoir directorial peut revendiquer la puissance légitime d'octroyer à l'intérieur d'un groupement de nouveaux règlements. Nous entendons par *constitution* [*Verfassung*] la chance *effective* de docilité (variable suivant le degré, la nature et les présuppositions) envers la puissance *octroyante* des pouvoirs directoriaux existants. Ces présuppositions peuvent consister, suivant les règlements en vigueur, principalement dans la consultation et le consentement de certains groupes ou fractions des membres du groupement et au surplus dans d'autres conditions les plus diverses.

Les règlements d'un groupement peuvent être octroyés non seulement à ses membres, mais aussi à des non-membres qui se trouvent dans des *situations* déterminées. Une telle situation peut consister en particulier en une relation avec un territoire [*Gebietsbeziehung*] (celui où l'on vit, dont on est originaire, où l'on se propose d'entreprendre certaines actions) ; c'est là la « validité territoriale » [*Gebietsgeltung*]. Nous appellerons « groupement territorial » [*Gebietsverband*] un groupement dont les règlements octroient fondamentalement une « validité territoriale » ; peu importe en l'occurrence jusqu'à quel point son ordre revendique également vers l'*intérieur*, envers ses propres membres, cette « validité territoriale » (cas qui est possible, mais qui ne se produit que dans d'étroites limites).

1. Est octroyé dans le sens de notre terminologie *tout* règlement qui n'est pas établi par une entente libre et personnelle de tous les participants, par conséquent aussi une « décision prise à la majorité », à laquelle la minorité se soumet. C'est pourquoi la légitimité de la décision prise à la majorité (voir plus loin la sociologie de la domination et du droit) n'a souvent pas été reconnue et est restée problématique durant de longues périodes (même encore pendant le Moyen Âge par les états généraux et jusqu'à l'époque contemporaine dans l'*obztschina* russe).

2. Même les ententes formellement « libres » sont en fait, comme on sait, très fréquemment octroyées (ainsi dans l'obztschina). Dans de pareils cas seule la *manière dont les choses se passent* réellement est déterminante pour la sociologie.

3. Le concept de « constitution » que nous employons ici est celui qu'a également utilisé Lassalle. Il n'est donc pas identique à la constitution « écrite » ni en général à la constitution au sens juridique. En effet, la question sociologique est la suivante : à quel moment, en vue de quels objets, *dans quelles limites* et – éventuellement – sous quelles présuppositions spéciales (par exemple approbation par des dieux ou par des prêtres ou consentement des électeurs, etc.) les membres du groupement se soumettent-ils au dirigeant, et la direction administrative ainsi que l' « activité de groupement » sont-elles à ses ordres lorsqu'il « prend des dispositions », en particulier lorsqu'il octroie des règlements ?

4. Les types principaux de la « validité territoriale » octroyée consistent dans les normes de droit pénal et dans maintes autres « dispositions juridiques » à propos desquelles la présence, la naissance, le fait de travailler ou d'œuvrer sur le territoire d'un

groupement constituent des présuppositions à l'application du règlement dans les groupements politiques (cf. le concept de *Gebietskörperschaft* de Gierke et Preuß).

§ 14. *Règlement administratif et règlement régulateur.*

Nous appelons *règlement administratif* [*Verwaltungsordnung*] le règlement qui règle l'« activité de groupement ». Le règlement qui règle toute autre activité sociale et *garantit* aux agents les chances [28] qui leur sont ouvertes par ce moyen, nous l'appelons *règlement régulateur* [*Regulierungsordnung*]. Tant qu'un groupement s'oriente uniquement d'après les règlements de la première catégorie, nous l'appelons « groupement administratif » et tant qu'il s'oriente d'après ceux de la deuxième nous l'appelons « groupement régulateur ».

1. Il est évident que la majorité des groupements sont à la fois l'un et l'autre. On pourrait considérer comme groupement *purement et simplement* régulateur la construction théorique du pur « État de droit » [*Rechtsstaat*] dans le système d'un absolu *laissez faire* (ce qui, à la vérité, suppose qu'on abandonne la réglementation des finances à la pure économie privée).

2. A propos du concept d'« activité de groupement », voir § 12,3. Sous le concept de « règlement administratif » il faut comprendre toutes les règles qui valent pour le comportement de la direction administrative aussi bien que, suivant une expression devenue courante, pour celui des membres « envers le groupement ». En d'autres termes, celles qui valent pour les buts dont les règlements cherchent à assurer la poursuite grâce à une activité instituée positivement de la direction administrative et de ses membres que les règlements prescrivent *méthodiquement*. Dans une organisation économique absolument communiste, *toute* l'activité entrerait à peu près [dans cette catégorie], tandis que dans l'« État de droit » absolu n'en relèveraient que les attributions des juges, des autorités policières, des jurés, des soldats et aussi les fonctions législatives ou électorales. En général – quoique pas toujours dans le détail – la frontière entre règlement administratif et règlement régulateur coïncide avec la

distinction, courante dans les groupements politiques, entre « droit public » et « droit privé » (pour plus de détails, voir la sociologie du droit, *infra* II, chap. VII).

§ 15. *Entreprise et groupement organisé en entreprise, association, institution.*

Nous entendons par entreprise [*Betrieb*] une activité continue en *finalité* [*kontinuierliches Zweckhandeln*] et par *groupement organisé en entreprise* [*Betriebsverband*] une sociation comportant une direction administrative à caractère continu, agissant en finalité.

Nous appelons *association* [*Verein*] un groupement formé par entente dont les règlements statutaires ne revendiquent de validité que pour ceux qui y entrent librement de leur chef.

Nous appelons *institution* [*Anstalt*] un groupement dont les règlements statutaires sont octroyés avec un succès (relatif) à l'intérieur d'une zone d'action délimitable à tous ceux qui agissent d'une façon indéfinissable selon des critères déterminés.

1. Le concept d'« entreprise » comprend évidemment aussi l'exécution d'affaires politiques et hiérurgiques, d'affaires propres aux associations, dans la mesure où la caractéristique de la continuité d'une activité en finalité leur convient.

2. L'« association » et l' « institution » sont toutes deux des groupements comportant des règlements établis *rationnellement* (méthodiquement). Ou plus exactement, *dans la mesure où* un groupement a des règlements établis rationnellement, il constitue une association ou une institution. Forment une institution avant tout l'État, conjointement avec ses groupements hétérocéphales, et aussi l'Église – pour autant que ses règlements sont établis rationnellement. Les règlements d'une institution prétendent être valables pour tout individu qui *répond* à certains critères (naissance, domicile, mise à contribution d'institutions déterminées), sans qu'il importe que l'individu en question y soit entré de son propre chef – comme dans le cas de l'association – et en outre qu'il ait participé à l'établissement des statuts. Ce sont donc des règlements *octroyés* au sens tout à fait spéci-

fique du terme. L'institution *peut* en particulier être un groupement *territorial*.

3. L'opposition entre association et institution est *relative*. Les règlements d'une association peuvent toucher aux intérêts de tiers, et dans ce cas la reconnaissance de la validité de ces règlements peut être octroyée par usurpation ou en vertu de la puissance propre de l'association aussi bien qu'en vertu de règlements établis légalement (par exemple le droit régissant les sociétés par actions).

4. Il est à peine nécessaire d'insister sur le fait que l'« association » et l'« institution » n'embrassent pas sans laisser de résidus la *totalité* des groupements concevables. Au surplus, elles ne constituent que des oppositions « polaires » (ainsi dans le domaine religieux l'antithèse entre « secte » et « Église »).

§ 16. *Puissance, domination.*

Puissance [*Macht*] signifie toute chance de faire triompher au sein d'une relation sociale sa propre volonté, même contre des résistances, peu importe sur quoi repose cette chance.

Domination [*Herrschaft*] signifie la chance de trouver des personnes déterminables prêtes à obéir à un ordre [*Befehl*] de contenu déterminé ; nous appelons *discipline* [*Disziplin*] la chance de rencontrer chez une multitude déterminable d'individus une obéissance prompte, automatique et schématique, en vertu d'une disposition acquise.

1. Le concept de « puissance » est sociologiquement amorphe. Toutes les qualités concevables d'un homme et toutes les constellations possibles peuvent mettre un individu dans la nécessité [29] de faire triompher sa volonté dans une situation donnée. C'est pourquoi le concept sociologique de « domination » exige d'être précisé davantage : il ne peut que signifier la chance pour un *ordre* de rencontrer une docilité.

2. Le concept de « discipline » implique une « disposition acquise » de l'obéissance d'une *masse* dépourvue de critique et sans résistance.

Le fait de la domination est seulement lié à la présence actuelle d'*un individu* qui commande avec succès à d'*autres*, mais il n'est absolument pas lié à l'existence d'une direction administrative ni à celle d'un groupement. Par contre, bien sûr – du moins dans les cas normaux, – à l'*une* des deux. Dans la mesure où les membres d'un groupement sont comme tels soumis à des relations de domination en vertu des règlements en vigueur, nous parlerons d'un *groupement de domination* [*Herrschaftsverband*].

1. Le père de famille exerce sa domination sans direction administrative. Un chef de Bédouins, qui prélève un tribut sur les caravanes, les personnes et les biens qui passent devant sa forteresse, exerce sa domination sur toutes ces personnes changeantes et indéterminées qui ne forment pas un groupement entre elles, de sorte que, dès que et aussi longtemps qu'elles se trouvent dans une situation déterminée, elles lui servent d'objet de contrainte, grâce au concours de subordonnés qui, le cas échéant, lui servent de direction administrative. Il est théoriquement possible de concevoir une domination de ce genre exercée par un seul individu, sans le secours d'aucune direction administrative.

2. En raison de sa direction administrative un groupement est toujours, à un quelconque degré, un groupement de domination. Toutefois, la concept est relatif. Le groupement de domination normal est, comme tel, un groupement administratif. La manière et le caractère du cercle de personnes qui l'administrent et la nature des objets à administrer, ainsi que la portée de la validité de sa domination, sont déterminés par la nature particulière du groupement. Les deux premiers facteurs reposent, dans une mesure considérable, sur la nature des fondements de la *légitimité* de la domination (sur cette question voir plus loin le chap. III).

§ 17. *Groupement politique, groupement hiérocratique.*

Nous dirons d'un groupement de domination qu'il est un groupement *politique* [*politischer Verband*] lorsque et tant que son existence et la validité de ses règlements sont garanties de façon continue à l'intérieur d'un territoire *géographique* déterminable par l'application et la menace d'une contrainte *physique* de la part de la direction administrative. Nous entendons par *État* une « *entreprise* politique de caractère *institutionnel* » [*politischer Anstaltsbetrieb*] lorsque et tant que sa direction administrative reventique avec succès, dans l'application des règlements, le *monopole* de la contrainte physique *légitime*. – Nous dirons qu'une activité sociale, et tout particulièrement une activité de groupement, est « orientée politiquement » [*politisch orientiert*] lorsque et tant qu'elle a pour objet d'influencer la direction d'un groupement politique, en particulier l'appropriation, l'expropriation, la redistribution ou l'affectation des pouvoirs directoriaux.

Nous dirons d'un groupement de domination qu'il est un groupement *hiérocratique* [*hierokratischer Verband*] lorsque et tant qu'il utilise pour garantir ses règlements la contrainte *psychique* par dispensation ou refus des biens spirituels du salut (contrainte hiérocratique). Nous entendons par *Église* une *entreprise* hiérocratique de caractère *institutionnel* lorsque et tant que sa direction administrative revendique le *monopole* de la contrainte hiérocratique légitime.

1. La violence [*Gewaltsamkeit*] n'est naturellement ni l'unique moyen administratif ni même seulement le moyen normal d'un groupement politique. En effet, les dirigeants se sont au contraire servis de tous les autres moyens possibles en général pour mener à bonne fin leurs entreprises. Cependant la menace et, éventuellement, l'application de la violence en est assurément le moyen *spécifique* et partout elle est, en cas de défaillance des autres moyens, l'*ultima ratio*. Ce ne sont pas seulement les groupements politiques qui ont utilisé ou qui utilisent la violence comme moyen légitime, mais aussi les clans [*Sippe*], les communautés familiales, les corporations, et au Moyen Age, suivant les circonstances, tous ceux qui avaient le droit de porter les armes. Ce qui caractérise le groupement politique, *outre* la possibilité d'utiliser la violence (du moins aussi) pour garantir ses règlements, c'est le fait qu'il revendique la domination de sa direction administrative et de ses règlements sur un *territoire* et qu'il la garantit par la violence. Partout où un groupement utilisant la violence répond à cette caractéristique, nous l'appellerons *dans cette mesure* un groupement poli-

tique – qu'il s'agisse d'une communauté rurale ou même de communautés domestiques particulières ou de groupements comme les corporations et les syndicats (les « conseils »).

2. Il n'est pas possible de définir un groupement politique – pas même l' « État » – en indiquant seulement la *fin* de son activité de groupement. En effet, il n'existe pas de fin, depuis le souci du ravitaillement jusqu'à la protection des arts, que le groupement politique *n'ait* à l'occasion poursuivie ; de même il n'existe pas de fin, depuis la garantie de la sécurité personnelle jusqu'à la fonction judiciaire, que *tous* les groupements politiques n'aient poursuivie. C'est pourquoi on ne peut définir le caractère « politique » d'un groupement *uniquement* par le *moyen* – élevé, le cas échéant, à la hauteur d'une fin en soi – qui ne lui est pas propre à lui seul, mais qui lui est certainement spécifique et indispensable du point de vue de son essence, à savoir la violence. Cela ne correspond pas tout à fait au langage courant ; mais celui-ci est inutilisable sans précisions. On parle de la « politique des devises » de la *Reichsbank*, de la « politique financière » de la direction d'une association, de la « politique scolaire » d'une commune, et l'on entend par là l'élaboration et la *conduite* méthodiques d'intérêts pratiques déterminés. On fait essentiellement d'une manière caractéristique une distinction entre l'aspect ou la portée « politique » d'une question, le fonctionnaire « politique », le journal « politique », la révolution « politique », l'association « politique », le parti « politique » ou la conséquence « politique », et les autres aspects ou manières d'être, économique, culturel, religieux, etc., des personnes, des choses et des phénomènes en question ; et l'on entend dans le premier cas tout ce qui a trait à l'intérieur du groupement « politique » (suivant notre terminologie), donc à l'intérieur de l'État, aux relations de domination, c'est-à-dire à ce qui peut provoquer, entraver ou favoriser le maintien, le déplacement ou le bouleversement de ces relations, à l'opposé des personnes, choses et phénomènes qui n'ont rien à voir avec cela. Par conséquent cet usage du langage courant cherche également l'élément commun dans le *moyen*, à savoir dans la « domination », au sens où les pouvoirs étatiques l'exercent, et où l'on met hors circuit [*Ausschaltung*] la fin que la domination sert. Aussi peut-on affirmer que la définition que nous prenons ici comme base contient simplement une précision du langage

courant, en tant qu'elle met rigoureusement l'accent sur l'élément effectivement spécifique, à savoir la violence (actuelle ou éventuelle). Il est vrai, le langage courant appelle « groupement politique » non seulement les détenteurs de la violence qui passent pour légitimes, mais aussi les partis ou clubs par exemple qui ont pour objet d'influencer (expressément aussi de manière *non* violente) l'activité de groupement politique. En disant, qu'elle est « orientée politiquement » nous voulons distinguer cet aspect de l'activité sociale de l'activité « politique » proprement dite (c'est-à-dire de l'activité de groupement des groupements politiques au sens indiqué au § 12, 3).

3. Il convient de définir le concept d'*État* conformément à son type moderne – car par son développement achevé il est absolument moderne – mais également en faisant abstraction du contenu des fins variables que nous vivons précisément de nos jours. Ce qui est formellement caractéristique de l'État contemporain, c'est une réglementation administrative et juridique, modifiable par des lois, d'après laquelle s'oriente l'entreprise de l'activité de groupement de la direction administrative (également réglementée par des lois) et qui revendique une validité non seulement pour les membres du groupement – qui y sont en substance incorporés par naissance – mais aussi, dans une large mesure, pour toute l'activité qui se déroule dans les limites du territoire qu'il domine (par conséquent conformément à l'institution territoriale). Il se caractérise en outre par le fait qu'il n'existe de nos jours de violence « légitime » que dans la mesure où l'ordre étatique la permet ou la prescrit (en tant qu'elle laisse par exemple au père de famille le « droit de châtier », vestige d'un antique droit propre à user de la violence jusqu'à disposer de la vie des enfants et des esclaves). Cet aspect du monopole de la violence réservé à la domination étatique est une caractéristique aussi essentielle de sa condition présente que son caractère d'« institution rationnelle » ou d'« entreprise » continue.

4. Ce n'est pas la *nature* des biens spirituels qu'il laisse espérer – biens d'ici-bas ou dans l'au-delà, biens extérieurs ou intimes – qui constitue la caractéristique déterminante du concept de groupement hiérocratique, mais le fait que la dispensation de ces biens peut constituer le fondement d'une *domination* spirituelle sur les hommes. Par contre, l'élément caractéris-

tique pour le concept d' « Église », est, suivant le langage courant (et commode), son aspect d'entreprise et d'institution (relativement) rationnelles, tel qu'il s'exprime dans les règlements et la direction administrative, ainsi que la revendication d'une domination monopolistique. Suivant l'*aspiration* normale de l'institution ecclésiale, elle se prête à une domination hiérocratique sur un territoire et à une organisation territoriale (paroissiale), encore que la réponse à la question : par quels moyens confère-t-on de l'autorité à cette revendication d'un monopole ? varie selon les cas particuliers. Historiquement cependant le monopole effectif de la domination sur un *territoire* n'a jamais été pour l'Église aussi essentiel que pour un groupement politique, et de nos jours il ne l'est plus du tout. Le caractère « institutionnel » de l' « Église » et tout particulièrement le fait que « l'on naît membre d'une Église » la distinguent de la « secte », dont la caractéristique consiste dans le fait qu'elle est une « association » et qu'elle n'accueille que les personnes qui sont personnellement qualifiées du point de vue religieux (les autres détails appartiennent à la sociologie religieuse, *infra* II, chap. v).

CHAPITRE II

Les catégories sociologiques fondamentales de l'économique

[31] REMARQUE PRÉLIMINAIRE. Nous n'avons pas l'intention d'élaborer ici une « théorie économique » mais de définir quelques termes dont nous ferons par la suite un fréquent usage et de préciser certaines relations sociologiques extrêmement simples au domaine économique. La détermination du sens se fera selon des critères strictement utilitaires. Ainsi, nous avons renoncé à donner une définition terminologique du concept discuté de « valeur ». – Contrairement à la terminologie de K. Bücher nous n'avons tenu compte, dans les sections concernées (sur la division du travail), que des écarts de sens qui nous ont paru indiqués pour notre propos. – Pour le moment, nous laisserons de côté toute considération de « dynamique ».

§ 1. *Concept de l'activité économique.*

Nous disons d'une action qu'elle « a une *orientation* économique » quand elle vise dans son intention à aller au-devant d'un désir d' « utilité » [*Nutzleistung*]. Nous désignons par « activité économique » l'exercice *pacifique* d'un droit de disposition d'orientation *essentiellement* économique, alors que l' « activité économique rationnelle » serait une activité économique rationnelle en finalité, donc *planifiée*. Nous entendons par « économie » une activité économique autocéphale, par

« exploitation économique » une activité économique *continue* et ordonnée à la manière d'une entreprise.

1. Nous avons déjà souligné plus haut (chap. 1, § 1, B, 2, p. 52) que l'activité économique n'est pas en soi nécessairement une activité sociale.

2. La définition de l'économie doit être aussi générale que possible, elle doit mettre en évidence que tous les processus et objets « économiques » se signalent comme tels par le *sens* que leur confère l'activité humaine – comme but, moyen, frein, succès accessoire. Mais on n'aura garde d'exprimer cette pensée, comme on le fait parfois, en affirmant que l'activité économique est un phénomène « psychique » car la production de biens, le prix ou même l' « appréciation subjective » des biens – pour peu qu'il s'agisse de processus réels – ne se confinent pas au domaine « psychique ». Mais ce terme équivoque exprime une pensée juste : ils ont tous un sens visé [*gemeinter Sinn*] particulier : c'est lui seul qui fait l'unité des processus envisagés et les rend compréhensibles. – La définition de l'économie devra se faire de telle sorte qu'elle englobe aussi l'entreprise moderne à but lucratif, qu'elle ne prenne pas comme *point de départ* les « besoins du consommateur » et leur « satisfaction », mais bien plutôt le fait – qui s'applique aussi à l'activité purement lucrative – que les « utilités » sont l'objet d'un *désir*, ainsi que cet autre fait – s'appliquant aussi à l'activité économique primitive visant à la satisfaction d'un besoin – qu'on tente de combler ce désir précisément par des *initiatives* [*Fürsorge*] (même si celles-ci sont rudimentaires ou simplement consacrées par l'usage).

3. Par opposition à « activité économique » nous appellerons « activité à orientation économique » toute activité qui (a) est orientée en principe à d'autres fins mais qui tient compte dans son déroulement de « faits économiques » [*wirtschaftlicher Sachverhalt*] (la nécessité subjectivement reconnue d'initiatives économiques), ou qui (b) est d'orientation essentiellement économique mais utilise pour parvenir à ses fins des moyens *violents*. Autrement dit, toute activité dont l'orientation n'est pas essentiellement et pacifiquement économique, mais dans la détermination de laquelle entrent des facteurs économiques. Nous appellerons donc « activité économique » [32] toute acti-

vité subjectivement et essentiellement économique (subjectivement dans ce sens que l'accent est sur la conviction subjective de la nécessité de l'initiative et non sur le caractère objectif de cette nécessité). R. Liefmann a parfaitement raison d'insister sur le caractère « subjectif » du concept, c'est-à-dire sur le fait que le sens visé de l'activité en fait une activité économique, mais il a tort, à mon avis, de supposer le contraire dans tous les autres cas.

4. Toute sorte d'activité même violente (par ex. belliqueuse) peut avoir une *orientation* économique (rapines, guerres économiques). Certains, surtout Franz Oppenheimer, ont à juste titre opposé les moyens « économiques » aux moyens « politiques ». Il est en effet utile de distinguer entre le politique et l' « économique ». L'emploi de la force est tout à fait contraire à l'esprit de l'économie – au sens usuel du terme. Nous n'engloberons donc *pas* dans notre définition de l'économie l'appropriation directe, actuelle et violente de biens ou l'obtention par la contrainte directe et effective d'un certain comportement de l'autre à la suite d'un combat. Inutile d'ajouter que l'*échange* n'est pas l'*unique* procédé économique, bien qu'il soit l'un des plus importants. Il va sans dire que les *préparatifs* d'orientation purement économique entrepris selon des normes pacifiques en vue de s'assurer la possession des moyens et le succès d'une expédition guerrière (armements, économie de guerre) entrent, comme toute autre activité de ce genre, dans la catégorie de l' « économique ».

Toute politique rationnelle se sert de *moyens* d'orientation économique, chaque politique peut être au service d'*objectifs* économiques. De même notre économie moderne dans les conditions de la vie contemporaine a-t-elle besoin – même si en théorie cela ne s'applique pas à toute forme d'économie – de la garantie d'un droit de disposition par la juridiction de l'*État*, autrement dit : par la menace d'une contrainte éventuelle en vue de maintenir ou d'exécuter la garantie de droits de disposition formellement « légitimes ». Une activité économique protégée par de telles dispositions de contrainte n'est pas en elle-même une activité violente.

Qu'il soit faux de prétendre que l'*économie* (quelle que soit la définition qu'on en donne) *n'est autre chose* qu'un « moyen » – par opposition, par exemple, à l' « État » etc. –

découle déjà du fait qu'il est impossible de définir l'État *autrement* qu'en fonction des moyens (de contrainte) dont il dispose de nos jours à la manière d'un monopole. L'économie – pour peu que ce terme ait un sens quelconque – ne saurait être, considérée sous l'angle strictement pratique, qu'un choix prévoyant entre plusieurs *objectifs*, choix *orienté* en fonction de la pénurie des moyens disponibles ou que l'on peut obtenir pour la réalisation de ces différents objectifs.

5. Le terme « activité économique rationnelle » ou même « activité économique » tout court ne doit pas servir à désigner toute activité, rationnelle par les moyens qu'elle met en œuvre. Nous nous garderons surtout de confondre « économie » et « technique ». La « technique » d'une activité est dans notre esprit la somme des *moyens* nécessaires à son exercice, par *opposition* au sens ou au but de l'activité qui, en dernière analyse, en détermine (concrètement parlant) l'orientation, la technique « rationnelle » étant pour nous la mise en œuvre de moyens orientée intentionnellement et méthodiquement en fonction d'expériences, de réflexions, et – en poussant la rationalité à son plus haut degré – de considérations scientifiques. La signification concrète du terme « technique » est donc assez floue : le sens ultime d'une action concrète, placée dans un contexte *global* d'activité, peut être de nature « technique », c'est-à-dire : elle peut servir de moyen par rapport à ce plus vaste contexte, mais dans ce cas l'accomplissement technique est (vu en fonction de l'action concrète) le sens de celle-ci, et les moyens mis en œuvre pour y parvenir sont sa « technique ». Une technique ainsi comprise existe dans toute activité et on peut parler d'une technique de la prière, d'une technique de l'ascèse, d'une technique de réflexion et de recherche, d'une mnémotechnique, d'une technique pédagogique, d'une technique de la domination politique et hiérocratique, d'une technique administrative, d'une technique érotique, d'une technique de la guerre, d'une technique musicale (d'un virtuose, par ex.), de la technique d'un statuaire ou d'un peintre, d'une technique juridique etc., toutes étant susceptibles d'un degré de rationalité extrêmement variable. En posant la *question* de la technique on émet toujours des doutes sur les *moyens* les plus rationnels. A côté d'autres, un des critères de la rationalité d'une technique est *aussi* le célèbre principe du « moindre effort », c'est-à-dire

du rendement optimum *par rapport* aux moyens à mettre en œuvre (et non par rapport aux plus petits moyens possibles en termes absolus). Un principe apparemment identique s'applique aussi à l'économie (comme à toute activité rationnelle), mais dans un *sens* différent. Aussi longtemps que la technique reste dans notre sens « technique » pure, elle ne se soucie que des moyens appropriés et relativement économes de *forces* pour parvenir au résultat *précis* qui lui a été directement et indiscutablement signifié, pour peu qu'il soit *aussi* parfait, aussi sûr et durable (que celui obtenu par une autre voie). Nous disons relativement, c'est-à-dire dans la mesure où l'on peut *comparer* directement les efforts impliqués dans telle ou telle méthode. Pour autant qu'elle reste technique *pure* elle fait abstraction de toutes les autres considérations. Placée par exemple devant la question de savoir si une pièce mécanique doit être faite en fer ou en platine, elle prendrait sa décision – si l'on disposait [33] *de fait* de quantités suffisantes de ce dernier métal pour obtenir le succès concret escompté – sur la base d'une seule considération : comment pourrait-elle atteindre au mieux son objectif en économisant le plus d'*efforts comparables* (par exemple de travail) dans l'un et l'autre procédé ? Mais si elle tient compte, dans ses motivations, de la *rareté* du platine par rapport au fer – ce que chaque « technicien » a coutume de faire de nos jours déjà au stade du laboratoire chimique – elle n'a plus (dans le sens où nous l'entendons) une orientation « exclusivement technique » mais accessoirement *économique*. Vus dans la perspective de l' « activité économique » tous les problèmes « techniques » se présentent sous l'aspect de leurs « *coûts* » : question d'importance toujours primordiale pour l'économie mais qui, placée dans le contexte *économique*, se pose toujours sous la forme suivante : comment se présente la satisfaction d'autres besoins (actuels, de qualité différente, ou futurs, de qualité égale) si l'on utilise pour ce *besoin-ci* ces moyens-ci ? (Une théorie analogue est exposée par von Gottl, *Grundriß der Sozialökonomik*, section II, 2 ; détaillées et excellentes sont les explications de R. Liefmann, *Grundsätze der Volkswirtschaftslehre*, tome I, p. 334 sq. [2e éd. 1920, p. 327 sq.].) La réduction, « en dernière analyse », de tous les « moyens », à la « quantité de travail » fournie est une erreur.

Car la question de savoir ce que « coûte », par comparaison,

105

la mise en œuvre de plusieurs moyens pour la réalisation d'*un seul* objectif technique dépend en dernière analyse de la possibilité d'utiliser les mêmes moyens (notamment le *potentiel* de travail) pour des *objectifs* différents. Nous rangeons parmi les problèmes « techniques » (dans le sens que nous donnons à ce terme) la question de savoir quelles sortes de mesures il faut prendre pour déplacer des fardeaux d'un certain genre ou pour extraire des produits miniers d'une certaine profondeur, et lesquelles de ces mesures doivent être considérées comme les plus idoines, c'est-à-dire comme promettant le résultat escompté avec une dépense comparativement minimale de travail *effectif* (pour assurer le succès). On donnerait au problème un contenu économique en se demandant si – dans le domaine de l'économie *transactionnelle* [*Verkehrswirtschaft*] – tel investissement financier serait d'un *bon rapport* par la vente des produits qui s'ensuivrait ou si – dans l'économie *planifiée* – on peut engager la main-d'œuvre *et* les moyens de production indispensables sans porter préjudice à d'*autres* intérêts d'approvisionnement tenus pour *plus importants* ; dans les deux cas le problème consiste à comparer les mérites respectifs de plusieurs *objectifs*. L'orientation de l'économie s'opère essentiellement en fonction du *but* d'utilisation, l'orientation de la technique en fonction du *moyen* à mettre en œuvre (le but étant donné). Le fait que l'initiative technique ait toujours pour point de départ un but pratique et déterminé d'avance n'influe pas sur la *rationalité technique* considérée sous l'angle conceptuel (et non, évidemment, en considérant le fait comme tel). Ainsi, il existe, selon notre définition, une technique rationnelle au service d'objectifs ne correspondant à aucun *désir*. Quelqu'un pourrait, par exemple, par simple goût de la « technique », produire de l'air *atmosphérique* en mettant en œuvre tous les moyens de production modernes sans qu'on puisse dénier à son activité le caractère de rationalité *technique* : au plan *économique*, son industrie serait en temps normal irrationnelle, parce qu'il n'existe aucun besoin rendant nécessaire l'approvisionnement en ce produit (cf. von Gottl-Ottlilienfeld, *Grundriß der Sozialökonomik*, II, 2). Que l'évolution dite technologique moderne s'oriente essentiellement vers les chances d'un bénéfice est une des vérités fondamentales de l'histoire de la technique. Mais cette orientation économique, pour fondamentale et importante qu'elle soit, *n'est pas* exclusivement responsable de l'évolution technique qui s'appuie aussi sur le jeu et les recherches d'idéologues ingénus, sur des intérêts supraterrestres et fantasques, sur des mobiles artistiques et autres faits extra-économiques. Il n'en est pas moins vrai que le centre de gravité de l'évolution technique se situe aujourd'hui comme de tout temps sur ses incidences économiques ; sans le calcul rationnel, fondement de l'économie, autrement dit sans un ensemble de circonstances concrètes relevant de l'histoire de l'économie, la technique rationnelle n'aurait jamais vu le jour.

Notre point de départ sociologique nous a interdit d'inclure *explicitement* dans notre concept initial ce qui caractérise son opposition à la technique. C'est de la « continuité » que découle pour la sociologie au plan pragmatique l'examen des mérites respectifs des différents objectifs et de leur rapport avec les « coûts » (pour autant que ceux-ci ne reviennent pas simplement à renoncer à un objectif en faveur d'autres, considérés comme plus urgents). Une théorie *économique*, par contre, ferait bien de tenir compte d'emblée de ce caractère.

6. Le concept sociologique de l' « activité économique » serait incomplet sans la mention du *droit de disposition*, ne fût-ce que parce que l'économie lucrative, au moins, s'effectue exclusivement par conventions d'échange, donc par l'acquisition planifiée de droits de disposition (c'est par là que s'opère le rapport avec le « droit »). Toute autre organisation économique équivaudrait également à *quelque* répartition effective du droit de disposition, mais celle-ci se ferait selon d'autres principes que ceux de l'économie privée [34] qui le garantit *juridiquement* aux économies *individuelles* autonomes et autocéphales. Ou bien les *dirigeants* (socialisme) ou bien les *membres* (anarchisme) doivent pouvoir compter sur le droit de disposer de la main-d'œuvre et de la capacité de travail disponibles : cette évidence peut être masquée par une terminologie équivoque, mais elle ne saurait être niée. Que cette disposition soit – contractuellement ou juridiquement – garantie ou qu'elle ne soit pas garantie explicitement, mais seulement de fait (relativement) assurée par la coutume ou le jeu des intérêts, est sans la moindre importance sur le plan *conceptuel*, bien que des garanties de contrainte juridictionnelle puissent être considérées comme absolument indispensables à l'économie moderne : la

nécessité conceptuelle absolue de cette catégorie pour l'étude de l'activité sociale sous l'angle économique ne signifie certainement pas que l'ordre juridique des droits de disposition soit une nécessité conceptuelle, même si – empiriquement parlant – on considère ceux-ci comme absolument indispensables.

7. Nous entendons inclure aussi dans la notion de « droit de disposition » la possibilité – effective ou garantie d'une manière quelconque – de disposer de sa propre *puissance de travail* (ce qui ne va pas de soi – chez les esclaves).

8. Une théorie *sociologique* de l'économie ne pourra se dispenser d'inclure *dès* ses premiers pas la notion de « biens » dans ses catégories (ce qui sera fait au § 2), car elle a pour objet une « *activité* » qui reçoit sa *signification* spécifique du résultat (qui ne saurait être isolé qu'en théorie) des réflexions des agents économiques. Une théorie économique, par contre, dont les découvertes théoriques forment la base même de la sociologie économique – bien que celle-ci soit amenée à créer ses propres structures intellectuelles – pourra peut-être s'en passer.

§ 2. *Concept de l'utilité.*

Nous entendons par « utilités » [*Nutzleistungen*] les chances, considérées comme telles par la ou les personnes engagées dans une activité économique [« agents économiques » = *Wirtschaftende*], d'utilisations présentes ou futures, chances (réelles ou supposées telles), concrètes et *isolées* qui font l'objet d'initiatives économiques [*Fürsorge*] adéquates et dont l'importance, évaluée comme moyens aidant à la réalisation d'objectifs précis, oriente l'activité du ou des agents économiques.

Les « utilités » peuvent être le résultat de facteurs non humains (matériels) ou de travaux humains. Nous appellerons « biens » les facteurs économiques que l'usage commun désigne dans les cas d'espèce par « utilités *matérielles* potentielles », quelle que soit par ailleurs leur nature, alors que nous réservons le terme de « rendement » aux « utilités » de l'activité humaine. Mais les rapports sociaux, considérés comme une source présente ou future du droit potentiel de disposer d'utilités, sont également l'objet d'initiatives économiques. Les chances que l'usage, le jeu des intérêts, l'ordre garanti – par contrat ou par la loi – ouvrent à une *économie* sont, selon notre terminologie, des « chances économiques ».

Cf. von Böhm-Bawerk, *Rechte und Verhältnisse vom Standpunkt der volkswirtschaftlichen Güterlehre* (Innsbruck, 1881).

1. Biens matériels et rendement n'épuisent nullement la liste des contingences susceptibles d'intéresser l'homme engagé dans le processus économique et pouvant faire l'objet de ses initiatives. Ses rapports avec la clientèle et l'acceptation de mesures économiques par ceux qui pourraient s'y opposer ainsi que d'innombrables autres attitudes éthologiques pourraient revêtir une grande importance économique et déterminer, le cas échéant, des initiatives et des conventions contractuelles. Il n'en est pas moins vrai qu'en les rangeant dans une de ces deux catégories on obtiendrait des concepts peu précis. Notre conceptualisation se fonde donc exclusivement sur des considérations utilitaires.

2. On pécherait de même par un manque de précision (comme l'a fait remarquer très justement von Böhm-Bawerk) si l'on qualifiait indifféremment de « biens » toutes les unités concrètes de la vie et de l'usage courant, en identifiant ainsi le concept de bien à celui d'utilité matérielle. Strictement parlant, on ne désigne pas par « bien » au sens d' « utilité » un cheval ou une « barre de fer », mais leurs utilisations *escomptées* ou *supposées* considérées comme désirables, comme par exemple la force de traction ou la force portante, etc. Dans cette terminologie les chances faisant office d'objets de *transactions* (en cas d'achat ou de vente) telles que « clientèle », « hypothèque », « propriété », se rangent encore moins dans la catégorie des biens. *Par souci de simplicité* nous allons par contre appeler « chances économiques » (ou « chances » tout court, lorsque ce mot ne prêtera pas à équivoque) les prestations résultant de ces chances [35] – proposées ou garanties par l'ordre (traditionnel ou statutaire) – de droits de disposer d'utilités matérielles ou personnelles dans le domaine économique.

3. Si nous réservons le terme de « prestation » [*Leistung*] à l'activité agissante (à l'exclusion d'actes de « tolérance », de

« permission », d' « omission ») nous obéissons à des considérations utilitaires. Il s'ensuit que les termes de « biens » et de « prestations » ne permettent pas une classification exhaustive de toutes les « utilités » estimées économiquement valables.

Pour la notion de « travail », voir § 15.

§ 3. *Orientation économique de l'activité.*

L'orientation économique peut être traditionnelle ou rationnelle en finalité. Même une activité fortement rationalisée se signale en général par un attachement relatif aux traditions. Les règles établies par les dirigeants de l'économie (cf. § 15), quelle que soit d'ailleurs la nature de la direction, sont toujours déterminées par leur orientation rationnelle. L'évolution de l'activité économique rationnelle, à partir de la recherche instinctive de nourriture ou de la survivance de techniques traditionnelles et de rapports sociaux consacrés par la coutume, a toujours été tributaire d'événements et d'actes non économiques, ne survenant pas tous les jours ; mais elle a également été influencée par les nécessités impérieuses résultant du rétrécissement, absolu ou relatif (mais inexorablement progressif), de l'espace disponible pour assurer les approvisionnements.

1. Il va sans dire que la science rejette *en principe* l'idée d'un état économique initial. Par simple convention, on pourrait considérer comme telle la situation économique à un certain niveau *technique* caractérisé par la mise en œuvre (pour autant que nous sachions) d'un minimum d'*outils* et l'utiliser comme base de nos recherches et analyses. Mais rien ne nous autorise à tirer de l'absence d'outils évolués chez les peuplades primitives vivant aujourd'hui la conclusion que tous les groupes humains du passé d'un niveau technique comparable ont (à la manière des Veddas [?] ou de certaines tribus à l'intérieur du Brésil) pratiqué la même économie. Car, en termes d'économie, il a pu y avoir une forte accumulation de travail dans des groupes étendus (voir § 16) comme aussi une grande dispersion dans des groupes peu étendus, l'un ou l'autre dépendant, à côté de fac-

teurs économiques naturels, de circonstances extra-économiques (par exemple militaires).

2. La guerre et les invasions ne sont pas en soi des phénomènes économiques (bien que dans l'Antiquité leur orientation fût généralement économique), mais elles ont toujours entraîné, jusqu'en nos temps modernes, des modifications radicales de l'économie. La réaction des groupes humains au rétrécissement graduel *absolu* de l'aire de ravitaillement (rétrécissement provoqué par des changements de climat, l'ensablement ou le déboisement progressifs) a été très variable selon les intérêts en jeu et l'incidence d'intérêts non économiques, la réaction typique ayant été la réduction de la couverture des besoins et la réduction quantitative absolue de l'activité économique ; quand le rétrécissement affectait l'aire d'approvisionnement *relative* (conditionnée par un niveau donné de la satisfaction des besoins et la répartition des chances d'activité lucrative – voir § 11), la réaction des groupes humains était également variable, mais consistait (d'une manière générale), plus souvent que dans le premier cas, en un accroissement de la rationalisation économique. Toutefois, il est impossible d'énoncer des généralités à ce sujet. Aussi bien, l'explosion démographique en Chine qui se manifeste (si l'on peut faire confiance aux « statistiques » locales) depuis le début du XVIIIe siècle a-t-elle eu les effets opposés à ceux de l'augmentation de la population en Europe (pour des raisons sur lesquelles on peut émettre quelques hypothèses), l'étroitesse de l'aire d'approvisionnement du désert d'Arabie n'a eu pour conséquence la modification des structures économiques et politiques que dans quelques stades isolés, dont les plus marqués sont dus à l'incidence de facteurs extra-économiques (religieux).

3. Le traditionalisme, pendant longtemps très marqué de la vie des populations ouvrières au début de l'époque moderne, n'a pas empêché une rationalisation croissante des économies lucratives par les dirigeants capitalistes, mais elle n'a pas non plus empêché la rationalisation fiscale-socialiste des finances publiques en Égypte (toujours est-il que c'est l'élimination au moins relative de cette attitude traditionaliste en Occident qui a rendu possible les progrès ultérieurs en vue de la mise sur pied d'une économie spécifiquement moderne et rationnelle dans le sens capitaliste).

§ 4. *Mesures typiques de l'activité économique rationnelle.*

Citons parmi les mesures typiques d'une économie rationnelle :

1. La répartition méthodique des utilités sur la disposition desquelles l'agent économique [*Wirtschaftende*] croit pouvoir compter dans le présent ou dans le futur (épargne) pour une raison ou une autre.

[36] 2. La répartition méthodique des utilités disponibles au regard de leurs possibilités d'utilisation dans l'ordre de l'importance qu'on attribue à celles-ci : c'est l'utilité marginale.

De telles situations (« statiques » au sens le plus strict) se présentaient en temps de paix à une échelle de quelque importance ; aujourd'hui elles revêtent la forme d'une réglementation de rentrée d'*argent* [a].

3. L'approvisionnement [*Beschaffung*] méthodique – production et transport – d'utilités dont *tous* les moyens d'acquisition se trouvent à la disposition de l'agent économique. Pour être rationnelle, une mesure déterminée de ce genre est prise lorsque l'estimation de l'urgence d'un désir *dépasse* par rapport au résultat recherché l'effort à fournir escompté, c'est-à-dire 1) les difficultés des travaux à mettre en œuvre, 2) les autres possibilités d'utilisation des biens requis, partant : les possibilités d'utilisation d'autres produits finaux (nous parlons de *production* au sens élargi du terme qui inclut les prestations de *transport*).

4. L'acquisition méthodique de droits assurés, partagés ou non, de disposer d'utilités qui :

(a) se trouvent elles-mêmes,

(b) ou dont les moyens d'acquisition se trouvent entre les mains d'autres ayants droit,

(c) ou qui risquent de tomber entre les mains d'une concurrence pouvant mettre en danger les approvisionnements propres, par association avec le détenteur actuel des droits ou des concurrents susceptibles de s'en emparer.

a. Écrit pendant la Première Guerre mondiale.

L'association avec le détenteur actuel des droits peut s'opérer par :

(1) la création d'un groupement réglant l'orientation des approvisionnements (production et transport) ou les emplois des utilités disponibles,

(2) l'échange.

Ad 1) : Le but du règlement du groupement peut être :

a) le rationnement de l'approvisionnement, de l'emploi, de la consommation en vue de la limitation de la concurrence au niveau des approvisionnements (groupement régulateur) ;

b) la création d'une administration unique qui prend en charge l'administration planifiée d'utilités ayant été auparavant à la disposition de plusieurs (groupement administratif).

Ad 2) : L'échange est un compromis d'intérêts entre échangistes par lequel des biens ou des chances sont abandonnés de part et d'autre à titre de réciprocité. L'orientation et la conclusion d'un marché d'échange peuvent être :

a) traditionnelles ou conventionnelles, donc (surtout dans la seconde hypothèse) non rationnelles en termes d'économie, ou bien

b) rationnelles. Tout échange rationnel au plan économique constitue l'aboutissement, sous forme de compromis, d'une lutte d'intérêts ouverte ou latente qui l'avait précédée. La lutte des coéchangistes dont l'aboutissement est le compromis est toujours dirigée, d'un côté, comme lutte pour les prix, contre l'acquéreur en perspective (moyen typique : le marchandage), ou, d'un autre côté, s'il y a compétition, contre des acquéreurs tiers existants ou potentiels (présents ou futurs) avec lesquels s'établit ou pourrait s'établir une compétition pour les approvisionnements (moyen typique : vente ou achat à des prix inférieurs ou supérieurs).

1. Des utilités (biens, travail ou autres facteurs d'utilités) se trouvent effectivement à la disposition d'un agent économique si celui-ci peut *réellement* (ou du moins avec une certitude relative) compter sur leur libre emploi sans que des tiers puissent l'en empêcher : peu importe si cette chance est fondée sur des dispositions légales, sur un contrat, sur la coutume ou la conjoncture. Il est faux d'affirmer que la garantie [37] juridique

de la disposition est la condition préliminaire exclusive au plan *conceptuel* (et même pas au plan réel) de l'activité économique, bien qu'au plan empirique elle le soit pour autant qu'il s'agit de se procurer des approvisionnements *matériels*.

2. Il se pourrait que des biens ne puissent être consommés à cause de la distance qui les sépare du lieu de consommation. Le *transport* des biens (à distinguer évidemment du *commerce* des biens, qui signifie changement du droit de disposition) peut être considéré dans ce contexte comme une partie de la « production ».

3. Il est en principe sans aucune importance que ce soit la situation juridique, des conventions, le jeu des intérêts, la coutume établie ou des conceptions morales sciemment élaborées qui empêchent *typiquement* l'agent économique de s'emparer par la force du droit de disposition d'autrui.

4. La concurrence d'approvisionnement peut se présenter dans des conditions très variables, surtout s'il s'agit d'un approvisionnement par appropriation : chasse, pêche, abattage du bois, pâturage, défrichement. La mesure d'ordre qui s'y oppose est toujours le rationnement de l'approvisionnement, généralement lié à l'appropriation des chances d'approvisionnement garanties à un nombre strictement limité d'individus ou (le plus souvent) de foyers [*Hausverband*]. Toutes les coopératives de finage et de pêche, tous les règlements sur les droits de défrichement, d'herbage, d'abattage du bois sur les biens communaux et les champs du village, le partage des alpages, ont ce caractère. Toutes les variétés de « propriété » héréditaire de terrains utilisables ont été transmises de la sorte.

5. L'échange peut s'appliquer à toute chose pouvant être « transférée » et mise à la disposition d'un autre et pour laquelle celui-ci est prêt à fournir une compensation. Non seulement aux « biens » et aux « utilités », mais à toutes sortes de chances économiques, par exemple à une clientèle sans la moindre garantie réelle, fondée uniquement sur l'habitude et le jeu des intérêts. A plus forte raison peuvent faire l'objet d'un échange des chances garanties par un ordre quel qu'il soit. Ce ne sont donc pas uniquement des utilités réelles qui peuvent servir d'objets d'échange. A titre provisoire, nous désignerons dans notre terminologie par « échange », au sens le plus large du mot, toute offre, fondée sur un contrat librement consenti, d'uti-

lités effectives, continues, présentes ou futures répondant à une offre de prestations analogues, quelle qu'elle soit. Font donc partie de cette catégorie la cession ou mise à disposition rémunérée d'utilités matérielles ou financières en échange de la restitution future de biens similaires, ou bien la cession de la « jouissance » d'un objet contre un « loyer » ou un « bail ». Que de nos jours, sociologiquement parlant, ce dernier processus signifie pour le travailleur, au sens du § 15, l'intégration à un groupement de domination ne nous préoccupe pour le moment pas plus que la différence entre « emprunt » et « achat », etc.

6. L'échange peut être conditionné par la tradition et, de ce fait, se dérouler selon des règles conventionnelles, ou bien il peut être déterminé par des considérations rationnelles. Citons, parmi les échanges conventionnels, l'échange de cadeaux entre amis, héros, chefs de tribu, princes (cf. l'échange des cuirasses entre Diomède et Glaucos), opérations contrôlées et déjà souvent fortement rationalisées (cf. les lettres de Tell-el-Amarna). L'échange rationnel n'est possible que si les *deux* parties espèrent y trouver un avantage ou si l'un des partenaires agit par contrainte, étant donné sa situation économique ou son état besogneux. L'échange peut avoir pour objet des approvisionnements en nature ou des acquisitions lucratives, il peut viser à l'approvisionnement personnel d'un des partenaires ou à la conquête d'avantages sur un marché donné (voir § 11). Dans la première hypothèse, il obéit dans une large mesure à des appréciations personnelles et ne peut être qualifié de *rationnel* : des excédents domestiques sont appréciés en fonction de l'utilité marginale de l'économie individuelle et échangés à bon marché, alors que des désirs fortuits momentanés peuvent faire apparaître comme très élevée la valeur marginale d'un objet convoité. Les limites de valeur déterminées par l'utilité marginale des objets d'échange sont donc soumises à de fortes fluctuations. Une concurrence échangiste *rationnelle* ne se développe que pour les biens à prix courants (pour la définition, voir § 8) et, à plus forte raison, pour les biens utilisés ou échangés à des fins de profit (définition § 11).

7. Les interventions envisagées *ad* 1 *a*) d'un groupement régulateur ne sont nullement les seules possibles mais celles qui, motivées par la menace la plus directe sur les approvi-

sionnements, entrent dans notre cadre. Nous parlerons plus loin de la régulation de l'écoulement des marchandises.

§ 5. *Sortes de groupements économiques.*

Un groupement d'orientation économique peut être, selon ses rapports avec l'économie :

(a) un groupement participant au processus économique [*wirtschaftender Verband*] si son activité statutaire essentiellement extra-économique comporte néanmoins des facteurs économiques ;

[38] (b) un groupement économique si son activité statutaire a pour objet une activité autocéphale essentiellement économique ;

(c) un groupement régulateur de l'économie si (et dans la mesure où) l'activité économique autocéphale des membres du groupement s'inspire, d'une manière effectivement hétéronome, des règlements de celui-ci ;

(d) un groupement d'ordre si ses règlements ne font que normaliser sur le plan formel l'activité économique autocéphale et autonome de ses membres en garantissant ainsi les chances qu'ils ont pu acquérir.

Les limites effectives des régulations matérielles de l'économie se situent là où la poursuite d'une certaine attitude économique reste compatible avec les intérêts d'approvisionnements vitaux des économies régularisées.

1. Des groupements participant au processus économique sont l' « État » (non socialiste et non communiste) et tous les autres groupements (Églises, associations) disposant d'une activité financière autonome, mais aussi toutes les associations pédagogiques et toutes les coopératives dont les objectifs premiers ne sont pas économiques.

2. Dans le sens de cette terminologie, il ne faut pas limiter le terme de « groupement économique » aux groupements communément appelés ainsi, tels que sociétés commerciales (sociétés anonymes ou par actions), coopératives de consommation, artels, coopératives, cartels, mais l'étendre à toutes les « entreprises »

116

économiques groupant plus d'une personne, de l'association de deux artisans exploitant un atelier jusqu'à une hypothétique « association communiste mondiale ».

3. Des groupements régulateurs de l'économie sont par exemple des associations communales, des corporations, des guildes, des syndicats ouvriers et patronaux, des cartels et associations pratiquant une « politique économique » avec le but d'exercer une action « régulatrice » sur l'économie : dans cette catégorie se rangent donc tout aussi bien les villages et villes du Moyen Age que les États modernes qui précisément font une telle « politique ».

4. Un groupement exclusivement régulateur serait par exemple un État de droit qui ne touche pas, au plan matériel, à l'autonomie économique des différentes entreprises et industries et qui n'intervient qu'en cas de litige pour régler les échanges résultant d'engagements librement consentis.

5. Les groupements régulateurs et les groupements d'ordre ne présupposent en principe que l'autonomie (plus ou moins étendue) des agents économiques, autrement dit : la liberté de disposition des différents agents économiques limitée en principe seulement (par les règlements servant à orienter l'activité économique) et, par conséquent, l'appropriation (au moins relative) de chances économiques dont les agents économiques disposent de manière autonome. Nous avons affaire au type le plus pur de groupement d'ordre, lorsque l'activité *humaine* s'y déroule d'une façon intrinsèquement autonome, tout en s'orientant selon des dispositions d'ordre formel, tandis que les facteurs matériels d'utilité sont entièrement *appropriés*, si bien qu'ils peuvent en disposer librement, notamment par l'échange, système qui correspond aux régimes de propriété modernes. Toute autre espèce de délimitation de l'appropriation et de l'autonomie contient quelque réglementation économique parce qu'elle lie l'activité humaine dans son orientation.

6. La frontière entre la régulation économique et le simple groupement d'ordre est vague. Car toute sorte d' « ordre » formel peut (et doit) influer aussi, parfois profondément, sur l'activité matérielle. Beaucoup de dispositions légales modernes qui se présentent sous forme de simples « règles d'ordre » sont en réalité formulées de manière qu'elles exercent une telle influence (notamment dans la sociologie juridique). D'autre

part, on ne saurait concevoir qu'en théorie une limitation *exclusive* aux dispositions d'ordre. Beaucoup de dispositions juridiques « coercitives » – il est impossible de s'en passer – contiennent sous une forme ou sous une autre des barrières imposées à l'activité économique matérielle. A plus forte raison des dispositions juridiques concernant les « pouvoirs » (notamment dans les lois relatives aux sociétés anonymes) imposent-elles des limites sensibles à l'autonomie économique.

7. L'effet limité de la régulation économique matérielle peut se manifester (a) par la limitation volontaire de certaines branches d'activité (en cas de taxes sur les ventes, limitation de l'exploitation agricole à ses besoins propres), ou (b) par le contournement voulu de la réglementation (trafic clandestin).

§ 6. *Moyens d'échange, instruments de paiement, monnaie.*

Nous appellerons *moyen d'échange* un objet d'échange matériel lorsque la personne qui l'accepte entend en premier lieu s'emparer d'un objet d'échange durable, c'est-à-dire lui permettant dans un avenir prévisible de l'échanger contre un autre objet à un taux de valeur comparable, objet indéterminé (moyen d'échange universel) ou bien tel objet déterminé (moyen d'échange spécifique). Nous appellerons valeur matérielle les chances d'acceptation à un taux d'échange évaluable par rapport aux autres biens (spécifiquement déterminables), valeur *formelle* d'un moyen d'échange étant son utilisation effective.

Un *instrument de paiement* sera un objet typique dont la valeur libératoire d'engagements résultant d'un contrat ou d'une obligation est conventionnellement ou juridiquement garantie (valeur formelle de l'instrument de paiement qui peut être en même temps la valeur formelle du moyen d'échange).

Nous disons d'un moyen d'échange ou d'un instrument de paiement qu'il est « chartal » [fractionnable] quand – produit manufacturé – il est investi de par sa *forme* d'une valeur conventionnelle, juridique, fixée par contrat ou octroyée à l'intérieur d'un domaine personnel ou régional, et quand il est *fractionné*, c'est-à-dire libellé à un certain montant nominal, au multiple ou à une fraction de celui-ci, de manière à pouvoir servir d'*unité comptable* purement mécanique.

Nous appellerons « monnaie » un instrument de paiement chartal faisant office de moyen d'échange.

Un groupement sera dit « groupement de moyens d'échange », « d'instruments de paiement », ou « groupement monétaire », par rapport à tels moyens d'échange, de paiement ou de monnaies si ceux-ci (et dans la mesure où ceux-ci) sont investis – à un haut degré – d'une valeur conventionnelle ou juridiquement *formelle* par l'effet des règlements établis dans sa sphère d'influence : nous parlerons dans ce cas de monnaie intérieure, de moyens d'échange et de paiement intérieurs. Des moyens d'échanges utilisés avec des personnes ne faisant pas partie du groupe sont des moyens d'échanges extérieurs.

Les moyens d'échange ou les instruments de paiement non « chartaux » sont des « moyens en nature ». Ils se divisent en plusieurs catégories :

(a) techniques : 1° selon le bien en nature qu'ils représentent (notamment joyaux, objets vestimentaires, objets d'usage courant, outils) ; 2° selon qu'ils servent ou non à des opérations de pesage (moyens de pesée) ;

(b) économiques, selon leur utilisation : 1° destinés en premier lieu à l'échange et au prestige (prestige du possédant) ; 2° destinés en premier lieu aux échanges intérieurs ou extérieurs.

Les moyens d'échange et de paiement ainsi que la monnaie sont dits « symboliques » dans la mesure où ils n'ont pas (ou plus) de valeur propre en dehors de leur utilisation comme moyens d'échange et de paiement ; ils sont dits « matériels » dans la mesure où l'appréciation *matérielle* de leur utilité comme biens d'emplois courant influe ou peut influer sur leur valeur.

L'*argent* peut être soit monétaire (pièces de monnaie), soit fiduciaire (documents).

La monnaie-papier se réfère toujours, quant à sa présentation, au fractionnement monétaire ou dérive, quant à son montant nominal, d'un fractionnement monétaire historique.

Nous qualifierons l'argent monétaire de :

1) « *libre* » ou « *courant* », si l'institut d'émission peut transformer la matière première à l'initiative de son possesseur

en n'importe quelle quantité de « monnaie » chartale, autrement dit si l'émission est déterminée par les besoins des personnes pratiquant l'échange ;

2) « *bloqué* » ou « *administratif* », si la transformation en argent chartal s'opère par la *direction* administrative d'un groupement, en premier lieu d'après les besoins liquides de celle-ci ;

3) « *contrôlé* », si la transformation est en principe bloquée, mais si modalités et quantité [d'argent monétaire] sont efficacement réglées par des normes.

[40] Nous réservons le terme d'*instruments de circulation* aux documents faisant fonction de papier-monnaie, si leur acceptation comme argent « provisoire » dépend de la chance de les transformer en argent « définitif » : monnaies métalliques ou moyens d'échange métalliques se prêtant à la pesée, et paraît assurée en temps normal. Le terme de *certificat* indique que cet échange est garanti par des règles assurant la couverture *totale* par monnaie métallique ou métal.

Nous appellerons *barèmes* des moyens d'échange et de paiement les tarifications des différents moyens d'échange et de paiement en nature imposés par le groupement à titre réciproque par voie conventionnelle ou juridique.

Nous appellerons *argent courant* les monnaies investies par les règlements d'un groupe monétaire d'un pouvoir libératoire illimité en tant que moyen de paiement, *matériel monétaire* la matière première dont la monnaie est faite, *tarification en numéraire* le fractionnement et l'appellation sur laquelle se fonde l'évaluation des différentes espèces de monnaies administratives ou valeurs « en nature » de matières diverses ; le terme de *rapport de convertibilité* désigne la même chose pour plusieurs espèces de monnaie courante.

Nous appellerons instruments de paiement *inter-groupes* [*intervalutarische Zahlungsmittel*] les instruments de paiement servant à équilibrer les soldes de compte entre différents groupements monétaires – au cas où n'intervient aucun délai de paiement.

Tout ordre de groupement monétaire nouvellement créé doit inévitablement tenir compte du fait que certains instruments de paiement ont été utilisés pour éponger des dettes. Ou bien le nouvel ordre se contente de les légaliser en tant qu'instruments de paiement ou – en cas de création de nouveaux instruments de paiement – il transforme certaines unités de biens en nature, ou certaines unités de pesée, ou chartales, en nouvelles unités (c'est le principe de la « définition dite historique » de l'argent en tant qu'instrument de paiement ; nous laissons de côté la question de savoir dans quelle mesure elle réagit sur le rapport d'échange entre la monnaie en tant que moyen d'échange et les biens).

Notons encore que nous n'avons pas l'intention d'élaborer ici une « théorie de la monnaie », mais de fournir au lecteur des définitions aussi simples que possible des termes dont nous nous servirons souvent par la suite. Ce qui nous importe d'abord, ce sont certaines conséquences *sociologiques* élémentaires de l'emploi de la monnaie. (La théorie de l'argent la plus acceptable est à mon avis celle de Mises. La « théorie d'État » de G.F. Knapp – l'œuvre la plus remarquable relative à ce sujet – résout le problème formel de façon magistrale ; mais elle est incomplète quant à la théorie matérielle de la monnaie. Cf. plus loin. Nous avons laissé de côté *ici* ses analyses de cas d'espèce, précieuses au point de vue terminologique.)

1. Historiquement parlant, les moyens d'échange et les instruments de paiement coïncident souvent, mais pas toujours, surtout au niveau le plus primitif. Les moyens de paiement pour dots, tributs, cadeaux obligatoires, amendes, compensations, etc. sont parfois nettement déterminés au plan conventionnel et juridique, mais sans tenir compte des *moyens d'échange* qui ont cours par ailleurs. L'affirmation de Mises (*Theorie des Geldes und der Umlaufsmittel*, München, 1912 [2e éd. 1924]) : l'État convoite les instruments de paiement seulement en leur qualité de moyens d'échange, ne s'applique qu'à l'économie des groupements d'économie financière. Elle n'est pas valable là où la détention de certains instruments de paiement était en premier lieu considérée comme une marque de prestige (voir aussi H. Schurtz, *Grundriß einer Entstehungsgeschichte des Geldes*, 1898). C'est l'introduction d'une *législation monétaire par l'État* qui fait du terme « instrument de paiement » une notion juridique, alors que le « moyen d'échange » relève de la terminologie économique.

2. La frontière entre une « marchandise » qu'on achète *uniquement* en escomptant ses chances d'écoulement et un simple « moyen d'échange » est vague en apparence. De fait, un certain nombre d'objets assument exclusivement la fonction de

« moyens d'échange » même dans les sociétés les plus primitives si bien que leur rôle ne prête à aucune équivoque. Ainsi, le « blé à terme » est destiné, selon le sens visé, à trouver un *acheteur définitif*, il n'est donc ni un « instrument de paiement » ni un « moyen d'échange » et encore bien moins une monnaie.

3. La variété des moyens d'échange s'explique, tant que n'existe pas encore la monnaie « chartale », par toutes sortes de coutumes, intérêts et conventions que les échangistes utilisent comme point de départ de leurs accords. Les raisons qui ont fait gagner à certains objets la qualité [41] d'objets d'échange sont multiples mais il n'entre pas dans notre propos de les passer en revue ici : elles sont aussi fonction des différents types d'échanges. Tout moyen d'échange n'était pas nécessairement valable pour tous les échanges (même à l'intérieur du cercle de personnes qui s'en servaient) ; ainsi, la *monnaie*-coquillage n'était pas un moyen d'échange spécifique contre les femmes et le bétail.

4. Certains instruments de paiement qui n'étaient pourtant *pas* des « moyens d'échange » habituels ont joué un rôle déterminant dans l'évolution aboutissant à la place particulière occupée par la monnaie. Le « fait » même qu'il y eût des dettes (G.F. Knapp) – dettes pour tribut, pour dot, pour l'achat d'une femme, pour un cadeau conventionnel envers des rois ou dettes de rois à leurs semblables, dettes de *Wergeld* et autres – et qu'il fallût s'en libérer moyennant certains biens déterminés (par la coutume ou des dispositions légales) finit par conférer à ces biens (souvent des produits manufacturés) une position à part.

5. Au sens de cette terminologie, les « pièces d'un cinquième de sicle » munies de l'estampille de la maison (commerciale) qu'on trouve dans les documents babyloniens étaient également de la « monnaie », si tant est qu'elles servissent de moyens d'échange. Mais les lingots et barres métalliques non fractionnables qu'on pesait ne doivent pas être considérés comme de la « monnaie » : c'étaient des moyens d'échange ou de paiement pondérables, bien que la « *pondérabilité* » ait joué un rôle déterminant dans l'histoire de la formation des « unités de compte » [*Rechenhaftigkeit*]. Les stades transitoires (acceptation de pièces de monnaie selon leur poids, etc.) sont évidemment nombreux.

6. « Chartal » est une épithète forgée par Knapp dans sa

Staatliche Theorie des Geldes. Selon lui, tous les types de monnaie estampillée et fractionnée, métallique et non métallique, dont la valeur dérivait d'une disposition légale ou d'une convention, se rangent dans cette catégorie. On comprend mal pourquoi seulement une mesure *étatique* devrait justifier l'emploi du terme « chartal », pourquoi on prétend en exclure des monnaies dont la valeur a été établie par une convention ou la contrainte. De même, il ne saurait être question de réserver ce terme à des monnaies fabriquées par la régie de l'État ou sous le contrôle d'un pouvoir politique – qui faisait souvent défaut en Chine et n'existait que dans une certaine mesure au Moyen Age – pour peu que sa fabrication obéît à des « *normes* » (c'est aussi l'avis de Knapp). La validité d'un instrument de paiement et son emploi formel comme moyen d'échange à *l'intérieur* de la sphère d'influence d'un groupement politique peuvent être *imposés* par des dispositions légales. Voir plus loin.

7. Les moyens d'échange et de paiement « en nature » sont parfois l'un, parfois l'autre ; ils servent parfois plutôt de moyens d'échange et de paiement à l'intérieur ou à l'extérieur d'un groupement. L'examen des cas d'espèce ne fait pas partie de ce chapitre ; de même laisserons-nous de côté *pour le moment* le problème de la valeur *matérielle* de la monnaie.

8. Ce n'est pas non plus la place ici d'élaborer une théorie *matérielle* du rapport monnaie-prix (si tant est qu'elle ait sa place dans une *sociologie* de l'économie). Qu'il nous suffise de constater que la monnaie a effectivement été employée (dans ses variantes les plus importantes) puisque ce qui nous préoccupe ce sont les *conséquences* sociologiques d'une réalité purement formelle, si on l'envisage sous l'angle économique. Soulignons que la monnaie ne saurait être qu'un simple « mandatement », qu'une simple « unité de compte », puisqu'elle est avant tout ce qu'elle est : *de l'argent*. L'évaluation de sa valeur se fonde toujours (d'une manière compliquée) aussi sur sa rareté (ou, en cas d' « inflation », sur son abondance) : le temps présent nous en apporte la preuve autant que le passé.

Un « mandatement » socialiste fondé par exemple sur une certaine quantité de « travail » (reconnu comme « utile ») et donnant droit à des biens déterminés pourrait être objet de thésaurisation ou d'échanges, mais il serait régi par les règles applicables aux échanges « en nature » (éventuellement indirects).

9. Les rapports entre l'utilisation, monétaire et non monétaire, d'une *matière première* technique et les conséquences incalculables qu'elle entraîne pour l'économie apparaissent très clairement dans l'histoire de la monnaie chinoise : la monnaie de cuivre en usage dans ce pays offre un exemple particulièrement typique étant donné les frais d'extraction élevés et le rendement très variable de la matière servant d'étalon.

§. 7. *Conséquences typiques de l'utilisation de la monnaie.*

Les premières conséquences *typiques* de l'utilisation de la monnaie sont les suivantes :

1. L'échange dit « indirect », considéré comme moyen de satisfaire aux besoins des consommateurs. Il offre en effet la possibilité d'une *séparation* (a) locale, (b) temporelle, (c) personnelle, (d) quantitative (possibilité essentielle) entre les biens destinés à l'échange et ceux qu'on voudrait obtenir en contrepartie. Nous voyons s'ouvrir ainsi un vaste champ de possibilités d'échange, et en même temps

2. La possibilité de calibrer exactement sous forme de monnaie des prestations ayant fait l'objet d'un sursis de paiement, et plus particulièrement la contrepartie d'un échange (le montant des dettes) ;

[42] 3. La « conservation de la valeur », c'est-à-dire la thésaurisation de la monnaie proprement dite ou de créances monétaires recouvrables à tout moment assurant le droit futur de disposer de *chances d'échange* ;

4. La transformation progressive de chances économiques en chances permettant de disposer d'un certain montant de monnaie ;

5. L'individualisation qualitative et – indirectement, par voie de conséquence – l'extension de la couverture des besoins de ceux qui disposent soit de numéraire, soit de créances, soit de chances de se procurer du numéraire, autrement dit la possibilité d'offrir du numéraire en échange de *n'importe quels* biens ou prestations ;

6. L'orientation, aujourd'hui typique, consistant à se pro-

curer des utilités grâce aux profits *marginaux* des montants de *monnaie* dont les dirigeants d'une économie croient pouvoir disposer dans un avenir prévisible ;

7. L'orientation des acquisitions profitables en fonction des chances qu'offre la multiplication des possibilités d'échange (nᵒ 1) temporelles, locales, personnelles et matérielles. Tout cela est une conséquence du facteur le plus important, à savoir :

8. La possibilité d'évaluer tous les biens et prestations pouvant faire l'objet d'un échange en termes de monnaie : c'est l'*économie monétaire*.

Sur le plan matériel l'économie monétaire se traduit par le fait que l'appréciation des biens ne se fait pas exclusivement en fonction de leur utilité à un moment donné, de leur utilité locale et personnelle. On tient également compte, en considérant leur utilisation (comme articles de consommation ou moyens d'approvisionnement), des chances d'utilisation et d'appréciation futures, parfois par des tiers inconnus désireux de satisfaire leurs besoins, pour autant qu'elles s'offrent au détenteur des droits de disposition sous la forme d'une chance dont il peut s'emparer moyennant finance. La forme dans laquelle cela s'opère dans l'économie financière typique est la *situation du marché*.

Ce qui précède n'est qu'un rappel des éléments les plus simples et les plus connus de la fonction monétaire et se passe de tout commentaire. Nous ne nous occupons pas ici de la sociologie du « marché » (voir les concepts formels aux §§ 8 et 10).

Nous appellerons « *crédit* » au sens large du terme toute cession de droits de disposer de quelques biens matériels que ce soit contre la promesse future d'une cession équivalente de droits. Accorder un crédit c'est placer son espoir dans la chance que la contrepartie future sera effectivement cédée. Ainsi compris, le crédit est en premier lieu l'échange d'un droit de disposer de valeurs matérielles ou monétaires, présentement non disponibles mais disponibles en abondance dans l'avenir, contre un droit de disposition disponible mais non destiné à l'usage de l'emprunteur. En cas d'opération rationnelle les deux économies espèrent obtenir de la sorte des chances plus favorables (de quelque nature qu'elles soient) que celles dont elles disposaient avant l'échange.

1. Les chances considérées ne sont pas forcément des chances économiques. On peut accorder et accepter des crédits pour toutes sortes de fins (charitables, guerrières).

2. Le crédit peut être donné sous forme monétaire ou de prestations en nature, la contrepartie peut également être monétaire ou avoir la forme de prestations en nature. La forme monétaire de la demande et de l'octroi de crédits est la forme propre à l'*économie financière*, avec toutes les conséquences qu'elle entraîne (et dont nous reparlerons).

3. Cette définition correspond d'ailleurs à l'usage courant. Il va sans dire que le crédit est également possible entre groupements socialistes ou communistes (il est même indispensable en cas de coexistence de plusieurs groupements économiques autarciques). Toutefois, si un des groupements ignore l'emploi de la monnaie, la base rationnelle du *clearing* fait défaut. [43] Car la possibilité (indiscutable) d'un « marché de compensation » ne garantirait nullement la rationalité des conditions accordées. De tels groupements se trouveraient dans la même situation qu'autrefois les économies domestiques (voir plus loin) qui échangeaient leurs excédents contre les articles de première nécessité. A la différence toutefois que de nos jours d'énormes intérêts de masse seraient en jeu, et parmi eux des intérêts à *longue échéance*, tandis que pour les masses mal approvisionnées l'utilité marginale de la satisfaction *immédiate* serait la plus élevée. On risquerait dans ces conditions d'opérer des échanges *peu* favorables de produits de *première nécessité*.

4. Le crédit peut être recherché pour subvenir à des besoins d'approvisionnement insuffisamment couverts (crédit à la consommation). En termes d'économie rationnelle, il est accordé exclusivement en échange d'avantages. Mais ce n'est pas là (dans l'histoire des crédits à la consommation, et surtout des crédits de détresse) le point de départ : en effet, la demande de ce genre de crédits est un appel aux devoirs de la fraternité humaine (nous examinerons ce cas au chap. v, lorsque nous étudierons le groupement de voisinage).

5. La base la plus générale du crédit en nature ou en numéraire *contre rémunération* n'a pas besoin d'être expliquée : il va sans dire que l'utilité marginale des prestations futures assure un plus grand bénéfice au *prêteur* qu'au *bénéficiaire du crédit*

puisque le premier est mieux *approvisionné* (ce qui est évidemment une notion *relative*).

§ 8. *Situation du marché. Qualité marchande,*
liberté du négoce, réglementation du marché.

Nous appellerons *situation marchande* d'un objet d'échange la totalité des chances de cession et d'acquisition contre numéraire, telles qu'elles peuvent être discernées dans la lutte des prix et la compétition par d'éventuels échangistes. Nous appellerons *facilité d'écoulement* [*Marktgängigkeit*] la régularité avec laquelle un objet se transforme en objet d'échange négociable ; *liberté du négoce*, le degré d'autonomie des échangistes dans la lutte des prix et la compétition ; *réglementation du marché*, par contre, une limitation matérielle de la facilité d'écoulement pour les objets d'échange et de la liberté de négocier pour les échangistes par des mesures autoritaires efficaces. – La régularisation du marché peut avoir des causes :

a) uniquement traditionnelles : les échangistes s'en tiennent à certaines règles traditionnelles ou à certaines conditions que l'usage impose aux échanges ;

b) conventionnelles : l'écoulement de certaines utilités ou la libre compétition dans certains objets d'échange ou dans certains milieux sont socialement mal vus ;

c) juridiques : par des mesures restrictives juridiques et efficaces en matière d'échanges ou de liberté de prix et de compétition, d'une portée générale ou limitées à certains cercles de personnes ou à certains objets déterminés ; ces mesures peuvent consister à influencer la situation marchande de certains objets d'échange (réglementation des prix) ou à limiter la possession, l'acquisition ou l'échange de droits de disposer de tels biens à des personnes bien déterminées (monopoles garantis par la loi ou restrictions légales à la liberté du commerce) ;

d) volontaires : par le jeu des intérêts. C'est la réglementation matérielle des transactions malgré une liberté formelle du négoce. Cette situation a tendance à se développer si certains échangistes sont en mesure, grâce à la chance à peu près exclusive qu'ils détiennent de fait de disposer de certaines utilités (situation monopolistique), d'influencer la situation marchande en supprimant pratiquement la liberté de négoce pour d'autres candidats. Pour ce faire, ils peuvent en particulier conclure des arrangements régulateurs du marché entre eux ou (éventuellement en même temps) avec des partenaires typiques (monopoles volontaires et ententes sur les prix).

1. On fera mieux de réserver le terme de « situation marchande » aux échanges financiers, à l'exclusion des autres, parce que seuls les échanges financiers permettent une expression *numérique*. Les « chances d'échange en nature » (chances de troc) s'expriment mieux par ce terme. La facilité d'écoulement est extrêmement fluctuante et variable en cas d'échanges financiers typiques – ce qu'il n'est pas dans notre propos de montrer ici par le détail. On peut dire d'une manière générale que cette facilité a été et est maximale pour les articles de grande consommation fabriqués en grande série et classés par espèces, qu'elle est minimale pour des objets isolés répondant à un désir fortuit ; qu'elle est plus grande pour des biens d'approvisionnement d'une période d'utilisation et de consommation longue ou se renouvelant fréquemment, pour les moyens d'achat d'une utilisation et d'un rendement prolongés, et surtout pour les terrains arables et à plus forte raison servant à l'exploitation forestière, que pour les biens de consommation courante en état d'être utilisés, ou pour les moyens d'approvisionnement destinés à l'utilisation rapide, ou pour les biens ne servant qu'à un seul emploi ou d'un rapport rapide.

2. La portée économiquement rationnelle des *réglementations du marché* s'est accrue, dans le cours de l'histoire, avec l'augmentation de la liberté de négoce formelle et la plus grande facilité d'écoulement pour la plupart des marchandises. Les *premières* réglementations du marché avaient des motivations traditionnelles, magiques, tribales, corporatives, militaires, socio-politiques ; parfois elles étaient conditionnées par les besoins des chefs de groupement ; une chose est pourtant certaine : leur raison profonde se fondait sur des intérêts dont le but rationnel n'était pas l'augmentation des chances d'acquisition ou d'approvisionnement, mais qui se confondaient souvent avec lui. Ces réglementations (*a*) comme par exemple les limitations magiques, tribales ou corporatives (magiques : tabous ;

tribales : biens successoraux ; corporatives : fiefs nobles) excluaient définitivement certains objets des marchés ou les écartaient temporairement (exemple : céréales) par la réglementation des prix. Ou bien elles subordonnaient leur cession à un droit de préemption (réservé aux parents, aux membres de la caste, guilde ou corporation, aux habitants de la même ville), ou à la fixation de prix maximaux (exemple : réglementation des prix en temps de guerre), ou au contraire de prix minimaux (honoraires corporatifs de magiciens, avocats, médecins). Ou (*b*) elles écartaient certaines catégories de personnes (noblesse, paysans, dans certains cas, artisans) de la pratique du commerce en général ou du commerce de certaines marchandises. Ou bien (*c*) elles limitaient la liberté de marché des consommateurs par une réglementation de la consommation (réglementations corporatives, rationnement en temps de guerre ou rationnement par la cherté des marchandises). Ou bien (*d*) elles limitaient la liberté de concurrence entre les différents acquéreurs pour des raisons d'orientation de la consommation, de l'acquisition, ou pour des raisons de politique sociale (« politique alimentaire des corporations »). Ou bien (*e*) elles réservaient au pouvoir politique (monopoles princiers) ou à ceux qu'il entendait favoriser (ce cas se présentait fréquemment pendant la première phase du capitalisme) l'exploitation de certaines chances économiques. De ces cinq catégories de réglementations du marché la *cinquième* était la moins rationnelle, la *première* la plus rationnelle, c'est-à-dire qu'elle favorisait le moins l'orientation de l'activité économique des différentes couches intéressées par la vente et l'achat de biens sur le marché à la situation marchande ; les autres la gênaient par ordre décroissant. Face à ces différentes réglementations du marché les *défenseurs de la liberté du marché* étaient en premier lieu les échangistes intéressés par la plus grande facilité d'écoulement des produits, soit comme vendeurs, soit comme acquéreurs. Des réglementations *volontaires* du marché étaient d'abord et la plupart du temps dues à l'initiative des gens intéressés par le profit. Mises au service d'intérêts monopolistiques, elles réglaient ou bien (a) les chances de vente et d'échange (exemple typique : monopoles de négociants), ou bien (b) les chances de transport (monopoles de navigation et de transport par chemin de fer), ou bien les fabrications de biens (monopoles de production), ou bien les octrois de crédit et les financements (monopoles bancaires et financiers). Les deux dernières équivalaient plus que les autres à une augmentation des régulations prises au niveau des groupements, mais elles s'orientaient systématiquement – au contraire des premières réglementations, à caractère irrationnel, – à la situation marchande. Les réglementations volontaires du marché étaient naturellement le fait de personnes à qui leurs droits de disposer effectivement des principaux moyens d'approvisionnement permettaient de tirer un maximum de profit de l'exploitation monopolistique de la liberté de marché formelle. Les groupements volontaires de consommateurs (coopératives de consommation et d'achat), par contre, étaient en général le fait d'individus économiquement faibles ; ils permettaient aux intéressés de réaliser des économies, mais ne réussissaient qu'exceptionnellement et dans des limites territoriales étroites à influencer efficacement les marchés.

§ 9. *Rationalité formelle et matérielle de l'économie.*

Nous désignons par le terme de « rationalité formelle » d'une activité économique son taux de calculations techniquement possibles et effectivement appliquées. Sa rationalité *matérielle* sera pour nous l'importance prêtée à une activité sociale d'orientation économique visant à l'approvisionnement de certains groupes d'individus donnés (quelle que soit par ailleurs leur étendue), en s'inspirant de *postulats appréciatifs* (quels qu'ils soient) ayant servi, servant, ou pouvant servir à en dégager la valeur. Ces derniers sont d'une grande *multivocité*.

1. La définition que nous avons proposée (et qui ne vise qu'à mieux cerner les problèmes soulevés par la « socialisation » [*Sozialisierung*], le « calcul monétaire » et le « calcul des biens en nature ») [45] a pour but de préciser le sens du terme « rationnel » dans ce domaine.

2. Nous qualifierons une activité économique de *formellement* « rationnelle » dans la mesure où ses « initiatives » peuvent s'exprimer par des raisonnements chiffrés ou « comptables » (sans tenir compte pour le moment de la nature

technique de ces calculs et de la question de savoir s'ils s'expriment en unités monétaires ou en appréciation de leur valeur de troc [*Naturalschätzungen*]). Cette notion est donc (bien que, comme nous verrons, seulement relativement) *univoque*, du moins en ce sens que la forme monétaire représente le maximum de calculabilité (ce qui est évident : *ceteris paribus*).

3. La notion de rationalité *matérielle*, par contre, peut s'entendre en de nombreux sens. Elle n'exprime qu'une seule idée générale : à savoir que l'observateur ne se contente pas du fait purement formel et (relativement) facile à définir sans équivoque que le calcul s'opère par des moyens techniques adéquats et rationnels en finalité. Il tient en effet compte d'autres *exigences* : éthiques, politiques, utilitaires, hédonistiques, de classe [*ständisch*] ou égalitaires, les applique en guise de critères à l'activité économique, fût-elle formellement « rationnelle », c'est-à-dire chiffrée, et l'apprécie sous l'angle *rationnel en valeur* ou *matériellement* rationnel en finalité. Les critères de valeur rationnels dans ce sens sont en principe innombrables ; ceux qui dérivent d'une manière peu précise du socialisme ou du communisme et qui se fondent jusqu'à un certain degré sur des appréciations éthiques et égalitaires ne représentent évidemment qu'*un groupe* dans cette variété infinie (la hiérarchie sociale [*ständisch*], les prestations en faveur d'une puissance politique ou belligérante, tous les autres points de vue sont également « matériels » dans le sens de cette définition). Il faut cependant se souvenir qu'on peut formuler, indépendamment de cette critique matérielle des *résultats* de l'activité économique, des critiques d'ordre moral, ascétique ou esthétique sur la *mentalité* des agents économiques et sur les *moyens* économiques mis en œuvre. Vue sous cet angle, la performance *purement formelle* du calcul monétaire peut paraître peu importante, elle pourrait même s'opposer aux exigences de la morale de ses censeurs (sans même tenir compte des conséquences des calculs typiquement modernes). Comme il nous est impossible de trancher la question de savoir ce qui est « formel », nous devons nous contenter d'une simple constatation et d'une délimitation. « Matériel » est, dans notre contexte, une notion « formelle », c'est-à-dire un concept *générique* purement abstrait.

§ 10. *Rationalité du calcul monétaire.*

Considérée sous l'angle technique, la *monnaie* est le moyen de compte économique le plus parfait, c'est-à-dire le moyen formellement le plus rationnel pour orienter une activité économique.

Le *calcul* monétaire, et non l'utilisation effective de la monnaie, est donc le moyen spécifique d'une économie d'approvisionnement rationnelle en finalité. En cas d'application rationnelle, le *calcul monétaire* signifie *d'abord* :

(1) l'évaluation de toutes les utilités ou moyens d'approvisionnement considérés nécessaires à des fins d'acquisition, maintenant ou à l'avenir, effectivement ou potentiellement disponibles ou récupérables sur d'autres détenteurs de droits de disposition, ou perdus ou menacés, et, d'une manière plus générale, l'évaluation de toutes les chances économiques importantes en tenant compte de la *situation du marché* (actuelle ou prévisible) ;

(2) le calcul chiffré (a) des chances de toute opération économique projetée, et (b) du succès de toute opération économique accomplie, calcul fondé sur la comparaison du « coût » et du « bénéfice » en termes monétaires, et l'examen comparatif du « produit net » de plusieurs initiatives possibles sur la base de ces calculs ;

(3) la comparaison périodique en termes monétaires de la totalité des biens et chances disponibles avec ceux disponibles au début d'une période donnée ;

(4) l'évaluation préalable et la vérification a posteriori des rentrées et sorties en monnaie ou en marchandises évaluables en termes monétaires que l'économie a quelque chance d'avoir à sa disposition pendant une période donnée – tout en maintenant l'équivalence monétaire de tous les moyens disponibles (cf. 3) ;

(5) l'orientation des approvisionnements en fonction de ces données (1 à 4) par l'utilisation (selon 4), pendant la période comptable, des sommes disponibles pour les utilités convoitées selon le principe du profit marginal.

[46] L'utilisation et l'acquisition continues (par la production et l'échange) de biens pour assurer (a) son approvisionnement ou (b) l'acquisition d'autres biens nécessaire à la marche des affaires s'appelle *budget* [*Haushalt*]. Le budget se fonde, pour le particulier ou pour un groupe engagé dans une activité économique à caractère budgétaire, en cas d'application rationnelle du principe [*Rationalitätsfall*], sur le *plan budgétaire* qui prévoit la couverture des besoins prévisibles d'une période budgétaire (en utilités ou moyens d'approvisionnement nécessaires à son fonctionnement) par des rentrées escomptées.

Les *recettes* d'un budget sont les montants estimés de biens qui ont été à la disposition (du groupe) au cours de la période passée à la suite d'un calcul opéré selon le principe indiqué en 4, ou sur la disponibilité desquels on peut compter – en procédant à une évaluation rationnelle – pendant une période en cours ou à venir.

L'estimation du montant total des biens (évalués en fonction des chances d'écoulement) se trouvant à la disposition d'un budget pour l'utilisation (normalement) continue et immédiate ou pour la création de recettes s'appelle le *patrimoine*.

Pour pouvoir établir un *budget comptable purement monétaire* il faut que recettes ou patrimoine se composent de liquidités ou de biens immédiatement convertibles en liquidités, donc d'une très grande facilité d'écoulement.

L'économie de troc [*Naturallrechnung*] – sur laquelle nous reviendrons – connaît également la notion de « budget » et, si elle est pratiquée rationnellement, un plan budgétaire. Mais elle ignore aussi bien le « patrimoine » homogène, dans le sens d'une évaluation monétaire, que des recettes homogènes (fondées sur le calcul monétaire). Elle se fonde sur la « possession » de biens « en nature » et (si les acquisitions se font exclusivement par la voie pacifique) sur les « rentrées » concrètes résultant de la mise en œuvre des biens et capacités de travail disponibles (sous leur forme « naturelle ») qu'elle administre en évaluant leur meilleur emploi en vue de couvrir ses besoins. Si ces besoins sont uniformes ce genre d'utilisation pose un problème relativement simple et d'ordre purement technique aussi longtemps que la situation de l'approvisionnement n'exige *pas* le calcul de l'utilisation optimale des moyens mis en œuvre pour couvrir les besoins en comparant entre eux plusieurs modes d'utilisation hétérogènes. Dans le cas contraire, le simple budget isolé sans échanges est déjà confronté à des problèmes dont la solution comptable (formellement exacte) s'effectue dans d'étroites limites et dont la solution pratique se fait en partie sur la lancée d'une tradition, en partie par des estimations grossières qui suffisent amplement si les besoins et les conditions d'approvisionnement sont relativement typiques et prévisibles. Si les « possessions » se composent de biens hétérogènes (comme c'est le cas dans toute activité économique sans échanges) la *comparaison* chiffrée et formellement exacte des possessions au début et à la fin d'une période budgétaire donnée de même que la comparaison des chances de recettes ne sont possibles que pour des biens qualitativement *homogènes*. Une telle économie est alors caractérisée par l'établissement d'un *état de fortune* aussi complet que possible et par la fourniture de *prestations en nature* disponibles en permanence selon les prévisions. Mais toute modification de la situation de l'approvisionnement (par des récoltes perdues) ou des besoins rend nécessaires de nouvelles dispositions, puisqu'elle déplace les utilités marginales. Tant que la situation générale est simple et prévisible, ces adaptations se font sans grande peine. Dans tous les autres cas, elle est *techniquement* plus difficile que dans l'économie monétaire, dans laquelle toute modification des chances de revenus n'influence (en principe) que les besoins marginaux de l'échelle des urgences à la satisfaction desquels servent les unités monétaires des dernières recettes.

Quand le calcul des prestations en nature (monnaie-marchandise) se fait sur une base entièrement *rationnelle* (sans référence à la tradition) le calcul des bénéfices marginaux – qui, dans le système monétaire, est relativement simple – présente de grandes difficultés. Alors que dans le premier cas le problème « marginal » [47] revêt la forme d'un *surcroît de travail* ou de la satisfaction – ou selon le cas – du sacrifice d'un besoin en faveur d'un (ou de plusieurs) autre, on se voit dans le deuxième cas placé devant la nécessité de considérer, à côté de l'échelle des urgences, quelques autres données : 1° l'utilisation multiple des moyens d'approvisionnement au nombre desquels il faut compter aussi la somme des travaux fournis et, partant, le *rapport* différent (et variable) entre la couverture des besoins et les *frais engagés* [*Aufwand*], autrement dit 2° l'étendue et la nature des travaux nouveaux que l' « agent budgétaire » [*Haus-halter*] devrait engager pour s'assurer de nouvelles recettes, et 3° l'utilisation des matières engagées au cas où plusieurs modalités *différentes* d'approvisionnement sont concevables. C'est une des tâches les plus importantes de la science économique d'analyser les modalités *rationnellement* possibles de ces considérations ; c'est une des tâches les plus importantes de l'histoire de l'économie de montrer, au cours des différentes périodes historiques, de quelle manière les budgets en monnaie-marchandise s'en sont accommodés *dans la pratique*. La quintessence de ces recherches peut se ramener aux constatations suivantes : (a) le degré de rationalité formelle n'a pas atteint dans la pratique (d'une manière générale) le niveau de rationalité effectivement possible (et encore moins le niveau théoriquement concevable) ; les budgets établis en monnaie-marchandise sont donc, pour la plupart, restés au niveau de l'économie traditionnelle ; (b) il s'ensuit que les gros budgets pouvaient prétendre – du fait justement qu'il n'y avait ni augmentation massive ni raffinement de la demande d'objets d'usage courant – à l'utilisation extraordinaire (et surtout artistique) de leurs excédents : c'est la base de la civilisation artistique, liée à un style précis, des âges où l'économie était fondée sur le troc [*naturalwirtschaftlich*].

1. Le « patrimoine » ne se compose pas seulement de biens matériels ; toutes les chances de droits de disposition tant soit peu assurés, qu'elles se fondent sur la coutume, le jeu des intérêts, la convention ou le droit, en font partie (la clientèle d'une entreprise industrielle ou artisanale, d'un médecin, d'un avocat, d'un détaillant, pour autant que ce « patrimoine » puisse être considéré pour une raison ou une autre comme « *stable* » : en cas d'appropriation légale elle peut être, selon la définition du chapitre 1 § 10, une « propriété »).

2. Le *calcul monétaire* sans utilisation effective de la monnaie ou avec utilisation limitée à des excédents de troc impossibles à équilibrer par des prestations *en nature* se rencontre de façon typique dans les documents égyptiens et babyloniens ; le code d'Hammourabi ainsi que le droit romain tardif [*vulgär-römisch*]* et du début du Moyen Age nous fournissent l'exemple d'un calcul monétaire utilisé exclusivement à des fins comptables pour déterminer des *prestations en nature* ; cet

usage ressort de l'autorisation expressément mentionnée de régler la dette en monnaie *in quo potuerit** (la conversion n'ayant pu se faire que sur la base des prix intérieurs traditionnels ou octroyés).

3. Notre exposé ne contient que des constatations archiconnues destinées à nous permettre de mieux cerner la notion de « budget rationnel » par opposition à la notion antinomique d'économie productive rationnelle [*rationale Erwerbswirtschaft*] que nous examinerons par la suite. Notre démonstration tendait à montrer que tous deux peuvent s'opérer sous une forme rationnelle, que la « couverture des besoins » n'est pas, au cas de son application la plus rationnelle, une entreprise plus « primitive » que l'activité productive [*Erwerb*] ; que le « patrimoine » [*Vermögen*] n'est pas forcément une catégorie plus primitive que le « capital », la « recette » que le « profit ». Si nous nous plaçons au point de vue historique et dans la perspective de l'étude économique telle qu'elle s'est pratiquée dans le passé, il va sans dire qu'on a commencé par « gérer un budget ».

4. Peu importe qui gère ce « budget ». Le « plan budgétaire » d'un État et le « budget » d'un ouvrier entrent tous les deux dans la même catégorie.

5. Gérer son budget et exercer une activité productive ne s'excluent pas mutuellement. L'activité d'une coopérative de consommation, par exemple, est (normalement) *au service* d'un souci budgétaire, mais dans la forme de son organisation elle se présente comme une entreprise de production sans *but lucratif*. Gérer un budget et exercer une activité productive s'engrènent parfois au point (le passé nous en fournit de nombreux exemples typiques) que seul l'acte final (vente ici, consommation là) nous révèle le sens de l'opération (le cas est particulièrement fréquent dans les petites exploitations agricoles).

L'échange budgétaire [*haushaltmäßig*] (troc à la consommation, échange des excédents) fait partie du budget. Le budget (d'un prince ou d'un propriétaire terrien) peut comprendre des entreprises productives dans le sens du paragraphe suivant et il en a toujours été ainsi dans le passé. De telles « activités accessoires », hétérocéphales et hétéronomes, ont donné naissance à des industries entières destinées à exploiter la production forestière et agricole de propriétés terriennes, de monastères, [48] de domaines princiers. Un certain nombre d' « entreprises » font déjà partie du budget de certaines communes mais aussi de certains États. En cas de comptabilité rationnelle, seuls les « produits nets » disponibles de ces entreprises font partie des « recettes » budgétaires. De la même façon, des entreprises productives à but lucratif peuvent s'adjoindre, par exemple pour le ravitaillement de leurs esclaves ou salariés, des « budgets » hétéronomes fragmentaires. Les « produits nets » sont (cf. 2) des excédents de numéraire après déduction de toutes les dépenses monétaires.

6. Nous n'avons pu qu'indiquer brièvement l'importance de l'économie basée sur le troc pour l'évolution des civilisations.

§ 11. *Concept et variétés de l'activité lucrative, le compte capital.*

Nous appellerons *activité lucrative* [*erwerben*] une attitude consistant à s'orienter en fonction des chances d'un gain (unique ou répété : gain continu), de droits de disposer de biens. Nous appellerons *activité rémunératrice* [*Erwerbstätigkeit*] une activité dans l'orientation de laquelle entre, à côté d'autres considérations, le désir de s'assurer des chances de gain ; l'*activité lucrative économique* se limite par définition aux moyens pacifiques ; l'*activité lucrative commerciale* [*marktmäßiges Erwerben*] s'oriente à la situation du marché ; les « *moyens de production* » [*Erwerbsmittel*] sont des biens et chances mis au service d'une activité lucrative économique ; l'*échange lucratif* [*Erwerbstausch*] est un échange opéré en fonction de la situation du marché en vue de réaliser un profit et qui s'oppose aux échanges visant à couvrir des besoins budgétaires [*échanges budgétaires = haushaltsmäßiger Tausch*] ; nous appellerons « crédit productif » [*Erwerbskredit*] un crédit accordé ou accepté pour s'assurer des droits de disposer de moyens de production.

L'activité économique lucrative va de pair avec une forme particulière du calcul monétaire : le *compte capital*. Le compte capital consiste à évaluer et à vérifier les chances et succès productifs en comparant le montant monétaire de la totalité des biens productifs (en nature ou en numéraire), au début d'une opération à but lucratif, aux biens productifs (encore existants ou nouvellement acquis) à la fin de l'opération, ou, en cas d'exploitation continue, d'une période comptable, en établissant un *bilan* d'entrée et un *bilan* final. On appelle *capital* le montant estimé des moyens de production disponibles pour l'entreprise tel qu'il résulte du compte de capital dégagé pour l'inscription au bilan ; on désigne par *bénéfice* ou *perte* le montant en plus ou en moins du montant évalué par le bilan final par rapport au montant du bilan d'entrée ; le *risque financier* est la chance estimée d'une perte au bilan, une *entreprise* économique est une activité orientable de façon autonome en fonction du compte capital. L'orientation est basée sur le *calcul* : calcul préalable destiné à établir les possibilités de perte et de bénéfice d'une entreprise, calcul a posteriori pour vérifier les bénéfices ou pertes effectivement survenus. La *rentabilité* est (dans sa forme la plus rationnelle) (a) le bénéfice d'une période disponible pour le *budget* du (ou des) entrepreneurs tel qu'il a été calculé à l'avance et recherché par les mesures prises par l'entrepreneur, (b) tel qu'il a été effectivement réalisé aux termes des calculs a posteriori et tel qu'il peut être dégagé de l'affaire sans compromettre les chances futures de rentabilité ; ce bénéfice s'exprime habituellement par un quotient (aujourd'hui par un pourcentage) établissant le rapport avec le capital initial inscrit au bilan.

Une entreprise fondée sur le compte capital peut viser à l'utilisation des chances commerciales qui s'offrent à elles ou à l'exploitation d'autres chances de profit (par exemple celles résultant d'une situation de contrainte : affermage des impôts, achat de fonctions).

Toutes les mesures isolées d'entreprises rationnelles s'orientent par voie de calcul en fonction des chances de rentabilité. Le compte de capital présuppose dans une *activité productive commerciale* : (a) que les biens produits par l'entreprise bénéficient de conditions d'écoulement favorables et évaluables par le calcul, qu'ils soient (dans des conditions normales) faciles à écouler, (b) que les moyens de production, c'est-à-dire les approvisionnements matériels ainsi que la main-d'œuvre, soient obtenables sur le marché à un « coût » évaluable par le calcul, (c) que les frais occasionnés par les conditions tech-

niques et juridiques des mesures nécessaires à l'approvisionnement et à la vente des produits (transport, transformation,
emmagasinage) soient en principe évaluables en unités monétaires. – [49] Lorsque nous approfondirons les conditions sociologiques de l'économie, nous constaterons souvent l'importance
capitale de la « calculabilité » optimale en tant que fondement
d'un compte de capital optimal. Nous verrons que ce ne sont
nullement les seuls facteurs économiques qui entrent ici en jeu
et que des obstructions extérieures *et* intérieures sont responsables du fait que le compte capital comme base des calculs
économiques ne s'est développé qu'en Occident.

Le compte capital et le calcul de l'entrepreneur commercial
ignorent – au contraire du calcul budgétaire – l'orientation en
fonction de l' « utilité marginale », mais se fondent exclusivement sur la *rentabilité*. Les chances de rentabilité dépendent en
dernière analyse de la situation des revenus, et par ceux-ci des
rentrées monétaires conditionnées par les utilités marginales
chez les *derniers* consommateurs de biens consommables (ou,
comme on dit, de leur « pouvoir d'achat » pour les biens de
cette catégorie). Mais, sur le plan technique, le calcul des entreprises est aussi différent du calcul budgétaire que la couverture
des besoins l'est de l'activité lucrative qu'ils servent. Pour la
théorie économique, c'est le *consommateur* marginal qui
imprime sa direction à la production. De fait, cette théorie n'est
vraie – étant donné le jeu des forces – qu'avec certaines restrictions dans le temps présent, car l' « entrepreneur » « réveille »
et « dirige » dans une large mesure les besoins du consommateur, pour peu que celui-ci soit capable d'opérer des achats.

Tout calcul monétaire rationnel, et à plus forte raison tout
compte capital, s'oriente, en cas d'*activité commerciale lucrative*, en fonction des *chances de prix* qui se forment sur le marché par le jeu de la lutte des intérêts (lutte des prix et compétition) et des compromis entre intérêts divergents. Dans le calcul
de la rentabilité ce fait apparaît avec le plus d'évidence dans la
forme de comptabilité techniquement la plus parfaite inventée à
ce jour (dite comptabilité « en partie double ») : en effet, elle
part de la fiction de procédures d'échanges entre les différents
secteurs de l'entreprise ou de postes comptables séparés qui
permet le plus parfaitement, sur le plan technique, le contrôle
de la rentabilité des différentes mesures. Le compte capital dans

sa forme la plus rationnelle présuppose donc la lutte de l'homme contre l'homme. Et ceci dans des conditions assez particulières. Dans *aucune* économie, le « sentiment subjectif des besoins » ne saurait coïncider avec les besoins réels, c'est-à-dire avec ceux dont il faut tenir compte dans l'approvisionnement en biens. Car la satisfaction d'un désir subjectif dépend de l'échelle des urgences d'une part, des biens disponibles, selon les évaluations, à leur couverture d'autre part (biens qui existent déjà ou qui devront être créés selon leur degré d'importance, conformément aux règles). La couverture est impossible s'il ne reste pas d'utilités pour la couverture de *ces* besoins après la couverture de besoins plus urgents, s'il n'y a aucun moyen de se les procurer ou si elles ne pouvaient être obtenues que par des sacrifices en capacité de travail ou en biens matériels qui interdiraient à l'avenir l'approvisionnement de biens que l'évaluation du moment fait déjà apparaître comme plus urgents. Il en est ainsi dans n'importe quelle économie de consommation, fût-elle communiste.

Toute économie avec compte de capital, autrement dit avec appropriation des moyens de production par des entreprises particulières, toute économie fondée sur la « propriété » (voir chap. I, § 10) est donc tributaire de la rentabilité des *prix* que les « consommateurs » peuvent ou veulent payer (en fonction de l'utilité marginale de l'argent selon leurs revenus) : la production rentable n'est possible qu'au bénéfice des consommateurs disposant (selon le principe énoncé) de *ressources* adéquates. La satisfaction des besoins fait défaut si des besoins plus urgents *(personnels)* prennent la priorité sur eux ou si le pouvoir d'achat (pour couvrir n'importe quel besoin) des *autres* est plus grand. Comme la lutte de l'homme contre l'homme est la condition préalable à tout calcul rationnel en termes de marché, ce dernier présuppose aussi la possibilité d'influencer d'une manière décisive les résultats par la surenchère des consommateurs amplement munis de ressources et la sous-enchère des producteurs particulièrement bien placés pour l'approvisionnement en biens, et, surtout, [50] nantis de droits de disposer de matières indispensables et de fonds. – Le calcul rationnel présuppose surtout des prix réels – et non des prix manipulés à des fins strictement techniques – ainsi que la circulation d'une *monnaie réelle* et vraiment recherchée comme moyen d'échange (et non seulement une monnaie symbolique servant à dresser des états comptables). L'orientation en fonction des chances des prix exprimés en monnaie et de la rentabilité a donc pour conséquence (a) que l'orientation de l'acquisition de biens à usages rémunérateurs est tributaire des fonds en monnaie ou en biens faciles à écouler, détenus par les échangistes éventuels, car seuls les besoins solvables peuvent être satisfaits et seront satisfaits. Elle a d'autre part pour conséquence (b) que le problème de la couverture des *besoins* par l'approvisionnement en biens dépend de sa rentabilité, qui est une catégorie *formellement* rationnelle mais qui, pour cette raison même, ne répond aux postulats *matériels* que si ceux-ci se manifestent sur le marché sous forme d'un *pouvoir d'achat suffisant*.

Nous appellerons « biens d'investissements » (ou « capital technique » [*Kapitalgüter*]) (par opposition aux objets possessoires et aux éléments du patrimoine) tous les biens servant – et pour la durée où ils servent – à l'orientation d'un compte de capital. Par *intérêts du capital* nous entendons, par opposition aux intérêts des prêts de toute espèce, (a) la chance minimale de rentabilité considérée comme normale en calculant la rentabilité des moyens de production matériels mis en œuvre, (b) les intérêts au taux desquels les entreprises *rémunératrices* se procurent des fonds ou du capital technique.

Notre exposé ne contient que des évidences présentées sous une forme quelque peu spécifique. Pour les aspects techniques du compte de capital on fera bien de consulter les travaux classiques, parfois excellents, sur la théorie du calcul (Leitner, Schär, etc.).

1. La notion de « capital » s'entend ici dans le contexte exclusif de l'économie privée et dans un sens « comptable », ce qui est parfaitement logique. Notre terminologie s'éloigne beaucoup moins du langage de tous les jours que du vocabulaire scientifique, qui, hélas, manque d'homogénéité. Pour mettre à l'épreuve l'utilité de la terminologie de l'économie privée dont les hommes de science commencent à se servir de nouveau, il suffira de se poser quelques questions très simples : supposons qu'une société anonyme ait un capital d'un million ; que faut-il entendre alors par une « réduction de son capital social » si certaines lois règlent le problème du capital social et

précisent les modalités des apports de capitaux ? La réponse est (a) que la répartition des bénéfices se fera de la manière suivante : après avoir passé aux écritures la différence en plus entre l'actif et le passif grâce à une vérification de l'inventaire et à l'évaluation réglementaire des fonds comme « bénéfice » qui dépasse le capital social d'un million, on peut procéder à la répartition des bénéfices pour n'importe quel usage (dans les entreprises individuelles cet *excédent* peut être affecté au budget et *dépensé*) ; (b) que, en cas de forte perte, il ne faut pas attendre que celle-ci soit épongée par l'accumulation des bénéfices pendant de longues années pour que le montant total dépasse de nouveau un million avant de distribuer des « bénéfices » : pour ce faire, il faut donc diminuer le « capital social » et c'est là le but de l'opération. (c) Les réglementations sur la manière dont le capital social doit être « comblé » par des apports, dont il peut être « diminué » et « augmenté », visent à garantir aux créanciers et actionnaires que la répartition des bénéfices se fera « correctement » selon les normes de la comptabilité industrielle : il faut donc 1° que la rentabilité reste assurée, 2° qu'elle ne diminue pas la valeur des gages des créanciers. Les règlements sur les « apports » portent sans exception sur l'imputation d'objets au compte du « capital social ». (d) Que signifie la phrase : Le capital se tourne vers d'autres « placements » (pour cause de rentabilité insuffisante) ? Ou bien il est question du « patrimoine », car le « placement » est une opération faisant partie de l'administration d'un patrimoine, et non d'une activité rémunératrice. Ou bien elle a un autre sens : elle indique que les *biens* capitaux sont dépouillés de cette qualité par la vente du matériel sous forme de ferraille ou de marchandise de rebut, ou qu'au contraire ils la regagnent ailleurs. (e) Qu'entend-on par « puissance du capital » ? On entend par là que les détenteurs de droits de disposer de moyens de production et de chances économiques utilisables à titre de biens capitaux dans une entreprise à but lucratif occupent, grâce à ces droits [51] et à l'orientation de leur activité économique en fonction des principes du calcul industriel capitaliste, une position de force spécifique par rapport aux autres agents économiques.

Nous rencontrons déjà le capital (non sous cette appellation !) dès les premiers débuts de l'activité rémunératrice rationnelle, où il figure comme *montant monétaire* : ainsi dans la *commenda*. On confiait à un marchand voyageur des biens de toute sorte qu'il vendait sur les marchés étrangers où il achetait éventuellement d'autres marchandises ; le bénéfice, ou la perte, était partagé dans un rapport convenu entre le marchand et le bailleur de fonds de l'entreprise ; il fallait donc établir un bilan initial et un *bilan de clôture* ; dans ce genre de *commenda* (ou *societas maris*) ce montant évalué représentait le capital qui ne servait qu'à des fins de comptabilité entre les sociétaires à l'exclusion de toute autre personne.

Quel est le sens du mot « marché des capitaux » ? Ce terme indique qu'on recherche des biens – principalement des fonds – pour les utiliser sous forme de « biens capitaux » et que certaines institutions spécialisées (notamment des « banques » pratiquant cette activité) tirent profit du trafic professionnel de ces biens (et surtout de ces fonds). Le « prêt de capitaux », la cession d'un certain montant d'argent contre la promesse de la restitution du même montant nominal avec ou sans « intérêts », n'est un « capital » que pour celui qui l'emprunte pour l'exercice d'une activité rémunératrice ; autrement nous parlerons simplement d'un « prêt d'argent ». L'usage courant appelle « capital » un prêt avec intérêt, parce que l'intérêt est calculé en fraction du montant nominal du prêt. C'est uniquement à cause de cette fonction comptable que le montant d'un prêt ou d'un dépôt est dit un « capital ». Il est vrai que c'est là le point de départ de l'usage courant (capital = somme « capitale » du prêt dériverait selon certains des « capita », des contrats de prêt de bétail ; mais cette étymologie n'a jamais été prouvée). La question est d'ailleurs sans importance. Au début de l'ère historique, nous trouvons déjà la cession de biens moyennant une redevance calculée sur la base d'une *évaluation monétaire*, si bien qu'il y avait déjà dans l'Antiquité un parallélisme typique entre les « biens capitaux » et le « calcul capital ». Nous n'appellerons pas « capital prêté » un simple prêt accordé par un prêteur pour des fins budgétaires, puisque cette opération fait partie de l'administration d'une fortune ou d'un patrimoine [*Vermögen*]. Dans l'optique de l'emprunteur, un tel emprunt « budgétaire » ne constitue pas non plus un « capital ».

Notre définition de l'« entreprise » correspond également à l'usage courant, mais nous avons souligné le fait – supposé en général comme allant de soi – qu'une « entreprise » fonctionne selon le principe du compte de capital : nous entendons préciser par là que toute activité profitable n'est pas déjà une « entreprise », ce terme étant réservé à une activité susceptible de s'orienter en fonction du compte de capital (peu importe qu'il s'agisse d'une entreprise capitaliste colossale ou minuscule). Nous faisons cependant abstraction de la question de savoir si ce compte de capital s'opère selon les règles de la *rationalité* et si le calcul est fondé sur des principes rationnels. Les notions de « gain » et de « perte » s'appliqueront de même exclusivement aux entreprises à base de comptes de capital. L'activité rémunératrice sans capital (de l'homme de lettres, du médecin, de l'avocat, du fonctionnaire, du professeur, de l'employé, du technicien, de l'ouvrier) est également « lucrative », mais nous ne parlerons pas dans ce cas de « bénéfices », ce qui correspond très exactement à l'usage courant. La notion de « rentabilité » peut s'appliquer à tout acte à but lucratif pour peu que celle-ci puisse être *calculée* selon les principes de la technique comptable (par exemple à l'embauchage d'un ouvrier, à l'achat d'une machine, à l'organisation des temps de repos).

Pour définir la notion de rémunération du capital, il n'est pas utile de prendre comme point de départ l'intérêt stipulé d'un prêt. Si quelqu'un prête à un paysan du blé de semence en lui demandant un supplément de blé au moment de la restitution, ou que quelqu'un procède de la même façon avec du numéraire destiné à équilibrer un budget, il n'y a pas lieu d'appeler cette opération une « opération capitaliste ». Le « supplément » (en forme d'intérêts) est exigé en cas d'action rationnelle, parce que le *bénéficiaire* du prêt croit ses chances d'approvisionnement au moment de sa restitution améliorées au-delà du montant du supplément stipulé s'il compare sa situation avec celle qui résulterait du refus du prêt ; or le *prêteur* connaît la situation et l'exploite de telle manière que l'utilité marginale de son droit de disposer présentement des biens prêtés soit *dépassée* par l'utilité marginale estimée pour l'époque de la restitution du supplément stipulé. Cette manière d'opérer relève de l'administration d'un budget ou d'un patrimoine et non de celle d'un compte de capital. Même si quelqu'un demande à un usurier [*Geldjude*] un prêt pour remédier à sa détresse, il ne « paie » pas, au sens strict du terme, les « intérêts d'un capital » – de même que le prêteur n'en touche pas : il s'agit toujours de la « rémunération d'un prêt ». Le prêteur professionnel s'impute – en cas d'économie rationnelle – les *intérêts du capital de son entreprise* ; il subit une « perte » [52] si ce degré de rentabilité n'est pas atteint, si, d'aventure, certains prêts ne sont pas restitués. Cet intérêt est donc un « intérêt du capital », tandis que l'autre est un simple « intérêt ». Tout « intérêt du capital » est donc selon notre terminologie un intérêt *du* capital et non un intérêt *pour* le capital, il se fonde toujours sur des évaluations monétaires et sur le fait sociologique du *droit* « privé », c'est-à-dire *acquis par appropriation* de disposer de moyens de production, économiques ou autres, sans lequel droit le compte de « *capital* » et le calcul des « *intérêts* » seraient impossibles. Dans une entreprise rémunératrice l'intérêt porté au début d'un compte de capital constitue le minimum de rentabilité dont la réalisation, ou la non-réalisation, sert de critère pour l'évaluation de l'utilité de tel emploi de biens capitaux (l'« utilité » étant considérée dans ce cas en fonction des possibilités de profit et de rentabilité). Le taux de ce minimum de rentabilité ne dépend qu'approximativement des chances d'intérêts sur le « marché des capitaux », bien que leur existence même soit le critère de son évaluation, tout comme l'existence d'un marché d'échanges est le critère du traitement des inscriptions aux comptes. Pour expliquer ce phénomène fondamental de l'économie capitaliste que l'*entrepreneur* paie en permanence des rémunérations pour les « *capitaux empruntés* » il nous faut d'abord répondre à une autre question : pourquoi l'entrepreneur peut-il espérer d'une façon générale et permanente réaliser une exploitation rentable en dépit de la rémunération versée aux bailleurs de fonds, ou, selon le cas, dans quelles conditions moyennes l'échange de 100 contre 100 + *x* peut-il être qualifié de rationnel ? La théorie économique fera valoir le rapport entre les unités marginales futures et les biens présents. Le sociologue aimerait alors savoir dans quel *acte* humain s'exprime ce prétendu rapport et comment les agents économiques peuvent introduire les conséquences de cette évaluation différentielle sous formes d' « intérêts ». Car le quand et le comment de cette opération ne s'imposent nullement comme une évidence. De fait, celle-ci prend place dans toutes les économies à *but lucratif*. Or le critère déterminant est le rapport des forces économiques entre les entreprises d'un côté, les ménages de l'autre, ces derniers consommant les biens proposés sur le marché et fournissant certains moyens d'approvisionnement (surtout du travail). La création et le fonctionnement *permanent* des entreprises (au sens capitaliste) ne sont possibles que si l'on peut escompter au moins une rémunération minimale du capital [*Kapitalzins*]. La *théorie* économique – qui pourrait être fort différente – affirmerait que cette exploitation de la position de force – conséquence de la propriété privée des moyens de production et des produits – ne permet qu'à cette seule *catégorie* de sujets économiques d'exercer une activité économique en fonction des perspectives d' « intérêts ».

2. L'administration d'un patrimoine et une entreprise à but lucratif peuvent se ressembler extérieurement jusqu'à s'identifier : ce qui distingue en dernière analyse la première et la seconde est la *signification profonde* de l'activité économique de l'une et de l'autre : l'une vise à la consolidation et à l'augmentation du patrimoine ou des recettes, l'autre à l'augmentation et à la consolidation de la rentabilité et de sa position de force sur les marchés. Mais l'ultime orientation de l'une et de l'autre n'est, dans la réalité, ni déterminée ni déterminable dans un sens exclusif. Lorsque par exemple le patrimoine du chef d'entreprise coïncide avec son droit de disposer librement des moyens de production et que les recettes s'identifient aux bénéfices, il est difficile de discerner la moindre différence. Mais des considérations personnelles de toute sorte peuvent pousser un chef d'entreprise à choisir pour gérer son entreprise une voie *irrationnelle* par rapport aux normes rationnelles de *gestion*. Et, très souvent, celui qui dispose du patrimoine ne dispose pas forcément de l'entreprise. Il arrive aussi que l'endettement personnel du propriétaire, ses besoins personnels de ressources immédiates et importantes, le partage d'une succession (du patrimoine) etc., exercent sur sa gestion une influence hautement irrationnelle, ce qui a souvent conduit à l'application de règles éliminant justement ce genre d'influences (conversion d'une entreprise familiale en société par actions, etc.). Cette tendance à la séparation entre budget et entreprise n'est pas le fait du hasard : elle découle logiquement du fait que le patrimoine et ses destinées sont aussi *irrationnels* dans la perspective de l'entreprise que les intérêts et revenus du propriétaire

sont *irrationnels* dans la perspective de la rentabilité. Le calcul de rentabilité d'une entreprise ne nous renseigne que fort imparfaitement sur les chances d'approvisionnement qu'elle offre aux ouvriers ou aux consommateurs ; de même les intérêts lucratifs d'une personne ou d'un groupe disposant d'une entreprise ne vont-ils pas forcément dans le sens de la rentabilité optimale et *durable* de l'entreprise et de sa position de force sur le marché (ceci est vrai – souvent à plus forte raison – quand l'entreprise à but lucratif se trouve entre les mains d'une « coopérative de production »). [53] Les intérêts *matériels* d'une entreprise moderne et gérée selon les normes de la rationalité ne coïncident pas nécessairement avec les intérêts *personnels* du ou des propriétaires du droit de disposer, ils sont même parfois opposés : de cette constatation découle la nécessité d'une séparation de principe entre l'administration du budget et la gestion d'une entreprise, même là où le ou les propriétaires du droit de disposition et le ou les propriétaires des moyens de production sont les mêmes.

Il est tout aussi indispensable de faire une distinction rigoureuse entre « administration d'un budget » et « gestion d'une entreprise » au plan terminologique. L'achat de titres que fait un rentier afin de vivre de ses dividendes n'est pas un « placement de capitaux » mais un « *placement de fortune* ». Un prêt d'argent d'un particulier à un autre particulier à seule fin d'encaisser les intérêts se distingue – dans la perspective du prêteur – d'un prêt fait au même particulier par *une banque* ; un prêt d'argent à un consommateur et un autre à un entrepreneur (pour ses affaires) sont deux choses différentes, vues dans la perspective de l'emprunteur : la banque a opéré un « placement de capitaux », l'entrepreneur – dans la deuxième hypothèse – a procédé à un « emprunt de capitaux ». Le « placement de capitaux » du prêteur dans le premier cas peut être pour l'emprunteur un simple « emprunt budgétaire », l' « emprunt de capitaux » de l'emprunteur peut être pour le prêteur un simple « placement de fortune ». La nette distinction entre fortune (patrimoine) et capital, entre budget et entreprise a son importance, car elle est indispensable à la compréhension de l'évolution économique dans l'Antiquité et des limites du « capitalisme » tel qu'il existait à cette époque. (Dans ce contexte, les travaux bien connus de Rodbertus gardent toute leur valeur malgré les erreurs et les lacunes qu'ils comportent ; on fera bien de les comparer avec les écrits intéressants de K. Bücher.)

3. Toutes les entreprises à but lucratif à base de compte capital n'étaient pas et ne sont pas à « double orientation » par rapport au marché, c'est-à-dire : toutes ne s'approvisionnent pas sur le marché ni ne tentent d'y écouler leurs produits (ou prestations finales). L'affermage des impôts et les financements de toute sorte se pratiquent sur la base du compte capital sans idée de vente. Nous en examinerons par la suite les graves conséquences. Nous parlerons dans ce cas d'une activité rémunératrice fondée sur le compte capital et *non* sur la participation aux marchés.

4. Pour des raisons d'utilité pratique, nous distinguons entre « *activité* rémunératrice » et « *entreprise* à but lucratif ». Tout homme exerçant une activité qui comporte au moins la possibilité de se rendre acquéreur de biens (en monnaie ou en nature) qu'il ne possède pas s'adonne à un *travail rémunéré*. Un fonctionnaire ou un ouvrier tombent tout autant sous cette catégorie qu'un chef d'entreprise. Nous appellerons une « *entreprise commerciale* » une entreprise orientée d'une manière continue en fonction des chances du marché, mettant en œuvre des *biens* à des fins de profit et offrant contre de l'argent (a) des biens désirés qu'elle fabrique, ou (b) des prestations, par le moyen de l'« échange libre » ou par l'exploitation de ses chances, procédé que nous décrivent les paragraphes précédents. N'exerce pas une activité rémunérée, dans le sens de notre définition, le propriétaire vivant des rentes de sa fortune ou de son patrimoine, même s'il administre son avoir selon les normes les plus « rationnelles ».

5. Pour évident qu'il soit au plan *théorique* que l'évaluation des utilités marginales des derniers consommateurs, selon leurs revenus, détermine l'orientation de la rentabilité des entreprises productrices de biens, on aurait tort d'oublier le fait sociologique que l'approvisionnement capitaliste (a) crée des besoins « nouveaux » et en fait dépérir d'anciens, et (b) qu'il influence dans une large mesure les modalités et l'étendue de la couverture des besoins des consommateurs par sa publicité agressive [*aggressive Reklame*]. C'est même là un de ses traits caractéristiques. Il est vrai cependant qu'il s'agit, dans ce cas, la plupart du temps, de besoins non essentiels. Mais même les habitudes

de se nourrir et de se loger sont grandement déterminées, dans l'économie capitaliste, par l'offre.

§ 12. *Compte en nature et économie naturelle.*

Le *compte en nature* peut se rencontrer dans les combinaisons les plus diverses. On parle d'économie *monétaire* pour désigner une économie fondée sur l'emploi typique de la monnaie et de ce fait orientée à la valeur marchande évaluée en unités de monnaie ; par *économie naturelle* nous entendons une économie ignorant l'emploi de la monnaie : cette distinction nous permet le classement des économies historiques selon l'emploi plus ou moins développé des valeurs « en nature » ou en monnaie.

L'économie naturelle ainsi définie n'est pas univoque, elle peut se présenter avec des structures fort diverses. Elle peut (a) ignorer totalement le *troc*, ou (b) se servir du troc (sans emploi de monnaie).

Dans la première hypothèse (a), elle peut revêtir la forme :

[54] α) d'une économie individuelle purement communiste ou d'une économie coopérative (avec calcul des parts) : dans les deux cas elle peut se passer de l'autonomie ou de l'autocéphalie des composants individuels : c'est le cas de l'*économie domestique* fermée ; ou bien

β) elle peut être une combinaison d'un certain nombre d'économies individuelles par ailleurs autonomes et autocéphales, toutes redevables de prestations en nature à une économie centrale (subvenant aux besoins seigneuriaux ou coopératifs) : c'est l'*économie de prestations en nature* (*oïkos*, groupement politique strictement liturgique [*leiturgisch*]).

Dans les deux cas, elle se base si elle est pure (et dans la mesure où elle est pure) sur le *compte en nature*.

Dans la deuxième hypothèse (b), elle peut être :

α) une « économie naturelle » basée sur le *troc* sans l'emploi de la monnaie et sans calcul monétaire (économie de troc pur) ;

β) une économie naturelle de troc avec quelques *calculs monétaires* (occasionnels ou typiques), dont on a trouvé certains exemples typiques dans l'Orient antique, mais qui, en réalité, était très répandue autrefois.

Sous l'angle du *compte en nature* seuls le cas (a)α sous ses deux formes et le cas (a)β offrent de l'intérêt, ce dernier lorsque les liturgies [*Leiturgie*] sont exécutées par des unités d'exploitation rationnelles, ce qui serait inévitable si l'on maintenait les acquisitions de la technique moderne dans un régime « intégralement socialisé ».

Tout compte en nature s'oriente en dernière analyse à la consommation, c'est-à-dire à la couverture des besoins. Il va sans dire qu'une opération correspondant à une « activité lucrative » est parfaitement concevable sur une base de prestations en nature. Elle consisterait (a) dans une économie naturelle *sans troc*, dans l'utilisation méthodique des moyens d'approvisionnement en nature et du travail disponibles pour la fabrication et le transport de biens sur la base d'un calcul, par lequel le niveau visé de la couverture des besoins est comparé au niveau existant sans cette utilisation ou avec une utilisation différente et le résultat considéré comme avantageux sur le plan budgétaire. Ou bien (b) on vise, dans une *économie fondée sur le troc* par des échanges en nature (éventuellement répétés), à un approvisionnement systématique en biens qui – comparé à la situation existante avant cette opération – est considéré comme plus copieux. Une comparaison *chiffrée* sans ambiguïté et sans éléments d'appréciation subjectifs n'est possible qu'en différenciant des biens qualitativement *équivalents*. Il est évidemment possible de dresser des listes de prestations en nature types, telles qu'elles servaient de base au paiement des émoluments et prébendes en nature notamment en Orient (ces listes faisaient même office d'objet d'échange comme nos effets publics). Quand les biens présentaient une grande homogénéité (comme par exemple les céréales de la vallée du Nil) le stockage avec règlement par compensation (comme en Égypte) est évidemment aussi facile à réaliser sur le plan technique que s'il s'agissait de lingots d'argent dans un système de monnaie bancaire. De même (et c'est là un point important) il est possible de *chiffrer* le succès d'un procédé technique et de le comparer avec des procédés techniques différents, soit, si le produit final est le même, en comparant les modalités et les quantités des matières d'approvisionnement, soit, si celles-ci sont identiques et les procédés différents, les produits finals. La comparaison chiffrée de certains problèmes partiels est quelquefois, mais pas toujours, possible. Le vrai problème de « calcul » autonome commence quand il s'agit de tenir compte de plusieurs moyens de production, de plusieurs manières de les utiliser ou de produits finals de qualité différente.

Toute entreprise capitaliste inclut sans cesse dans ses calculs des comptes en nature : supposons un métier à tisser d'une construction donnée, chaîne et fil d'une qualité déterminée. Il s'agit de calculer, étant donné la capacité des métiers, le degré hygrométrique de l'air, la consommation de charbon, de lubrifiant, de matériel de finissage, la production par heure et par ouvrier du produit final. [55] De telles évaluations peuvent se faire et se font sans aucun calcul monétaire dans toutes les industries avec des sous-produits et des produits dérivés *typiques*. De la même façon, on peut calculer, les circonstances restant les mêmes, les besoins annuels en matières premières d'une entreprise, la période d'usure des bâtiments et des machines, les pertes par déchets et malfaçons, sans recourir au calcul chiffré, et cela se fait dans la pratique. Mais la comparaison de procédés de fabrication différents avec des moyens d'approvisionnement différents à utilisations multiples est à la portée du calcul de rentabilité des entreprises modernes, alors que le compte en nature se heurterait à des problèmes ardus pour lesquels il n'existe pas de solutions « objectives ». Il est vrai que le calcul tel qu'il est pratiqué aujourd'hui dans les entreprises modernes à base de compte capital adopte – apparemment sans nécessité aucune – la forme du calcul monétaire. Mais cette pratique n'est pas – du moins en partie – due au hasard. Elle s'explique notamment, dans les « amortissements », par le fait que la forme monétaire des prévisions de la production future allie la liberté de mouvement et d'adaptation maximale (qui, en cas de stockage de matières ou de n'importe quelle autre forme de précautions sur le plan des approvisionnements en nature, serait irrationnelle et difficilement réalisable sans ces moyens de contrôle) à la sécurité maximale. Il est difficile d'imaginer quelle forme pourraient prendre des « réserves » *non spécifiées* dans le compte en nature. Il est d'autre part relativement facile et sûr d'établir, grâce à une vérification de la comptabilité en termes monétaires – en se servant également de l'indice de l'inscription de la rémunération des capitaux au débit du compte de l'entreprise, – si quelques-uns de ses secteurs fonctionnent, envisagés sous l'angle des matières et des techniques mises en œuvre, d'une manière irrationnelle (= non rentables) et pourquoi ; autrement dit si certains facteurs matériels (« frais » en termes de calcul) ne pourraient être *économisés* ou – question bien plus importante encore – employés ailleurs de façon plus rationnelle ; or, dans le compte en nature, de tels problèmes ne peuvent être résolus que rarement et par approximation grossière. (Nous avons affaire ici très probablement aux *limites absolues* du calcul vraiment exact avec les méthodes du compte en nature et non à une difficulté fortuite qu'une meilleure « méthode d'évaluation » pourrait parvenir à surmonter. Ce point de vue peut être contesté, mais certainement pas avec des arguments tirés du taylorisme ou avec l'espoir d'obtenir des « progrès » par un système de primes ou de points sans recourir à la *rémunération en monnaie*. La question qui se pose serait la suivante : comment découvrir l'*endroit* précis, dans une entreprise, où il faudrait mettre en œuvre ces moyens, puisque à cet endroit se cachent encore des facteurs irrationnels qu'il s'agirait d'éliminer ? Il se trouve que le compte en nature se heurte ici à des difficultés que la vérification par le calcul monétaire ignore.) Le compte en nature comme base de calcul industriel (qui serait concevable s'il s'agissait d'entreprises hétérocéphales et hétéronomes d'une direction planifiée de la création de biens) se heurte à sa limite de rationalité dans la question de l'*imputation* [*Zurechnung*] qui ne se pose pas pour elle sous la forme d'une vérification comptable mais sous celle, très discutable, qu'elle revêt dans la doctrine de l' « utilité marginale ». Le compte en nature devrait déterminer, pour assurer la gestion rationnelle et permanente des moyens d'approvisionnement, pour les différents objets, les « indices de valeur » qui assumeraient alors le rôle de nos actuels « prix bilanciels ». Même dans ce cas, on voit mal comment ils pourraient être développés et *contrôlés*, d'une part en fonction de chaque entreprise (considérée par rapport à son implantation), d'autre part en fonction de leur « utilité sociale », c'est-à-dire des besoins (présents et futurs) des consommateurs.

L'affirmation qu' « on trouvera bien » ou qu' « on inventera bien » un système de calcul adéquat, pour peu qu'on veuille bien s'attaquer pour de bon au problème de l'économie sans argent, [56] ne nous fait guère progresser : il s'agit en effet d'un problème fondamental de toute « socialisation intégrale » et il ne saurait être question d'instaurer une « économie planifiée » rationnelle tant qu'on n'a pas découvert sur ce point absolument décisif le moyen de mettre sur pied un « plan » rationnel.

Les difficultés du compte en nature s'accroissent quand il s'agit de déterminer si une entreprise donnée, équipée d'un matériel de production donné, est *implantée* au point le plus rationnel ou s'il ne vaudrait pas mieux – dans la perspective de la couverture des besoins d'un groupe d'individus donné – la transplanter dans un autre endroit, ou si un groupement pratiquant l'économie de troc doit préférer, pour employer le plus rationnellement possible la main-d'œuvre et les matières premières disponibles, l' « *échange de compensation* » avec d'autres groupements ou la fabrication par ses propres soins d'un certain nombre de produits. Il est certain que les fondements du choix de l'implantation d'une entreprise sont déterminés par des données naturelles et que ses principes les plus simples peuvent être énoncés en données naturelles (cf. Alfred Weber, in *G. d. S.*, VIe section). Mais la question *concrète* de savoir si une entreprise implantée dans un endroit déterminé serait plus *rationnelle* avec tel programme de production donné ou avec tel autre ne peut être résolue – si l'on fait abstraction du cas d'une implantation conditionnée par la présence de matières premières monopolitiques – à l'aide du compte en nature que par approximation grossière ; dans le cadre du système monétaire, le calcul comporte toujours une solution de principe malgré les inconnues dont il faut tenir compte. La comparaison – chose entièrement différente – entre l'*importance*, c'est-à-dire la *demande* [*Begehrtheit*] de biens appartenant à des catégories spécifiques différentes, dont la fabrication ou l'échange sont également possibles dans les circonstances données, comparaison dont les prolongements affectent en dernière analyse tout calcul industriel avec toutes ses conséquences, et qui dans le système monétaire détermine la rentabilité, partant l'orientation de l'approvisionnement en biens des entreprises à caractère lucratif, ne peut conduire, en compte en nature, qu'à un dilemme : pour en sortir, l'économie « naturelle » devra soit s'appuyer sur la tradition, soit recourir à des mesures autoritaires visant à diriger la consommation (dans le cadre corporatif ou égalitaire, peu importe) et *se faire obéir*. Il n'en resterait pas moins que le compte en nature ne résoudrait pas le problème de l'*imputation* du rendement total d'une entreprise aux différents facteurs et mesures, à la façon du calcul de rentabilité dans le système monétaire : ainsi la *production en grande série* de nos *entreprises mastodontes* modernes lui donnerait le plus de fil à retordre.

1. Devant la recrudescence des tendances « socialisantes » de ces derniers temps, le problème du compte en nature a fait l'objet de nombreux travaux d'Otto Neurath. Le compte en nature joue en effet un rôle décisif dans la *socialisation intégrale*, celle-là même qui vise à l'élimination de la notion de « prix réel ». L'insolubilité *rationnelle* de ce problème montrerait simplement – nous tenons à le souligner ici – quels « sacrifices il faudrait faire » pour réaliser cette socialisation ; elle ne saurait être invoquée comme argument contre le bien-fondé d'une aspiration qui – comme le socialisme *idéologique* [*Gesinnungs-Sozialismus*] en général – ne se fonde pas sur des considérations techniques, mais sur des postulats éthiques ou sur d'autres impératifs absolus : aucune science ne saurait lui être opposée. Si l'on se place dans une perspective purement technique, il faudrait peut-être envisager l'éventualité de fixer les limites de la socialisation, de sa forme et de son étendue, dans les domaines où la densité de la population ne permet son approvisionnement que sur la base de *calculs exacts*, en fonction de la possibilité de maintenir des *prix réels*. Mais c'est là un problème qui dépasse le cadre de notre étude. Remarquons cependant que la distinction conceptuelle entre « socialisme » et « réforme sociale » repose justement sur cette considération.

2. Il est parfaitement exact que de « simples » calculs monétaires – opérés par des entreprises individuelles, ou par une grande quantité ou même la totalité des entreprises, – que la statistique la plus complète sur les mouvements de marchandises évalués en termes *monétaires* ne nous donnent pas le moindre renseignement sur l'approvisionnement d'un groupe d'individus en ces biens dont ils ont en dernière analyse exclusivement besoin : les *biens en nature* ; il est également exact que les estimations tant discutées du « patrimoine national » en termes monétaires n'ont de valeur qu'en tant que base pour des évalua-

tions fiscales (qu'elles ne touchent que la fortune soumise à la taxe). [57] La même remarque s'applique aux statistiques sur les revenus libellées en termes *monétaires*, qui ne renseignent pas non plus sur l'approvisionnement des populations en biens économiques ; ces statistiques auraient une plus grande valeur si elles indiquaient *aussi* le prix des biens exprimé en unités monétaires. Mais là encore il n'existe aucune possibilité de contrôle en se plaçant dans la perspective de la rationalité *matérielle*. Il est d'autre part exact (ce qui a été magistralement démontré par Sismondi et W. Sombart par l'exemple de la campagne romaine) qu'une rentabilité satisfaisante (pour tous les intéressés, comme c'était le cas pour l'économie de la campagne romaine) n'équivaut pas nécessairement à une organisation satisfaisante de l'économie considérée sous l'angle de l'approvisionnement en biens d'un groupe d'individus donné en utilisant au maximum les matières premières disponibles ; les modalités de l'*appropriation* (notamment du sol, ce qu'il faut concéder à F. Oppenheimer, mais pas exclusivement celle-là) créent ces chances de rentes et de gains multiples *susceptibles* de gêner considérablement tout progrès en vue d'une utilisation optimale des moyens de production (remarquons cependant que cette caractéristique est *très loin* de s'appliquer exclusivement à l'économie capitaliste). Les limitations tant discutées de la production en vue d'accroître la rentabilité furent chose courante dans l'économie du Moyen Age et la prédominance de la classe ouvrière pourrait, de nos jours, se traduire par des mesures analogues. Mais le phénomène comme tel ne saurait être mis en doute. Les statistiques de mouvements monétaires ou basées sur des évaluations en unités monétaires n'ont pas empêché les statistiques de produits naturels de se développer – comme certains traités pourraient le faire croire, – même si l'on met en doute, en partant d'exigences idéales, leur portée réelle. Les neuf dixièmes de toutes nos statistiques sont des statistiques de produits naturels et non de phénomènes monétaires. On peut dire que le travail de toute une génération a consisté à soumettre à un examen critique les effets d'une économie orientée *exclusivement* en vue de la rentabilité, sur l'approvisionnement en produits naturels (car c'était là l'ultime but, d'ailleurs conscient, de la tendance du socialisme allemand dite *Kathedersozialismus*) : il est vrai qu'elle a orienté ses critiques en fonction non pas de la « socialisation intégrale », mais d'une réforme de la *politique* sociale – c'est-à-dire d'une politique qui, à l'encontre de l'économie basée sur le compte en nature, maintient l'existence de prix réels – parce qu'elle a considéré cette dernière dans les économies à grande échelle (actuellement et toujours) pour la seule réalisable. Chacun a le droit de considérer cette attitude comme « inconsistante », mais elle n'est pas déraisonnable en soi. Il est certain qu'on n'a prêté que peu d'attention aux problèmes de l'économie à base de troc et encore bien moins à la rationalisation possible du compte en nature ; les études entreprises jusqu'ici examinent le problème sous l'angle historique et non dans la perspective de ses possibilités actuelles. C'est la guerre qui confère – comme les guerres passées – une actualité nouvelle et brûlante à une forme d'économie dont l'importance apparaît pendant la guerre et l'après-guerre. (A Otto Neurath revient le grand mérite d'avoir examiné ces questions en profondeur bien que d'une manière discutable dans ses principes et dans ses conclusions. On ne saurait s'étonner que la « science » se soit si peu penchée sur ses formules, car *jusqu'ici* elles se présentent surtout sous forme de pronostics sommaires se prêtant mal à la discussion sérieuse. Le *vrai problème* commence là où s'arrêtent les réflexions de Neurath – du moins jusqu'ici.)

3. Il faut faire preuve d'une prudence extrême si l'on veut se servir des performances et méthodes de l'économie de guerre pour juger de la rationalité *matérielle* d'un système économique. L'économie de guerre vise (en principe) un seul but précis au service duquel elle peut s'appuyer sur des pouvoirs qui, en temps de paix, n'existent que dans un système esclavagiste où l'État dispose librement de ses « sujets ». Elle est en outre une économie de « banqueroutiers » puisque son objectif *immédiat* la fait passer outre aux intérêts de l'économie de paix. On se contente de calculs *techniquement* précis sans trop se soucier – sur le plan économique – des matières premières disponibles en abondance et encore bien moins de la main-d'œuvre. Les calculs ont donc en premier lieu (mais non exclusivement) un caractère technique ; là où ils sont économiques, c'est-à-dire où ils tiennent compte de la concurrence des *objectifs* à atteindre et non seulement des moyens pour aboutir au but recherché, ils se contentent (au point de vue du calcul monétaire) de considéra

tions et d'évaluations assez primitives fondées sur le principe de l'utilité marginale ; ils appartiennent donc à la catégorie des calculs « budgétaires » et ne se proposent nullement de garantir une mise en valeur rationnelle permanente de la division du travail et des moyens d'approvisionnement choisis. Malgré les enseignements précieux qui se dégagent de l'économie de guerre et de l'après-guerre quant à ses « possibilités » économiques, il serait dangereux de tirer de ces calculs non monétaires des conclusions sur leur utilité permanente dans l'économie de paix.

[58] Nous sommes tout disposés à admettre : (a) que le calcul monétaire est également obligé de recourir à des hypothèses arbitraires quand il a affaire à des moyens d'approvisionnement non cotés au marché (cas qui se présente notamment en matière de comptabilité agricole), (b) que la même remarque s'applique dans une mesure moindre à la ventilation des « frais généraux », surtout dans les entreprises à fabrications multiples, (c) que toute cartellisation – même la plus rationnelle, c'est-à-dire celle qui s'oriente en fonction des chances du marché – diminue l'attrait du calcul exact déjà au niveau du compte de capital, puisqu'on ne calcule avec précision que là et dans la mesure même où la *nécessité* s'en fait sentir. Mais dans le compte en nature la situation en (a) existerait dans tous les domaines ; la situation en (b) rendrait impossible en permanence le *calcul précis* des « frais généraux » que la notion de « compte capital » inclut forcément ; la situation en (c) éliminerait toute invitation au calcul précis qui devrait, dans l'économie non monétaire, être remplacée par des moyens artificiels (voir ci-dessus), d'une efficacité douteuse. En proposant de transformer l'état-major d' « employés commerciaux » chargé des calculs en personnel d'un « office de *statistiques* universelles », lesquelles, on l'imagine, pourraient remplacer le calcul dans l'économie naturelle, on méconnaît non seulement les impulsions entièrement différentes qui sont à la base du « calcul » et de la « statistique », mais on se méprend aussi sur leurs fonctions respectives. Il y a, en effet, entre les deux activités la même différence qu'entre un « bureaucrate » et un « organisateur ».

4. Le compte en nature aussi bien que le calcul monétaire sont des techniques rationnelles. Elles ne représentent nullement, à elles seules, toute l'étendue de l'activité économique. Il y a, à côté d'elles, une activité orientée selon des buts et normes

économiques, mais *ignorant le calcul*. Celle-ci peut s'appuyer sur des traditions ou sur des réflexes d'ordre affectif. Toute recherche élémentaire de nourriture par l'homme s'apparente à la recherche de nourriture par l'animal, entièrement commandée par l'instinct.

De même beaucoup d'activités conscientes de l'homme, qu'elles se règlent selon des critères religieux, l'exaltation guerrière, des sentiments pieux ou autres motivations affectives, se signalent-elles par un degré très variable de logique calculatrice. « Entre frères » (de race, de corporation, dans la foi) on ne « marchande » pas ; on ne « calcule » pas en famille, dans un cercle de camarades ou d'adeptes, tout au plus y procède-t-on à quelques mesures de « rationnement » élastiques en cas de détresse : ce sont là les commencements modestes du calcul. Nous parlerons plus loin, au chap. v, de l'irruption du calcul dans le communisme familial primitif. L'argent a toujours été le grand stimulant du calcul, et c'est ce qui explique pourquoi le compte en nature n'a jamais pu atteindre au degré de technicité que permettrait sa nature immanente (et sur ce point, on doit donner raison à O. Neurath).

Au moment de mettre sous presse, paraît (*Archiv für Sozialwissenschaft*, XLVII, p. 86 sq.) une étude de L. Mises consacrée à ce problème [« Die Wirtschaftsrechnung im sozialistischen Gemeinwesen », à comparer avec l'étude du même auteur : *Die Gemeinwirtschaft*, 2ᵉ édition 1932, p. 91 sqq. (2ᵉ partie) avec annexe (p. 480 sqq.)]

§ 13. *Conditions de la rationalité formelle du calcul monétaire.*

La « rationalité » *formelle* du calcul monétaire est donc tributaire de conditions *matérielles* spécifiques dont l'analyse nous intéresse au point de vue sociologique. Citons, parmi ces conditions, surtout :

1. La *lutte* pour les marchés d'économies (au moins relativement) autonomes. Les prix chiffrés en monnaie sont le résultat de luttes et de compromis, autrement dit ils découlent de la puissance respective des parties engagées. La « monnaie » n'est

pas un simple « mandat donnant droit à des utilités indéterminées » qu'on pourrait transformer à sa guise sans éliminer le caractère propre des prix marqués par la lutte de l'homme contre l'homme, mais la monnaie est en premier lieu un moyen de combat et une récompense ; elle n'est « moyen de calcul » que sous forme d'une évaluation quantitative [*Schätzungsausdruck*] de chances résultant de l'affrontement des intérêts.

2. Le calcul monétaire accède à son plus haut degré de rationalité en tant que moyen comptable d'orientation de l'économie sous la forme du compte capital, pour peu que soit remplie la condition *matérielle* de la plus grande liberté du marché possible, c'est-à-dire de l'absence de monopoles octroyés et économiquement irrationnels et de monopoles volontaires et économiquement rationnels (i.e. orientés selon les chances du marché). La compétition pour l'écoulement des produits qui est la conséquence d'une telle situation occasionne, surtout pour l'organisation de la vente et la publicité (dans le sens le plus large du terme), des dépenses qui seraient sans objet dans une économie sans concurrence (économie planifiée *ou* monopole rationnel absolu). Un calcul capital rigoureux présuppose en outre, sur le plan social, une « discipline d'entreprise » et l'appropriation des moyens de production, partant l'existence de *rapports hiérarchiques*.

[59] 3. La production de biens sur une base industrielle se propose de combler *matériellement*, grâce au compte capital, non pas les « désirs » en tant que tels, mais exclusivement les désirs *solvables*. L'orientation de la production de biens est donc tributaire de la disposition d'utilités marginales dans les dernières tranches de revenus solvables, prêtes à acheter une utilité déterminée. Conjointement avec l'indifférence absolue – si la liberté de marché est totale – de la rationalité du compte capital la plus formellement parfaite à l'égard de tous les postulats matériels, ces circonstances profondément ancrées dans la nature même du calcul monétaire forment la *limite* en principe infranchissable de leur rationalité. Celle-ci est donc d'essence purement *formelle*. La rationalité formelle et la rationalité matérielle (quel que soit l'étalon de valeur qui leur serve d'orientation) ne coïncident *par principe* jamais, en aucune *circonstance*, même si cette coïncidence peut se présenter empiriquement dans tous les cas d'espèces (en se fondant sur des possibilités théoriques et

pratiquement irréelles). Car la rationalité formelle du calcul monétaire ne nous *renseigne d'aucune façon* sur la répartition matérielle des biens en nature. Celle-ci doit toujours faire l'objet d'un examen à part. Si l'on prend comme étalon de rationalité la production d'un minimum matériel d'approvisionnements pour un maximum d'individus, les expériences de ces *dernières* décennies prouvent que la rationalité formelle et la rationalité matérielle coïncident, dans ces circonstances précises, relativement souvent : les raisons en résident dans les impulsions qui impriment leur démarche à l'activité sociale d'orientation économique convenant au calcul monétaire. Il n'en reste pas moins vrai que la rationalité formelle ne nous renseigne sur les modalités de l'approvisionnement matériel que si l'on tient compte des modalités de la répartition des revenus.

§ 14. *Économie transactionnelle et économie planifiée.*

Nous appellerons « *couverture* de besoins *transactionnelle* » [*Verkehrswirtschaftliche Bedarfsdeckung*] toute couverture de besoins sociétisée [*vergesellschaftet*] rendue possible par le jeu des intérêts et orientée en fonction des chances d'échange. Le terme de « *couverture* de besoins *planifiée* » [*planwirtschaftlich*] s'appliquera à toute couverture de besoins à l'intérieur d'un groupement – orientée d'une manière systématique en fonction de règlements matériels statutaires, contractuels ou octroyés.

La couverture transactionnelle des besoins présuppose normalement et en cas d'application rationnelle le calcul monétaire, et en cas de compte de capital la *séparation entre le budget et la gestion*. La couverture planifiée des besoins est tributaire (selon son étendue dans des orientations et à des échelles variables) du compte en nature en tant qu'ultime base de l'orientation matérielle de l'économie, mais, sur le plan *formel*, elle est obligée de se régler sur les instructions d'un état-major administratif dont elle ne saurait en aucun cas se passer. Dans l'économie transactionnelle l'activité des différentes économies autocéphales s'oriente de façon autonome : dans l'activité budgétaire, à l'utilité marginale de l'encaisse et aux revenus escomptés ; dans les acquisitions occasionnelles, aux chances du marché ; dans les entreprises industrielles, au compte capital. Dans l'économie planifiée toute activité économique – pour autant qu'on s'y livre – est orientée selon des critères strictement *budgétaires* et hétéronomes aux instructions impératives et prohibitives, aux récompenses ou punitions en perspective. Même si l'économie planifiée recourt à la promesse de revenus supplémentaires pour stimuler l'activité personnelle, l'*orientation* de l'activité ainsi récompensée ne s'écarte pas des normes matériellement hétéronomes. L'économie transactionelle *peut* se servir des mêmes méthodes sur une base volontaire. Il lui est, en effet, possible de le faire si l'écart entre les patrimoines et biens capitaux force les non-possédants à se plier aux instructions données pour pouvoir prétendre à une rémunération des services offerts : ces instructions peuvent émaner d'un riche propriétaire, elles peuvent résulter de calculs opérés par les détenteurs des moyens de production (ou par les personnes de confiance [60] chargées de leur exploitation). C'est là le sort réservé à la classe ouvrière dans une économie purement capitaliste.

Dans l'économie transactionnelle, l'impulsion décisive de toute activité économique émane (A) pour les non-possédants : (*a*) de la contrainte résultant du risque pour les salariés de rester sans les moindres ressources pour eux-mêmes *et* leur « famille » (enfants, épouses, éventuellement parents) dont ils assument typiquement la charge, (*b*) – dans des proportions variables – d'une certaine disposition de l'esprit selon laquelle l'activité rémunérée est la forme de vie normale, (B) pour les privilégiés sur le plan de la fortune ou de la formation professionnelle, conséquence d'une situation financière privilégiée : (*a*) des chances d'une activité professionnelle plus rémunératrice, (*b*) de l'ambition personnelle, (*c*) de la valeur de « vocation » qu'on attribue à son travail préféré (intellectuel, artistique, spécialité technique), (C) pour ceux qui participent aux chances d'une entreprise à caractère lucratif : (*a*) de l'engagement de ses propres capitaux et de ses chances de gains, à quoi vient se joindre (*b*) une mentalité de « professionnel » de l'entreprise rationnelle considérée comme une occasion (α) de prouver [*Bewährung*] ses « capacités » et (β) de disposer à sa guise d'un personnel obligé de suivre les instructions données ;

notons aussi un motif accessoire : (γ) la possibilité de disposer, grâce aux chances culturelles et productives, d'une donnée polyvalente et indéterminée, la *puissance*. Une économie planifiée doit – si elle est appliquée avec rigueur – atténuer le caractère obligatoire du travail tel qu'il découle des risques de manquer du nécessaire, puisqu'elle ne peut, en cas de rationalité matérielle de la production, faire pâtir ses *ressortissants* de l'effort peut-être insuffisant de ses travailleurs. Elle doit en outre, dans le même cas, supprimer autant que possible – et en dernière analyse définitivement – la direction autonome des unités de production ; elle ignore à peu près ou tout à fait le risque financier, la possibilité pour les dirigeants de prouver leur valeur d'une manière autonome ou de disposer d'individus ou de chances importantes d'approvisionnement. Elle doit remplacer les chances (éventuelles) de gains matériels pour le particulier par des motivations idéales de caractère « altruiste » (au sens le plus large du mot), pour obtenir des performances de productivité planifiée comparables à celles que produit l'orientation autonome des chances de bénéfices réalisés par la mise en place de biens désirés correspondant à des besoins *solvables*. En cas d'application rigoureuse, elle doit prendre son parti d'une diminution inévitable de la *rationalité comptable* qu'entraîne fatalement la suppression du calcul monétaire et du compte en capital. Nous avons bien dit que la rationalité matérielle et la rationalité formelle (i.e. fondée sur le calcul exact) ne sauraient vraiment coïncider : cette irrationalité fondamentale et en dernière analyse inéluctable de l'économie est une des constantes de toute science « sociale », mais surtout de l'étude du socialisme.

Ad §§ 13 et 14 :

1. Notre exposé ne fait que redire des choses connues sous une forme plus insistante (voir les dernières phrases du § 14). L'économie transactionnelle est la variété la plus importante de l'action sociale universelle et typique orientée en fonction du jeu des intérêts. Sa méthode pour couvrir les besoins est l'objet des recherches de la science économique et il est inutile de l'approfondir ici. L'emploi du terme « économie planifiée » [*Planwirtschaft*] n'est pas une profession de foi en faveur des projets bien connus de l'ancien ministre de l'économie du

Reich ; nous l'avons choisi parce qu'il est formé selon les règles du bon usage et qu'il a été généralement adopté après avoir été un terme « officiel » (nous préférons ce terme à celui, logiquement formé lui aussi, d' « économie administrative » [*Verwaltungswirtschaft*] employé par O. Neurath).

2. Le terme d' « économie planifiée » *ne doit pas* s'appliquer dans ce sens à l'économie d'un groupement ni à l'économie soumise aux règlements d'un groupe, orientée selon les chances d'un profit (à la manière d'une corporation, d'un cartel ou d'un trust). Il s'appliquera exclusivement à une économie de groupement orientée à la *couverture des besoins*. Une économie orientée en fonction des chances de gains – fût-elle strictement réglementée ou dirigée par l'état-major du groupement – suppose toujours des « prix » effectifs, donc le compte en capital et une orientation en fonction de celui-ci, quelle que soit par ailleurs la genèse formelle de ces prix (dans le cas limite du pancartellisme ils se fondent sur des compromis [61] « intercartels », sur des conventions de salaires élaborées par des « cercles de travail » [*Arbeitsgemeinschaften*], etc.). La « socialisation intégrale » en tant qu'économie planifiée purement budgétaire et la « socialisation partielle » (de certaines branches de la production) avec maintien du compte de capital se meuvent, toutes deux, malgré le but commun et la possibilité de formes intermédiaires, dans deux *directions* fondamentalement différentes. Tout rationnement de la consommation et, d'une manière plus générale, toute mesure visant à influencer la *répartition naturelle* des biens doivent être considérés comme un premier degré de l'économie planifiée budgétaire. La direction planifiée de l'*approvisionnement en biens*, qu'elle soit opérée par des cartels volontaires ou imposée par les instances étatiques, vise en premier lieu l'organisation et l'utilisation des moyens d'approvisionnement et de la main-d'œuvre et ne saurait se passer – ou du moins *pas encore* se passer (selon sa propre définition) – du *prix*. Il n'est donc pas étonnant que le socialisme de « contingentement » fasse bon ménage avec le « socialisme de comité d'entreprise », qui s'appuie (contre la volonté de ses chefs partisans du socialisme rationnel) sur les intérêts d'appropriation des ouvriers.

3. La formation de groupements économiques du genre cartel, corporation ou guilde, c'est-à-dire la réglementation ou

l'exploitation monopolistique de chances lucratives, qu'elle soit imposée ou contractuelle (en règle générale, elle est imposée, bien que sur le plan formel elle soit le résultat d'un contrat), n'est pas l'objet de notre étude. Voir à ce sujet (pour l'information générale) chap. ɪ § 10 et nos remarques sur l'appropriation de chances économiques (ce chapitre §§ 19 sqq.). L'opposition entre la forme évolutionniste du socialisme, orientée en fonction du problème de la production, notamment entre le socialisme « marxiste » et son homologue rationnel-planifié qu'on a pris l'habitude de désigner de nouveau sous le vocable de « communisme », est restée vivante depuis la *Misère de la philosophie* de Karl Marx (édition populaire allemande dans l' « Intern. Bibl. », p. 38 et les pages précédentes et suivantes) ; l'opposition à l'intérieur du socialisme russe, avec ses luttes passionnées entre Plékhanov et Lénine, repose, en dernière analyse, sur le même antagonisme ; la scission du socialisme à laquelle nous assistons a sa raison principale dans la lutte pour les positions clefs (et les prébendes), mais à côté et derrière cette lutte se profile ce même problème mis en évidence par l'économie de guerre et son évolution spécifique vers l'économie planifiée d'une part, par le développement des intérêts d'appropriation de l'autre. – On ne saurait qualifier de scientifique la question de savoir si l'instauration d'une « économie planifiée » (peu importe sa forme et son étendue) serait une mesure *opportune*. Pour l'homme de science la question s'énonce ainsi : quelles conséquences *prévisibles* entraînera l'économie planifiée (sous telle ou telle forme) ? à quelles *suites* faut-il se résigner si l'on veut *risquer* un essai ? L'honnêteté commanderait *aux uns et aux autres* d'admettre que l'équation comporte quelques *connues*, mais autant d'inconnues ! Il est impossible d'indiquer toutes les données matérielles du problème, les points qui entrent dans le cadre de notre exposé ne peuvent être évoqués qu'en fonction des structures des groupements (et en particulier de l'État). Nous nous sommes bornés à indiquer les éléments techniques les plus élémentaires du problème. Nous n'avons pas non plus traité dans ce chapitre (pour les raisons indiquées ci-dessus) le phénomène de l'économie transactionnelle *réglementée*.

4. La socialisation transactionnelle de l'économie présuppose l'*appropriation* des agents matériels d'utilités et la liberté

du marché. L'importance de la liberté du marché augmente (*a*) si l'appropriation des agents matériels d'utilités, notamment des moyens (de production et de transport) est très poussée. Car le maximum de facilité d'écoulement coïncide avec l'orientation maximale de l'activité économique en fonction de la situation du marché. Elle augmente aussi si (*b*) l'appropriation se borne à des agents *matériels* d'utilités. Toute appropriation d'individus (esclavage, servage) ou de chances économiques (monopoles de clientèle) équivaut à une restriction apportée à l'activité humaine orientée aux situations du marché. Fichte avait parfaitement raison de voir dans cette limitation de la notion de « propriété » aux biens matériels (dans son ouvrage *Geschlossener Handelsstaat*) – qui s'accompagne d'une extension du droit de disposition contenu dans ce terme – le caractère distinctif du régime de propriété moderne fondé sur l'économie transactionnelle. Cette évolution du concept de propriété comblant les vœux de tous les *agents d'opérations mercantiles* [*Marktinteressenten*] qui puisaient leurs chances de gains dans la situation des marchés, l'évolution de la notion de propriété dans le sens indiqué fut donc en premier lieu le résultat de leur influence.

5. Nous avons évité le terme d'« économie communautaire » [*Gemeinwirtschaft*] pour des raisons utilitaires, car il évoque l'« intérêt communautaire » ou le « sentiment communautaire », qui ne font nullement partie intégrante du concept : l'économie [62] d'un seigneur ayant droit de corvées ou d'un autocrate (à la manière du pharaon dans le « Nouvel Empire ») fait partie, à l'encontre de l'économie transactionnelle, de la même catégorie qu'une économie familiale [*Familienhaushalt*].

6. La notion d'« économie transactionnelle » est sans rapport avec le problème de l'existence d'économies capitalistes, c'est-à-dire d'économies orientées en fonction du compte de capital, et de leur étendue. Cela s'applique plus particulièrement au type normal de l'économie transactionnelle, i. e. à la couverture des besoins à base monétaire. On aurait tort de croire que le développement des économies capitalistes est proportionnel à la couverture des besoins à base monétaire, ou que leur évolution doit nécessairement prendre le chemin qu'elle a pris en Europe occidentale. C'est le contraire qui est vrai ! L'extension de l'économie monétaire (*a*) a fort bien pu s'accompagner d'une

monopolisation croissante des chances de gros bénéfices par quelque *oïkos* princier : c'est ce qui se produisit sur une grande échelle en Égypte sous la dynastie des Ptolémées, où – selon les comptes ménagers venus jusqu'à nous – l'économie monétaire était très développée ; mais elle resta une économie monétaire *budgétaire* et ne se transforma pas en économie *capitaliste* ; (*b*) a pu conduire, en présence d'un épanouissement marqué de l'économie monétaire, à l'attribution en prébende [*Verpfründung*] de chances fiscales, ce qui se traduisit par la stabilisation traditionaliste de l'économie (comme par exemple en Chine ; nous en reparlerons ailleurs) ; (*c*) les détenteurs de fonds désireux de leur trouver une utilisation capitaliste pouvaient donner la préférence à des possibilités de gains en dehors des chances d'échange du marché libre de biens économiques et de la production de marchandises (ce qui se produisit, pour des raisons que nous allons analyser, dans toutes les régions du globe à l'exception de l'Europe occidentale).

§ 15. *Types de répartitions des prestations économiques (généralités).*

Toute activité sociale typique à orientation économique et toute sociation [*Vergesellschaftung*] économique au milieu d'un groupe humain équivalent dans une certaine mesure à une méthode particulière de répartition et d'harmonisation d'efforts humains en vue de se procurer des biens. Un simple regard jeté sur la vie économique nous révèle la répartition de prestations fort variées sur des individus différents et une association de ces derniers en vue de réaliser, par les combinaisons les plus variées de moyens d'approvisionnement matériels, toutes sortes d' « utilités ». Dans la variété infinie de ces phénomènes il est néanmoins possible de discerner un certain nombre de *types* :

Une prestation humaine économique peut être :

a) ordonnatrice [*disponierend*], ou

b) orientée en fonction d'un ordre : travail (c'est dans ce sens que nous emploierons par la suite ce terme).

Le travail est évidemment *aussi* une prestation ordonnatrice, surtout lorsqu'on entend par ce terme une activité demandant du temps et de l'effort. Pour des raisons d'ordre social, l'usage préfère cependant le terme « travail » qu'il *oppose* à la prestation ordonnatrice [*disponierende Leistung*] et c'est aussi dans ce sens précis que nous l'emploierons ici. D'une manière générale, nous parlerons de « prestations » [*Leistungen*].

Les différentes manières d'envisager le travail et les prestations à l'intérieur d'un groupe humain se subdivisent en catégories typiques :

a) techniques – selon la manière de répartir au cours du processus technique de l'approvisionnement les prestations de plusieurs agents, de les harmoniser entre eux et avec les moyens d'approvisionnement matériels ;

b) sociales – c'est-à-dire :

1) selon la manière qui fait ou ne fait pas de prestations isolées l'objet d'économies autocéphales et autonomes et selon le caractère économique de ces économies ; et, conséquence immédiate de ce qui précède,

2) selon la manière et dans la mesure où 1° les prestations isolées, 2° les moyens d'approvisionnement matériels, 3° les chances de profit économiques (en tant que sources ou moyens de profit) sont ou ne sont pas appropriés, et selon la manière – conséquence de ce qui précède – dont α) les *métiers* (professions = *Berufe*) se subdivisent (action sociale), et β) le marché se forme (action économique).

Finalement,

c) il est indispensable, quel que soit le lien des prestations entre elles et celui des prestations avec les moyens d'approvisionnement matériels, et quelle que soit leur répartition sur les différentes économies [63] et leur appropriation, de se poser, au plan *économique*, la question de savoir s'il s'agit d'une utilisation budgétaire ou lucrative.

Pour compléter ce paragraphe et les paragraphes suivants, on consultera avantageusement l'exposé toujours valable de K. Bücher dans son article « Gewerbe », in *Handwörterbuch der Staatswissenschaft*, ainsi que l'ouvrage du même auteur, *Die Entstehung der Volkswirtschaft* : il s'agit là de travaux fondamentaux dont, pour des raisons strictement pratiques, nous n'avons pas toujours suivi la terminologie ni le plan. D'autres citations seraient peu utiles, puisque nous n'avons pas l'intention d'exposer dans ce qui suit des résultats *nouveaux*, mais de fournir une ossature à notre étude.

1. Soulignons que nous nous sommes contentés — conformément à notre propos – de résumer brièvement les aspects *sociologiques* des phénomènes ; nous n'avons tenu compte des aspects économiques que dans la mesure où ceux-ci se reflètent dans des catégories sociologiques formelles. Pour prétendre au nom d'exposé économique (au plan matériel) notre analyse devrait nécessairement comporter l'examen du problème des prix et des conditions du marché, problème que nous avons envisagé seulement sous l'angle théorique. Toute tentative d'incorporer les aspects purement matériels dans notre introduction générale se heurterait à la nécessité de le faire sous forme de thèses rigides et unilatérales. Les méthodes d'explication *purement* économiques sont aussi tentantes que *contestables*. Ainsi, on pourrait dire par exemple que la naissance du « travail libre » au Moyen Age, réglé par le groupement [*verbandsreguliert*], se situe dans la « sombre » époque s'étendant du Xe au XIIe siècle et plus particulièrement dans celle du travail paysan, minier et artisanal orienté en fonction des chances de *rentes* des seigneurs territoriaux, des propriétaires de serfs, des seigneurs justiciers – autrement dit de puissances particulières engagées dans une *compétition* incessante pour ces mêmes chances. On pourrait affirmer de même que l'époque décisive pour l'épanouissement du capitalisme fut la révolution chronique des prix du XVIe siècle : elle eut pour conséquence l'*augmentation* absolue ou relative *des prix* de (presque) tous les produits du sol (du moins en Europe occidentale) et rendit possible – selon les principes bien connus de l'économie agricole – la création d'*entreprises* de ventes et d'*exploitations géantes* fondées (en Angleterre) sur des bases capitalistes et (dans les marches frontalières entre l'Elbe et la Russie) sur le servage. Cette révolution entraîna donc une augmentation sensible des prix (dans l'absolu), mais qui fut ressentie (dans l'ensemble) comme *relative* et s'accompagna même d'une baisse (relative) des produits manufacturés les plus importants ; cette baisse stimula partout où la fabrication se faisait à une échelle industrielle et dans la mesure où les conditions extérieures et intérieures s'y prêtaient – ce qui n'était *pas le cas* en Allemagne et

explique les débuts de la « décadence » de son économie – la mise sur pied de formes de commerce compétitives. Une autre conséquence fut la création d'entreprises industrielles capitalistes. Pour y parvenir, il fallait disposer de *vastes marchés* [*Massenmärkte*]. Certaines transformations de la politique commerciale anglaise sont (à côté d'autres phénomènes) symptomatiques de cette évolution. Il faudrait recourir à ce genre d'affirmation pour prouver les énoncés *spéculatifs* sur les conditions économiques *matérielles* ayant entraîné l'évolution des structures économiques. Nous avons dû renoncer à bon escient à ce genre de thèse toujours contestable pour établir notre *terminologie* strictement sociologique, même si l'une ou l'autre de ces théories n'est pas nécessairement fausse. En renonçant à ce *genre* de démonstration nous renoncerons aussi dans les chapitres qui vont suivre (tout comme nous avons renoncé ci-dessus à l'exposé d'une théorie des prix et de la monnaie) à toute « explication » digne de ce nom et nous nous bornerons (du moins à titre provisoire) à l'établissement d'une « typisation » sociologique. Nous n'insisterons jamais assez sur ce point. Car toute explication authentique du *mécanisme* de l'évolution dans ses traits les plus marquants, y compris l'évolution sociologique, ne saurait s'appuyer que sur la matière concrète et palpable des données *économiques*. Notre propos est de fournir au lecteur une simple charpente qui nous permette d'y accrocher des définitions aussi claires que possible.

Inutile d'ajouter qu'une représentation aussi schématique des faits ne saurait rendre pleinement compte de l'enchaînement empirico-historique des phénomènes ni de la succession typologico-génétique des différentes formes possibles.

2. On a souvent et à juste titre critiqué le fait que la terminologie de l'économie politique ne sépare pas assez nettement les termes de *Betrieb* (exploitation, établissement) et *Unternehmen* (entreprise industrielle ou commerciale). Une « exploitation » [*Betrieb*] appartient dans le domaine de l'activité d'orientation économique à une catégorie *technique*, désignant la manière d'harmoniser entre eux une série continue d'efforts et de prestations [*Arbeitsleistung*] et d'établir un lien entre ceux-ci et les moyens d'approvisionnement matériels. Au *Betrieb* s'oppose une activité ou bien (*a*) inconstante ou bien (*b*) techniquement discontinue, telle qu'on la rencontre dans une économie domes-

tique [*Haushalt*] empirique. A *Unternehmen* (entreprise), unité d'orientation *économique* [64] (au gain), s'oppose la notion de « budget » (qui lui, est orienté à la couverture des besoins). Mais l'opposition entre « entreprise » [*Unternehmen*] et « budget » [*Haushalt*] n'épuise pas le fond du problème ; car il existe des « *activités rémunératrices* » qui n'entrent pas dans la catégorie de l' « entreprise » : tout *travail* simplement rémunéré tel que l'accomplissent écrivains, artistes, fonctionnaires n'est ni l'un ni l'autre (ni *Betrieb* ni *Unternehmen*). Mais la perception et l'utilisation de *rentes* est incontestablement une « activité budgétaire » [*Haushalt*].

Malgré cette antinomie nous avons parlé dans les chapitres précédents d' « *exploitation rémunératrice* » [*Erwerbsbetrieb*] pour désigner toute activité d'entreprise continue, cohérente, permanente : en effet, une telle activité est inconcevable sans la constitution d'un *Betrieb* (« exploitation » dans le sens d'entreprise) (même si celui-ci peut se réduire, à la rigueur, à un seul opérateur). Dans ce qui précède nous entendions surtout marquer la différence entre « activité budgétaire » et « activité lucrative ». Nous allons constater que le terme d' « exploitation rémunératrice » ne peut remplacer celui d' « entreprise rémunératrice continue » que dans le cas le plus simple de la coïncidence de l'unité d'exploitation technique avec l'unité d'entreprise. Il arrive cependant dans l'économie transactionnelle que plusieurs « unités d'exploitation » [*Betrieb*] techniquement séparées soient réunies en une seule « unité d'entreprise ». Ce dernier phénomène ne signifie pas évidemment la simple *union personnelle* par le propriétaire, mais une orientation unique en fonction d'un *plan homogène* d'utilisation des différentes unités à des fins de profit. (Pour cette raison, des situations intermédiaires sont possibles.) Lorsque nous nous servirons du terme d' « exploitation » [*Betrieb*] nous désignerons par là cette unité techniquement séparée – en ce qui concerne les installations, moyens de production, main-d'œuvre et (éventuellement) la direction technique hétérocéphale et hétéronome – qui existe aussi (selon la terminologie courante) dans l'économie communiste. Le terme « exploitation rémunératrice » ne servira plus qu'à désigner une entreprise dans laquelle l'unité technique et l'unité économique coïncident.

La nécessité d'une séparation terminologique très nette entre

« exploitation » et « entreprise » se fait surtout sentir quand il s'agit de définir des catégories comme « fabrique » ou « industrie domestique ». Celle-ci appartient incontestablement à la catégorie des « *entreprises* ». Sur le plan de l'organisation, un établissement commercial et des entreprises ouvrières exploitées à l'échelle domestique travaillant pour un établissement commercial, et vice versa, sont indépendants entre eux ; l'opération est incompréhensible si l'on se place dans la perspective de l'exploitation : pour en saisir le sens, il faut faire appel à d'autres catégories telles que marché, entreprise, économie domestique (des ouvriers), utilisation rémunératrice de prestations rémunérées. On pourrait définir le terme « fabrique » – comme cela a été proposé à plusieurs reprises – sans aucune référence à l'économie en faisant abstraction de la nature des travailleurs (libres ou non libres), de la spécialisation du travail (spécialisation technique, interne ou non), du matériel auxiliaire (machines ou non), par *ouvroir* ou *atelier* [*Werkstätte*]. Il nous semble néanmoins indispensable de tenir compte *aussi* de la forme d'*appropriation* de l'atelier et des moyens de production (par un propriétaire), car sans cela la notion se désagrège comme celle de l' « ergasterion ». Si l'on se décide à cette restriction de sens, il nous paraît par principe plus utile de faire des deux termes, « fabrique » et « industrie domestique », deux catégories strictement économiques d'entreprises à compte de capital. Dans une économie socialiste intégrale, il n'y aurait ni « fabrique » ni « industrie domestique », mais seulement des *ateliers*, des *installations*, des *machines*, des *outils* à l'état naturel et des travaux d'atelier et domestiques de toute espèce.

3. Dans ce qui suit, nous ne dirons rien encore du problème des « paliers évolutifs » de l'économie ; là où une remarque à ce sujet nous semble indispensable, nous la ferons en passant. Notons cependant ceci :

On a parfaitement raison de distinguer depuis quelque temps entre les différentes espèces d'*économies* et de *politiques* économiques. Les paliers introduits par Schönberg d'après Schmoller, qui ont subi depuis quelques modifications, à savoir l'économie domestique, villageoise – à quoi vient s'ajouter comme palier suivant l'économie seigneuriale et patrimoniale-princière, – l'économie urbaine, territoriale, nationale, étaient déterminés dans la terminologie de *cet auteur* par la nature du *groupement* régulateur de l'économie. Mais il n'est pas certain que la nature de la régulation économique ait varié avec l'étendue des groupements. Ainsi la « politique économique territoriale » allemande a été, à quelque chose près, la reprise, sur une grande échelle, des régulations urbaines ; ses mesures *nouvelles* ne se distinguaient pas *spécifiquement* de la politique *mercantiliste* de groupements spécifiquement patrimoniaux, qui étaient en réalité déjà des groupements *étatiques* relativement rationnels (elles relevaient donc de l' « économie nationale », pour employer un terme usuel mais peu heureux). Il est encore bien moins certain que la structure interne de l'économie, la spécification, la spécialisation et l'harmonisation des prestations, que la manière de répartir les prestations sur des économies autonomes, que les modalités [65] de l'appropriation de la mise en valeur du travail, des moyens d'approvisionnement et des chances de bénéfice, aient accusé une évolution parallèle à la croissance du groupement, qu'elles aient permis de créer (éventuellement) une politique économique, et que celle-ci ait toujours suivi le *sens* des variations de grandeur du groupement. La comparaison de l'Occident avec l'Asie ou de l'Occident moderne avec l'Occident antique montrerait combien cette manière de voir est erronée. Il n'en est pas moins vrai qu'on ne saurait se livrer à des études *économiques* sans tenir compte de l'existence ou de la non-existence de groupements – *politiques* ou non – se proposant la réglementation *matérielle* de l'économie, ainsi que du *sens* profond de leur activité régulatrice. Car elle influe fortement sur la *nature de l'activité rémunératrice*.

4. Le but de la présente discussion est, avant tout, d'établir les préalables optimaux de la rationalité *formelle* de l'économie et les relations de celle-ci avec les « exigences » *matérielles*, quelles qu'elles soient.

§ 16. *L'articulation technique des prestations.*

A. Au plan *technique*, l'analyse des prestations se fait *en fonction de la répartition et de l'harmonisation réciproque des prestations*, selon :

1. Les prestations assumées par la *même* personne, qui peut être :

a) organe dirigeant et exécutif ou

b) l'un ou l'autre seulement.

L'opposition est évidemment relative, puisqu'on voit parfois un personnage dirigeant (gros paysan) « mettre la main à la pâte ». D'autre part, tout petit exploitant agricole, tout artisan, tout marinier fait partie du type *a*.

a) Une seule personne peut accomplir des tâches techniquement *différenciées* et visant à des résultats finals différents (« prestations combinées ») ; la raison peut en être :

α) un manque de spécialisation technique dans les différentes parties de l'opération ;

β) des changements saisonniers ;

γ) l'utilisation rationnelle de forces qui ne sont pas utilisées à plein rendement dans leur tâche principale (« prestations accessoires »).

b) Ou bien une seule personne n'accomplit que des tâches particulières dissociées :

α) selon le but final ; dans ce cas, le même prestataire accomplit toutes les opérations requises, techniquement différentes, simultanées et successives (c'est ce qu'on appelle une « combinaison de prestations ») : c'est la « prestation spécifiée » [*Leistungsspezifizierung*] ;

β) selon la spécialisation technique des prestations, de sorte que le produit final ne puisse résulter que du concours des prestations simultanées ou successives (selon le cas) de plusieurs personnes : c'est la *spécialisation de la prestation* [*Leistungsspezialisierung*].

L'antinomie est souvent relative, mais on ne saurait mettre en doute ni son existence ni sa portée historique.

Le cas *a*α est caractéristique des économies domestiques primitives où chaque agent accomplit selon les besoins toutes les besognes (compte tenu de la répartition typique du travail entre les sexes, cf. chap. v).

Le cas *a*β se présente notamment dans l'alternance saisonnière entre le travail champêtre en été et l'activité artisanale en hiver.

Le cas *a*γ se présente quand des ouvriers de la ville accomplissent, à titre saisonnier, des travaux aux champs, et, d'une manière générale, dans toutes les activités accessoires et extraprofessionnelles entreprises « parce qu'il reste du temps libre » – phénomène qui s'observe même dans la vie bureaucratique moderne.

Typique du cas $b\alpha$ est la répartition professionnelle du travail dans la société médiévale : ainsi, il y avait une quantité de métiers spécialisés dans *un seul* produit final dont la mise au point exigeait souvent des procédés de travail techniquement hétérogènes : il y avait donc *combinaison* de prestations [*Leistungskombination*]. Le cas $b\beta$ renferme toute l'évolution moderne du travail. Mais sur le plan psychologique [66] aucune prestation, si spécialisée soit-elle, n'est vraiment ressentie comme entièrement *isolée* ; elle comporte toujours un élément de *spécification*, mais son orientation ne se fait plus, comme au Moyen Age, en fonction du produit final.

En outre, la répartition et l'harmonisation des prestations sont également variables (voir ci-dessus A).

2. Selon la manière dont les prestations de différentes personnes se *conjuguent* en vue d'un but à atteindre. Ainsi, on observe :

a) Le *cumul* de prestations : la conjonction technique des prestations homogènes de plusieurs personnes qui se *conjuguent* pour réaliser un objectif donné :

α) soit par des prestations parallèles mais techniquement indépendantes ;

β) soit par des prestations (homogènes) techniquement sociétisées [*vergesellschaftet*] en vue d'un résultat global.

Citons comme exemple d'α des faucheurs ou des paveurs travaillant de concert, tandis que l'Antiquité égyptienne nous fournit un exemple à grande échelle de β : à savoir, les (milliers de) forçats transportant des colosses en s'attelant (au sens propre du terme), à l'aide de cordes, à cette tâche.

b) L'harmonisation des prestations : la conjonction technique de travaux qualitativement différents, autrement dit de prestations spécialisées en vue de la réalisation d'un but précis, peut s'opérer :

α) par des prestations techniquement indépendantes : $\alpha\alpha$) simultanées, c'est-à-dire parallèles, $\beta\beta$) successives et spécialisées ;

β) par des prestations techniques *sociétisées* et spécialisées (techniquement complémentaires) se composant d'actes simultanés.

1. Un exemple particulièrement simple de travaux parallèles, cas α, αα, est le tissage (travail de trame et de chaîne) ; mais il serait facile de dresser la liste de beaucoup d'occupations semblables comportant une série de processus techiquement indépendants en vue d'un produit final global.

2. Citons, pour le cas α, ββ, les rapports existant entre le filage, le tissage, le foulage, l'apprêtage, qui se retrouvent, sous une forme ou une autre, dans toutes les industries.

3. Pour le cas β, la collaboration entre l'ouvrier qui tient le morceau de fer sur l'enclume et le forgeron qui le frappe de son marteau (procédé qu'on retrouve sous une forme plus moderne dans n'importe quel atelier de chaudronnerie) ainsi que toute forme de « travail d'équipe » dans la fabrication moderne (qui, sans être spécifique, n'en constitue pas moins un trait caractéristique) nous en fournissent le type. Un orchestre ou une troupe théâtrale sont des exemples parfaits choisis en dehors du domaine industriel ou commercial.

§ 17. *Suite et fin.*

B. Sur le plan technique, on distingue [aussi] différents genres de prestations, *en fonction de leur rapport avec les moyens d'approvisionnement complémentaires* :

1. Selon qu'elles

a) sont des « services » proprement dits (exemples : blanchisseurs, coiffeurs, représentations dramatiques, etc.),

b) manufacturent ou transforment des biens, c'est-à-dire façonnent des matières premières ou opèrent des transports, elles peuvent être :

α) des opérations d'approvisionnement ;

β) des fabrications d'objets ;

γ) des transports d'objets manufacturés. La frontière entre ces opérations reste assez floue. [67] (Exemples : peintres en bâtiment, décorateurs, stucateurs, etc.)

175

2. Selon le degré de finition de l'ouvrage terminé. – Du produit agricole jusqu'au produit manufacturé transporté sur le lieu de vente, en passant par les produits miniers.

3. Enfin, selon la mise à contribution

a) d' « *installations* », telles que

α) centrales de force motrice, c'est-à-dire d'installations rendant utilisable l'énergie *naturelle* : eau, vent, feu, – ou *mécanisée* (surtout l'énergie de la vapeur, de l'électricité et du magnétisme) ;

β) lieux de travail séparés (ouvroirs) ;

b) de moyens de travail, tels que : (α) outillages, (β) appareillages, (γ) machines.

Dans certains cas, on observe seulement l'un ou l'autre, ou aucun de ces auxiliaires. Nous appellerons « outillages » des instruments dont le fonctionnement s'inspire des conditions de travail manuel, « appareillages » ceux dont le fonctionnement est tributaire de l'intervention humaine, « machines » des appareils entièrement mécanisés. La frontière entre ces « instruments » est très floue, mais leur distinction peut être utile pour la définition de certaines époques de l'évolution technique.

La production mécanique de la force motrice et le machinisme caractérisant la grande industrie moderne sont techniquement justifiés par (a) le rendement spécifique et l'économie de travail humain que ces installations permettent de réaliser, (b) l'égalité et la prévisibilité du rendement, tant en qualité qu'en quantité. Pour être rationnelle, elle ne peut être appliquée que si les besoins en un produit donné sont relativement élevés. Dans l'économie transactionnelle : si le pouvoir d'achat est élevé et les disponibilités monétaires suffisantes.

Nous ne pouvons songer à ébaucher l'évolution de la technique et de l'économie de l'outillage et du machinisme. Nous entendons par « appareils » des outils de travail du genre des métiers à tisser commandés par des pédales et autres réalisations similaires qui obéissent déjà aux lois de la technique mécanique si on les compare au fonctionnement de l'organisme humain (ou animal) et sans la découverte desquels (nous songeons en particulier aux « installations d'extraction » minières) la machine et ses fonctions modernes n'auraient jamais vu le jour. (Les « inventions » de Léonard de Vinci étaient des « appareils ».)

§ 18. *La répartition sociale des prestations.*

A. Sur le plan *social* la répartition des prestations s'opère selon la répartition des prestations qualitativement différentes et surtout complémentaires sur les économies autocéphales et (plus ou moins) autonomes, et aussi selon leur appartenance économique, suivant qu'il s'agit (*a*) d'entreprises domestiques ou (*b*) rémunératrices. On distingue entre :

1. L'économie unitaire, dotée d'une spécialisation (ou : spécification) purement *interne*, c'est-à-dire absolument hétérocéphale et hétéronome, purement technique des prestations et de l'harmonisation des différentes prestations (répartition unitaire des prestations). L'économie unitaire peut être :

a) une entreprise domestique [*Haushalt*] ;
b) une entreprise à caractère lucratif.

Une entreprise domestique unitaire serait, dans son étendue la plus vaste, une économie nationale communiste, dans sa forme la plus rétrécie, l'économie familiale primitive qui comprenait alors [68] toutes les (ou la plupart des) prestations visant à l'approvisionnement en biens (économie domestique fermée). Le type de l'entreprise rémunératrice avec spécialisation et harmonisation internes des prestations est évidemment l'entreprise géante combinée, qui se présente face aux tiers comme une unité commerciale. Ces deux extrêmes forment pour le moment les points limites de l'évolution des « économies unitaires » autonomes.

2. Il peut aussi y avoir répartition des prestations *entre* économies autocéphales. Celle-ci peut consister :

a) en une spécialisation ou spécification de prestations entre économies isolées, hétéronomes mais autocéphales, s'orientant en fonction d'un règlement, conventionnel ou octroyé. Ce règlement peut, sur le plan matériel, être orienté :

1° aux besoins d'une économie dominante, soit α), d'une économie seigneuriale (répartition des prestations à la manière des *oïkos*), soit β) d'une économie seigneuriale rémunératrice ;

2° aux besoins des membres d'un groupement coopératif (répartition des prestations en fonction de l'économie du groupement) ; cette orientation peut être, économiquement parlant, α) budgétaire, β) rémunératrice [*erwerbswirtschaftlich*].

Le groupement, pour sa part, pourrait être dans tous ces cas M (matériellement) régulateur, ou N appelé (en même temps) à la poursuite d'objectifs économiques.

A côté de ces différentes formes, nous trouvons :

b) la spécialisation des prestations selon les principes de l'économie transactionnelle entre économies autocéphales et autonomes qui, matériellement, s'orientent en fonction du jeu des intérêts, donc, formellement, de la réglementation d'un groupement d'ordre (chap. II, § 5).

1. Exemple typique du cas M : groupement régulateur, de caractère (2°) (groupement coopératif) et α (économie domestique) : l'artisanat villageois aux Indes *(establishment)* ; du cas N : groupement à objectif économique, de caractère (1°) (économie seigneuriale). Exemple typique : la répartition des besoins domestiques de princes, seigneurs territoriaux ou propriétaires de serfs (chez les princes, ces besoins peuvent être aussi d'ordre politique) sur les économies isolées des sujets, arrière-vassaux, serfs, esclaves, petits paysans ou artisans de village démiurgiques (voir plus loin) ; ce procédé était fort répandu dans le monde entier. Uniquement régulatrices M furent, dans le cas (1°), souvent les prestations artisanales (dans la mesure où elles ne visaient pas à des buts *matériels* mais seulement fiscaux), prestations ordonnées en vertu du droit de contrainte [*Bannrecht*] des seigneurs territoriaux ou, au cas (2°), du droit de contrainte des villes. Rémunératrice (cas *a* 1° β) est la répartition de prestations industrielles sur des économies domestiques isolées [*Einzelhaushalte*].

Nous trouvons des exemples typiques de *a* 2° β du cas N dans la spécialisation des prestations imposée aux petites industries. L'industrie métallurgique de la ville de Solingen était primitivement fondée sur la spécialisation des prestations convenue sur une base corporative, mais elle se transforma par la suite en industrie seigneuriale (de caractère commanditaire [*Verlag*]).

Typiques du cas *a* 2° β M (groupement exclusivement régulateur) sont tous les règlements économiques sur les transactions commerciales édictés par des communautés villageoises ou urbaines, dans la mesure où ils interviennent en matière d'approvisionnement de biens économiques.

Le cas *b* présente l'économie transactionnelle moderne.

Les remarques particulières suivantes s'imposent :

2. Le cas *a* 2° α M présente une orientation à l'économie domestique sous une forme assez particulière : elle consiste en ceci qu'elle est orientée en fonction des besoins prévus des différents *associés* et non des besoins domestiques du *groupement* (villageois). Nous appellerons les prestations ainsi orientées, spécifiées et imposées par voie de règlement, des « liturgies démiurgiques en nature » [*demiurgische Naturalleiturgien*] ; ce genre de couverture des besoins s'appellera la « couverture démiurgique ». Il s'agit sans exception d'une répartition des prestations – et éventuellement de l'harmonisation des tâches – sur la base d'une régulation du groupement.

Lorsque, comme c'est le cas pour *a* N, le *groupement* (qu'il soit seigneurial ou corporatif) entretient lui-même une économie pour le compte de laquelle il répartit des tâches spécialisées, nous ne nous servirons pas de ce terme. Les exemples typiques de cette dernière forme de prestations sont les règlements spécialisés ou spécifiés de prestations en nature imposées aux métairies corvéables, propriétés terriennes et autres exploitations à grande échelle. Mais les groupements princiers, politiques et communaux ainsi que d'autres groupements d'orientation extra-économiques avaient aussi l'habitude de répartir des tâches. Nous appellerons « domestiques » [*oikenmäßige*] les corvées et livraisons obligatoires [69] avec spécification de la qualité aux paysans, artisans et commerçants, si les bénéficiaires sont des économies de groupements, nous les appellerons « liturgies en nature » se rapportant à un groupement ; le principe de ce genre d'approvisionnement des besoins d'un groupement économique se dit « couverture liturgique des besoins ». Ce genre de couverture des besoins a joué un rôle historique extrêmement important, sur lequel nous reviendrons à plusieurs reprises. Dans les groupements politiques, elle remplaçait nos « finances » modernes ; dans les groupements économiques, elle correspondait à une « décentralisation » des grandes entreprises domestiques [*Großhaushalt*] en répartissant la couverture de leurs besoins sur des paysans corvéables et astreints au paiement d'intérêts en nature, d'artisans-paysans et prestataires qui ne participaient pas à l'entreprise centrale mais avaient leurs propres ménages ; ils dépendaient du groupement du fait qu'ils étaient obligés de lui fournir un nombre déterminé de prestations. Rodbertus fut le premier à appliquer le terme d' « oïkos » aux grandes entreprises domestiques caractérisées – en premier lieu – par l'autarcie de la couverture des besoins par les membres de l'entreprise et la main-d'œuvre esclave qui bénéficiaient sans échanges des moyens d'approvisionnement disponibles. De fait, les grands ménages seigneuriaux et plus encore princiers de l'Antiquité (surtout du « Nouvel Empire » d'Égypte) représentent avec une approximation variable (et rarement dans une forme pure) le type d'entreprise domestique dont l'approvisionnement était tributaire des ménages prestataires environnants (sujets à la corvée et aux livraisons en nature). Nous trouvons le même phénomène à certaines époques en Chine et en Inde, et parfois – sous une forme atténuée – dans notre Moyen Age, à commencer par le *capitulare de villis* : les grandes entreprises domestiques connaissaient aussi l'échange avec l'extérieur, mais ces échanges avaient toujours un caractère budgétaire. Les prélèvements monétaires ne faisaient pas non plus défaut, mais leur rôle était subsidiaire et s'appuyait sur une tradition. – Les économies à caractère liturgique connaissaient également des échanges avec l'extérieur. Retenons cependant ce qui les caractérisait en premier lieu : le gros de la couverture des besoins était assuré par des salaires et des prébendes en nature accordés en échange des prestations réparties. Là encore, les limites entre les différents systèmes étaient floues. Mais les prestations étaient toujours réglementées par le groupement en ce qui concernait la répartition et l'harmonisation du travail.

3. Pour le cas *a* 2° M (groupement *régulateur*), on peut citer, pour le cas β (orientation rémunératrice), les régulations économiques des communes du Moyen Age occidental de même que les guildes et castes en Chine et en Inde, régulations qui fixaient le nombre et les modalités des maîtrises et la technique du travail : il s'agissait donc d'une sorte de code de l'artisanat. Cela est vrai dans la mesure où la réglementation ne visait pas à couvrir les besoins des consommateurs à l'aide des « utilités » de l'artisanat, mais – fait fréquent mais non obligatoire – à assurer aux artisans des chances de gain par la garantie de la qualité du travail et le partage judicieux de la clientèle. Comme toute réglementation économique, celle-ci équivalait également à une

limitation de la liberté de marché et de l'orientation autonome et lucrative des activités artisanales : elle visait à garantir un « gagne-pain » aux entreprises artisanales et s'apparentait de ce fait à l'économie « domestique » malgré sa forme « technico-commerciale » [*erwerbswirtschaftlich*].

4. Pour le cas *a* 2° N, cas β, citons à côté des types mentionnés d'industries domestiques surtout les exploitations agricoles de nos marches de l'Est caractérisées par la rémunération partielle des ouvriers agricoles en nature [*Instmann*], et, au nord-ouest de l'Allemagne, le système des *Heuerling*, exploitants agricoles prenant à bail un bout de terre, parfois avec une ferme : il s'agit d'un système s'apparentant au type de l'exploitation domestique. L'exploitation agricole, l'exploitation qu'un mandataire confie à un exploitant, sont des entreprises rémunératrices du propriétaire ou, selon le cas, du mandataire ; les exploitants dits *Instleute* et les travailleurs industriels à domicile s'orientent, en matière de répartition des prestations et de l'harmonisation du travail ainsi que dans toute leur activité lucrative, en fonction des obligations que leur impose le règlement du groupement d'exploitants ou, selon le cas, des contraintes résultant de leur dépendance vis-à-vis des fournisseurs du travail à domicile. Par ailleurs, nous avons affaire à de simples ménages. Leurs activités rémunératrices ne sont pas autonomes, mais hétéronomes et s'opèrent en faveur du propriétaire terrien ou du mandataire. Au fur et à mesure qu'augmente l'uniformisation matérielle de cette orientation, le système peut évoluer dans le sens d'une répartition technique des tâches, telle qu'elle existe dans les entreprises industrielles (fabriques).

§ 19. *Appropriation des prestations.*

B [*suite*, cf. § 18] Dans l'ordre social, la répartition des prestations peut être classée selon la manière dont sont *appropriées* les chances aux prestations faisant office de rémunération. Peuvent être objets de l'appropriation :

[70] 1. Des chances de mise en valeur des prestations ;

2. Des moyens de production et d'approvisionnement matériels ;

3. Des chances de gains résultant de prestations ordonna-trices [*disponierend*]. Voir chap. I, § 10, pour le concept socio-logique de l'« appropriation ».

Ad 1. Appropriation de chances de mise en valeur du travail. Les méthodes suivantes sont imaginables :

(M) la prestation se fait au bénéfice d'un seul personnage (seigneur) ou d'un groupement ;

(N) la prestation est offerte au marché.

Dans les deux cas, il existe quatre possibilités radicalement opposées entre elles.

Première possibilité :

a) appropriation monopolistique des chances de mise en valeur par les travailleurs individuels (« travail corporatif libre ») ; celle-ci peut être :

α) héréditaire et aliénable, ou bien

β) personnelle et inaliénable, ou bien

γ) héréditaire et inaliénable – dans chacune de ces hypo-thèses, elle peut être inconditionnelle ou liée à certaines condi-tions matérielles.

Exemples du cas 1, *a*α (pour M) : artisans villageois aux Indes ; (pour N) : droit des corps de métier au Moyen Age ; 1. *a*β : tous les « droits » donnant accès à des chartes [*Rechte auf ein Amt*] ; 1. *a*γ, M et N : certains « droits » corporatifs médiévaux et surtout indiens ainsi que des « charges » de toute sorte au Moyen Âge.

Deuxième possibilité :

b) appropriation de l'exploitation des capacités de travail en faveur du « *propriétaire* » des travailleurs (« travail non libre », « corvée ») :

α) libre, c'est-à-dire héréditaire et aliénable (esclavage), ou

β) héréditaire mais inaliénable, ou aliénable à certaines conditions, par exemple en même temps que les moyens de tra-vail matériels – surtout le sol (servage, sujétion héréditaire).

L'appropriation du produit des prestations par un seigneur peut être limitée matériellement (*b*, β : servage). Le travailleur n'a pas le droit de quitter son travail de son propre chef, le sei-gneur n'a pas le droit de le renvoyer.

L'appropriation des prestations peut être mise à profit par le propriétaire :

1) dans son ménage, en tant que :

α) source de rentes en nature ou en numéraire ;

β) main-d'œuvre domestique (esclaves domestiques et serfs) ;

2) sur le plan professionnel et industriel [*erwerbsmäßig*] :

α) pour le transport des marchandises, ou pour le façonnage et la transformation des matières premières fournies à des fins commerciales (*industrie domestique à base de corvée*) ;

β) comme main-d'œuvre dans les ateliers de fabrication (exploitation industrielle par des esclaves ou des serfs).

Nous désignons par le terme de « propriétaire » une personne qui (normalement) ne prend aucune part, ni comme dirigeant ni comme ouvrier, au processus de travail. Il *peut*, évidemment, être dirigeant tout en étant propriétaire, mais cela n'est pas nécessaire et n'est souvent pas le cas dans la pratique.

La mise à contribution « budgétaire » des esclaves et serfs (arrière-vassaux de tout gennre), *non pas* comme ouvriers dans une industrie mais comme « source de rentes », est caractéristique de l'Antiquité et des débuts au Moyen Âge. Des textes cunéiformes nous citent l'exemple des esclaves d'un prince persan mis en apprentissage *soit* pour être domestiques, *soit* pour travailler *pratiquement* librement pour des clients contre le paiement de redevances (appelées en grec ἀποφοραχ, en russe *obrok*, en allemand *Hals-* ou *Leibzins*). Ce système était pour ainsi dire la règle pour les esclaves helléniques (bien qu'il y eût des exceptions) ; à Rome, l'économie indépendante, assortie d'un *peculium* ou *merx peculiaris* (qui comportait évidemment l'obligation du paiement [71] de redevances au propriétaire) s'est transformée peu à peu en institution de droit. Au Moyen Âge, le servage s'est réduit progressivement (surtout en Allemagne méridionale et occidentale) à un simple droit de redevance, les « serfs » étant par ailleurs à peu près indépendants ; en Russie, on observe très souvent (mais pas toujours) la limitation du servage au droit d'encaisser l'*obrok*, les serfs disposant d'un droit de libre circulation (juridiquement précaire).

L'exploitation « industrielle » [*erwerbsmäßig*] de travailleurs serfs avait pris dans les industries domestiques seigneuriales (probablement aussi chez les pharaons) la forme :

a) d'une industrie de *fourniture* : la livraison de marchandises dont la matière première (par exemple du lin) avait été produite et façonnée par les travailleurs serfs (paysans) ;

b) d'une industrie de *transformation*, la matière première ayant été fournie par le seigneur. La marchandise était probablement, du moins en partie, vendue par le propriétaire. Très souvent (notamment dans l'Antiquité) cette activité commerciale gardait le caractère de « ventes occasionnelles » – ce qui n'était nullement le cas, au début de l'époque moderne, aux confins du monde germanique et du monde slave : c'est dans ces marches frontières (mais non exclusivement là) que se sont développées les industries domestiques esclavagistes. – L'activité industrielle esclavagiste pouvait prendre la forme d'une *exploitation* continue par la voie (*a*) du travail à domicile, (*b*) du travail en atelier pour le compte d'un seigneur. Les deux formes se rencontrent dans l'Antiquité, la seconde comme *une* des formes de l' « ergasterion », dans les ateliers pharaoniques, dans les ouvroirs des temples, dans les ateliers de fabrication de propriétaires privés (attestés par les fresques funéraires) en Orient ; on les trouve de même en Grèce (à Athènes : Démosthène), dans les entreprises annexes des exploitations agricoles romaines (cf. l'exposé de Gummerus), à Byzance, dans le *genitium* (« gynécée ») carolingien, et – à notre époque – dans les industries russes sous régime de servage (voir l'ouvrage de v. Tugan-Baranovsky sur les fabriques russes).

Troisième possibilité :

c) absence de toute appropriation (le travail est formellement « libre » dans ce sens du mot) : les prestations se font sur la base d'accords librement négociés (sur le plan formel) par les deux parties. Mais l'accord peut faire l'objet (sur le plan matériel) de nombreuses réglementations en vertu de conditions contractuelles ou imposées sur une base juridique.

Le travail contractuel peut servir et sert effectivement :

1) à des fins budgétaires :

α) comme travail occasionnel (appelé *Lohnwerk* par Bücher),

αα) au domicile du commettant : *Stör* (travail à domicile),

ββ) au domicile du travailleur (appelé *Heimwerk* par Bücher),

β) comme activité stable,

αα) au domicile du commettant (domestique « arrêté »),

ββ) au domicile du travailleur (cas typique : le paysan emphythéotique) ;

2) à des fins rémunératrices, à titre :

α) occasionnel,

β) permanent, – dans les deux cas, ou bien au domicile du travailleur [« *Heimarbeit* »], ou bien dans l'entreprise fermée du propriétaire (travailleur agricole et d'atelier, mais surtout travailleur d'usine).

Dans le cas 1 le travailleur est, en vertu d'un contrat de travail, au service d'un consommateur qui « dirige » le travail, ou bien il est au service d'un *entrepreneur* : malgré la similitude du statut juridique, la différence est fondamentale au plan économique. Les paysans emphythéotiques peuvent être l'un ou l'autre, mais en général ils sont des travailleurs « domestiques » (au service d'un *oïkos*).

Quatrième possibilité :

d) l'appropriation des chances d'utilisation des prestations peut se faire au bénéfice d'un *groupement* de travailleurs sans appropriation ou sans appropriation libre de travailleurs individuels par :

α) l'isolement absolu ou relatif vers l'extérieur ;

[72] β) l'exclusion ou la restriction de l'appropriation des chances de bénéfices par le chef sans intervention des travailleurs.

Toute appropriation en faveur d'une *caste de travailleurs*, d'une « société minière » [*Berggemeinde*] (telle qu'elle se pratiquait dans les exploitations minières du Moyen Age), d'un groupement de ministériaux fondé sur les droits de la cour, ou des sociétés de « batteurs en grange » [*Dreschgärtner* *] appartenant à un groupement d'exploitants agricoles, fait partie de cette catégorie. – Cette forme d'appropriation traverse en d'innombrables nuances l'histoire sociale de toutes les contrées de la terre. – La deuxième forme, également fort répandue, s'est imposée à l'époque moderne par les *closed shops* des syndicats ouvriers, mais surtout par les « comités d'entreprise » [*Betriebsrat*].

Toute appropriation d'emplois industriels en faveur des ouvriers, *de même* que toute appropriation des prestations de serfs [*Unfreie*] par les propriétaires, revient dans la pratique à une restriction du libre recrutement de la main-d'œuvre ; elle empêche la *sélection* des ouvriers selon leur niveau technique et contrecarre la rationalisation *formelle* de l'activité économique. Elle s'oppose matériellement à la promotion d'une technique rationnelle :

1° soit du fait que, l'exploitation des prestations appartenant à un propriétaire, α) il y a tendance au contingentement du rendement du travail (à la suite de pratiques traditionnelles, conventionnelles ou contractuelles),

β) l'intérêt des travailleurs au rendement optimum de leur travail se trouve diminué ou – en cas d'appropriation libre en faveur du propriétaire (esclavage intégral) – complètement aboli ;

2° soit en cas d'appropriation par les ouvriers ; il y a conflit entre l'intérêt du travailleur désireux de maintenir son genre de vie habituel et les efforts de l'exploitant (α) pour obtenir un rendement maximum du travail (β) ou pour remplacer le travail manuel par des moyens mécaniques. Pour cette raison même, le propriétaire a toujours tendance à transformer l'exploitation du travail en simples redevances [*renten*]. L'appropriation des fruits du travail rémunérateur par les travailleurs favorise, si par ailleurs les circonstances s'y prêtent, l'éloignement plus ou moins complet du *propriétaire* de la direction de l'affaire. Elle risque en outre d'entraîner la dépendance matérielle, pour les travailleurs, d'échangistes puissants (bailleurs de fonds) faisant figure de dirigeants.

1. Les tendances opposées, sur le plan formel, de l'appropriation, l'appropriation des emplois industriels par les travailleurs et celle des travailleurs par un propriétaire ont, dans la pratique, des conséquences très semblables. Rien d'extraordinaire à cela ! Tout d'abord, toutes deux sont unies par des liens *formels*. Le phénomène s'observe surtout quand l'appropriation des travailleurs par un seigneur coïncide, comme par exemple dans un groupement de droit seigneurial, avec l'appropriation des chances de bénéfice à un groupement fermé de travailleurs. Dans ce cas, la stéréotypisation de l'utilisation des travailleurs, partant le contingentement des prestations, la diminution de l'intérêt personnel des travailleurs et leur opposition victorieuse à toute « innovation » technique s'expliquent aisément. Même s'il n'en est pas ainsi, l'appropriation des travailleurs par le seigneur équivaut, *dans la pratique*, à la dépendance du seigneur par rapport à la main-d'œuvre *disponible* qu'il n'a pas la liberté, comme dans une entreprise industrielle moderne, de *sélectionner*, mais dont il doit s'accommoder. Cette remarque s'applique surtout au système esclavagiste. Toute tentative de forcer les ouvriers à

l'abandon des méthodes traditionnelles en vue d'un meilleur rendement se heurterait à l'obstruction traditionaliste et ne pourrait triompher que grâce à des procédés brutaux mettant en danger le bon fonctionnement des affaires, puisqu'elle risquerait en même temps de mettre en question la position seigneuriale du propriétaire qui s'appuie, elle aussi, sur la tradition. Pour cette raison précise le rendement du travail approprié a toujours été marqué par une tendance au contingentement : là où le contingentement a été aboli par la force (notamment en Europe orientale au début de l'époque moderne), le manque de sélection et l'absence de tout intérêt personnel des travailleurs ont empêché l'évolution vers l'exploitation optimale. – En cas d'appropriation des emplois par les travailleurs, le même phénomène s'est manifesté, et avec plus de rapidité encore.

[73] 2. Le cas cité dans la dernière phrase est caractéristique de l'évolution au début du Moyen Age (x^e au xiiie siècle). Les *Beunden** de l'époque carolingienne et toutes les autres tentatives agricoles à grande échelle dépérirent et disparurent. La rente du propriétaire terrien et du seigneur féodal se figea à un niveau extrêmement bas ; les produits du sol et du sous-sol (agriculture, industries minières) passaient en grande partie, les revenus monétaires (artisanat) dans leur totalité, aux mains des travailleurs. Cette évolution qui, sous cette forme, fut propre à l'Occident est due aux « circonstances favorables » que voici : *a*) la classe possédante se trouvait absorbée par des tâches politiques et militaires ; *b*) l'absence d'une équipe d'administrateurs obligeait les propriétaires à se contenter du système des rentes ; *c*) les intérêts divergents des possédants et leur compétition assuraient pratiquement aux travailleurs la possibilité de se déplacer à leur guise ; *d*) les chances massives offertes par les défrichements, l'accroissement des exploitations minières, l'installation de nouveaux marchés, *e*) allant de pair avec les traditions techniques archaïques, renforçaient cette tendance. – Au fur et à mesure que l'appropriation des chances de bénéfice par les travailleurs remplaçait celle des travailleurs par leurs maîtres (cas typique : l'industrie minière et les corporations anglaises), que les propriétaires devaient se contenter d'un système de redevances que les travailleurs refusaient bientôt de payer (« L'air de la ville rend libre ! »), la différenciation des

chances offrait la possibilité de réaliser des bénéfices *commerciaux* au milieu même des travailleurs (ou par l'extérieur, grâce à l'entremise de commerçants).

§ 20. *Appropriation des moyens de production et d'approvisionnement.*

B [*suite*, cf. §§ 18, 19]. *Ad* 2 ci-dessus. *Appropriation des moyens de production et d'approvisionnement matériels et complémentaires.*

Cette appropriation peut se faire en faveur :

a) de travailleurs isolés ou de groupements de travailleurs ;

b) de propriétaires ;

c) de groupements régulateurs formés de tiers.

Cas *a* : appropriation par des travailleurs isolés. Elle est possible :

α) en faveur de travailleurs isolés qui se rendent ainsi « possesseurs » des moyens d'approvisionnement matériels,

β) ou d'un groupement de travailleurs absolument ou relativement fermé (« compagnons ») : dans cette hypothèse, ce n'est pas le travailleur isolé mais le groupement comme tel qui est « possesseur » des moyens d'approvisionnement matériels.

Le groupement peut exercer une activité économique :

αα) unitaire (communiste),

ββ) avec appropriation de parts (coopérative).

Dans ce cas, l'appropriation peut être exploitée soit par des méthodes budgétaires [*haushaltmäßig*], soit par des méthodes lucratives.

Dans le cas α les petits paysans, les artisans (appelés *Preiswerker* dans la terminologie de Bücher), les mariniers ou les propriétaires de véhicules disposent librement de moyens d'approvisionnement qu'ils détiennent selon les principes de l'économie transactionnelle. Ou bien ils sont soumis à la réglementation de groupements régulateurs (voir plus loin). Le cas β renferme une série de phénomènes hétérogènes selon qu'il se présente sous forme budgétaire ou lucrative. L'*économie domestique* [*Hauswirtschaft*] communiste – qui en principe n'est pas nécessairement l'économie « originelle » ou effectivement communiste (cf. chap. v) – peut être orientée exclusivement à la couverture de ses propres besoins. Mais elle peut aussi – au début à titre occasionnel, – par un système d'échanges d'objets de consommation, écouler les excédents (de matières premières spécifiques) dus à sa position privilégiée ou à l'exercice monopolistique d'un artisanat hautement spécialisé. Elle peut aussi procéder par *échanges rémunérateurs*. Dans ce cas, on assiste généralement au développement d'un « métier tribal » assorti – comme les chances d'écoulement reposent la plupart du temps sur un monopole et le secret de fabrication transmis de génération en génération – d'une spécialisation ethnique et d'échanges intertribaux, qui évoluent souvent vers les métiers ambulants et les métiers parias ou (en cas de formation d'un groupement politique) vers les *castes* (dont les relations rituelles interethniques avec les étrangers forment la base), comme aux Indes. – Le cas ββ représente la « coopérative de production ». Des économies domestiques s'en rapprochent parfois en adoptant le système monétaire. Par ailleurs, on la rencontre occasionnellement sous forme d'association de travailleurs. Le cas typique le plus important d'une « coopérative de production » est l'*exploitation minière* du début du Moyen Age.

[74] Cas *b* : l'appropriation par un *propriétaire* ou un groupement ne peut signifier, dans ce contexte – comme nous avons déjà examiné le cas de l'appropriation par un groupement de travailleurs, – que l'expropriation des travailleurs de tous les moyens d'approvisionnement non seulement en tant qu'individus mais dans leur totalité. Peuvent être appropriés par des propriétaires tous les postes ou partie des postes suivants :

α) le sol (y compris les lacs et cours d'eau),

β) les richesses minérales du sous-sol,

γ) les sources d'énergie,

δ) les ateliers de fabrication et de travail,

ε) les moyens de production (outillages, appareillages, machines),

ξ) les matières premières.

Tous ces postes peuvent, dans la pratique, être réunis dans la main d'un seul ou répartis sur plusieurs propriétaires.

Les propriétaires peuvent disposer des moyens d'approvisionnement appropriés :

189

a) à des fins budgétaires,

b) pour subvenir à leurs propres besoins,

c) comme sources de rentes, en les prêtant ;

1° pour un usage budgétaire ;

2° pour un usage lucratif, soit :

a) dans une entreprise à caractère lucratif sans compte de capital,

b) comme biens capitaux (dans une entreprise étrangère), ou bien

c) comme biens capitaux personnels (dans leur propre entreprise).

D'autres possibilités se présentent également, telles que l'appropriation par un groupement *économique* à qui s'ouvrent les perspectives exposées sous *b*.

Cas *c* : on pourrait concevoir aussi :

l'appropriation par un groupement *régulateur* qui utilise lui-même les moyens d'approvisionnement non pas comme biens capitaux ni comme sources de redevances, mais qui les met à la disposition des sociétaires [*Genossen*].

1. L'appropriation du sol par les économies *individuelles* se rencontre surtout :

a) pendant la période de la façon jusqu'à la récolte ;

b) en cas de transformation du sol, soit par le défrichement, soit par l'irrigation, pour la durée des travaux.

Lorsque le sol cultivable se raréfie, nous trouvons :

c) une limitation des travaux agricoles, de l'utilisation des pâturages et des exploitations forestières ainsi que le contingentement de toutes sortes d'usages pour les membres du groupement.

Les bénéficiaires de l'appropriation qui s'ensuit parfois peuvent être :

1) Un groupement dont l'étendue dépend essentiellement de ses activités (horticulture, mise en valeur de prairies, champs cultivables, pâturages, bois) ; les groupements peuvent être classés par ordre de grandeur, du ménage isolé jusqu'au « lignage » [*Stamm*]. Citons quelques groupements typiques :

a) le parentage ; ou, parallèlement,

b) le groupement de voisinage (normalement, les villageois) pour la mise en valeur de champs, prairies et pâturages :

c) le groupement communal plus important, de caractère et d'étendue variables, pour les abattages de bois ;

d) les exploitations familiales maraîchères et agricoles avec participation aux champs et aux pâturages. La participation par parts peut se traduire :

1° par la mise sur un pied d'égalité empirique dans l'exploitation ambulante des novales (culture des terres par soles) ;

2° par une répartition systématique et rationnelle à la suite d'une réorganisation de l'agriculture sédentaire : en général, elle est la conséquence :

α) d'exigences fiscales, quand tous les villageois sont solidairement responsables du versement de la taxe, ou

β) de revendications égalitaires politiques de la part des sociétaires.

[75] Le fonctionnement des entreprises est normalement assuré par les communautés domestiques (voir leur évolution au chap. v).

2) Parfois aussi un *propriétaire terrien* : peu importe qu'il doive sa situation en premier lieu à sa position comme chef de lignage (nous en reparlerons plus loin), à sa fonction de chef de tribu, qui comportait le droit au travail de ses sujets [*Bittarbeitsanspruch*] (chap. v), à des contraintes fiscales ou militaires ou à des défrichements et irrigations systématiques.

Le droit seigneurial peut être exploité :

a) par le travail imposé (corvées et travaux serviles) :

1° à titre budgétaire :

a) par des redevances,

b) par des prestations de services ;

2° à titre lucratif :

comme plantation

b) avec des travailleurs libres :

1° à titre budgétaire, comme rentes foncières :

a) par des redevances en nature (exploitation partielle pour le compte du propriétaire ou livraisons en nature [*Naturalteilbau* ou *Naturalabgabe*] par des métayers,

b) par des versements en numéraire par les métayers. Dans les deux cas :

c) avec cheptel personnel (métayer travaillant à son compte),

d) avec cheptel du propriétaire terrien (colons) ;

2° à titre lucratif, comme grande exploitation rationnelle.

Dans le cas *a*, 1°, le seigneur était habituellement lié par la tradition à une certaine façon de se servir de ses ouvriers (sans sélection) et de leurs prestations.

Le cas *a*, 2° ne se présentait guère que dans l'ancienne Carthage et dans l'ancienne Rome, dans les plantations coloniales et nord-américaines, le cas *b*, 2° seulement dans l'Occident moderne. Les modalités de l'évolution de la propriété seigneuriale (et surtout sa dislocation) décidèrent de l'appropriation *moderne*. Celle-ci ne connaît, dans son type pur, que trois personnages : (*a*) le propriétaire terrien, (*b*) le preneur à bail capitaliste, (*c*) l'ouvrier agricole sans possessions propres. Mais ce type pur est l'exception (et ne se rencontre qu'en Angleterre).

2. Les richesses du sol utilisables dans l'industrie minière sont appropriées :

a) par le propriétaire (dans le passé, le plus souvent le seigneur territorial), ou

b) par un dirigeant politique (seigneur jouissant du droit régalien), ou bien par

c) tout « inventeur » d'un gisement exploitable (« liberté minière »), ou

d) un groupement de travailleurs,

e) une entreprise à caractère lucratif.

Les seigneurs territoriaux et régaliens pouvaient exploiter les gisements appropriés pour leur propre compte (comme cela arrivait parfois au début du Moyen Age) ou les mettre à contribution comme sources de rentes ; dans ce cas, ils en confiaient l'exploitation à un groupement de travailleurs (société minière) – comme ci-dessus au cas *d*, – ou bien à chacun des « inventeurs » (ou à chaque inventeur appartenant à un certain cercle de personnes). (Ainsi naquirent au Moyen Age les « montagnes privilégiées » [*gefreite Berge*], point de départ de la « liberté minière ».)

Les groupements de travailleurs prenaient souvent au Moyen Age la forme d'une corporation avec titres de participation pour les membres : l'exploitation était *obligatoire* (par engagement vis-à-vis du bénéficiaire de la rente ou des compagnons solidairement responsables) et assurait aux exploitants une part des revenus ; d'autres se présentaient sous forme de « coopératives de propriétaires » qui se partageaient bénéfices et frais. Le propriétaire de la mine se trouvait de plus en plus éliminé au bénéfice des travailleurs, mais comme le besoin d'installations se faisait sentir, ceux-ci tombaient peu à peu sous la coupe de co-intéressés [*Gewerke*] disposant de biens capitaux, si bien qu'à la fin la forme d'appropriation la plus courante était du type de la « société exploitante » [*Gewerkschaft*] capitaliste ou de la « société par actions ».

3. Les moyens d'exploitation ayant un caractère d' « installations techniques » (notamment les centrales hydrauliques, les « moulins » de toute sorte servant à de multiples usages, les ateliers mécaniques et leur outillage) étaient souvent dans le passé, surtout au Moyen Age, l'objet d'appropriations par :

a) des princes et seigneurs des terres,

b) des villes (cas 1 ou 2),

c) des groupements de travailleurs (guildes, corporations, cas 2), sans qu'on puisse parler d'une *exploitation* unifiée [*Einheitsbetrieb*].

De fait, dans les cas *a* et *b* on les mettait souvent en valeur comme source de rentes en les louant contre rémunération avec des obligations monopolistiques d'utilisation et d'exploitation. L'utilisation des installations s'opérait dans l'exploitation isolée à tour de rôle ou selon les besoins, parfois elle faisait elle-même l'objet du monopole d'un groupement régulateur. C'est ainsi que des fours, moulins de tout genre (à blé ou à huile), fouleries, aiguiseries, abattoirs, teintureries, blanchisseries (parfois monacales), forges de martineurs (ces dernières étaient généralement données à bail à des exploitations industrielles), brasseries, distilleries et autres installations mécaniques, mais surtout les chantiers navals (propriété des villes dans les cités de la Hanse) et des points de vente de toute espèce [76] étaient utilisés d'une manière précapitaliste (par des travailleurs isolés, des groupements et surtout des villes), contre redevance, et constituaient de ce fait le *patrimoine* et non pas le bien capital de leurs propriétaires. Cette fabrication et cette exploitation *budgétaire* par des particuliers, des groupements, comme source de revenus ou comme moyens d'approvisionnement par des coopératives de production, précédèrent la transformation des exploitations privées en « capital immobilisé » [*stehendes Kapital*]. Les utilisateurs des installations s'en servaient en partie à titre domestique (fours, brasseries, distilleries), en partie à titre industriel-lucratif [*erwerbswirtschaftlich*].

4. La navigation des temps passés était caractérisée par l'appropriation des navires par un groupe de propriétaires (propriétaires de parts d'un ou de plusieurs navires) qui se distinguaient très nettement des groupements de « travailleurs nautiques ». Le fait que le *risque* fut par la suite sociétisé et partagé avec les affréteurs, que les propriétaires, dirigeants nautiques et équipes participaient tous à l'affrètement, ne changea rien à la situation de principe de l'appropriation, mais se reflétait simplement dans le règlement des comptes et les chances de gains.

5. La concentration de tous les moyens d'approvisionnement, installations (de tous genres) et outillages en une seule main, comme c'est la règle dans les entreprises industrielles modernes, était autrefois l'exception. Notons surtout que l' « ergasterion » (en latin *ergastulum*) gréco-byzantin se distinguait par sa polyvalence *économique*, ce que nombre d'historiens s'obstinent à ignorer. En réalité, l' « ergasterion » était un atelier qui pouvait : 1° faire partie d'une économie domestique [*Haushalt*], où (*a*) des esclaves fabriquaient des objets dont ils avaient besoin (par exemple pour une exploitation agricole), ou bien (*b*) l'atelier pouvait faire figure d' « entreprise annexe », basée sur le travail d'esclaves produisant pour la vente à l'extérieur ; ou bien, 2° faire partie du patrimoine d'un particulier ou d'un groupement qui en tiraient des rentes (des villes, comme les « ergasteria » du Pirée) ; on les *louait* contre redevance à des particuliers ou à des associations de travailleurs. – On doit donc, pour chaque « ergasterion » (surtout dans les villes), se poser la question de savoir à qui il appartenait et à qui appartenaient les moyens d'approvisionnement nécessaires à son fonctionnement. Qui étaient ceux qui s'y activaient : des travailleurs libres, œuvrant pour leur compte ? Ou bien des esclaves ? dans ce cas, à qui étaient ces esclaves ? Travaillaient-ils pour leur propre compte (contre le paiement d'une redevance, « apophora ») ? Ou pour le compte de leur maître ? De la réponse à ces questions dépend la nature fondamentale des structures économiques. Dans la grande majorité des cas – comme l'attestent encore les fondations byzantines et islamiques, – l'ergasterion était considéré comme une *source de rentes*, ce qui le distingue donc radicalement de nos fabriques modernes et même de leurs prédécesseurs. Étant donné leur « polyvalence » économique, on pourrait les comparer aux « moulins » du Moyen Age.

6. Même au cas où l'atelier et les moyens de production appartiennent à un seul propriétaire, qui de son côté engage des ouvriers, on ne saurait parler – au plan économique – de ce que nous appelons de nos jours une « fabrique » tant qu'il n'y a que (*a*) une source de force motrice, (*b*) des machines, (*c*) une spécialisation interne du travail et l'harmonisation entre les différentes phases de la production [*Arbeitsverbindung*]. La « fabrique » est une entreprise pouvant servir à l'immobilisation de capitaux, qui se présente sous la *forme* d'une exploitation avec division du travail interne et appropriation de tous les moyens de production matériels en cas de travail mécanisé, c'est-à-dire exécuté à l'aide de moteurs et de machines. Le fameux atelier de tissage chanté par les poètes de l'époque (XVIe siècle) où, à en croire les récits contemporains, se trouvaient installés des centaines de métiers à tisser, tous propriété personnelle d'un certain Jack de Newbury, propriétaire de l' « usine », où œuvraient côte à côte, comme à la maison, des tisserands auxquels le propriétaire fournissait la matière première, et qui s'enorgueillissait d'une série d' « installations sociales », n'obéissait à aucun de ces critères. Un ergasterion égyptien, grec, byzantin, ou islamique, appartenant à un propriétaire de travailleurs (esclaves), *pouvait* – il est prouvé que de tels cas existaient – fonctionner selon le principe de la spécialisation et de l'harmonisation interne. Mais le fait que même dans cette hypothèse le propriétaire se contentait souvent d'une redevance (amphora simple par ouvrier et plus élevée pour le chef d'atelier) – les sources grecques sont catégoriques sur ce point – nous empêche de ranger l'établissement dans la catégorie des « fabriques » ou même des entreprises dans le genre de celle de Jack de Newbury. Les manufactures princières, notamment la manufacture de porcelaine des empereurs de Chine, les fabriques d'articles de luxe européennes – organisées selon ce modèle – travaillant pour le compte d'une cour princière, et plus encore celles pourvoyant aux besoins de l'armée se rapprochaient le plus de la « fabrique » dans le sens moderne du terme. On ne pourrait guère formuler d'objections si quelqu'un les qualifiait de « fabriques ». Plus proches encore, du moins extérieurement, de la fabrique moderne furent les industries russes dont la main-d'œuvre se composait de serfs. A l'appropriation des moyens de production s'ajoutait l'appropriation des

travailleurs. Pour les raisons indiquées plus haut, nous réserverons, dans notre ouvrage, le terme de « fabrique » à un atelier (*a*) dont le propriétaire s'est approprié tous les moyens de production [77] à l'exclusion des travailleurs, (*b*) organisé selon le principe de la prestation spécialisée, (*c*) équipé de sources d'énergie mécaniques et de machines demandant à être « desservies ». Tous les autres établissements sont des « ateliers » dont la nature sera spécifiée par des épithètes.

§ 21. *Appropriation des fonctions ordonnatrices.*

B [*suite*, cf. §§ 18, 19, 20]. *Ad 3. Appropriation des prestations ordonnatrices.*

1. Elle est typique dans tous les cas d'économie *domestique* dirigée par un chef [*Haushaltsleitung*] :

a) en faveur du chef (chef de famille ou de lignage) ;

b) en faveur de l'état-major administratif chargé par lui de la direction des affaires (hommes liges et chef du personnel).

2. On la rencontre dans les entreprises à caractère lucratif :

a) en cas de coïncidence totale (ou quasi totale) de la direction et du travail. Elle s'identifie alors typiquement avec l'appropriation des moyens d'approvisionnement matériels par les travailleurs (B, 2, *a*, § 20). Elle peut être :

1) une appropriation illimitée, garantie aux particuliers, héréditaire et aliénable, avec ou sans clientèle garantie, ou

2) une appropriation en faveur d'un *groupement* avec appropriation réglementée quant aux personnes ou au matériel, dans lequel cas il s'agit d'une appropriation conditionnelle ou soumise à certains préalables, avec la même alternative ;

b) lorsque la direction de l'entreprise et le travail sont nettement dissociés, elle se présente sous la forme d'une appropriation monopolistique de chances lucratives par des monopoles accordés (α) par des autorités corporatives ou guildiennes, ou (β) politiques.

3. Si l'appropriation formelle de la direction fait défaut, l'appropriation des moyens d'approvisionnement – ou des crédits nécessaires pour l'acquisition des biens capitaux indispensables – est la même qu'en cas d'appropriation du « brain

trust » par les propriétaires. Dans cette hypothèse, les propriétaires peuvent exercer leur droit (*a*) par la gestion personnelle, (*b*) par le choix (en cas de plusieurs propriétaires, par le choix concerté) d'un chef d'exploitation. – Tout cela est évident et se passe de commentaire.

Toute appropriation des moyens d'approvisionnement matériels et complémentaires signifie, évidemment, sur le plan pratique, un droit d'*intervention* dans le choix des chefs d'entreprise et l'appropriation (à tout le moins relative) des ouvriers par ceux-ci. Mais l' « expropriation » des ouvriers pris comme individus n'équivaut pas à l' « expropriation » de *l'ensemble* des ouvriers, pour autant qu'un groupement de travailleurs est à même – malgré l'expropriation formelle – d'imposer sur le plan pratique son droit de cogestion et de cosélection des chefs.

§ 22. *Expropriation des travailleurs*
à l'égard des moyens de production et d'approvisionnement.

L'expropriation des travailleurs *isolés* de la possession des moyens d'approvisionnement est conditionnée par un certain nombre de données purement techniques ; elle peut avoir lieu :

a) si les *moyens* de production rendent nécessaire l'intervention simultanée ou successive d'un grand nombre de travailleurs ;

b) si les centrales de force motrice ne permettent une exploitation rationnelle qu'en cas d'utilisation simultanée d'un grand nombre d'opérations unifiées et homogènes ;

c) si l'orientation techniquement rationnelle des différentes opérations ne peut se faire qu'en synchronisation avec des opérations complémentaires sous une *surveillance* unique et continue ;

[78] *d*) si la mise en œuvre d'opérations cohérentes dont l'application rationnelle ne pourrait se faire qu'à grande échelle exige, pour les dirigeants, une *formation* technique particulière ;

e) si le contrôle homogène des moyens de production et de la matière première assure une meilleure *discipline de travail* et, de ce fait, un meilleur contrôle des prestations, et la réalisation de produits finals de qualité plus égale.

Tous ces facteurs n'empêchent pas, en principe, l'appropriation en faveur d'un groupement de travailleurs (« coopérative de production ») ; ils marquent simplement que le travailleur en tant qu'individu n'a aucune part aux moyens d'approvisionnement.

L'élimination de la *totalité* des travailleurs (y compris le personnel commercial et technique spécialisé) de la possession des moyens d'approvisionnement s'explique, sur le plan *économique* :

a) en général, par la plus grande rationalité d'exploitation si la direction dispose – *les conditions de travail restant par ailleurs les mêmes* – librement du droit de sélection et d'utilisation de la main-d'œuvre, tandis que l'appropriation des emplois et le droit de cogestion sont l'occasion d'entraves techniquement peu rationnelles et d'illogismes économiques, telle la prise en considération d'intérêts particuliers étrangers à l'industrie, et aussi de soucis alimentaires ;

b) dans le cadre de l'économie transactionnelle, par la plus grande confiance qu'inspire aux bailleurs de fonds une direction d'entreprise commercialement compétente et « sûre » du fait de la continuité de sa gestion, direction disposant librement de toutes les valeurs matérielles servant de « gages » (au crédit) sans que le droit de regard des ouvriers gêne sa liberté d'action.

c) Historiquement parlant, (cette forme d'appropriation totale) débuta au cours du XVIᵉ siècle, dans le cadre d'une économie évoluant au milieu d'une *expansion rapide et intense des marchés* due à la supériorité absolue, à l'activité déterminante d'une direction individuelle orientée en fonction des marchés et réunissant entre ses mains tous les pouvoirs ; elle fut favorisée aussi par le jeu des forces en présence.

Abstraction faite de ces motifs d'ordre général, l'entreprise orientée en fonction des chances du marché avait d'autres raisons d'évoluer dans le sens de ce genre d'expropriation :

a) la prime accordée [*Prämiierung*] au *compte de capital*, dont la rationalité est tributaire de l'appropriation totale de l'entreprise par le propriétaire, par rapport à toute gestion économique moins rationnelle sur le plan comptable ;

b) la prime accordée aux capacités strictement commerciales de la direction par rapport aux connaissances techniques, et à la sauvegarde des secrets techniques et commerciaux de l'entreprise ;

c) la préférence donnée à une gestion spéculative qui présuppose l'expropriation ; la gestion spéculative se conçoit, en effet, sans égard pour le *degré* de rationalité technique de l'affaire ;

d) la supériorité qu'assure :

α) sur le marché du travail, la mainmise absolue du propriétaire sur son usine et la liberté d'action qu'elle lui permet face à ses partenaires (ouvriers),

β) sur le marché des biens économiques, l'activité industrielle fondée sur le compte capital, sur les biens capitaux et le crédit rémunéré par rapport à tout concurrent d'échange moins rationnellement équipé et moins susceptible de recevoir des crédits ; citons comme un autre facteur spécifique de l'irrationalité *matérielle* de ce régime économique le fait que le compte capital atteint au maximum de rationalité formelle si les ouvriers se soumettent à la domination de l'entrepreneur ;

e) enfin la *discipline* de travail, qui est optimale en cas de travail libre et d'appropriation totale des moyens de production.

§ 23. *Suite et fin.*

L'expropriation de *tous* les travailleurs des moyens de production et d'approvisionnement [*Beschaffungsmittel*] peut signifier dans la pratique :

[79] 1) que la direction de l'exploitation est confiée à l'état-major d'un groupement : même une économie unitaire socialiste *rationnelle* (et celle-ci plus qu'une autre) maintiendrait l'expropriation de tous les travailleurs qu'elle compléterait par l'expropriation des propriétaires privés ;

2) que la direction incombe – grâce à l'appropriation des moyens d'approvisionnement – aux propriétaires *ou* à leurs mandataires.

L'appropriation de la libre disposition du chef de l'entreprise par les propriétaires possibles [*Besitzinteressenten*] peut signifier :

a) que la direction est assumée par un (ou plusieurs) entrepreneurs qui sont en même temps les propriétaires : c'est l'appropriation immédiate de la position d'entrepreneur. Celle-ci n'exclut pas que le droit de disposition effectif ne se trouve, par suite de la puissance des bailleurs de fonds ou des prêteurs (banques de crédit ou financiers), entre les mains d'entrepreneurs étrangers à l'exploitation ;

b) qu'il y a dissociation entre la direction de l'exploitation et l'industrie appropriée, surtout lorsque les propriétaires ne disposent que du droit de désigner l'entrepreneur et quand l'appropriation de l'exploitation se fait par répartition du capital social (actions ou titres miniers). Cette situation (qui est souvent conjuguée, à des degrés divers, avec l'appropriation strictement personnelle) est *formellement* rationnelle en ce sens qu'elle permet – à l'encontre de l'appropriation permanente ou héréditaire – la *sélection* d'un chef d'entreprise qualifié. Sur le plan pratique, elle peut avoir plusieurs conséquences :

α) la disposition de l'entreprise se trouve, du fait de l'appropriation, entre les mains de *bailleurs de fonds* étrangers à l'exploitation qui recherchent avant tout un rapport élevé de rentes ;

β) la disposition de l'entreprise se trouve, grâce à l'acquisition temporaire des titres, entre les mains de *spéculateurs* étrangers à l'exploitation (actionnaires qui ne songent qu'à réaliser des gains par la revente de l'entreprise) ;

γ) la disposition de l'entreprise se trouve, grâce à leur puissance sur le marché et le marché du crédit, entre les mains d'affairistes (banques ou particuliers, par exemple bailleurs de fonds [*Finanzern*], cf. p. 227, qui poursuivent des objectifs lucratifs sans s'intéresser à la bonne marche de chaque exploitation isolée).

Nous appellerons « personnes étrangères à l'entreprise » les personnes qui ne visent pas, en premier lieu, à assurer la *rentabilité* permanente de l'entreprise. Ce cas peut se présenter chaque fois que des intérêts financiers purs prédominent. Mais il est particulièrement fréquent chez des personnes qui ne considèrent pas leur mise de fonds ou leur participation partielle aux installations et aux biens-capitaux de l'entreprise (actions, titres miniers) comme un placement financier permanent mais comme un moyen d'en tirer des bénéfices purement spéculatifs. Par contre, il est relativement facile de concilier les intérêts des bénéficiaires de *rentes* (α) avec les intérêts objectifs de l'exploitation (c'est-à-dire, dans ce cas précis, avec sa rentabilité momentanée et permanente).

L'intervention des intérêts « étrangers à l'exploitation » dans la marche de celle-ci par la mainmise sur les postes dirigeants et, dans les cas extrêmes, par la rationalité *formelle* de leur sélection, est une autre irrationalité *matérielle* spécifique du régime économique moderne (car la marche de l'entreprise – par la voie de la nomination de son chef – peut être commandée par des intérêts financiers sans aucun rapport avec l'entreprise et par le jeu de la spéculation des propriétaires de parts). L'influence exercée sur les chances de marché, et plus spécialement sur les biens capitaux, et par là sur l'orientation de l'approvisionnement en biens par des spéculateurs étrangers à l'entreprise, est *une* des raisons du phénomène particulier de l'économie transactionnelle moderne connu sous le nom de « crise » (dont l'étude sortirait du cadre de notre ouvrage).

§ 24. *Profession et modalités professionnelles.*

[80] Nous appellerons [« *métier* » ou] « *profession* » [*Beruf*] la spécification, la spécialisation et la combinaison de prestations qui permettent à une personne de s'assurer des chances permanentes d'approvisionnement et de gains. L'orientation professionnelle peut se faire :

1) par l'attribution hétéronome de tâches et l'allocation de moyens d'approvisionnement par le groupement régulateur (« métier obligatoire »), ou par l'orientation libre des prestations professionnelles en fonction de la situation du marché (« libre choix du métier »), elle peut être basée

2) sur la spécification et la spécialisation des prestations ;

3) elle peut correspondre à la mise en valeur autocéphale ou hétérocéphale des prestations professionnelles par l'intéressé.

On observe une certaine corrélation entre les métiers typiques et des manières typiques de s'assurer des chances lucratives ; nous examinerons ce problème en étudiant les « conditions » et les « situations de classes » de la société [*ständische Klassenlage*].

Sur les « états » [*Berufstand*] en général, voir chapitre IV.
1. « Métiers obligatoires » : la contrainte se fait pour la litur-

gie ou l'*oïkos* par recrutement obligatoire dans le cadre d'un groupement princier, étatique, seigneurial ou communal. – « Libre choix du métier » : par l'offre couronnée de succès de prestations professionnelles sur le marché du travail ou par acceptation d'une candidature pour un poste « libre ».

2. Nous entendons, comme nous l'avons indiqué au § 16, par « spécification des prestations » l'attribution des métiers et professions au Moyen Age, par « spécialisation des prestations » la répartition des métiers dans les entreprises rationnelles modernes. La répartition des métiers dans l'*économie transactionnelle* se traduit, au plan méthodologique, souvent par une spécification technique irrationnelle et non par une spécialisation rationnelle des prestations, déjà pour la simple raison qu'elle s'oriente aux chances de placement, partant aux intérêts des acheteurs ou consommateurs qui déterminent l'ensemble des prestations offertes par une même entreprise, sans tenir compte de la spécialisation, et postulent une harmonisation des prestations parfois irrationnelle considérée sous l'angle méthodologique.

3. Spécialisation professionnelle autocéphale : « exploitation » isolée (d'un artisan, d'un médecin, d'un avocat, d'un artiste). Spécialisation hétérocéphale : ouvrier d'usine, fonctionnaire.

La répartition des métiers (professions) dans des groupes humains donnés est variable :

a) selon le degré d'évolution de métiers caractérisés et bien déterminés ; cette évolution dépend en particulier :

α) de l'évolution des besoins,

β) (en premier lieu) de l'évolution de la technique des métiers,

γ) de l'évolution

1° des grandes économies domestiques : en cas de « métiers obligatoires », ou

2° des chances du marché : en cas de « libre choix du métier » ;

b) selon le degré et la nature de la spécification professionnelle ou de la spécialisation des *économies*. Ce qui détermine l'évolution des métiers est avant tout :

α) la situation du marché (conjoncture) pour les prestations d'économies spécialisées, situation qui dépend d'abord du pouvoir d'achat, β) la répartition de la disposition des biens capitaux ;

c) selon le degré et la nature de la continuité ou des changements dans le domaine professionnel.

Ce dernier point est en corrélation étroite avec :

α) la formation professionnelle nécessaire à l'obtention de prestations spécialisées,

β) le degré de stabilité ou d'instabilité des chances de gains qui, de son côté, est tributaire de la stabilité de la répartition des revenus et de leur nature, mais aussi de l'évolution des techniques.

Une importance particulière pour *toutes* les structures professionnelles revient à la stratification de la société et aux chances qu'elle offre sur le plan social et par la formation professionnelle à certaines activités d'un haut degré de technicité [*gelernter Beruf*].

Seules les prestations exigeant un minimum de formation et offrant des chances de gains continues sont l'objet de métiers indépendants et stables. Les métiers peuvent être choisis par tradition ou à la suite de considérations rationnelles en finalité (notamment en vue de chances de gains) ; d'autres choix sont dictés par des charismes ou des impulsions émotives, souvent avec l'intention de sauvegarder quelque « prestige » de classe. Les professions *individuelles* avaient au début toujours un caractère « charismatique » (magique), les autres structures professionnelles – dans la mesure où l'on peut parler de « structures » – étaient soumises aux exigences de la tradition. Les capacités non spécifiquement personnelles et charismatiques reposaient, dans les groupements fermés, sur une initiation traditionnelle [*Anschulung*] ou sur la tradition héréditaire. Les métiers individuels sans caractère charismatique marqué furent suscités au début – de manière liturgique – [81] par les grandes économies domestiques des princes et seigneurs, plus tard – dans le cadre de l'économie transactionnelle – par les cités. Parallèlement à cette évolution on assistait, conséquence d'une formation professionnelle magique, rituelle ou cléricale, à certaines formes d'*éducation littéraire* et autres passant pour « distinguées » dans les hautes classes de la société.

Aux termes de ce que nous venons de dire, la spécialisation professionnelle n'implique pas nécessairement le travail *continu* soit liturgiquement, pour le compte d'un groupement (par exemple pour une économie domestique seigneuriale ou pour une fabrique), soit pour un « marché » absolument libre.

1. Il est parfaitement concevable et il arrive *souvent* que des ouvriers spécialisés, mais ne possédant rien en propre, soient mis à contribution pour des prestations occasionnelles, (le plus souvent) pour le compte d'un cercle relativement restreint

a) de clients vivant sur la base d'une économie domestique (consommateurs), ou

b) d'employeurs poursuivant un but lucratif [*Erwerbswirt-schaften*].

Cas *a* : dans les *économies domestiques* [ménages]. Citons, en cas d'expropriation d'au moins l'approvisionnement en matières premières, le travailleur disposant donc du produit final :

α) le travail au domicile de l'employeur consommateur [*Stör*],

1° en tant que métier ambulant,

2° en tant que métier sédentaire, le travail étant néanmoins exercé d'une manière ambulante au domicile des employeurs ;

β) le travail à domicile pour le compte d'une économie domestique [*Lohnwerk*] : c'est un travail sédentaire exécuté dans un atelier privé (ou au domicile du travailleur).

Dans tous ces cas, c'est l'économie domestique [l'employeur] qui fournit la matière première ; mais les outils appartiennent généralement au travailleur (les faucheurs sont propriétaires de leur faux, les couturières de leur boîte à ouvrage, les artisans de leurs outils).

Le contrat de travail implique dans le cas α la pénétration temporaire dans le domicile du *consommateur*.

K. Bücher a forgé le terme de *Preiswerk* pour désigner les prestations d'ouvriers disposant de tous les moyens d'approvisionnement.

Cas *b* : le travail occasionnel d'ouvriers spécialisés se rencontre dans l'*économie lucrative* en cas d'expropriation de l'approvisionnement en matière première, le produit final restant à la disposition du travailleur :

α) sous forme de travail ambulant dans les exploitations diverses des employeurs ;

β) sous forme de travail à domicile occasionnel ou saisonnier pour le compte d'un employeur.

Exemples : de α : ouvrier agricole ambulant en Pologne, dit *Sachsengänger* ; de β : tout travail à domicile qu'on exécute en supplément du travail d'atelier.

2. Il en est de même dans les économies avec appropriation des moyens d'approvisionnement :

α) en cas de compte de capital et d'appropriation *partielle* des installations par les propriétaires ; ateliers et fabriques où l'on ne fait que de la besogne sur commande [*Lohnfabrik*] et surtout les fabriques *commanditées* – les premiers existant depuis longtemps, les secondes se rencontrant depuis quelque temps assez fréquemment ;

β) en cas d'appropriation intégrale des moyens d'approvisionnement par les travailleurs :

1) mini-exploitation, sans compte de capital :

α) pour le compte d'économies domestiques : travail à gage auprès des clients [*Kundenpreiswerker*],

β) exploitations à but lucratif : industrie à domicile *sans* expropriation des moyens d'approvisionnement, c'est-à-dire exploitations formellement libres mais qui, de fait, travaillent pour le compte d'un groupe monopolistique de clients ;

[82] 2) grande exploitation *avec* compte de capital : approvisionnement d'un cercle fixe de clients : conséquence (habituelle mais non exclusive) d'ententes sur la distribution (cartels de vente).

Constatons pour finir que :

a) tout acte rémunérateur n'est pas forcément un élément d'activité professionnelle rémunératrice, – et que

b) la répétition d'actes rémunérateurs, si fréquente soit-elle, n'est pas nécessairement l'expression d'une *spécialisation* continue et à sens unique [*gleichsinnig*].

Cas *a* : on parle d'activité lucrative *occasionnelle*

α) quand il s'agit d'écouler les excédents d'une économie domestique ; le même terme s'applique à des échanges lucratifs occasionnels dans une économie domestique à grande échelle, telle que la pratiquent notamment des seigneurs territoriaux. Il existe toute une série d'actes conduisant, par un enchaînement *continu* d' « opérations lucratives occasionnelles », jusqu'à

β) la *spéculation* occasionnelle d'un rentier, la publication occasionnelle d'un article, d'un poème par un particulier, etc. On arrive ainsi, par une transition imperceptible, à la notion de « *métier accessoire* ».

Cas *b* : n'oublions pas qu'il existe aussi des formes d'activité changeante, instable, évoluant entre toutes sortes de métiers et professions, s'échelonnant entre des gagne-pain ordinaires et la mendicité, l'attaque à main armée, le vol, etc.

Une catégorie à part est constituée par :

a) les activités purement philanthropiques (charitables) ;

b) les activités non charitables confinées à une institution spéciale (surtout à titre punitif) ;

c) les gains obtenus systématiquement par l'emploi de la force ;

d) les gains asociaux (criminels) obtenus par la violence ou la ruse. Les cas *a* et *b* présentent peu d'intérêt ; *a* a joué un rôle fort important dans les groupements hiérocratiques (ordres mendiants), *c* dans les groupements politiques (butin de guerre) : leur incidence sur l'économie était parfois considérable. Ce qui caractérise les deux cas *a* et *c* c'est leur orientation extra-économique [*Wirtschaftsfremdheit*]. C'est pourquoi nous n'avons pas à en dresser une liste systématique. Nous nous pencherons sur ce problème dans un autre chapitre. Pour des raisons partiellement analogues (nous disons bien *partiellement !*) nous ne citerons qu'incidemment l'activité rémunérée du corps de fonctionnaires (et des officiers, qui appartiennent au même groupe), et par souci méthodologique (§ 38), puisque ces catégories forment un « sous-groupe » des activités professionnelles. Pour les examiner par le détail, il faudrait étudier au préalable leurs rapports avec le *pouvoir établi*.

§ 24 *a. Formes principales des rapports d'appropriation et de marché.*

Les schémas développés à partir du § 15 montrent bien qu'une grande variété de rapports caractérisent les activités d'appropriation et d'échanges au plan technique et commercial.

De fait, parmi les innombrables possibilités quelques-unes seulement jouent un rôle dominant.

1. Citons dans le domaine agricole :

a) La mise en culture du sol selon un système itinérant, en fonction de changements fréquents de domicile : c'est l'économie domestique avec appropriation du sol par le clan [*Stamm*] et l'utilisation – temporaire ou permanente – des groupements voisins avec appropriation temporaire du sol par des économies domestiques.

Les groupements d'économies domestiques peuvent être :

α) la grande communauté domestique [*große Hauskommunion*] ;

β) la parentèle organisée ;

γ) la grande entreprise familiale ;

δ) la petite exploitation familiale.

L'agriculture n'est « itinérante » qu'en ce qui concerne les terres cultivées ; celle-ci est fort rare et s'étend sur des périodes plus longues pour les fermes domaniales.

[83] *b*) L'agriculture sédentaire : coopératives de finage ou de village réglant l'exploitation des champs, prairies, pâturages, bois, eaux par de petites fermes familiales (en règle générale). Appropriation de fermes et de jardins par de petites familles ; de champs cultivables, de prairies (souvent), de pâturages par le groupement villageois ; des forêts par des communautés de finage d'une certaine étendue. Le partage des terres est juridiquement souvent possible, mais il ne se pratique pas d'une manière systématique et usuelle. L'économie est généralement réglementée par l' « ordre villageois » (« économie villageoise » primitive).

La communauté lignagère [*Sippengemeinschaft*], en tant que communauté économique, n'existe qu'exceptionnellement (en Chine par exemple) sous forme de groupement rationalisé (*sociation lignagère* [*Sippenvergesellschaftung*]).

c) L'exploitation seigneuriale avec métairies corvéables, les paysans serfs étant astreints aux prestations obligatoires en nature et en travail. Appropriation imposée du sol et des ouvriers par le seigneur, de l'utilisation du sol et des emplois agricoles par les paysans (groupement seigneurial simple à base de prestations en nature).

d) Le monopole seigneurial ou fiscal du sol avec responsabilité solidaire de la communauté paysanne en ce qui concerne les charges fiscales. D'où communauté champêtre et redistribution systématique du sol, appropriation imposée et permanente du sol par les communautés rurales (en compensation d'obligations fiscales), rarement par les familles d'exploitants à titre temporaire et sous réserve de l'utilisation par d'autres paysans. Régulation de l'économie par les règlements du propriétaire terrien ou du seigneur politique (communauté champêtre seigneuriale ou fiscale).

e) L'exploitation seigneuriale libre avec utilisation budgétaire des paysans dépendants comme source de rentes : c'est-à-dire appropriation du sol par le propriétaire terrien, mais exploitation des entreprises assurée par (α) des colons, (β) des fermiers paritaires, ou (γ) des redevanciers (censitaires).

f) L'exploitation de plantations : appropriation libre du sol et des travailleurs (comme esclaves achetés) par le maître et propriétaire à titre d'exploitation lucrative dans une entreprise capitaliste fondée sur l'esclavagisme.

g) Le domaine agricole : appropriation du sol

α) par les propriétaires terriens, cession à bail en faveur de fermiers exploitants à grande échelle, ou

β) par les exploitants à des fins lucratives. Dans les deux cas, le travail est exécuté par des travailleurs libres dans le cadre :

1° d'exploitations appartenant à l'exploitant, ou

2° mises à la disposition des exploitants par les soins du propriétaire. Dans les deux cas,

1) avec production, de biens agricoles, ou – cas limite – 2) sans aucune production de biens économiques.

h) En cas d'absence de tout seigneur, l'économie paysanne avec appropriation du sol par les exploitants (paysans). Dans la pratique, l'appropriation peut se traduire :

α) par la prédominance de terres héréditaires, ou

β) au contraire, par la prédominance de la vente de lotissements,

le premier cas se présentant plutôt dans les exploitations isolées ou les très grandes exploitations, le second étant caractéristique de l'habitat villageois et des petites exploitations rurales.

Les cas *e*γ et *h*β présupposent normalement l'existence de débouchés locaux suffisants pour les produits agricoles.

2. Dans l'industrie et les transports (y compris l'industrie minière et le commerce), citons :

a) Les *métiers domestiques*, considérés d'abord comme moyen d'échanges occasionnels avec :

α) spécialisation interethnique des prestations (métiers

propres à un clan [*Stammgewerbe*]. [Dans certains cas], ceux-ci évoluent dans le sens

[84] β) de *métiers propres à une caste*.

Les deux cas sont caractérisés en premier lieu par l'appropriation des sources de matières premières et, de ce fait, de la production de matières premières. Dans le premier cas, l'appropriation formelle fait souvent défaut. On observe en même temps, dans le deuxième cas – toujours, – l'appropriation héréditaire des chances de bénéfices fondées sur la *spécification* des prestations par des groupements lignagers [*Sippenverband*] ou domestiques.

b) Les *métiers contrôlés par les consommateurs* [*gebundenes Kundengewerbe*] : spécification des prestations en faveur d'un groupement de consommateurs :

α) d'inspiration seigneuriale (*oïkos*, économie seigneuriale) ;

β) d'inspiration corporative (démiurgique).

Pas de débouchés commerciaux. Dans le cas α harmonisation des prestations en vue de leur utilisation domestique, parfois travaux exécutés à l'« ergasterion » du seigneur. Dans le cas β appropriation héréditaire (parfois alinéable) des emplois, le travail étant exécuté au bénéfice d'une clientèle appropriée (de consommateurs) ; parfois évolution lente dans une direction donnée :

I. Premier cas particulier : travailleurs appropriés (*formellement non libres*), à prestations spécifiées :

α) comme source de rentes pour leurs maîtres ; malgré leur situation de serfs, de tels travailleurs jouissent en général de la *liberté matérielle* de travailler pour les clients de leur choix (« esclaves à rentes ») ;

β) comme travailleurs esclaves à domicile, leurs prestations étant destinées à des fins lucratives ;

γ) comme ouvriers d'atelier à l'« ergasterion » du maître, à des fins lucratives (industrie domestique esclavagiste).

II. Deuxième cas particulier : spécification *liturgique* des prestations à des fins fiscales ; ce type est analogue au « métier de caste » (*a*β).

La situation est analogue dans l'exploitation minière, où nous trouvons des exploitations princières ou seigneuriales sur une assise servile (esclaves ou serfs).

Dans les transports terrestres, nous trouvons :

α) l'appropriation seigneuriale des moyens de transports à des fins de rentes : répartition de prestations démiurgiques parmi les petits paysans choisis pour cette besogne ;

β) des caravanes de petits commerçants organisées sur une base corporative. La marchandise leur appartenait.

Dans les transports maritimes, nous trouvons :

α) des navires chargés du commerce des marchandises appartenant à un propriétaire, naviguant pour le compte d'une économie domestique [*oikenmäßig*], seigneuriale ou patricienne ;

β) la construction et l'exploitation de navires sur une base corporative, les capitaines et équipages participant à l'exploitation en tant que commerçants ; il y avait, parallèlement, de petits commerçants *ambulants* [*interlokal*] comme affréteurs ; les risques étant socialisés parmi tous les intéressés, les convois maritimes étaient soumis à une régulation très stricte. Dans ce système, la notion de « commerce » s'identifiait encore au « commerce interlocal », il était donc en même temps une *industrie de transport.*

c) Les métiers libres. Libre recherche des clients comme :

α) travailleurs au domicile du consommateur [*Stör*], ou

β) travailleurs à gages [*Lohnwerk*],

avec appropriation des matières premières par le client (consommateur), des outils par le travailleur, des installations éventuelles (à titre de sources de rentes) par le seigneur ou par des groupements (dans ce cas, leur utilisation se faisait à tour de rôle), ou

γ) travailleurs à façon [*Preiswerk*],

avec appropriation des matières premières et des outils par l'ouvrier qui assurait aussi la direction des travaux ; les installations, par contre, appartenaient (la plupart du temps) à quelque groupement de travailleurs (corps de métier).

Dans tous ces cas, la réglementation du métier était affaire du corps de métier (*Zunft*, corporation).

Dans l'industrie minière : appropriation des gisements par le pouvoir politique ou les seigneurs territoriaux comme source de rentes ; appropriation du droit d'exploitation par un groupement de travailleurs ; la réglementation corporative prévoyait l'exploitation obligatoire des gisements – en contrepartie des droits accordés par le seigneur du lieu et de la corporation minière, tous les sociétaires étant solidairement responsables.

[85] Dans les transports intérieurs : corporations de mariniers et de transporteurs avec organisation de convois et régulation de leurs chances de gains.

Dans les transports maritimes : propriété de parts de bateaux, convois maritimes, marchands naviguant en « commenda » [*Kommendahändler*].

Évolution vers le capitalisme :

α) Monopolisation de fait des fonds de roulement par les entrepreneurs utilisée comme moyen d'avancer de l'argent aux travailleurs. Par le truchement du *crédit d'approvisionnement*, le bailleur de fonds s'assurait le droit de disposer du produit final malgré la persistance formelle de l'appropriation des moyens de production par les ouvriers (le phénomène s'observait dans l'industrie et dans l'exploitation minière).

β) Appropriation du *droit de vente* des produits à la suite de la monopolisation effective des connaissances commerciales, partant des chances du marché et des fonds de fonctionnement, en vertu de règlements (guildiens) monopolistiques imposés ou de privilèges du pouvoir politique (en tant que source de rentes ou en échange de prêts).

γ) Régime plus discipliné des travailleurs se livrant à une industrie domestique : fourniture des matières premières et des appareillages par l'entrepreneur.

Cas particulier : organisation monopolistique rationnelle d'industries domestiques en vertu de privilèges accordés par intérêt financier ou « populationniste » (i.e. pour assurer à la population un gagne-pain). Régulation imposée des conditions de travail assortie de licences d'exploitation.

δ) Création d'industries artisanales [*Werkstattbetrieb*] *sans* spécialisation rationnelle du travail, avec appropriation de tous les moyens de production matériels par l'entrepreneur. Dans l'industrie minière : appropriation des gisements, des galeries et équipements par le propriétaire. Dans l'industrie des transports : entreprise de fret par grands armateurs. La conséquence était partout la même : expropriation des travailleurs des moyens de production.

ε) La dernière phase de l'installation du système capitaliste était la création de grandes industries d'approvisionnement : mécanisation de la production et des transports. Compte de capital. Tous les moyens d'approvisionnement matériels se transform en *capital* (« investi » ou « de roulement »). Tous les travailleurs deviennent de la « main-d'œuvre ». La transformation des entreprises en groupements socialisés de détenteurs de titres équivaut à l'expropriation du « chef » de l'établissement, qui occupe dorénavant une situation de « fonctionnaire », alors que le propriétaire n'est plus que l' « homme de confiance » des prêteurs (banques).

Ces différents *types* [ne se rencontrent pas avec la même fréquence].

1. Nous rencontrons dans le domaine agricole partout le type 1, *a* (p. 206); quant à la forme αβ (communauté domestique et économie lignagère [*Sippenwirtschaft*]), elle existait en Europe en quelques endroits seulement, mais était typique de l'Asie orientale (Chine). Le type *b* (communauté de village et de finage) (p. 207) appartenait à l'Europe et aux Indes. Le type *c* (exploitation seigneuriale esclavagiste) se trouve un peu partout; en Orient il existe encore de nos jours. Le type *d* (monopole seigneurial et fiscal avec répartition systématique des champs parmi les paysans) se rencontrait, dans sa forme seigneuriale, en Russie et (dans un sens un peu différent, la répartition se faisant sur la base des rentes) aux Indes, la forme fiscale étant typique de l'Asie orientale et antérieure ainsi que de l'Égypte. Le type *e* (libre exploitation seigneuriale à base de redevances, confiée à de petits censitaires) est typique de l'Irlande, mais il existait aussi en Italie, dans le midi de la France, en Chine et – dans l'Antiquité – en Asie grecque. Le type *f* (plantation à base esclavagiste) appartenait à l'Antiquité romaine et carthaginoise, aux économies coloniales, aux États méridionaux des États-Unis d'Amérique. Le type *g* (exploitation domaniale), dans sa forme α (séparation entre la propriété du sol et l'exploitation), en Angleterre; dans sa forme β (culture du sol par le propriétaire), en Allemagne orientale, dans certaines parties de l'Autriche, en Pologne et en Russie occidentale. Le type *h* (exploitation par les paysans propriétaires) se rencontrait en France, en Allemagne méridionale et occidentale, dans une partie de l'Italie, en Scandinavie, ainsi que (avec quelques restrictions) dans le sud-ouest de la Russie, mais surtout en Chine moderne et (avec quelques modifications) en Inde.

Cette grande diversité du régime agraire *(définitif)* ne s'explique qu'en partie par des incidences économiques (régimes d'exploitation différents dans des régions déboisées et des régions irriguées), [86] d'autres facteurs intervenant également, notamment les vicissitudes de l'histoire, les modalités des charges publiques et du régime militaire.

2. Dans le domaine artisanal et industriel [*Gewerbe*] – la recherche historique n'a pas encore établi des lois universellement valables concernant l'évolution des transports et des exploitations minières.

Le type *a*, α (métiers propres à un clan [*Stammesgewerbe*], p. 208) était partout fort répandu.

Le type *a*, β (métiers propres à une caste, p. 209) n'a connu d'application universelle qu'aux Indes, ailleurs uniquement pour des métiers dégradants (« impurs »).

Le type *b*, α (métiers domestiques, *oikenmäßig*) était représenté dans toutes les économies domestiques princières, mais surtout en Égypte ; ailleurs il se rencontrait dans les économies seigneuriales ; dans la forme *b*, β (métiers démiurgiques), on le trouvait partout, sporadiquement (aussi en Occident), mais comme type il était limité aux Indes. Le cas particulier I (servage en tant que source de rentes) était propre à l'Antiquité, le cas particulier II (spécification liturgique des prestations) à l'Égypte, au monde grec, à l'Antiquité romaine finissante et, à certaines époques, à la Chine et aux Indes.

Le type *c* comme type dominant (métiers libres, p. 210) a trouvé sa patrie classique au Moyen Age occidental *exclusivement*, bien qu'on le rencontrât partout et que la *corporation* [*Zunft*] fût particulièrement répandue dans le monde (notamment en Chine et dans le Proche-Orient) – mais il faisait *complètement* défaut dans l'économie « classique » de l'Antiquité. En Inde, la *caste* remplaçait la corporation.

Les phases de l'évolution capitaliste (p. 211 s.) dans l'artisanat et l'industrie [*Gewerbe*] ne se rencontraient sur une vaste échelle, en dehors de l'Occident, que jusqu'au type β. Ce phénomène ne saurait s'expliquer par les seules incidences économiques.

§ 25. *Conditions du calcul des prestations optimales :* *adaptation, qualification, zèle au travail.*

A. Pour obtenir des prestations optimales dans l'*exécution* d'un travail quelconque (au sens le plus large du terme) trois conditions doivent être réunies, si l'on fait abstraction des trois groupements typiquement communistes (cf. § 26) qui comportent des éléments extra-économiques :

1. L'optimum de l'adéquation à la prestation ;
2. L'optimum de qualification ;
3. L'optimum de zèle au travail.

Condition 1. L'adéquation (qu'elle soit le résultat de dispositions héréditaires, de l'éducation ou d'influences du milieu ambiant) ne peut être vérifiée que par l'*épreuve*. Dans l'économie transactionnelle, l'épreuve se passe sous forme d' « essai » au moment de l'embauche. Le taylorisme avait la prétention d'en faire un système rationnel.

Condition 2. L'optimum de qualification ne peut être obtenu que par une spécialisation rationnelle et continue. De nos jours, celle-ci se présente sous la forme essentiellement empirique d'une spécialisation des prestations obtenue en tenant compte de l'impératif de la compression des coûts (dans l'intérêt de la rentabilité et en fonction de celle-ci). La spécialisation rationnelle (physiologique) en est encore à ses débuts (taylorisme).

Condition 3. Le zèle au travail peut, comme toute autre activité humaine, être sujet à une orientation donnée (cf. chap. I, § 2). En tant que disposition spécifique (visant à exécuter ses propres desseins ou ceux des dirigeants d'une affaire), il trouve son ressort principal soit dans l'*intérêt personnel*, soit dans la *contrainte*, directe ou indirecte ; cette dernière remarque s'applique en particulier au travail considéré comme l'exécution d'ordres et de dispositions étrangères. La contrainte peut s'exercer :

(*a*) par la menace de violences physiques ou d'autres conséquences désagréables, ou

(*b*) par le risque de rester sans gagne-pain si les prestations ne donnent pas satisfaction.

Comme la deuxième forme de la contrainte, qui est typique de l'économie transactionnelle, fait appel dans une bien plus grande mesure à l'intérêt personnel et vise à établir la liberté de la sélection en fonction de la valeur (quantitative et qualitative) des prestations (en tenant compte évidemment des exigences de la rentabilité), elle est formellement plus rationnelle (dans le sens du rendement technique optimal) que toute [87] contrainte physique [*Arbeitszwang*]. La condition indispensable est l'expropriation des ouvriers de tous les moyens de production et la nécessité pour eux de poser leur candidature comme salariés : autrement dit, la protection par le pouvoir installé de l'appropriation des moyens de production par les propriétaires. A l'encontre de la contrainte pure et simple, ce procédé décharge l'entrepreneur du souci de recrutement (famille) et en partie du moins du souci de la sélection (au point de vue de la capacité), dont les postulants doivent se charger eux-mêmes. Contrairement au système esclavagiste, les besoins en capitaux et les risques d'investissements se trouvent limités et peuvent être déterminés par le calcul ; enfin, les énormes quantités de salaires versés sous forme de numéraire élargissent d'autant le marché des biens de grande consommation. Ce système n'oppose pas à l'*attachement positif* au travail la même barrière que – toutes choses étant par ailleurs égales – le système esclavagiste : il n'en reste pas moins que la spécialisation technique et la prédominance d'activités répétées et monotones (taylorisme) ne laissent guère d'autres stimulants que l'appât du gain. Une augmentation des gains se présente sous la forme du « travail à la tâche » [*Akkordlohn*]. Bref, dans le système capitaliste, les deux ressorts principaux du zèle au travail sont les chances d'augmentation dans le régime du « travail à la tâche » et la peur du renvoi.

Il est possible d'établir un certain nombre de règles qui s'appliquent d'une manière générale au travail libre, étant bien entendu que les moyens d'approvisionnement ne se trouvent pas entre les mains des travailleurs :

1) Les chances d'un attachement affectuel au travail sont – toutes choses égales d'ailleurs – plus grandes en cas de *spécification* qu'en cas de *spécialisation* des prestations, parce que le succès personnel apparaît avec plus d'évidence au travailleur individuel. La même remarque s'applique évidemment à toutes les performances de *qualité*.

2) L'attachement traditionnel à une certaine forme de travail, tel qu'il se rencontre notamment dans l'agriculture et l'artisanat domestique (surtout si ces activités se placent dans un cadre fortement marqué par la survivance de traditions), a ceci de particulier que les travailleurs qui se consacrent à ces types de besogne règlent leurs prestations qualitativement et quantitativement soit selon les résultats stéréotypés que l'on attend d'eux, soit en fonction des salaires traditionnels auxquels ils croient avoir droit (il arrive aussi que les deux considérations entrent en ligne de compte) ; pour cette raison, il est difficile de les utiliser sur une base rationnelle ou d'augmenter leur rendement par des primes (salaire à la pièce). Il est par contre certain que les liens patriarcaux avec leurs maîtres (propriétaires) peuvent, comme l'expérience le prouve, maintenir l'activité de ces travailleurs à un haut niveau d'efficacité.

3) L'*attachement rationnel*, dans sa forme typique, est déterminé soit par des mobiles religieux, soit par une valorisation sociale particulièrement élevée du travail comme tel. Tous les autres motifs sont, comme l'expérience le prouve, de nature transitoire.

Il va sans dire que le souci « altruiste » de subvenir aux besoins de sa propre famille confère au travail un caractère de devoir à accomplir.

B. L'appropriation des moyens d'approvisionnement et la *libre disposition* de sa propre force de travail sont les stimulants les plus puissants incitant l'individu à se dépenser sans compter. C'est là l'ultime cause de l'importance des petites exploitations agricoles, qu'elles soient mises en valeur par un petit propriétaire ou par un petit cultivateur à bail (qui espère accéder un jour à la propriété personnelle). L'exemple classique nous en est fourni par la Chine ; sur le plan de l'artisanat à prestations spécifiées, nous citerons l'Inde ; toute l'Asie en est également marquée ; nous n'excepterons pas le Moyen Age européen, où les luttes incessantes avaient pour enjeu surtout la libre disposition (formelle) des biens. L'énorme surcroît de travail que le *petit exploitant agricole* (sans exception, mais la remarque s'applique également à l'horticulteur) non spécialisé, mais aux prestations spécifiées, investit dans sa ferme, les restrictions de niveau de vie qu'il s'impose pour maintenir son indépendance *formelle*, joints à l'*utilisation budgétaire* de produits secondaires et de « déchets » de toutes sortes que la grande entreprise ne peut *commercialiser*, lui permettent d'exister *à cause justement* de l'absence de tout compte de capital et du maintien de l'unité de son ménage et de son exploitation. L'exploitation agricole à compte de capital est – si c'est le *propriétaire* qui en assure la marche – [88] infiniment plus sensible aux fluctuations économiques que la petite entreprise (cf. mes calculs exposés au Congrès des juristes allemands, in *Verhandlungen des Deutschen Juristentags*, XXIV).

Dans le domaine artisanal et industriel [*Gewerbe*] le même phénomène s'observait jusqu'à la création d'entreprises mécanisées, hautement spécialisées, au fonctionnement interne harmonisé [*arbeitsverbindend*]. Les réalisations du genre de celle de Jack de Newbury pouvaient encore, au xvie siècle, être *fermées par mesure autoritaire* (comme cela arriva effectivement en Angleterre) sans qu'une catastrophe en résultât pour les chances de gains des ouvriers ; car la concentration de métiers à tisser appropriés par l'entrepreneur ainsi que d'un nombre adéquat de tisserands dans un atelier, sans augmentation sensible de la spécialisation ni de l'harmonisation du travail, n'accroissait pas, étant donné la situation du marché, les chances du propriétaire au point que celles-ci couvrissent avec certitude ses risques accrus et les frais d'entretien de son « usine ». Dans l'industrie, et c'est là le nœud du problème, une entreprise nécessitant de grands capitaux pour ses installations (« capitaux immobilisés ») n'est pas seulement, tout comme dans l'agriculture, sensible aux fluctuations de l'économie, mais pâtit au plus haut degré de la moindre « irrationalité » (impossibilité de prévoir par le calcul) de l'administration et de la jurisprudence, telle qu'elle existait partout dans le monde, *sauf* en Occident. En Occident, le travail décentralisé à domicile a pu se maintenir comme partout et concurremment avec les « fabriques » russes jusqu'au moment précis – c'est-à-dire *avant* l'introduction de la force motrice mécanique et des machines-outils – où le besoin d'un calcul rigoureux et de la standardisation de la production se fit sentir en vue d'une meilleure mise à profit des chances de marché élargies, et où surgirent des *installations* techniques rationnelles (actionnées par l'eau ou des manèges hippomobiles) et la spécialisation interne des entreprises, dans lesquelles moteurs et machines s'intégrèrent par la suite sans la moindre difficulté. Toutes les autres grandes entreprises dont on a pu observer la création çà et là dans le monde pouvaient disparaître sans diminuer sensiblement les chances de bénéfices des personnes intéressées et sans mettre sérieusement en danger l'approvisionnement. La situation se modifia avec la naissance de la « fabrique ». Or le zèle des ouvriers de *fabrique* était en premier lieu la conséquence d'une *contrainte indirecte* (système de la « maison de travail » anglaise !) ainsi que du rejet du souci de sa subsistance personnelle sur l'ouvrier ; depuis, le régime de la propriété a perpétué cet état de fait, ce qui a été mis en évidence par la baisse sensible de l'ardeur au travail des ouvriers libérés de toute contrainte par la révolution.

§ 26. *Le communisme des prestations adversaire du calcul du rendement. Formes du communisme.*

La communalisation et la sociation communistes, adversaires du calcul rigoureux du rendement optimal se fondent sur le sentiment de la solidarité *ressenti* comme une donnée immédiate. Sur le plan historique, elles se sont toujours appuyées *d'abord* sur des arguments intellectuels et extra-économiques. Citons parmi leurs formes les plus fréquentes :

1) le communisme domestique et *familial*, dont la base est traditionaliste et émotive ;

2) le communisme *militaire*, né de la camaraderie de la vie en campagne ;

3) le communisme charitable de la communauté (religieuse) fondé, dans les cas 2 et 3 en premier lieu sur une attitude spécifiquement émotive (communisme charismatique). Sa source profonde est toujours :

a) une réaction contre un environnement orienté vers le calcul et le rendement économique, attitude conditionnée par la tradition ou par la rationalité finaliste : il est actif ou, au contraire, soutenu par un mécénat (ou les deux à la fois) ;

b) ou bien il se présente sous forme d'un groupement domestique de privilégiés, qui exercent leur domination sur les économies domestiques ne faisant pas partie du groupe, ou qui se font nourrir par elles par des dons et offrandes, ou par une organisation liturgique ;

c) ou bien il s'agit d'une économie domestique de consommateurs, en marge de l'exploitation lucrative qui lui assure sa subsistance, donc socialisée.

Le cas *a* est typique des économies religieuses ou communistes idéologiques (communautés actives de moines vivant loin du monde, communautés sectaires, socialisme « icarien » [d'après le roman d'Étienne Cabet, *Voyage en Icarie*, 1840]).

[89] Le cas *b* est typique des communautés militaires plus ou moins communistes (maisons des hommes, syssities spartiates, communautés de brigands liguriennes, l'organisation du calife Omar, communisme partiel de consommation et de réquisition tel qu'il se pratique dans toutes les armées en campagne), ainsi que de quelques groupements religieux autoritaires (État jésuite du Paraguay, communautés religieuses hindoues et autres vivant de donations).

Le cas *c* est le cas typique de toutes les économies familiales au sein de l'économie transactionnelle.

Le zèle coopératif et la consommation non rationnelle à l'intérieur de ces communautés sont la *conséquence* d'une mentalité sciemment extra-économique qui se fonde, dans les cas 2 et 3, en grande partie sur une attitude idéaliste d'opposition et de *lutte* contre les hiérarchies du « monde ». Toutes les initiatives communistes modernes visant à créer une organisation communiste de *masse* doivent s'appuyer pour le recrutement des adeptes sur une argumentation rationnelle en valeur, pour leur propagande sur une argumentation rationnelle en finalité, dans les deux cas sur des considérations spécifiquement *rationnelles*, autrement dit – et cela les distingue des communalisations militaires et religieuses *extraordinaires* – sur des considérations tirées de la vie de tous les jours. Sur le plan quotidien, leurs chances internes se situent ailleurs que celles des communautés placées en dehors du cours normal de l'existence et orientées selon des principes extra-économiques.

§ 27. *Biens d'investissement. Compte capital.*

Les *biens d'investissement* [*Kapitalgüter*] font leur première apparition embryonnaire sous forme de marchandises échangées sur une base « interlocale » ou « interethnique », mais dans ce cas le « commerce » doit être nettement *dissocié* (voir § 29) de l'approvisionnement domestique. Car le commerce entre les différentes économies domestiques (écoulement des excédents) ignore le compte de capital comme tel. Les produits des activités domestiques, lignagères et claniques, vendus par la voie interethnique, sont des *marchandises*, les moyens de production et d'approvisionnement, pour autant qu'ils sont produits par le groupement, sont des outils et des matières premières et non des biens d'investissement. Ceci s'applique aussi aux produits de vente et aux moyens d'approvisionnement des paysans et des seigneurs ayant droit de corvées, si l'économie n'est pas basée sur le compte capital, fût-ce sous une forme rudimentaire (nous en trouvons les premières traces déjà chez Caton). Il va sans dire que tous les mouvements de produits et de marchandises à l'intérieur d'une économie seigneuriale et d'un *oïkos*, y compris l'*échange* occasionnel ou typiquement interne de biens, sont tout le contraire d'une économie fondée sur le compte capital. De même le commerce de l'oïkos (par exemple du pharaon) n'est-il pas un commerce capitaliste dans le sens de notre terminologie – même s'il ne se limite pas *strictement* à la couverture des besoins, s'il n'est pas « budgétaire » au sens étroit du mot, mais vise en partie à la réalisation de bénéfices – pour autant qu'il n'est pas *capitaliste*, qu'il ne repose pas sur le *compte de capital* et l'évaluation préalable des chances de gain en termes de *monnaie*. C'était le cas des marchands professionnels ambulants, peu importe qu'ils écoulassent leur propre marchandise, de la marchandise en « commenda » ou de la marchandise rassemblée sous une forme sociétaire. C'est dans ce genre de combinaisons de « fortune » qu'il faut voir l'origine du compte de capital et du concept de bien d'investissement. Des hommes (esclaves, serfs) utilisés comme source de rentes par un seigneur esclavagiste ou terrien, de même que des installations de toute sorte, ne sont que des éléments de patrimoine (ou de fortune) rapportant des rentes – et non des biens d'investissement ; ils avaient donc la même fonction que de nos jours des titres rapportant des rentes ou des dividendes (pour l'homme *privé* soucieux de toucher sa rente ou de réaliser une spéculation occasionnelle qui ne songe pas à placer son capital à des fins de profit). Des marchandises que le seigneur territorial ou le propriétaire d'esclaves tirent, grâce à leur droit de corvées, de leurs sous-vassaux à titre de « redevances » sont, selon notre terminologie, des marchandises et non des biens d'investissement parce que le compte capital rationnel (le calcul du coût !) faisait défaut *par principe* (et non seulement de fait). Mais si quelques esclaves servent dans une entreprise à des fins de bénéfices (surtout s'il existe un marché d'esclaves et si le commerce des esclaves est institutionnalisé), ils constituent des biens d'investissement. Dans les exploitations esclavagistes où les esclaves ne sont pas négociés librement et dans le servage héréditaire (avec possibilité de vente des sujets) nous ne parlerons pas d'entreprises capitalistes mais d'entreprises à but lucratif avec travail forcé (l'obligation [90] pour le maître de garder et d'employer ses travailleurs étant un élément *déterminant* du système !) ; peu importe qu'il s'agisse d'exploitations agricoles ou d'industries esclavagistes à domicile.

Dans l'artisanat, le *Preiswerk* (tous les moyens de production appartenant au travailleur) doit être considéré comme une « entreprise capitaliste à petite échelle » ; l'industrie domestique est une entreprise capitaliste décentralisée ; toute espèce d'exploitation capitaliste d'un atelier est une entreprise capitaliste centralisée au sens propre du terme.

Le critère est donc non pas le *fait empirique*, mais la possibilité, de principe, du compte de capital.

§ 28. *Concept et formes du commerce.*

Il existe dans chaque économie transactionnelle (qu'elle soit soumise à une réglementation matérielle ou non), à côté de prestations spécialisées et spécifiées que nous avons passées en revue, des *intermédiaires* se chargeant de l'échange de droits de disposer personnels ou étrangers.

L'entremise peut se faire :

1) par les membres d'une direction administrative de groupements économiques contre une rémunération en nature ou en numéraire, sur une base fixe ou proportionnelle aux échanges réalisés ;

2) par un groupement créé spécialement pour les besoins d'échange d'une corporation, ou

3) par des professionnels (agents) qui considèrent les échanges comme leur activité lucrative et qui sont rémunérés par les producteurs (la formule juridique de cette profession peut être extrêmement variée) ;

4) comme activité capitaliste indépendante (*commerce pour son propre compte*) : par l'achat de marchandises en prévision d'une vente ultérieure profitable ou par la vente à terme avec l'espoir d'un achat actuel favorable, soit

a) librement sur le marché, soit

b) matériellement réglementé ;

5) par une expropriation régulière et réglementée de marchandises sur la base d'une rémunération et leur cession – libre ou imposée – par un groupement politique (*commerce sous contrainte*) ;

6) par l'offre professionnelle de capitaux ou la négociation de crédits à des fins de paiements ou d'acquisition de moyens d'approvisionnement par l'octroi de crédits en faveur :

a) d'exploitations à caractère lucratif, ou

b) de groupements (surtout d'ordre politique) : opérations de crédits. – Le but économique de ces opérations peut être :

α) un crédit de paiement, ou

β) un crédit pour l'acquisition de biens d'investissement.

Nous réserverons le terme de « *commerce* » aux cas 4 et 5, le cas 4 représentant le « commerce libre », le cas 5 le « commerce monopolistique obligatoire ».

Cas 1. a) Économies domestiques : *negociatores* et *actores* princiers, seigneuriaux, monacaux. b) Économies à caractère lucratif, « négociants ».

Cas 2. Coopératives d'achats et de ventes (y compris les coopératives de consommation).

Cas 3. Courtiers, commissionnaires, transporteurs, « agents » d'assurances et autres.

Cas 4. a) Commerce moderne. b) Attribution hétéronome imposée, ou autonome et contractuelle, d'achats ou de ventes auprès d'une clientèle donnée, ou achat ou vente de certaines catégories de marchandises, ou régulation matérielle des conditions d'échange par les prescriptions d'un groupement politique ou corporatif.

Cas 5. Exemple : monopole d'État du commerce des céréales.

§ 29. *Suite.*

[91] Le commerce *libre* pour compte propre (cas 4) est *toujours* une activité à but lucratif, jamais une opération budgétaire ; il est donc en temps normal (mais pas obligatoirement) un échange à base *monétaire* s'opérant par le moyen de contrats de vente et d'achat.

A. Il *peut* aussi prendre la forme d'une exploitation annexe (accessoire) d'une économie domestique.

Exemple : échange d'excédents d'un artisanat domestique par des membres de la communauté expressément *commis à cet office* et travaillant *à leur propre compte*. Mais des échanges opérés par tel ou tel membre de la communauté, à tour de rôle, ne constituent pas une « activité accessoire ». Si les personnes en question *ne s'occupent* que d'échanges pour leur propre compte, nous avons affaire à une variété du cas 4 ; si elles agissent pour le compte de la communauté, elles entrent dans la catégorie du cas 1.

B. Il peut être un élément d'une prestation globale qui, sur le plan local, constitue un ensemble d'opérations se suffisant à elles-mêmes.

Exemple : les colporteurs et petits commerçants ambulants qui emportent leur marchandise avec eux pour l'écouler sur le lieu de vente et que nous avons, pour cette raison, déjà classés dans la catégorie des « transporteurs ». Les marchands voyageant pour le compte d'une *commenda* constituent parfois une transition à 3. Il est difficile de déterminer avec précision quand la prestation du « transport » prédomine et quand la prestation de la « vente ». Toutes les personnes pratiquant ce genre d'activité sont des « commerçants ».

Le commerce à compte propre (cas 4) se fait toujours sur la base de l'*appropriation* des moyens de production et d'approvisionnement, même si le droit d'en disposer a été assuré par un emprunt. C'est toujours le commerçant qui assume les risques de l'affaire et des capitaux investis ; grâce à l'appropriation des moyens d'approvisionnement, il s'est approprié aussi les chances de gains.

La spécification et la spécialisation du commerce libre à compte propre (cas 4) peuvent s'opérer selon des points de vue fort différents. En nous plaçant dans une perspective économique, nous pouvons en dresser la liste suivante selon le type d'économies avec lesquelles le commerçant opère ses échanges :

1) Ainsi, nous avons le commerce entre les *excédents* ménagers (domestiques) et des économies domestiques de *consommation*.

2) Le commerce peut aussi se faire entre économies rémunératrices [*Erwerbswirtschaft*] (« producteurs » ou « négociants ») et des ménages et « économies domestiques », y compris, évidemment, toutes sortes de groupements et surtout les groupements politiques.

3) Le commerce entre des économies rémunératrices et d'autres économies rémunératrices.

Les cas 1 et 2 correspondent à la notion de « commerce de détail ». Ce genre de commerce implique la vente aux consommateurs (quelle que soit la provenance des marchandises), le cas 3 étant le « commerce de gros » ou le « négoce ».

Le commerce peut se faire :

a) selon les règles du marché :

α) au marché réservé aux consommateurs, en général avec étalage de la marchandise *(marché de détail),*

β) au marché réservé aux entreprises travaillant pour la vente [*Erwerbswirtschaft*]

1° avec présentation de la marchandise *(commerce de foire)* ;

Ce commerce se fait en général (mais pas nécessairement) sur une base saisonnière ;

2° sans présentation de la marchandise *(commerce boursier)* ;

Permanent en général, mais ce caractère ne fait pas partie du concept comme tel ;

224

b) en touchant directement le client : dans ce cas, la vente se fait à des acheteurs *déterminés* qui peuvent être :

α) des ménages (commerce de détail à clientèle fixe), ou [92] β) des économies rémunératrices, soit des producteurs *(grossistes)*, soit des fournisseurs de gros et de détail [*Engrossortimenter*], ou d'autres intermédiaires du commerce en gros : demi-grossistes de « première » ou de « deuxième » main [*Engroszwischenhandel*].

Il peut s'agir, selon la provenance géographique des marchandises écoulées :

d'un commerce « interlocal »,

d'un commerce « local ».

Le commerce peut *matériellement* octroyer :

a) ses achats aux économies lui vendant ses produits (commerce limité à certains produits, *Verlagshandel*) ;

b) ses ventes aux économies achetant ses marchandises (commerce à monopole de vente).

Le cas (a) s'apparente aux exploitations artisanales commanditées et s'identifie souvent avec elles.

Le cas (b) constitue matériellement le « commerce réglementé » (cas 4, b).

La *vente* de ses *propres produits* fait évidemment partie intégrante de toute entreprise lucrative orientée sur le marché, même si l'entreprise est en premier lieu une entreprise de « production ». Mais cette vente ne constitue pas une activité « intermédiaire » au sens de notre définition, à moins que quelques membres de l'administration ne soient spécialement chargés des ventes, autrement dit que l'entreprise ne se livre pas à une activité *commerciale* indépendante. Toutes les transitions entre l'une et l'autre forme sont concevables.

Le calcul commercial est dit « spéculatif » dans la mesure où il s'oriente en fonction de chances dont la réalisation dépend du « hasard » et se trouve, de ce fait, hors du domaine du « prévisible » : l'opération comporte donc un « risque de hasard ». La limite entre le calcul rationnel et le calcul spéculatif (dans le sens défini ci-dessus) est très floue, parce qu'aucun calcul tenant compte de données futures n'est, objectivement parlant, à l'abri de « hasards ». La différence entre les deux sortes de calculs marque donc leur *degré de rationalité*.

La spécialisation et la spécification des prestations techniques et économiques n'offrent aucun trait particulier. A la « fabrique » correspond, sur le plan du commerce, le « grand magasin », caractérisé par un haut degré de spécialisation interne.

§ 29 *a. Suite et fin.*

Nous appellerons *banques* les entreprises commerciales à caractère lucratif qui, professionnellement, (a) administrent, (b) procurent de *l'argent.*

Cas 1 : qui administrent de l'argent :

a) pour des ménages privés (dépôts privés, placements de fortunes) ;

b) pour des groupements politiques (administration bancaire d'un budget d'État) ;

c) pour des entreprises rémunératrices (dépôts d'entreprises, comptes courants).

Cas 2 : qui procurent de l'argent :

a) pour subvenir aux besoins budgétaires :

1) aux personnes privées (crédit à la consommation),

2) aux groupements politiques (crédits politiques) ;

b) aux économies rémunératrices :

1) à des fins de paiement aux tiers : 1° change, et 2° virements et mandats bancaires,

2) acomptes sur les créances des clients : le plus souvent sous forme d'escompte de lettres de change,

3) sous forme de crédit de capitaux.

Peu importe qu'elles avancent les fonds sur leurs propres réserves, que, 1° elles les prêtent séance tenante ou promettent [93] de les tenir à disposition en cas de besoin (« compte courant ») ; de même est-il sans importance qu'elles exigent des gages ou cautions, ou que, 2° elles obtiennent de tierces personnes, par leur caution ou par d'autres procédés, qu'elles *créditent* leurs clients.

Dans la pratique, l'activité rémunératrice des banques est fondée sur le principe d'accorder des crédits à l'aide de crédits qu'elles ont elles-mêmes obtenus pour réaliser des bénéfices.

La banque peut se procurer les sommes créditées :

1) en recourant aux réserves de métal ou de monnaie des instituts d'émission qu'elles empruntent à titre onéreux, ou

2) par la création de :

a) certificats bancaires (« monnaie bancaire » ou « monnaie de compte »),

b) monnaie fiduciaire (billets de banque), ou

3) moyennant les dépôts que des particuliers leur ont confiés. Au cas où la banque (*a*) a elle-même recours au crédit, ou (*b*) crée de la monnaie fiduciaire, elle est obligée, si son fonctionnement est rationnel, de prévoir la « couverture » de ses besoins liquides : elle doit disposer d'un fonds suffisant ou pratiquer une politique de crédit lui permettant de faire face aux demandes de remboursement de la part des détenteurs de titres, autrement dit aux exigences *normales* de ses créanciers.

D'une manière générale (mais pas toujours), les banques émettant de la monnaie fiduciaire (billets de banque) sont tenues par des règlements obligatoires (édictés par les guildes de commerçants ou des groupements politiques) de respecter certaines normes de liquidité. Ces règlements poursuivent en outre le but de protéger l'*ordre monétaire* d'une certaine aire géographique (où l'argent en question a cours) contre les fluctuations de la *valeur matérielle* de la monnaie et de mettre ainsi à l'abri les calculs rationnels des budgets, mais avant tout celui du groupement politique, de même que les économies rémunératrices [*Erwerbswirtschaft*], de toute « perturbation » due à des influences (matérielles) irrationnelles ; ces règlements visent en particulier à créer une parité stable de la monnaie interne par rapport aux monnaies étrangères ayant cours dans d'autres régions, avec lesquelles il existe des relations de commerce et de crédit (« cours de change stabilisé ») : « les deux monnaies sont " au pair " » [*Geldpari*]. En suivant G. F. Knapp, nous appellerons cette politique dirigée contre l'irruption d'influences irrationnelles dans le système monétaire une « politique lytrique » [*lytrische Politik*]. Elle est, dans l'« État de droit » libéral [*laissez-faire-Staat*], la mesure la plus importante en matière d'économie politique. Dans sa forme rationnelle, elle est typique de l'État *moderne*.

Nous parlerons, lorsque le moment sera venu, de la politique monétaire chinoise (monnaie de cuivre et monnaie fiduciaire) ainsi que de la monnaie métallique dans l'ancienne Rome. Dans les deux cas, il ne s'agissait pas d'une politique *lytrique* au sens moderne. Seule la politique de la monnaie bancaire chinoise, telle qu'elle était pratiquée par les guildes, était rationnelle au sens que nous prêtons aujourd'hui à ce terme (elle a servi de modèle à la politique bancaire de la ville de Hambourg).

Nous appellerons *affaires de financement* toutes les transactions mises en œuvre – par des « banques » ou par d'autres organismes ou personnes (à titre occasionnel ou accessoire, ou bien dans le cadre d'opérations spéculatives telles que les pratiquent certains « financiers ») – en vue de s'assurer la disposition lucrative de chances dans l'industrie ou le commerce :

1) par la transformation de droits sur les chances de gains appropriées en « titres » (« commercialisation ») et par l'acquisition d'entreprises « financées » de cette manière, dans le sens de (c);

2) par l'offre systématique (parfois par le refus) de *crédits d'affaires*;

[94] 3) par une entente imposée entre entreprises jusque-là concurrentes (quand cette opération semble nécessaire ou désirable)

a) dans le sens d'une harmonisation monopolistique d'entreprises comparables *(cartellisation)*, ou

b) dans le sens d'une réunion monopolistique d'entreprises jusque-là concurrentes *sous une direction unique* en vue d'éliminer les entreprises moins rentables (fusion), ou

c) sous forme de « groupe intégré » (dont l'objectif n'est pas nécessairement d'ordre monopolistique) comprenant un certain nombre d'entreprises spécialisées (intégration), ou

d) sous la forme d'une mainmise sur un grand nombre d'entreprises par des opérations sur titres (formation de trusts) et, le cas échéant, création de nouvelles entreprises à des fins de profit ou de domination (financement en tant que tel).

Les « opérations de financement » sont normalement l'affaire des banques, souvent elles se font obligatoirement avec leur concours. Mais l'initiative de ces opérations appartient souvent à des *boursiers* (Harriman) à certains grands producteurs (Carnegie), pour la cartellisation à de très grands chefs d'industrie (Kirchdorf, etc.), pour la formation de « trusts » à des financiers [*Finanzer*] spécialisés dans ce genre d'affaires (Gould, Rockefeller, Stinnes, Rathenau). Nous y reviendrons.

§ 30. *Conditions de rationalité formelle maximale du compte capital.*

Le maximum de *rationalité formelle* du compte capital dans les entreprises d'*approvisionnement* présuppose un certain nombre de données :

1) appropriation totale des moyens matériels d'approvisionnement par les propriétaires et absence d'appropriations de chances de gains sur les marchés (marché libre de biens économiques) ;

2) le propriétaire doit disposer d'une autonomie absolue dans le choix des dirigeants de l'entreprise ; celle-ci ne doit pas être appropriée par les dirigeants (liberté d'exploitation) ;

3) pas d'appropriation des emplois et chances de gains par les ouvriers, pas d'appropriation de ceux-ci par les propriétaires de l'entreprise (travail salarié, marché libre du travail, libre *sélection* des travailleurs) ;

4) absence de toute régulation matérielle dans le domaine de la consommation, de l'approvisionnement, de la structure des prix, pas de règlement imposant des restrictions à la libre négociation des échanges (liberté matérielle des ententes économiques contractuelles) ;

5) prévisibilité chiffrée [*Berechenbarkeit*] des conditions techniques d'approvisionnement (technique mécanique-rationnelle) ;

6) prévisibilité absolue du fonctionnement de l'ordre administratif et juridique et garantie formelle de l'exécution de toutes les conventions privées par le pouvoir politique (administration et droit formellement rationnels) ;

7) séparation aussi totale que possible entre l'exploitation et la marche de l'entreprise d'une part, et son budget et ses vicissitudes de l'autre, et plus particulièrement entre les fonds et l'administration des capitaux de l'entreprise d'une part, et la fortune et les vicissitudes successorales des propriétaires de l'autre. Dans les très grandes entreprises, ces conditions sont le mieux réunies : *a*) dans les entreprises de transformation et de transport ainsi que dans les exploitations minières en forme de

sociétés à parts librement négociables avec capital garanti et sans responsabilité solidaire du personnel [*Personalhaftung*], *b*) dans les entreprises agricoles à fermage à terme (relativement) long ;

8) réglementation *formellement* rationnelle du système *monétaire*.

Quelques rares points précisés – qui ont d'ailleurs déjà fait l'objet de remarques – méritent commentaire :

Cas 3. Le travail des esclaves (surtout avec un système esclavagiste intégral) offre, sur le plan juridique formel, une plus grande maniabilité de la main-d'œuvre que le salariat. Mais (*a*) le capital initial nécessaire à l'achat des esclaves et à leur entretien était bien plus important que dans le système salarial, – (*b*) le risque [95] inhérent au capital humain était de nature essentiellement irrationnelle (et déterminé par des phénomènes extra-économiques, notamment politiques), – (*c*) l'établissement du bilan dans le système esclavagiste était rendu difficile du fait des fluctuations sur le marché des esclaves et irrationnel à la suite des fluctuations de prix, – (*d*) pour la même raison et pour d'autres (politiques), l'« embauche » complémentaire et le recrutement – (*e*) posaient le problème de l'accueil des familles d'esclaves, le logement et l'entretien des femmes et des enfants, dont l'utilisation rationnelle comme main-d'œuvre ne pouvait être envisagée, – (*f*) l'exploitation maximale de la main-d'œuvre esclavagiste n'était possible qu'en se limitant aux célibataires et en maintenant une discipline de fer, ce qui augmentait encore le caractère irrationnel de leur utilisation, comme indiqué sous *d*, – (*g*) l'expérience a prouvé que le système esclavagiste excluait l'utilisation d'outils et d'appareils exigeant de la part de leurs desservants un haut degré de responsabilité, – (*h*) le défaut principal du système esclavagiste était l'impossibilité de procéder à une sélection rationnelle de la main-d'œuvre : engagement après essai sur la machine, renvoi en cas de baisse de la conjoncture ou d'usure du travailleur.

L'économie esclavagiste ne s'est révélée rentable que dans les circonstances suivantes : (*a*) possibilités de *ravitaillement* bon marché ; (*b*) approvisionnement facile et abondant du *marché* aux esclaves ; (*c*) grandes exploitations agricoles, telles les grandes plantations, ou fabrications artisanales très simples en grande série. Les plantations carthaginoises, romaines, quelques exploitations coloniales et américaines, les « fabriques » russes sont les exemples les plus réussis de ce genre d'initiatives économiques. Le rétrécissement du marché aux esclaves, à la suite de la stabilisation de l'Empire, a sonné le glas des grandes plantations romaines ; en Amérique du Nord, le tarissement des sources d'approvisionnement en esclaves a eu pour conséquence la chasse aux nouveaux domaines, puisque l'économie esclavagiste ne supportait pas, à côté des frais d'entretien des esclaves, des loyers pour le sol ; en Russie, les « fabriques » à main-d'œuvre esclavagiste résistèrent mal à la concurrence des *koustar* (industries domestiques) et encore bien moins à celle des industries salariales ; les propriétaires desdites « fabriques » demandaient déjà avant l'émancipation des serfs l'autorisation d'affranchir leur main-d'œuvre ; l'introduction d'ateliers à personnel salarié les fit disparaître.

Dans le système salarial (*a*) les risques et les investissements d'apport sont moindres ; (*b*) la mise au monde et l'éducation des enfants sont entièrement à la charge de l'ouvrier, dont la femme et les enfants doivent, de leur côté, « chercher » du travail ; (*c*) la menace du licenciement oblige les travailleurs à faire un effort maximum ; (*d*) l'employeur peut procéder à une sélection sévère quant à la qualification et au zèle du travailleur.

Cas 7. La séparation entre les *exploitations* données en fermage, gérées sur la base du compte de capital, et les *propriétés* foncières, contrôlées par fidéicommis, en Grande-Bretagne, n'est nullement le fait du hasard, mais la conséquence d'une évolution autonome (due à l'absence de toute protection de la paysannerie, suite à l'insularité du pays) qui s'est poursuivie pendant des siècles. Toute convergence entre *possession* et *exploitation* du sol transforme le sol en un bien capital de l'économie, augmente du coup les besoins en capitaux et les risques, entrave la séparation entre budget et gestion (des indemnités de succession sont imputées à l'*exploitation* comme dettes), gêne la liberté de mouvement des capitaux de l'agent économique, grève le compte capital de charges irrationnelles. Sur le plan *formel*, la séparation entre la propriété et l'exploitation correspond aux exigences de la rationalité du compte capital (quant à l'appréciation *matérielle* du phénomène, elle se situe sur un autre plan et elle dépendra dans une large mesure des critères qu'on se plaît à lui appliquer).

§ 31. *Tendances typiques de l'orientation « capitaliste »
du profit.*

On peut distinguer plusieurs orientations *typiques* d'activités rémunératrices « capitalistes » (c'est-à-dire, en cas d'application rationnelle, d'activités à compte de capital) appartenant à des espèces différentes :

1. L'orientation peut se faire (*a*) en fonction des chances de rentabilité d'une activité continue sur les marchés – vente ou achat – (« activité commerciale »), les conditions d'échange étant libres (se faisant sans contrainte formelle, et – au plan matériel – dans une liberté au moins relative) ; (*b*) en fonction des chances de rentabilité d'une *production* continue de biens économiques [*Güter-Beschaffungsbetrieb*] avec compte de capital.

2. L'orientation peut se faire en fonction de chances de gains (*a*) par le commerce et la spéculation en devises, par la prise en charge de paiements de toute sorte et la création de moyens de paiement ; (*b*) par l'octroi de crédits sur une base professionnelle 1° à des fins de consommation, 2° à des fins d'activités lucratives.

3. L'orientation peut se faire en fonction des chances de profit résultant d'activités pour le compte de groupements ou de personnes politiquement engagés : financement de guerres et de révolutions, prêts et subventions accordés à des chefs de partis.

[96] 4. Elle peut se faire en fonction des chances de gains permanents résultant d'une position de domination garantie par le pouvoir politique : (*a*) dans les colonies (par l'acquisition de plantations soumises au régime des livraisons obligatoires et du travail forcé ou par une activité commerciale monopolistique ou contrôlée par le pouvoir politique, commerce « forcé ») ; (*b*) sur le plan fiscal (gains par l'affermage des impôts et des fonctions publiques, dans les colonies ou en métropole).

5. Elle peut se faire en fonction des chances de gains résultant de livraisons exceptionnelles à des groupements politiques.

6. Elle peut se faire en fonction des chances de gains (*a*) résultant de transactions *purement* spéculatives sur des mar-

chandises typisées ou sur des parts d'entreprises concrétisées par des titres (valeurs); (*b*) par la prise en charge régulière des affaires monétaires [*Zahlungsgeschäft*] des groupements publics; (*c*) par le financement de la *création* d'entreprises sous forme de vente de valeurs à des investisseurs démarchés; (*d*) par le financement spéculatif d'entreprises et de groupements économiques capitalistes avec l'intention de s'assurer une source de profit garantie ou la *puissance*.

Les cas 1 et 6 sont plutôt symptomatiques de l'Occident. Quant aux autres cas (2 à 5), on les a relevés depuis des millénaires dans toutes les régions du globe, pour peu qu'il y eût des possibilités d'échanges (pour 2), un système monétaire et un financement en *argent* (3 à 5). En Occident, leur rôle comme source de bénéfices n'a pu se comparer à l'importance qui leur revenait dans l'Antiquité que dans certaines régions et à certains moments (surtout en temps de guerre). Là où de vastes territoires vivaient sous un régime pacifique (exemples : la Chine, l'Empire romain avant son déclin), ils ont sans cesse perdu du terrain si bien qu'à la fin il ne restait comme formes d'activités capitalistes que le commerce et les opérations financières (2). Car le financement capitaliste de la politique a partout été la conséquence :

a) de la compétition des États dans la lutte pour le pouvoir;

b) de la compétition – suite de la précédente – pour la conquête des capitaux flottants.

C'est la création des grands empires unitaires qui y a mis fin.

Ce point de vue a été dégagé, si mes souvenirs sont exacts, avec le plus de netteté par J. Plenge (*Von der Diskontpolitik zur Herrschaft über den Geldmarkt*, Berlin 1913). Cf. aussi mon exposé dans l'article intitulé « Agrarverhältnisse im Altertum », in *HW.d.StW.*[3], t. I, 1909 [*Gesammelte Aufsätze zur Sozial- und Wirtschaftsgeschichte* (1924), pp. 1-288].

Seul l'Occident connaît des entreprises capitalistes rationnelles avec *immobilisation de capitaux*, main-d'œuvre salariale, spécialisation et harmonisation rationnelle du travail, répartition des prestations sur la base de l'économie transactionnelle et capitaliste [*verkehrswirtschaftliche Leistungsverteilung auf der Grundlage kapitalistischer Erwerbswirtschaften*], autrement dit la forme capitaliste de l'*organisation* du travail purement volontariste au plan formel en tant que méthode typique et prédominante de la couverture de besoins massifs avec expropriation des travailleurs de tous les moyens d'approvisionnement et appropriation des entreprises par les détenteurs de titres. L'Occident est seul à connaître le crédit public sous la forme d'émissions d'effets publics, leur commercialisation, les entreprises rationnelles ayant pour objet les affaires d'émission et de financement, les transactions boursières sur les marchandises et les titres, le « marché monétaire et financier », les groupements monopolistiques en tant qu'organismes rationnels se proposant la *fabrication* sur une base lucrative de biens économiques (et non seulement leur commercialisation).

La différence requiert une *explication* qui ne saurait se fonder sur des considérations exclusivement économiques. Nous appliquerons aux cas 3-5 le vocable « capitalisme à orientation *politique* ». L'exposé qui va suivre aura pour objet en grande partie ce problème. Commençons cependant par quelques constatations d'ordre général :

1) Il va sans dire que les événements d'orientation politique se prêtant à des opérations lucratives sont du point de vue économique – i.e. du point de vue des chances du marché (c'est-à-dire des besoins du consommateur) – absolument *irrationnels*.

2) Il est tout aussi évident que les chances de gains *purement spéculatifs (2, a*, et 6, *a)* ainsi que le crédit à la consommation (2, *b* 1°), c'est-à-dire destiné à la couverture des besoins et aux économies d'approvisionnement en biens économiques, [97] sont également *irrationnels* puisqu'ils sont essentiellement conditionnés par la conjoncture des chances du marché et de la répartition fortuite de la propriété ; la même remarque peut s'appliquer (mais ne s'applique pas *nécessairement*) aux chances de création et de financement d'entreprises (6, *b, c* et *d*).

L'économie moderne est caractérisée – outre l'existence d'entreprises capitalistes rationnelles – par 1° la nature du régime monétaire, 2° les modalités de la commercialisation de parts d'entreprises par les différentes formes de titres et de valeurs. Nous examinerons plus en détail ces deux derniers points. Commençons par le régime monétaire.

§ 32. *Le système monétaire de l'État moderne*
et les diverses sortes de monnaies : la monnaie courante.

1. L'État moderne s'est approprié :

a) sans exception aucune : le monopole des règlements du régime monétaire ;

b) à quelques rares exceptions près : le monopole de la *création de la monnaie* (émission), ou du moins de l'émission de la monnaie métallique.

1. Cette monopolisation avait au début des raisons *purement* fiscales (rendage et autres bénéfices attachés à la frappe de la monnaie). C'était là le point de départ de l'interdiction de l'emploi de la monnaie étrangère – problème qui ne nous préoccupe pas ici.

2. La monopolisation de la *création* de la monnaie n'a pas partout existé jusqu'à notre époque (jusqu'à la réforme monétaire, des pièces de monnaie étrangères avaient cours dans la ville de Brême).

Notons encore :

1) l'État moderne fait figure, en raison du volume croissant de ses recettes fiscales et de l'expansion ininterrompue de ses propres entreprises économiques dont les caisses sont gérées soit directement par lui, soit pour son compte (nous appellerons les deux institutions des « caisses régiminales ») :

(*a*) d'organisme encaissant et (*b*) déboursant le maximum de paiements de toute espèce.

Même si on laisse de côté les points *a* et *b*, le système monétaire moderne est tributaire – selon (*c*) de l'attitude des *caisses d'État* face à la monnaie ; le problème le plus important pour elles est de savoir :

1) de quel genre de monnaie elles disposent *effectivement* (« monnaie régiminale ») et quelle monnaie elles peuvent, par conséquent, délivrer ;

2) quel genre de monnaie *légale* elles *imposent* au public, – l'autre question étant de savoir :

a) quel genre de monnaie elles *acceptent* (monnaie « régiminale »)

b) ou refusent, en totalité ou en partie.

La monnaie est *partiellement* refusée quand l'administration des douanes refuse les paiements en billets de banque et exige le paiement en or ; totalement refusés furent par exemple les assignats de la Révolution française, l'argent émis par les États sécessionnistes, ainsi que les émissions du gouvernement chinois pendant la rébellion T'ai-p'ing.

Une monnaie peut être définie comme « *légale* » quand elle est « *un moyen de paiement libératoire* » [*gesetzliches Zahlungsmittel*], que même et surtout les caisses d'État sont *tenues* d'accepter et de délivrer, au moins jusqu'à un certain montant. Une monnaie est « régiminale » quand les caisses d'État l'acceptent et *l'imposent* au public – le terme « monnaie légale obligatoire » [*legales Zwangsgeld*] étant plutôt réservé aux moyens de paiement que les caisses d'État *imposent*.

La monnaie peut être « imposée » :

a) en vertu de dispositions légales d'ancienne date en vue d'un objectif de politique monétaire (pièces d'un thaler et de cinq francs après l'arrêt de la frappe des pièces en argent – on sait que cet arrêt n'eut pas lieu !) ;

b) la mise en circulation de moyens de paiement obligatoires peut aussi résulter de l'impossibilité de disposer d'autres instruments de paiement, impossibilité qui se traduit :

α) par le recours aux dispositions légales autorisant l'émission d'une monnaie régiminale, ou bien

[98] β) par la création d'une législation *ad hoc* permettant d'imposer de nouveaux instruments de paiement (c'est ce qui arrive presque toujours pour la création de la monnaie papier).

Dans cette dernière hypothèse, des moyens de paiement en circulation (légalement ou pratiquement) convertibles – obligatoires ou non – sont, à partir d'une certaine date, effectivement imposés et cessent d'être convertibles.

Sur le plan légal, l'État est habilité à élever n'importe quel objet au rang de « moyen de paiement légal » et à transformer toute matière « chartale » en « monnaie », dans le sens de « moyen de paiement libératoire ». Il peut fixer arbitrairement la valeur de la monnaie et, en cas d'échanges entre États, fixer sa parité.

En revanche, l'État est mal armé pour empêcher un certain nombre de faits qui perturbent l'ordre monétaire légal :

a) en régime fiduciaire : la contrefaçon toujours très lucrative des titres en circulation ;

b) en régime métallique :

α) l'utilisation irrégulière du métal comme matière première si les métaux employés ont une grande valeur et si le rapport de valeur est défavorable pour le métal (cf. *c*) ;

β) l'exportation de la monnaie dans des régions jouissant d'un meilleur rapport de valeur (devises) ;

γ) l'utilisation du métal monétaire légal pour la frappe si la tarification de la monnaie métallique est trop basse, compte tenu de la valeur cotée sur le marché, par rapport à la monnaie courante (monnaie métallique ou monnaie papier).

En monnaie papier, la tarification : une unité de valeur métal égale à une unité de valeur papier, est toujours défavorable à la monnaie métallique si la convertibilité du moyen de circulation est suspendue ; car cela se produit quand les moyens de circulation métalliques font défaut.

La parité de plusieurs espèces monnayées métalliques peut être fixée :

1) par la tarification *ad hoc* du cours de change par la caisse (parité parallèle libre) ;

2) par la tarification périodique (parité parallèle périodiquement tarifée) ;

3) par la tarification légale permanente (plurimétallisme, par exemple bimétallisme).

Dans les cas 1 et 2 il est de règle de ne considérer qu'un *seul* métal comme métal monétaire régiminal et effectif (au Moyen Age, l'argent), l'autre faisant office de monnaie d'échange (friedrichs d'or, ducats) avec cours de caisse. Une séparation stricte entre différentes monnaies destinées à un emploi spécifique est rare dans les systèmes monétaires modernes mais se rencontrait autrefois souvent (Chine, Moyen Age).

2. La définition de la monnaie comme moyen d'échange légal et émanation de l'administration lytrique (administration chargée des moyens de paiement) n'épuise pas son contenu sociologique. Elle prend comme point de départ le fait de « l'existence de dettes » (G. F. Knapp), surtout de dettes fiscales envers les États et de dettes d'intérêt contractées par les États. Pour les règlements *légaux* l'élément déterminant est la valeur nominale (même si la matière monétaire a subi depuis

des changements) ou, en cas de modification de la valeur nominale, la « définition historique ». En outre, le particulier attache aujourd'hui une grande importance à l'unité nominale de la monnaie en tant que partie aliquote de ses revenus monétaires nominaux et non en tant qu'unité chartale ou fiduciaire.

L'État, par sa législation, et l'appareil administratif de l'État, par ses mesures effectives (régiminales), ont le pouvoir d'imposer et de contrôler la « valeur » de leur monnaie [*Währung*] sur toute l'étendue du territoire sous leur contrôle.

Cela présuppose, il est vrai, que l'État dispose de méthodes d'administration modernes. La Chine, par exemple, en a été incapable. Autrefois, l'État n'en avait pas non plus les moyens : en effet, les paiements « apocentriques » et « épicentriques » (i.e. les paiements faits *aux* caisses d'État et *par* les caisses d'État) étaient trop peu importants, comparés au volume total de la circulation monétaire. A l'époque moderne encore, il semble que la Chine se trouvait dans l'impossibilité d'instituer une monnaie d'argent [99] avec réserve d'or, puisqu'elle ne disposait pas de moyens de contrainte efficaces pour empêcher la contrefaçon qui en aurait résulté.

Il faut toutefois considérer qu'il n'y a *pas seulement* les dettes existantes (c'est-à-dire les dettes déjà *contractées*), mais aussi des transactions sur les dettes et la perspective de nouvelles dettes dans l'avenir. Ces transactions sont orientées d'abord en fonction du rôle de la monnaie en tant que *moyen d'échange* (chap. II, § 6), autrement dit en fonction de la chance d'être acceptée dans l'avenir comme moyen d'échange, de préférence à beaucoup d'autres, dans une *relation* de prix à des biens économiques déterminés ou à déterminer par la suite.

1. Parfois aussi, l'orientation se fait d'abord en escomptant les chances de régler grâce aux moyens d'échange des dettes urgentes envers l'État ou envers des particuliers. Mais nous pouvons, pour le moment, faire abstraction de ce cas, qui est l'expression d'une « situation économique en détresse » [*Notlage*].

2. *C'est là* qu'apparaît le caractère incomplet de la théorie « étatique » de la monnaie, par ailleurs extrêmement « juste » et brillante, de G. F. Knapp, théorie désormais fondamentale.

L'État, de son côté, a besoin de la monnaie qu'il encaisse grâce aux impôts et à d'autres initiatives non *seulement* comme moyen d'échange, mais aussi pour payer les intérêts des sommes qu'il a empruntées. Quant à ses *créanciers*, ils s'en servent en guise de moyen d'échange et la convoitent pour cette raison. L'État la recherche souvent, sinon toujours, aussi comme moyen d'échange en vue de la couverture d'utilités étatiques sur le marché (en économie transactionnelle). Ainsi, en définissant la monnaie comme « instrument de paiement », on en cerne un caractère conceptuel important, mais on n'épuise pas le sujet. La chance d'échange d'une certaine monnaie par rapport à d'autres biens économiques déterminés s'appellera sa valeur *matérielle* (par opposition (1) à sa valeur *formelle*, légale en tant qu'instrument libératoire, et (2) à la contrainte légale qui en fait un moyen d'échange formel). L'*appréciation* matérielle de la monnaie en tant que phénomène isolé n'existe en principe (1) que par rapport à certaines espèces de biens économiques, et (2) pour le particulier, comme évaluation de la valeur marginale de la monnaie *pour lui-même* (en fonction de ses revenus). Celle-ci (la valeur marginale) varie évidemment avec l'accroissement du montant monétaire dont il dispose. Ainsi, la valeur marginale de la monnaie pour l'institut d'émission accuse une baisse, surtout (mais non exclusivement) quand celui-ci crée de la *monnaie administrative* [*Verwaltungsgeld*] pour l'utiliser de manière « apocentrique » comme moyen d'échange ou l'imposer comme instrument libératoire. Quant aux partenaires de l'État (échangistes), la baisse affecte leurs fonds lorsque, à la suite de l'augmentation des prix consentie (par suite de la baisse de l'évaluation des utilités marginales des administrations de l'État), il y a accroissement de disponibilités. Le « pouvoir d'achat » ainsi créé – c'est-à-dire la diminution de l'utilité marginale de la monnaie pour ses détenteurs – peut amener ceux-ci à consentir pour *leurs achats* des prix plus élevés, et ainsi de suite. Si, d'autre part, l'État retirait de la circulation la monnaie fiduciaire (« notale ») s'échouant dans ses caisses, s'il ne la mettait plus en circulation mais la détruisait, il serait obligé de restreindre ses dépenses en raison de la valeur marginale accrue de ses disponibilités diminuées, et de baisser d'autant ses offres. L'effet serait diamétralement opposé. En économie transactionnelle c'est donc surtout (mais non exclusivement) la monnaie administrative [*Verwaltungsgeld*] qui détermine le niveau des prix dans la zone où la monnaie en question a cours (« zone de validité »). La question de savoir pour quels biens et dans quel laps de temps n'entre pas dans le cadre de nos recherches.

3. Généralement parlant, la baisse et l'augmentation, ou la hausse et la restriction, des approvisionnements en *métal monétaire* pourraient entraîner des conséquences analogues pour *tous les pays* qui utilisent la monnaie concernée pour leurs échanges commerciaux [*Verkehrsgeld-Länder*]. On observe, en effet, une utilisation monétaire et extramonétaire des métaux. Mais il n'y a guère que le cuivre [100] dont l'utilisation extramonétaire ait par moments (en Chine) influencé la valeur de la monnaie. Dans le cas de l'or, l'évaluation équivalente de l'unité nominale or-monnaie, déduction faite des frais de frappe, est considérée comme allant de soi aussi longtemps que celui-ci est moyen de paiement sur des places boursières ayant des monnaies différentes [*intervalutarisch*] et qu'il a cours, comme c'est le cas aujourd'hui, dans tous les grands États commerciaux. Pour l'argent (métal), la situation est la même ou serait la même si on l'utilisait. Un métal qui *n'est pas* considéré comme ayant cours dans plusieurs zones monétaires, mais qui est utilisé dans plusieurs pays comme moyen de paiement [*Verkehrsgeld*] est évidemment évalué selon la valeur nominale des monnaies analogues – mais celle-ci est, pour sa part, variable dans ses rapports avec les devises étrangères (« pantopolique ») en fonction des coûts et des quantités d'appoint ainsi que de ce qu'on est convenu d'appeler la « balance des paiements ». Le métal précieux utilisé universellement pour la frappe réglementée (partant limitée) de monnaie administrative [*Verwaltungsgeld*], par opposition à la monnaie en circulation [*Verkehrsgeld*], et qui sert de fonds d'épargne (cf. paragraphe suivant) est évalué en premier lieu en fonction de sa valeur extra-monétaire. La question qui se pose est toujours de savoir si et en quelles quantités le métal précieux en question peut être produit de manière rentable. En cas de démonétisation complète, la valeur du métal est tributaire du rapport existant entre les frais évalués en coût de devises et son utilisation extra-monétaire. En cas d'utilisation comme moyen de paiement universel et international, la valeur du métal dépend évidemment du rapport entre son coût et son utilité pratique comme métal monétaire. Si, finalement, il sert de monnaie libératoire à rayon limité ou de monnaie admi-

nistrative, sa valeur dépend à la longue de la « demande » capable de compenser au mieux le coût, exprimé en devises [*intervalutarisches Zahlungsmittel*]. En cas d'utilisation monétaire limitée, l'emploi monétaire ne l'emportera certainement guère à la longue puisque la parité d'une monnaie strictement régionale a toujours tendance à baisser sur le marché des devises, baisse qui seulement en cas d'*isolement total* (comme autrefois en Chine et au Japon, aujourd'hui dans tous les territoires effectivement isolés par la guerre) n'a pas de répercussions sur les prix intérieurs. A supposer même une limitation de la monnaie isolée à des fins administratives, le phénomène ne se manifesterait qu'en cas d'émission massive, mais cela aurait alors – pour les raisons exposées dans l'éventualité d'une frappe libre mais géographiquement limitée – les mêmes conséquences ultimes.

Le cas limite de la monopolisation de toute la production et de toute l'utilisation – monétaire et extramonétaire – de l'argent monétaire (monopolisation réalisée temporairement en Chine) n'ouvrirait pas, dans l'hypothèse de la compétition entre plusieurs zones monétaires *et* l'utilisation d'une main-d'œuvre salariée, les perspectives qu'on pourrait croire. Car si on utilisait pour tous les paiements apocentriques la monnaie métallique ainsi produite, toute tentative de limiter le monnayage ou d'en tirer de grands bénéfices fiscaux (ce qui se traduirait par des gains considérables) se solderait par le même phénomène qu'on a pu observer lors des rendages élevés en Chine. La monnaie serait, par rapport au métal, très « chère », l'extraction du métal (en cas de main-d'œuvre *salariée*) peu rentable. Par suite de la réduction de la production, on assisterait à l'installation d'une « contre-inflation » (contraction) qui mènerait à la création d'une monnaie subrogée ou au retour au troc (ce qui survint effectivement en Chine). En cas de maintien du système transactionnel [*Verkehrswirtschaft*] l'administration lytrique ne pourrait guère, à la longue, procéder autrement que s'il y avait « liberté de monnayage » légal – à ceci près que l'exploitation ne serait pas assurée par les « préclients », qui feront l'objet d'un exposé ultérieur. En cas de « socialisation totale », le problème « monétaire » serait aboli et la production de métaux précieux n'existerait pour ainsi dire pas.

4. L'utilisation des métaux précieux comme métaux moné-

taires et matière à monnaie s'explique, historiquement parlant, par leur emploi comme bijoux et par la valeur de « cadeau type » qu'on leur attribuait ; mais, indépendamment de leur qualité technique, ces métaux servaient d'étalon pour le pesage d'objets échangés. Le maintien des métaux précieux dans leur fonction monétaire ne va nullement de soi, puisqu'on exige et effectue le règlement de sommes dépassant [101] cent marks (valeur d'avant guerre) normalement en monnaie fiduciaire (notamment en billets de banque) ; ce maintien s'explique néanmoins par des raisons d'une certaine importance.

5. L'émission de monnaie fiduciaire (« notale ») n'est pas seulement soumise, dans tous les États modernes, à une réglementation légale, mais elle est partout *monopole d'État*. Elle se fait soit au compte de l'État directement, soit par un (ou plusieurs) instituts d'émission privilégiés et réglementés par des normes et contrôles de l'État *(banques d'émission)*.

6. Nous réserverons le terme de « monnaie courante *régiminale* » à la monnaie octroyée effectivement par ce genre de caisses ; les moyens de paiement légaux non octroyés par ces caisses, mais libératoires entre particuliers en vertu du droit formel, s'appelleront « moyens de paiement *accessoires* ». Une monnaie qui, dans les transactions entre particuliers, n'a de valeur libératoire obligatoire que jusqu'à un certain montant sera dite « monnaie divisionnaire ».

Notre terminologie fait suite aux définitions fournies par Knapp. Cette remarque s'applique à plus forte raison aux paragraphes suivants.

Nous appellerons « monnaie courante *définitive* » la monnaie courante régiminale, alors que le terme de « monnaie *provisoire* » s'appliquera à toute monnaie que des caisses (quelles qu'elles soient) rachètent ou échangent à tout moment *effectivement* contre de la monnaie définitive.

7. La monnaie courante régiminale doit, à longue échéance, s'identifier à la monnaie courante *effective* et ne pas être une monnaie courante de valeur différente, « officielle », n'ayant qu'un cours « légal ». Comme nous l'avons vu précédemment (chap. II, § 6), la monnaie courante « effective » peut être soit 1) une monnaie d'échange libre, soit 2) une monnaie administrative non contrôlée, ou 3) contrôlée. Les caisses d'État opèrent leurs paiements non pas en fonction de décisions fantaisistes, dictées par une vue idéaliste du régime monétaire qui

leur paraît le meilleur, mais en obéissant 1) à des considérations financières qui leur sont propres, ou 2) aux injonctions de puissantes organisations d'affaires.

Considéré sous l'angle chartal, un moyen de paiement légal effectif peut être :

A. Une *monnaie métallique* : seule la monnaie métallique *peut* être un moyen de paiement libre. Mais la monnaie métallique ne l'est pas *obligatoirement*.

Elle est dite :

1. *Moyen de paiement libre* si l'administration lytrique monnaie toute quantité de métal monétaire ou l'échange contre des pièces (de monnaie) chartales : c'est l'*hylodromie*. Selon l'espèce du métal précieux concerné, on parle alors d'une monnaie libre effective en or, argent ou cuivre. L'application intégrale de l'hylodromie par l'administration lytrique ne dépend pas de la libre décision de celle-ci mais de l'*intérêt* que les particuliers prennent à voir leur métal monnayé.

1. L'hylodromie peut donc être « officielle » sans être « effective ». D'après ce qui précède, elle n'est pas effective malgré sa mise en place officielle :

a) s'il existe une hylodromie légale pour *plusieurs* métaux tarifés (plurimétallisme), et si la tarification pour l'un (ou plusieurs) de ces métaux est trop basse par rapport au prix du marché du métal brut. Car, dans ce cas, les particuliers n'offrent au monnayage que le métal surtarifé et l'utilisent pour leurs paiements. Si les caisses publiques se soustraient alors à l'opération, la monnaie sous-tarifée « s'accumule » jusqu'au moment où elles ne disposent plus d'autres moyens de paiement. En cas de blocage des prix, les pièces en métal sous-tarifé peuvent être refondues ou vendues au poids – comme marchandises – contre des pièces faites en métal sous-tarifé ;

b) si les payeurs – et surtout, par nécessité (cf. 1), les caisses d'État – font usage d'une manière permanente ou massive du droit, légal ou usurpé, d'imposer d'autres moyens de paiement métalliques ou fiduciaires qui sont non seulement des monnaies provisoires mais 1° des [102] monnaies accessoires, ou 2° des monnaies ayant eu au départ un caractère provisoire mais qui, par suite de l'insolvabilité de l'office de remboursement, ne sont plus convertibles.

L'hylodromie installée à l'origine cesse d'exister dans

l'hypothèse *a*, toujours dans le cas *b*, 1°, et surtout 2°, si les versements d'espèces accessoires ou provisoires ayant perdu ce caractère se poursuivent pendant un long laps de temps et à grande échelle.

Dans le cas *a*, l'hylodromie se limite au métal surtarifé, qui devient ainsi monnaie d'échange libre : on assiste donc à la formation d'une nouvelle monnaie métallique ; dans les cas *b*, la monnaie métallique « accessoire » ou la monnaie fiduciaire, ayant perdu leur caractère provisoire, deviennent la nouvelle monnaie légale : cas 1, « monnaie bloquée » ; cas 2, monnaie papier.

2. D'autre part, l'hylodromie peut être « effective » sans être « officielle », c'est-à-dire sans être prévue par des dispositions légales.

Au Moyen Age, la compétition entre les seigneurs ayant le droit de battre monnaie, compétition nourrie par des intérêts fiscaux et de rendage, eut pour conséquence la tendance à transformer tout métal en pièces de monnaie, bien que l'hylodromie n'existât pas en termes formels. Le résultat fut à peu près le même.

Nous appellerons régime monétaire *juridique* monométallique (à base d'or, d'argent ou de cuivre) un régime conférant à *un métal* un statut légal hylodromique ; il s'agira d'un régime monétaire juridique plurimétallique (bi- ou trimétallique selon le cas) si les dispositions légales établissent un rapport monétaire fixe entre plusieurs métaux hylodromiques ; un régime monétaire juridique *parallèle* est un régime dans lequel plusieurs métaux sont légalement hylodromiques sans rapports fixes entre les monnaies. Nous n'appliquerons le terme de « métal monétaire » et de « monnaie métallique » (monnaie à base d'or, d'argent ou de cuivre, monnaie parallèle) qu'à des métaux *effectivement* hylodromiques, c'est-à-dire des métaux faisant office d' « instrument de paiement » transactionnel [*Verkehrsgeldwährung*].

Le bimétallisme avait une existence « *légale* » dans tous les pays de l'Union monétaire latine jusqu'à la suppression de la frappe libre de l'argent, après la réforme monétaire allemande. Mais le métal monétaire *effectif* était, *en règle générale* – car la stabilisation du rapport avait eu des effets si puissants qu'on ne se rendait pas toujours compte du changement et que le « bimétallisme » effectif prédominait, – le seul métal hylodromique surtarifé en raison de la situation du moment sur le marché. La monnaie faite d'autres métaux devenait « accessoire » (je suis entièrement d'accord avec Knapp sur ce point). Le « bimétallisme » n'est donc – au moins en présence de plusieurs frappes autocéphales et autonomes concurrentes, – en tant que système monétaire effectif, qu'un système transitoire, et, en règle générale, seulement « légal » et non pas « effectif ».

Le fait que le métal sous-tarifé ne soit pas porté à la frappe n'est pas, évidemment, une conséquence de mesures « régiminales » (administratives), mais de la situation du marché (que nous supposons modifiée) et des dispositions légales concernant la parité. Il va sans dire que l'administration monétaire pourrait frapper cette monnaie à perte et l'utiliser comme « monnaie administrative », mais elle serait incapable de la maintenir en circulation, puisque l'utilisation extra-monétaire du métal serait plus rentable.

§ 33. *Monnaie bloquée.*

II. Nous appellerons « monnaie bloquée » [*Sperrgeld*] toute monnaie métallique hylodromique faisant office de *monnaie courante.*

La monnaie bloquée est négociable :

1. Comme monnaie « accessoire », i.e. comme monnaie tarifée dans une autre monnaie courante de la même zone monétaire :

a) dans une autre monnaie bloquée ;

b) dans une monnaie papier ;

c) dans une monnaie transactionnelle.

Ou bien elle se négocie :

2. Comme monnaie « orientée » en fonction d'une monnaie bloquée étrangère. Cela arrive quand il n'y a qu'une seule monnaie courante dans une zone monétaire, et quand des mesures ont été prises pour tenir à la disposition des intéressés des moyens de paiement pour les paiements dans d'autres zones monétaires [*intervalutarische Zahlungsmittel*] [103] (en forme de lingots ou de pièces) (fonds de réserves pour payements

entre zones monétaires) : dans ce cas, nous avons affaire à une « *monnaie bloquée inter-zones* » ou « *monnaie-devise* » [*inter-valutarische Sperrgeldwährung*].

a) Nous appliquerons le terme de « monnaie bloquée » à une monnaie bloquée régionale qui, dans une zone donnée, est la seule monnaie courante, mais qui ne prétend pas faire figure de devise (monnaie utilisée dans les échanges inter-zones).

La monnaie bloquée peut être tarifée *ad hoc*, au moment de l'achat de monnaies étrangères ou « devises », pour chaque opération en particulier, ou – si le cas peut être admis – par mesure réciminale en moyen de paiement « inter-zones ».

Cas 1 et 2 : les thalers étaient tarifés en monnaie étrangère [*valutarisch*], les pièces de cinq francs en argent le sont encore de nos jours, tous deux comme « monnaie accessoire ». Les florins d'argent hollandais étaient tarifés en fonction des parités de devises (en or) (après avoir été pendant quelque temps « régionaux », après la suspension de leur frappe) ; la situation de la roupie est la même ; « régional » serait, selon le décret monétaire du 24 mai 1910, le yuan (dollar chinois) aussi longtemps que l'hylodromie non mentionnée dans les statuts n'existera vraiment pas (une orientation paritaire telle que l'avait proposée la commission américaine fut rejetée). (Pendant quelque temps, les florins hollandais furent également tarifés en devises [*valutarisch tarifiertes Sperrgeld*], voir ci-dessus.)

Dans le régime de la monnaie bloquée, l'hylodromie serait très profitable aux détenteurs de métaux précieux. Malgré cela – et justement pour cette raison – le blocage est décrété pour empêcher, en cas d'introduction de l'hylodromie pour la monnaie bloquée, que l'hylodromie de l'autre métal sous-tarifé par rapport au métal libéré ne prenne fin par manque de rentabilité et que les réserves de la monnaie bloquée, dorénavant « obstruée » (voir ci-dessus), ne soient utilisées à des fins extra-monétaires plus lucratives. Une administration lytrique rationnelle s'efforcera d'éviter cette évolution, parce que l'autre métal sert justement aux règlements internationaux (entre les différentes zones monétaires).

b) Nous appellerons « monnaie obstruée » une monnaie bloquée (donc courante) lorsque, contrairement au cas *a*, la liberté de frappe existe légalement, mais que les particuliers n'y recourent pas parce qu'elle est peu rentable sur le plan de l'économie privée. Le manque de rentabilité réside alors dans un rapport monétaire défavorable entre le métal, compte tenu du prix du marché et

a) la monnaie transactionnelle, ou

b) la monnaie papier.

Ces monnaies étaient naguère des monnaies transactionnelles, mais (en *a*) en cas de plurimétallisme, des changements survenus dans le rapport des prix du marché ; (en *b*) en cas de mono-, ou de plurimétallisme, des catastrophes financières mettant les caisses d'État dans l'impossibilité de procéder à des paiements en monnaie métallique et les obligeant à imposer de la monnaie fiduciaire et à en suspendre la convertibilité, ont rendu impossible, sur le plan de l'économie privée, toute hydrolomie effective. L'argent ainsi déchu n'est plus utilisé pour les transactions (rationnelles).

c) Il peut y avoir, en plus de la monnaie bloquée courante (que nous appellerons simplement « monnaie bloquée »), une monnaie métallique *divisionnaire* à pouvoir libératoire limité (« monnaie métallique bloquée »), c'est-à-dire une monnaie dont le pouvoir libératoire est limité à un certain montant. Elle est souvent (mais non obligatoirement) d'une valeur intrinsèque inférieure par rapport aux pièces de monnaie servant de moyens de paiement légaux [*Währungsgeld*] (pour le protéger du danger de la refonte) et fait figure en général (mais pas toujours) de « monnaie provisoire », c'est-à-dire qu'elle peut être échangée auprès de certaines caisses en moyens de paiement légaux. C'est là un usage courant qui ne présente aucun intérêt particulier.

Beaucoup de monnaies divisionnaires et beaucoup de monnaies métalliques bloquées jouent, dans un système monétaire, le même rôle que la monnaie fiduciaire (aujourd'hui : monnaie papier) et ne se distinguent de cette dernière que par l'utilisation possible de la matière première à d'autres usages, utilisation qui a une *certaine* importance. La monnaie métallique bloquée [104] a beaucoup de traits communs avec les monnaies conventionnelles en circulation quand elle est « monnaie provisoire » et que toutes les mesures ont été prises pour qu'on puisse la convertir en monnaie courante [*Verkehrsgeld*].

247

§ 34. *Monnaie fiduciaire.*

B. La *monnaie fiduciaire* est naturellement *toujours* une monnaie administrative. Dans le cadre d'une théorie sociologique, l' « argent » est toujours représenté par un *document* d'une forme chartale donnée (y compris l'impression typographique qu'il porte et qui lui confère un *sens* formel déterminé), *jamais* par la « créance » représentée – peut-être mais non nécessairement – par ledit document (créance qui, pour les billets de banque non convertibles, fait complètement défaut).

Sur le plan formel-juridique, la monnaie fiduciaire peut être – officiellement – un titre de créance :

1) d'un particulier (exemple : en Angleterre, au XVIIe siècle, la reconnaissance de dette d'un orfèvre) ;

2) d'une *banque* privilégiée (« billets de banque ») ;

3) d'un groupement politique (titres d'État).

Si elle est « effectivement » convertible, si elle fait donc office de monnaie conventionnelle, de « monnaie provisoire » en circulation, elle peut être :

a) entièrement couverte : reçu [*Zertifikat*] ;

b) couverte pour les besoins de la caisse : monnaie fiduciaire en circulation.

La couverture peut être assurée :

1) par des réserves métalliques dont le rapport de poids est fixé (monnaie bancaire) ;

2) par de la monnaie métallique.

Primitivement, la monnaie fiduciaire était toujours *émise* à titre de monnaie *provisoire* (convertible) ; à l'époque moderne, elle servait typiquement de moyen de paiement en circulation ; elle revêtait presque toujours la forme du « billet de banque », autrement dit, elle était libellée à la valeur nominale des monnaies métalliques.

1. La première partie de notre proposition ne s'applique naturellement pas au cas où une monnaie fiduciaire est venue remplacer une autre monnaie fiduciaire, des titres d'État ayant par exemple remplacé des billets de banque ou vice versa. Mais dans ce cas, il n'y a pas lieu de parler d'une « première émission ».

2. Concerne la première phrase de B : il est certain qu'on peut imaginer des moyens d'échange et de paiement qui ne soient ni des pièces de monnaie, ni des documents, ni d'autres objets matériels. Une telle conception est parfaitement raisonnable. Mais dans ce cas nous ne parlerons ni de « monnaie » ni d'« argent », mais d'« unités de compte » ou de toute autre catégorie convenable. Ce qui caractérise la *monnaie* est justement le fait qu'elle est constituée par certaines *quantités* de produits artificiels [*Artefakten*] de caractère chartal – propriété nullement « accessoire » ou « extérieure ».

En cas de *suspension effective* du rachat d'une monnaie considérée jusque-là comme provisoire, il s'agit de savoir quelle « signification » les utilisateurs attachent à cette mesure, si elle passe 1° pour une mesure transitoire ou, 2° définitive pour un temps indéterminé.

Dans le premier cas, on observe généralement une différence en moins du pair [*Disagio*] au détriment de la monnaie fiduciaire, du fait que la monnaie métallique et les lingots sont seuls acceptés dans les échanges internationaux ; cette conséquence n'est pas obligatoire, et la différence de change est généralement faible (généralement, mais pas toujours, puisque les besoins en moyens de paiement internationaux peuvent être très aigus).

Dans le deuxième cas, on assiste à la naissance progressive d'une « monnaie papier » définitive (« autogénique »). Il n'y a plus lieu alors de parler d'une « différence de change », mais (historiquement parlant !) d'une dépréciation de la monnaie.

Car il peut fort bien arriver que le métal monétaire de l'ancienne monnaie en circulation – actuellement obstruée, – à la valeur de laquelle les billets de banque étaient primitivement libellés, subisse sur le marché une forte baisse par rapport aux moyens de paiement internationaux, alors que la monnaie papier est affectée d'une dépréciation modérée. Il s'ensuit inévitablement (ce qui survint effectivement en Autriche et en Russie) que l'ancienne *unité de poids* nominale (argent métallique) peut être achetée avec des billets de banque devenus « autogéniques », d'une valeur d'unité nominale inférieure à la monnaie métallique correspondante. Cela s'explique fort bien. Si, dans une première phase, la monnaie papier intégrale est affectée à l'arbitrage des devises, d'une valuation inférieure

[105] à la monnaie d'argent de même valeur nominale – parce que l'introduction de la monnaie papier est toujours la conséquence d'un manque de liquidité effectif, – l'évolution ultérieure de la parité dépend (et c'était le cas notamment de l'Autriche et de la Russie) 1° de l'évolution de la « balance des paiements » qui, de son côté, détermine la demande de la monnaie nationale à l'étranger, 2° du montant de l'émission des billets de banque, 3° de la capacité de l'institut d'émission à se procurer des moyens de paiement internationaux (ce qu'on appelle communément la « politique de change »). Ces trois facteurs *pouvaient* et peuvent encore concourir à la revalorisation de la monnaie papier en question sur le « marché mondial », c'est-à-dire dans son rapport avec le moyen de paiement international (aujourd'hui l'or), et entraîner une remontée de sa parité, alors que l'ancien métal monétaire perd progressivement de sa valeur par rapport à l'or à cause (*a*) de l'augmentation de la production d'argent (métallique) et de la diminution de son coût d'extraction ; (*b*) de la démonétisation de l'argent consécutive à la baisse de sa valeur comparée à celle de l'or. Une monnaie papier peut être considérée comme « *authentique* » (« autogénique ») lorsque personne n'escompte plus le « rétablissement » de l'ancienne relation métallique.

§ 35. *Validité formelle et validité matérielle de la monnaie.*

Il est exact que la législation et l'administration d'un État sont à même de fixer sur toute l'étendue du territoire soumis à son autorité effective la valeur formellement légale aussi bien que formellement régiminale d'un certain type de monnaie [*Währung*], pour peu que l'État soit lui-même *solvable* dans cette même espèce. Or il ne peut plus être dit solvable s'il permet à une monnaie jusque-là « accessoire » ou « provisoire » de se transformer en « monnaie courante » (cas d'une monnaie métallique) ou en monnaie papier « autogénique » (cas d'une monnaie fiduciaire), parce que celles-ci s'accumulent alors dans ses caisses jusqu'au moment où elles ne disposent plus d'aucun autre moyen de paiement et se voient *dans l'obligation* de l'imposer d'office pour leurs propres règlements. Knapp a décrit cette évolution fort judicieusement en tant que schéma normal de toute modification monétaire « obstructionnelle ».

Tout cela ne nous renseigne en rien sur la valeur *matérielle* de la monnaie, c'est-à-dire sur sa valeur d'échange par *rapport* aux autres biens en *nature*, et sur l'influence éventuelle que l'administration monétaire peut exercer dans ce domaine. L'expérience prouve que le pouvoir politique peut peser sur la vie monétaire par le rationnement de la consommation, le contrôle de la production, la fixation de prix maximaux (et évidemment, minimaux), pour autant qu'il s'agisse de biens économiques existants ou fabriqués à l'intérieur du pays (et, de prestations intérieures) ; mais elle prouve aussi que d'étroites limites s'opposent à son action (nous y reviendrons). Quoi qu'il en soit, il est évident que toutes ces mesures ne relèvent pas de l'*administration monétaire* d'un pays.

Les administrations des finances modernes, attachées aux méthodes rationnelles, se fixent de fait un objectif différent : elles visent toutes à influencer l'appréciation matérielle de la monnaie nationale *par rapport aux monnaies étrangères*, à peser sur le prix des devises étrangères cotées en Bourse, sur ce qu'on appelle le « cours du change », de manière à « consolider » la monnaie nationale, à maintenir son cours constant (et, le cas échéant, à un niveau élevé). A côté de considérations de prestige et d'influences politiques interviennent, dans cette manière de procéder, des intérêts financiers (dans la mesure où l'on a l'intention, dans un proche avenir, de recourir à des emprunts extérieurs), à quoi s'ajoutent les intérêts d'industriels et de commerçants puissants : importateurs, transformateurs de matières premières importées, et, *last but not least*, des consommateurs désireux d'acheter des produits étrangers. Personne ne saurait contester que, de nos jours, une « politique lytrique » est, à en juger par les faits, en premier lieu une *politique de change*.

Nous avons suivi jusqu'ici et nous continuerons à suivre la *Staatliche Theorie* de Knapp. Cet ouvrage est, tant par sa forme que par son contenu, un des plus grands chefs-d'œuvre de la littérature allemande et un modèle de pénétration d'esprit. Mais la plupart des spécialistes se sont attachés à en relever les rares lacunes (qui, je l'admets, concernent parfois des problèmes importants).

Tandis que la Grande-Bretagne a, presque à contrecœur, adopté voici quelque temps la monnaie d'or, parce que l'argent (métallique), qu'elle préférait, se trouvait sous-tarifé par rapport à la monnaie d'argent, [106] tous les autres États modernes et *bien organisés* ont choisi ou bien la monnaie or à l'exclusion de toute autre monnaie ou la monnaie or avec une monnaie argent accessoire bloquée, ou une monnaie bloquée en argent ou une monnaie fiduciaire réglementée, assortie dans les deux cas d'une politique lytrique visant à l'acquisition de réserves d'or pour les paiements extérieurs, afin de s'assurer la parité constante avec la monnaie or anglaise. L'instauration de la monnaie papier à l'exclusion de toute autre a toujours été la conséquence de quelque catastrophe politique, et elle visait à remédier à l'insolvabilité en monnaie ayant eu cours jusque-là. C'est ce qui est arrivé récemment un peu partout.

Il semble prouvé que l'hylodromie effective de l'or (« chrysodromie ») n'est pas le seul moyen possible pour obtenir une monnaie solide au marché des changes (aujourd'hui : par rapport à l'or). De fait, le pair du change de monnaies chartales chrysodromes peut subir de *fortes secousses* – encore que la chance de se procurer des moyens de paiement internationaux par l'expédition et la refonte de monnaie en vue d'une utilisation pour les transactions internationales soit fortement facilitée par la chrysodromie intérieure, et qu'elle ne puisse être compromise, pendant toute la durée de celle-ci, que *temporairement* par des goulots d'étranglement naturels ou l'interdiction des sorties d'or. L'expérience a en outre prouvé qu'en temps de paix *normal* un territoire à monnaie papier, doté d'un système juridique et légal ordonné, peut – si les conditions de production sont favorables et que la politique lytrique vise à l'établissement de solides réserves d'or pour les paiements extérieurs – prétendre à un « cours de change » passablement stable, étant bien entendu que cette situation exige – *ceteris paribus* – de plus grands sacrifices de la part des finances ou des personnes ayant besoin de devises or. (La situation serait la même si le moyen de paiement international était l'argent (métallique), autrement dit si l' « argyrodromie » régnait dans les grands pays commerciaux.)

§ 36. *Moyens et buts de la politique monétaire.*

Les mesures élémentaires les plus caractéristiques au service de la politique lytrique des devises (dont l'exposé des détails dépasserait le cadre de notre étude) sont les suivantes :

I. Dans les territoires à hylodromie d'or :

1) couverture des billets non couverts en liquide par des lettres de change libellées avec l'indication de la valeur reçue en marchandises [*Warenwechsel*], autrement dit par des créances sur des marchandises vendues, créances garanties par des « particuliers de toute confiance » (entrepreneurs expérimentés) ; limitation des risques assumés par les banques d'émission, dans la poursuite de leurs propres affaires, aux affaires garanties par des titres de gage, à l'acceptation de dépôts de fonds en banque et aux opérations de virement qui en découlent, enfin à la gestion financière pour le compte de l'État ;

2) la « politique d'escompte » des banques d'émission, i.e. l'augmentation de l'escompte à l'achat de traites au cas où les paiements extérieurs risquent d'entraîner des besoins en or menaçant les réserves intérieures, notamment celles de la banque d'émission du fait des règlements en or vers l'extérieur – augmentation susceptible d'encourager les détenteurs de devises à profiter de cette chance d'intérêts et de rendre plus difficile leur utilisation intérieure.

II. Dans les territoires à « monnaie bloquée » autre qu'en or, ou à monnaie papier :

1) la politique d'escompte, comme en I, 2, pour décourager l'appel exagéré au crédit ; de plus :

2) la politique des *primes* d'or [*Goldprämie*] – mesure utilisée aussi dans les pays à monnaie accessoire d'argent ;

3) la politique planifiée d'*achat* d'or et l'action préméditée sur le « cours » du change par l'achat ou la vente de traites sur l'étranger.

Cette politique, d'inspiration purement « lytrique », peut facilement prendre l'allure du dirigisme économique.

Les banques d'émission *peuvent*, du fait de leur position de force parmi les instituts de *crédit*, qui très souvent dépendent eux-mêmes des crédits accordés par les banques d'émission, forcer les banques à « normaliser » le marché financier, c'est-à-dire les conditions du crédit à court terme (crédit « contrôlé » octroyé au commerce et à l'industrie) et à [107] contribuer de la sorte à l'orientation de la production des biens économiques : c'est là le système capitaliste de régulation volontariste et matérielle de l'économie dans le cadre d'un groupement politique qui se rapproche le plus de l' « *économie planifiée* ».

Toutes ces mesures typiques de la politique économique d'avant la [Première] Guerre mondiale s'inspirent sans exception d'une politique financière visant *avant tout* à la « *consolidation* », donc à la stabilisation, du cours du change ; *si tant est* qu'on désirait un *changement* de ce cours, l'objectif à atteindre était le plus souvent (dans les pays à monnaie bloquée ou à monnaie papier) un *relèvement* progressif de la parité orienté en fonction de la monnaie hylodromique de la puissance commerciale la plus importante. Mais les instituts de création de monnaie étaient assaillis aussi par de puissants intérêts dont les visées étaient diamétralement opposées à celles décrites ci-dessus. Ceux-ci plaidaient pour une politique lytrique :

a) tendant à *abaisser* la parité de la monnaie nationale pour créer des chances d'exportation pour les producteurs, et

b) à *augmenter* le volume de l'émission des billets de banque : ils préconisaient donc l'instauration de l'argyrodromie à côté (ce qui veut dire souvent « en remplacement ») de la chrysodromie et, éventuellement, l'émission planifiée de monnaie papier, ce qui conduit à l'abaissement de la valeur de la monnaie par rapport aux biens produits dans le pays, ou – ce qui revient au même – *augmente* le prix (nominal) des marchandises intérieures. Le but d'une telle opération était l'augmentation des chances de gain pour les producteurs industriels : car on estimait que la conséquence *immédiate* de l'augmentation du volume de la monnaie en circulation serait l'augmentation des prix intérieurs par rapport à la valeur nominale de la monnaie et une baisse de sa parité internationale. La mesure proposée visait à l'instauration de l'*inflation*.

1. Or ce fait a parfois été contesté (quant à ses suites inévitables), mais il semble néanmoins se confirmer : même dans un régime hylodromique (quel qu'il soit), une baisse sensible du

coût de l'extraction et une forte augmentation de la production des métaux précieux (ou l'acquisition facile de vastes stocks de métaux précieux par des opérations de rapine) entraînent une certaine *tendance* à l'augmentation des prix de nombreux produits – peut-être même de tous les produits.

2. Mais un autre fait est solidement établi : les administrations lytriques à monnaie papier (autogéniques) orientent en temps de détresse financière (notamment en temps de guerre) leurs émissions exclusivement en fonction des nécessités financières de la guerre. On sait de même que les pays à hylodromie ou à monnaie métallique bloquée ne procèdent pas seulement, en de telles périodes, à la suspension de la convertibilité de tous les billets de banque – ce qui n'entraîne pas nécessairement une modification permanente du système monétaire, – mais adoptent, à la suite d'émissions de billets orientées exclusivement aux besoins financiers militaires, la monnaie papier à titre définitif, et que la monnaie métallique, devenue accessoire, ne peut plus, par suite de l'absence de toute notation d'équivalence nominale avec les billets en circulation, trouver d'utilisation monétaire (ce qui a conduit à sa disparition). Il est prouvé que l'instauration d'une monnaie papier *exclusive* assortie de l'émission incontrôlée de coupures a eu pour conséquence des phénomènes inflationnistes colossaux.

La comparaison de ces différents procédés (1 et 2) met en évidence les faits suivants :

A. Aussi longtemps qu'il y a dans un pays une monnaie courante métallique libre, les risques d' « inflation » se tiennent dans d'étroites limites :

1. Au plan « technique » : du fait que les quantités de métal précieux disponibles à des fins monétaires sont, en dépit d'une certaine élasticité, nettement *limitées*.

2. Au plan économique : du fait que la création de monnaie s'opère (normalement) à l'initiative d'*intérêts privés*, qu'elle est donc conditionnée par les besoins résultant de la situation du *marché*.

3. Dans cette hypothèse, l'inflation n'est possible *que* par la transformation de la *monnaie métallique bloquée* (exemple : de la monnaie d'argent dans les pays à [108] monnaie or) en moyens de paiement libres ; elle se produit alors sur une vaste échelle en cas de production meilleur marché et accrue du métal servant de base à la monnaie.

4. L'inflation des fonds en circulation ne saurait se produire qu'à longue échéance, en cas d'augmentation progressive de la circulation par suite de sursis au crédit, sursis élastiques mais limités en dernière analyse par les besoins de solvabilité de l'institut d'émission. Un risque aigu d'inflation ne pourrait résulter que de l'insolvabilité de la banque, autrement dit de l'émission de monnaie papier rendue nécessaire par la guerre.

Des phénomènes exceptionnels, telle l'*inflation d'or* en Suède, à la suite de livraisons massives de matériel de guerre aux belligérants, sont tellement loin de la norme qu'on peut les négliger pour le moment.

B. Dès que la *monnaie papier* autogénique s'est installée dans un pays, les risques non pas de l'inflation comme telle – puisque en cas de guerre, la plupart des pays ont recours à la monnaie papier, – mais des conséquences amplifiées de l'inflation, se trouvent sensiblement accrus. En effet, la pression des difficultés financières, des revendications salariales consécutives à la hausse des prix inflationniste et d'autres charges pousse souvent l'administration financière à continuer l'inflation sans nécessité impérieuse et malgré la possibilité de la juguler par une politique d'austérité. La différence est sensible bien que seulement quantitative – ce qui est attesté par l'exemple de l'Entente d'abord, de l'Allemagne ensuite, de l'Autriche et de la Russie enfin [pendant et après la Première Guerre mondiale].

Une politique lytrique *peut donc*, surtout lorsqu'elle s'applique à une monnaie métallique bloquée accessoire ou à une monnaie papier, être une *politique d'inflation* (plurimétallique ou « papiéroplatique »). On a pu l'observer pendant une certaine période, dans un pays aussi peu dépendant du cours du change que l'Amérique, comme un phénomène normal, sans le moindre motif financier. Elle subsiste sous la pression de la nécessité, dans beaucoup de pays qui ont vu déferler sur eux l'inflation de la monnaie de guerre. Nous n'avons pas l'intention de développer ici la *théorie* de l'inflation. Celle-ci correspond toujours, au début, à la création d'un pouvoir d'achat supplémentaire en faveur d'un groupe déterminé. Constatons simplement que la politique lytrique planifiée et rationnelle, qui paraît d'un maniement beaucoup plus facile si elle a pour objet une monnaie administrative, et avant tout une monnaie papier, a néanmoins tendance à servir (au point de vue de la stabilité du change) des intérêts irrationnels.

Car la rationalité formelle de la politique lytrique regardée sous l'angle de l'économie transactionnelle, et de ce fait, du système monétaire, ne peut être obtenue, au sens que nous avons jusqu'ici toujours donné au concept de rationalité, que si l'on élimine résolument toutes sortes d'intérêts qui 1° ne sont pas orientés *en fonction du marché* – comme c'est le cas des intérêts financiers, – ou qui 2° ne visent pas en premier lieu au maintien d'une parité internationale stable, condition optimale de tout *calcul* rationnel ou, au contraire, visent à procurer à certaines catégories de personnes, par le moyen de l'inflation et de son maintien, un surcroît de « pouvoir d'achat » sans aucune *nécessité* financière. La question de savoir si cette dernière pratique mérite éloge ou blâme ne relève pas de l'expérience ; mais c'est un fait d'expérience qu'on y recourt. Ajoutons même qu'une philosophie économique fondée sur des idéaux sociaux *matériels* pourrait fort bien critiquer le fait que les problèmes monétaires et la création de moyens de circulation ne prennent comme point de départ que la « rentabilité » de l'entreprise à caractère lucratif [*Interessenbetrieb*] et non des considérations sur la quantité « convenable » et la nature « judicieuse » de la monnaie en circulation. Seule la monnaie *administrative*, selon cette philosophie, peut être « dirigée », et non la monnaie transactionnelle. Il s'ensuit que c'est la première, et avant tout la monnaie papier, facile à produire à peu de frais en quantités illimitées, qui doit être considérée comme le *moyen spécifique* de créer de la monnaie dans une [109] perspective matériellement rationnelle – quelle qu'elle soit. Cette argumentation, dont la valeur trouve sa limite dans le fait que ce sont les « intérêts » des particuliers et non les « idées économiques » qui domineront demain comme aujourd'hui le monde, est formellement concluante. Ainsi apparaît de nouveau l'antagonisme possible entre la *rationalité formelle* (au sens que nous prêtons ici à ce vocable) et la rationalité *matérielle* (théoriquement concevable par une administration lytrique qui prétendrait faire abstraction de toute considération hylodromique en matière de monnaie métallique), antagonisme qui affecte aussi ce problème ; ce qu'il fallait démontrer.

Notre exposé n'est de toute évidence rien d'autre qu'une analyse, limitée à l'objet de notre ouvrage – et même avec cette restriction extrêmement sommaire et réduite à l'essentiel, – du superbe ouvrage de G.F. KNAPP : *Staatliche Theorie des Geldes* (1re éd. 1905, 2e éd. 1918 [3e éd. 1921, 4e éd. 1923]). Le travail de Knapp a aussitôt été exploité – contrairement à l'intention de son auteur mais peut-être de sa faute – comme « table des valeurs » et salué avec enthousiasme, en particulier par l'administration lyrique « papiéroplatique » autrichienne. Les événements n'ont « démenti » les théories de Knapp en aucun point, mais ils ont mis en évidence ce qu'on savait déjà : elles présentent des *lacunes* dans l'appréciation de la valeur « matérielle » de la monnaie. C'est ce que nous allons essayer de mettre en évidence dans la section suivante.

§ 36 *a. Excursus sur la* Staatliche Theorie des Geldes.

Knapp démontre de façon magistrale que toute politique « lytrique » (des instruments de paiement), aussi bien celle immédiatement opérée par l'État que celle contrôlée par lui, visant au cours de ces dernières années à l'instauration de la monnaie or ou d'une monnaie similaire indirectement chrysodromique, obéissait à des mobiles « exodromiques », c'est-à-dire à des considérations de parité avec d'autres monnaies, et plus particulièrement avec la *monnaie anglaise*. Pour assurer le « pair métallique » avec la plus grande zone commerciale du monde, avec le courtier universel de la plupart des transactions, l'Angleterre, pays à monnaie or, l'Allemagne commença par démonétiser l'argent ; la France, la Suisse et les autres pays de l'Union monétaire, suivis par la Hollande, et finalement par l'Inde, transformèrent leur monnaie libre d'argent en « monnaie bloquée » et créèrent par voie indirecte des institutions chrysodromiques pour leurs règlements extérieurs ; l'Autriche et la Russie les ont imités tandis que les administrations « lytriques » de ces zones monétaires disposant d'une monnaie papier « autogénique » (c'est-à-dire non convertible et faisant de ce fait office de monnaie officielle) ont pris également des dispositions chrysodromiques indirectes pour pouvoir honorer au moins leurs engagements extérieurs en monnaie or. Ce qui leur importait avant tout était la stabilité (aussi grande que possible) du cours du change. Knapp en conclut que la question de la matière monétaire et de l'hylodromie en général se limite à ce rôle. Toutes les mesures chrysodromiques indirectes (des administrations financières à monnaie papier) ne visaient, de même que les mesures hylodromiques directes (comme celles de l'Autriche et de la Russie), qu'à ce seul but « exodromique ». Or cette affirmation ne s'applique pas forcément – *ceteris paribus* – aux hylodromies. Car, tant qu'il n'y a pas interdiction réciproque de sorties de pièces de monnaie entre deux zones monétaires d'hylodromie identique (d'or ou d'argent), le fait même de l'identité des hylodromies facilite grandement la consolidation du cours du change. Mais s'il en est ainsi – et en temps normal il en est effectivement ainsi – cela ne prouve pas que le choix de l' « hylé » (la matière) de la monnaie, ce qui veut dire, à l'époque actuelle, le choix entre la monnaie métallique d'une part (généralement l'or ou l'argent) et la monnaie fiduciaire de l'autre (nous ne nous occuperons pas ici des cas particuliers du bimétallisme et de la monnaie bloquée, que nous avons étudiés ailleurs) ne *puisse* s'opérer qu'en fonction de cette considération à l'exclusion de toute autre. Car cela impliquerait que la monnaie papier serait *de la même nature* que la monnaie métallique. Au plan formel, la différence est déjà sensible : la monnaie papier étant *toujours* ce que la monnaie métallique peut être mais n'est pas nécessairement, c'est-à-dire de la « monnaie administrative », en toute logique, la monnaie papier *ne peut être* hylodromique. La différence entre des assignats « démonétisés » et l'argent « démonétisé » (qu'une démonétisation universelle réduira peut-être un jour à l'état de simple matière première industrielle) n'est pas égale à zéro (ce que Knapp admet implicitement). Le papier n'a jamais été et n'est pas aujourd'hui, pas plus qu'un métal précieux, une marchandise disponible en « quantités illimitées ». Mais la différence 1° de facilité d'approvisionnement et 2° de coût, eu égard aux quantités requises, entre le papier et les [110] métaux précieux dont la production est grandement tributaire de la découverte de nouveaux gisements – reste si colossale qu'on est en droit d'énoncer la thèse suivante : une administration « lytrique » *pouvait* (avant la guerre!) en temps normal (si l'on compare cette possibilité à celle qu'offre la création d'une monnaie métallique, fût-elle à base de cuivre, telle qu'elle existait en Chine, sans même parler de la monnaie argent ou or!) émettre

259

de la monnaie papier, pour peu qu'elle le voulût, en quantité (relativement) illimitée et à des « frais » (relativement) minimes. Et, chose plus importante encore, elle pouvait émettre cette monnaie en coupures nominales d'un montant illimité et sans aucun rapport avec les quantités de papier mises en œuvre. Cette dernière possibilité ne s'offrait, pour la monnaie métallique, que sous forme de monnaie divisionnaire et dans une mesure infiniment moindre. Pour la monnaie officielle, cette possibilité n'existait pas. Pour elle, la quantité du métal disponible formait une limite élastique sans doute mais « infiniment » plus concrète que pour la monnaie papier. Elle dressait donc des barrières. Il est vrai qu'une administration lytrique opérant exclusivement en fonction d'une parité aussi stable que possible, par voie « exodromique », se voyait également enfermée dans des barrières sinon techniques, du moins « normatives » : c'est là l'objection que ferait Knapp. L'objection n'aurait qu'une valeur formelle. Et que dire de la monnaie papier « autogénique » ? Knapp invoquerait le même raisonnement (exemple : l'Autriche et la Russie) : « Seules les barrières techniques et « mécaniques » de la pénurie du métal faisaient défaut. » Quelle importance attribuer à ce fait ? Knapp esquive la question. Il dirait sans doute qu'il n'y a pas de remède « contre la mort » (d'une monnaie). Or il y eut et *il y a encore de nos jours* (nous faisons abstraction pour le moment des difficultés momentanées d'approvisionnement en papier) 1° des intérêts parmi les dirigeants de l'administration politique – dans lesquels Knapp voit lui aussi les commettants de l'administration « lytrique » – de même que 2° des intérêts privés nullement attachés au maintien d'un cours du change « stable », mais qui au contraire – au moins « pro tempore » – s'y opposent. Ces intérêts pourraient fort bien – au sein même de l'administration politico-lytrique ou par personnes interposées – se manifester et mettre en œuvre des « inflations » (terme que Knapp évite soigneusement) : il s'agirait en tout cas d'émissions fiduciaires non « exodromiques » (orientées en fonction du cours du change), et de ce fait « admissibles ».

Parlons d'abord des tentations financières : une « dévaluation » moyenne du mark allemand par inflation à la valeur d'un vingtième par rapport aux produits naturels intérieurs les plus importants équivaudrait, après « adaptation » des bénéfices et des salaires à la nouvelle situation, après la réévaluation de tous les biens intérieurs de consommation courante et de toutes les prestations, au niveau de vingt fois sa valeur antérieure (à supposer que les choses se passent ainsi !) pour tous les heureux bénéficiaires de l'opération, à une *diminution* des *dettes de guerre* d'un rapport de 20 à 19. L'État qui prélèverait sur les revenus nominaux plus élevés des impôts (nominaux) augmentés d'un taux analogue en ressentirait sans doute les effets bénéfiques. Ne serait-ce pas merveilleux ? Il va sans dire que « quelqu'un » paierait « la note » ! Mais ce ne serait ni l'État ni l'une ou l'autre des deux catégories sus-nommées. Et ne serait-il pas tout aussi tentant de rembourser les dettes *extérieures* avec un moyen de paiement qu'on pourrait fabriquer en quantités illimitées à un coût de revient dérisoire ? De tels procédés comporteraient le risque – indépendamment du danger d'une intervention politique toujours possible – de diminuer grandement les chances d'autres emprunts extérieurs *à l'avenir*, mais l'État estime souvent qu'il vaut mieux aller au plus pressé. Or il existe des industriels qui ne demanderaient pas mieux que de vendre leur production vingt fois plus cher (à la suite d'une manipulation inflationniste), surtout – ce qui pourrait fort bien arriver – si les ouvriers, parce qu'ils n'ont pas les moyens de se défendre ou qu'ils ne comprennent pas la situation, ou pour toute autre raison, ne touchent que cinq ou dix fois leur salaire (nominal) antérieur. De telles inflations « aiguës », d'inspiration exclusivement financière, sont, en règle générale, récusées avec indignation par les économistes. En effet, elles sont incompatibles avec une politique économique « exodromique » telle que la préconise Knapp. Une augmentation *planifiée*, progressive et discrète, de la monnaie fiduciaire en circulation, par contre – telle que la pratiquent parfois les banques par des mesures d'expansion du crédit, – passe aux yeux des mêmes pour un « stimulant » de l'esprit spéculateur, c'est-à-dire pour une promesse de profits supplémentaires, pour un appel à l'esprit d'entreprise et à la production capitaliste en invitant les fonds disponibles à se placer plutôt en portefeuille qu'en rentes. Mais qu'en est-il de l'orientation exodermique de ce genre d'inflation ? Son effet escompté, à savoir la « promotion de l'esprit d'entreprise » avec ses conséquences, est parfaitement capable d'influencer ladite « balance des paiements » (« pantopolique ») dans le sens d'un relèvement du taux du change de la monnaie nationale ou du moins d'un frein à sa baisse. Pendant combien de temps, dans quelle mesure ? C'est là une autre affaire. Nous n'examinerons pas ici la question de savoir si une augmentation *non aiguë* de la monnaie nationale, [111] décidée pour des motifs financiers, pourrait avoir les mêmes effets. La « note » pour cet accroissement progressif des réserves monétaires nationales, accroissement qui n'affecte pas l'incidence exodromique de la monnaie, est présentée à la même couche sociale qui, en cas d'inflation aiguë, se trouve brutalement « spoliée », c'est-à-dire tous ceux qui disposent d'un revenu nominal inchangé ou de titres à valeur nominale invariable (surtout le rentier à rentrées « fixes », le fonctionnaire qui n'est augmenté qu'à force de lamentations pendant de longues années, et le travailleur à qui des augmentations ne sont accordées qu'après de terribles luttes). Dès lors, il ne faudra pas croire que Knapp ne tient compte, dans sa théorie de la politique monétaire fiduciaire, que du *seul* point de vue exodromique, à savoir le maintien d'une parité « stable » (il n'énonce nulle part une telle thèse) ; et on ne sera pas d'avis – comme lui – que de fait c'est elle qui décidera de tout. On ne tiendra pas non plus pour acquis – Knapp ne se prononce nulle part dans ce sens – que la seule chose qui importe en matière de politique monétaire est un cours de change « stable ». Nous avons parlé de l' « inflation » comme d'une source de révolutions et d'évolutions dans le domaine des prix et nous avons constaté également qu'elle peut résulter du désir délibéré de les faire monter. Or les inflations monétaires *révolutionnant* les prix ne vont jamais sans ébranler aussi le cours du change (ce qui n'est pas obligatoire en cas d'augmentation de la monnaie courante avec lente poussée des prix). Knapp se rangera sur ce point à notre opinion. Il part, à juste titre, de l'idée que sa théorie ne laisse aucune place à une *politique*, qu'elle soit révolutionnaire, évolutive ou conservatrice, des prix des *marchandises* déterminée par des considérations de parité. Pourquoi ? Probablement pour la raison formelle suivante : le rapport des prix en monnaie de deux ou de plusieurs pays se manifeste tous les jours par un très petit nombre de *cotations en Bourse* dont une « politique lytrique » *peut* tenir compte. Une administration « lytrique », commise avant tout au contrôle des moyens monétaires en circulation, est d'autre part en mesure d'estimer (grâce à un certain nombre de données positives se manifestant périodiquement quand le désir s'en fait sentir) – je dis bien : *d'estimer*, – le montant par ailleurs fluctuant d'un moyen de paiement déterminé (réservé strictement à des fins de paiement), nécessaire pour satisfaire aux *besoins* d'un groupe d'hommes déterminé, reliés entre eux par des échanges économiques, dans des circonstances à peu près identiques, pour un laps de temps prévisible. Il est par contre impossible d'évaluer, pour un avenir prévisible, l'étendue exacte des incidences révolutionnaires, évolutives ou (au contraire) conservatrices d'une inflation, ou, le cas échéant, d'une contraction monétaire, sur les prix. Pour ce faire, il faudrait connaître, dans le cas de l'inflation (qui seul nous intéresse dans ce contexte) : 1° la répartition actuelle des revenus, – et, partant de celle-ci, 2° les réflexions des différents agents économiques sur cette répartition, – 3° l' « orientation » de l'inflation, c'est-à-dire la voie que prendront les espèces nouvellement créées (de là se dégagerait l'*ordre* et le montant de l'augmentation des revenus nominaux provoquée par l'inflation), – 4° la destination des biens acquis par l'augmentation accrue de liquidités (consommation, placements, investissements), leur volume et surtout leur *nature* : (biens de consommation courante ou biens d'investissement), – 5° la direction que prendra la translation des prix et par elle la translation des revenus, – ainsi que toute la série de phénomènes consécutifs au déplacement du « pouvoir d'achat », et l'intensité de l' « incitation » (possible) à l'acquisition *supplémentaire* de biens en nature. Il s'agirait là de données tributaires exclusivement de considérations *futures* d'agents économiques face à une situation *nouvelle*, considérations qui, de leur côté, pourraient influencer les *évaluations* de prix d'autres particuliers : celles-ci détermineraient par le jeu des intérêts les « prix » futurs. On ne saurait parler dans ce cas de « calcul » (du genre : une émission supplémentaire d'un milliard ferait monter le prix du fer à $P + x$, celui du blé à $P + y$). Et cela d'autant moins qu'il est possible de réglementer *pour un temps* par des mesures autoritaires *les prix intérieurs* en fixant des prix maximum, mais non des prix minimum, avec un résultat toujours limité. – D'autre part, le calcul (impossible par voie empirique) des « prix » ne nous mènerait pas très loin ; car il nous permettrait de déterminer les quantités d'argent nécessaires pour opérer des paiements, mais on ne manquerait pas de recourir – parallèlement et dans des proportions bien plus grandes – *au crédit* pour se procurer des *biens capitaux*. Nous aurions affaire à des conséquences hypothétiques de l'inflation qui échappent complètement à tout « calcul » tant soit peu rigoureux. On comprendra donc « grosso modo » (car notre exposé très sommaire ne prétend pas à autre chose) pourquoi Knapp a complètement laissé de côté la possibilité, pour une économie transactionnelle moderne, de pratiquer une politique des prix par le truchement de l'inflation, politique « *planifiée* et *rationnelle* » dont les bases arithmétiques ressemblent à celles d'une « politique des changes ». [112] L'inflation est pourtant un fait historique. L'inflation et la contre-inflation ont été expérimentées à plusieurs reprises en Chine – sous une forme particulièrement maladroite, il est vrai, – et dans le contexte d'une économie monétaire infiniment plus primitive, en monnaie de cuivre, et toujours avec le même insuccès. On l'a *recommandée* aux États-Unis. Dans son ouvrage, qui n'expose, de toute évidence, que des thèses « prouvables » dans le sens de l'auteur, Knapp se contente de lancer aux États une recommandation à la « prudence » dans l'émission de monnaies papier autogéniques. Comme il n'a en vue que la « stabilité » du change extérieur, sa recommandation *paraît assez* claire : en effet, il y a *habituellement* une étroite corrélation entre la dévalorisation consécutive à l'inflation et l'effondrement du taux de change. Seulement, les deux phénomènes ne se recouvrent pas et toute dévalorisation inflationniste n'a pas sa cause dans le cours du change. Knapp ne constate pas *expressis verbis*, mais il ne conteste pas non plus, que certaines administrations lytriques ont été poussées par des raisons relevant de la politique des prix à pratiquer l'inflationnisme monétaire, les promoteurs d'une telle politique n'étant *pas* seulement les propriétaires de mines d'argent pour la campagne de l'argent ou les fermiers pour l'émission des *greenbacks* (coupure américaines à dos imprimés en vert). Elle n'a jamais été couronnée d'un succès *durable* – fait qui a sans doute tranquillisé l'auteur. Mais le problème n'est peut-être *pas aussi simple* ! Peu importe que l'*intention* de leurs promoteurs ait été la manipulation des prix : le fait est que des inflations (au sens défini ci-dessus) *ont eu lieu*, l'Extrême-Orient et l'Europe ont tous deux connu des catastrophes d'assignats. Une théorie *matérielle* de la monnaie ne saurait en faire abstraction. Knapp sera le dernier à soutenir qu'il n'y a *aucune* différence entre la « dévalorisation » de l'argent (métallique) et la « dévalorisation » d'assignats. Déjà au plan strictement formel : ce qui est dévalorisé n'est pas forcément la pièce de monnaie chartale *(bloquée)* en argent (souvent, c'est le contraire !), mais l'argent brut offert au marché pour des usages industriels. Dans le cas du papier, *ce n'est pas* la matière brute, le « papier » utilisé à des fins industrielles qui est « dévalorisé », mais ce sont (évidemment) les *assignats* chartaux en leur qualité de titres. Leur valeur s'évapore, descend à zéro, ou plutôt au niveau de valeur que les « collectionneurs » et les « musées » veulent bien leur concéder. Cela ne se produit, dirait à juste titre Knapp, que lorsque les *caisses de l'État* les ont répudiées : leur dévalorisation est encore la conséquence d'une disposition « étatique » d'essence réginale. Cela est vrai mais ne s'applique qu'à une fraction infime de leur ancienne valeur *matérielle* (leur rapport de prix à des biens économiques quelconques), malgré la survivance de leur valeur nominale « épicentrique » de longue date.

Abstraction faite de ces catastrophes, l'histoire a connu d'innombrables inflations et (en Chine) des « pénuries monétaires » [*Währungsklemme*] provoquées par l'utilisation extramonétaire du métal. Il ne suffit pas de noter simplement le fait que dans de telles circonstances certaines sortes de monnaie se transforment (pas toujours) en monnaies « accessoires » – qui auparavant ne l'étaient pas, – s'accumulent dans les caisses de l'État et entraînent nécessairement des modifications « obstructionnelles » de la monnaie. La théorie monétaire *matérielle* devrait se demander *entre autres choses* de quelle manière ce genre d'événements influence les prix, les revenus, et par là l'évolution économique, même si, pour les raisons indiquées plus haut, la réponse apparaît *théoriquement* douteuse. De même nous garderons-nous d'expliquer le fait qu'en France, pays officiellement bimétalliste, la baisse du prix de l'or ou de l'argent (exprimé en termes de l'autre métal) a entraîné l'officialisation de l'une ou de l'autre monnaie, l'autre métal faisant figure de monnaie « accessoire », par le caractère « pantopolique » de ces glissements de prix. Cette dernière remarque n'épuise pas non plus le problème des autres modifications de la valeur de la matière monétaire. Nous allons au contraire nous demander si, en cas d'augmentation des quantités de métaux précieux disponibles, il y a eu rapine (Cortès, Pizarre), accroissement des stocks par suite d'opérations commerciales (la Chine au début de notre ère et depuis le XVIe siècle) ou augmentation de la production. Si cette dernière hypothèse se révèle exacte, la production a-t-elle augmenté ou est-elle seulement devenue plus rentable (éventuellement même sans accroissement des quantités extraites), et pour quelles raisons ? Quelles utilisations non monétaires ont pu peser sur l'évolution monétaire ? Y a-t-il eu exportation *définitive* de métal d'une zone économique (par exemple : l'antique bassin méditerranéen) dans des zones auparavant inconnues (comme aux premiers siècles après Jésus-Christ la Chine et l'Inde) ? Ou bien en faut-il rechercher la cause seulement (ou aussi) dans certains glissements de la *demande monétaire* de caractère « pantopolique » (pour les besoins du commerce à brève distance) ? Il est indispensable d'évoquer ces différentes *éventualités* et d'examiner leurs incidences *possibles*.

Considérons, pour terminer, la régulation – dans la perspective de l'économie *transactionnelle* – du « besoin » d' « argent » et la *signification* de ce terme pour elle. Il va de soi que les « besoins réels » de moyens de paiement de la part des *clients potentiels* [*Markt-Intéressenten*] déterminent la création de la « *monnaie conventionnelle libre* » [*freies Verkehrsgeld*] (monnayage libre). [113] Il est de même évident que les besoins immédiats de moyens de paiement, mais surtout les *besoins de crédit* des clients potentiels, joints à des considérations de solvabilité et à des normes imposées pour l'assurer, décident de la politique de la monnaie fiduciaire en circulation des *banques d'émission* modernes. Conformément aux principes du système économique en vigueur, l'impulsion première vient toujours des clients. Le terme « besoin d'argent » ne saurait signifier autre chose dans notre système économique (légalement installé). Ce besoin est tout à fait insensible aux exigences « matérielles » – tout comme la notion de « demande » (de « besoins *solvables* ») de biens économiques. Dans l'économie transactionnelle, il n'existe de barrière à la création de monnaie que pour les monnaies en métaux précieux. Mais c'est justement l'existence de cette barrière qui constitue, d'après ce qui précède, l'importance éminente des métaux précieux pour la finance. En limitant la création de la monnaie à l'argent « hylique », fait d'une matière qui ne saurait, dans la pratique, être multipliée *ad libitum*, et plus spécialement de métaux précieux, en veillant, dans le cas de la monnaie fiduciaire, à la couverture métallique des coupures mises en circulation, on accepte le principe d'une limite intrinsèquement *immuable*, bien qu'élastique et n'excluant nullement la possibilité d'une inflation bancaire évolutive. Si, par contre, on choisit comme matière première de la monnaie une matière (pratiquement) multipliable à l'infini, comme le papier, il n'existe pas de limite « technique ». La seule limite est alors la « volonté » des dirigeants d'un groupement politique ; nous avons vu que cette volonté reflète souvent les *intérêts financiers* des maîtres, parfois même (comme dans l'utilisation de la planche à billets par les hordes rouges !) des intérêts personnels de la *direction administrative*, qui règle, sans la moindre entrave technique, le débit de la monnaie. Dans l'élimination, ou plus exactement dans un certain freinage de ces intérêts – puisque l'État peut être forcé par leur pression à l'abandon de la monnaie métallique et à l'instauration de la monnaie papier – réside, actuellement encore, l'importance de la monnaie métallique : en l'espèce de la chryso- et de l'argyrodromie qui – malgré le caractère strictement technique de l'entrave – représentent un degré plus élevé de rationalité économique formelle, puisqu'elles s'orientent en fonction des chances d'échange. Car si la politique lytrique d'inspiration exclusivement financière des administrations monétaires n'est pas toujours et nécessairement, quand elle recourt à la monnaie papier à l'exclusion de toute autre – comme l'exemple de l'Autriche et de la Russie, cité plus haut, nous le prouve, – l'émanation d'intérêts personnels du chef de l'État ou de ses administrations, si elle ne se fonde pas nécessairement sur les seules exigences financières de l'immédiat ou sur le souci d'émettre à peu de frais un maximum de *moyens d'échange*, sans égard pour la destinée ultérieure de la *monnaie ainsi créée,* le risque d'une telle motivation n'en existe pas moins toujours à l'état chronique, alors qu'il est absent en cas d'hylodromie (« monnaie libre »). Le risque réside justement – dans la perspective de l'*ordre formel* de l'économie transactionnelle – dans le caractère « irrationnel » (considéré encore sous l'angle formel) des monnaies *non hylodromiques*, même si l'on admet que la rationalité *formelle* de la monnaie hylodromique n'est que relative du fait du caractère purement « technique » du frein. C'est là une concession que G. F. Knapp *pourrait* et devrait faire.

Car s'il est vrai que les *anciennes* « théories quantitatives » étaient infiniment primitives, personne – pas même Knapp – ne songea à nier le « *danger de dévalorisation* » que comporte toute « inflation » à la suite d'une émission de coupures motivée exclusivement par des considérations *financières*. La « fiche de consolation » qu'il nous accorde doit être rejetée : la position « amphitropique » de « chacun » (!) d'entre nous – autrement dit le fait que chacun de nous est *à la fois* créancier *et* débiteur, – que Knapp invoque pour de bon afin de prouver l'indifférence absolue de toute « dévalorisation », révèle à l'heure présente à chacun de nous sa parfaite inconsistance : qu'en font le rentier, le fonctionnaire dont les émoluments restent au même niveau *nominal* (ou dont l'augmentation – peut-être du double – dépend des possibilités *financières* et même du simple bon vouloir des administrations), et dont les dépenses sont en train de se multiplier par vingt ? Qu'en fait le créancier à long terme ? Toute manipulation exagérée sur la valeur *(matérielle)* de la monnaie conduit de nos jours au danger chronique de la révolution sociale, même si beaucoup de chefs d'entreprises font d'excellentes affaires en devises et si quelques *(rares)* travailleurs sont assez puissants pour s'assurer l'augmentation de leurs salaires nominaux. Libre à tel ou tel d'*applaudir* chaleureusement aux conséquences sociales et révolutionnaires et aux bouleversements économiques qu'entraînent ces mesures. Cela n'est pas du domaine de la « science », car certaines personnes verront (à tort ou à raison) dans cette évolution les débuts du passage de l'économie capitaliste au socialisme. D'autres s'y référeront pour prouver que seule une économie *dirigée* de petites entreprises est matériellement rationnelle, sans se soucier des « victimes ». La science – qui rejette tout engagement idéologique – se contentera de *constater* de tels effets ; or la théorie beaucoup trop générale, et partant fausse, de l' « amphitropie », chère à Knapp, jette un voile sur ces faits. Abstraction faite de quelques erreurs de détail, notre bref exposé met bien en évidence la *lacune* la plus grave d'une théorie à laquelle s'opposent, pour des raisons de principe, plusieurs savants qui, au fond, devraient lui faire bon accueil.

§ 37. *Importance extra-monétaire des groupements politiques pour l'économie.*

[114] Indépendamment du régime monétaire, l'importance des *groupements politiques* autonomes réside, au point de vue économique, dans un certain nombre de faits :

1. Les groupements politiques ont tendance, pour satisfaire leurs propres besoins en utilités, à recourir, à conditions approximativement égales, aux services de leurs membres. L'importance de ce phénomène est d'autant plus marquée que l'économie de ces groupements tend vers la monopolisation et la couverture budgétaire des besoins ; elle ne cesse donc, en ce moment, de croître ;

2. Les groupements politiques ont la possibilité de favoriser, de freiner ou de diriger les échanges par-delà les frontières nationales, en fonction de considérations *matérielles* (« politique commerciale ») ;

3. Il leur est loisible de réglementer l'économie, qualitativement et quantitativement, sur la base de principes formels et matériels ;

4. Les effets des différentes structures politiques et des organisations administratives et corporatives peuvent s'exercer à l'intérieur des groupements et déterminer l'attitude des couches influentes face aux activités professionnelles ;

5. *La compétition* des *dirigeants* de ces groupements pour le pouvoir et l'approvisionnement de leurs sujets en biens de consommation courante et en moyens d'approvisionnement est elle-même créatrice de chances de gains ;

6. Les groupements se servent de certaines méthodes pour la couverture de leurs propres besoins : voir le paragraphe suivant.

§ 38. *Financement des groupements politiques.*

Les rapports entre l'économie et les groupements à orientation principalement *extra-monétaire* se manifestent le plus directement dans leur manière de *se procurer des utilités pour leur activité de groupement* : pour l'activité de leur administration et pour les activités s'exerçant sous leur contrôle (chap. I, § 12) ; (« finances », au sens le plus large du terme, comprenant aussi les approvisionnements en nature).

Le « financement », i.e. l'approvisionnement en utilités *administrées (bewirtschaften)* d'un groupement actif, peut être subdivisé en un certain nombre de catégories typiques ; il peut être (I) discontinu :

1. Sur la base de prestations absolument volontaires :

a) à la manière d'un mécénat : par de grands cadeaux et des donations ; cette méthode s'emploie surtout pour satisfaire des besoins philanthropiques, scientifiques et autres à tendances extra-économique et apolitique ;

b) par la mendicité : typique de certaines communautés ascétiques.

On trouve aux Indes aussi des castes de mendiants non religieuses ; ailleurs des associations de mendiants (surtout en Chine).

La mendicité peut être fortement organisée sur une base régionale ou monopolistique ; étant donné le caractère souvent obligatoire ou méritoire du don pour les sollicités, la mendicité peut perdre son caractère discontinu et se transformer en un système de redevances.

c) par des dons formellement volontaires faits à la hiérarchie politique ou sociale : cadeaux aux chefs de tribu, princes, protecteurs, seigneurs, propriétaires fonciers ; ces dons ont souvent un caractère conventionnel et se rapprochent matériellement de la redevance ; ils ne sont pas rationnels en finalité, mais déterminés par des occasions particulières (journées commémoratives, événements familiaux et politiques).

La discontinuité peut aussi se fonder :

2. Sur des prestations extorquées.

Exemples typiques : la Camorra en Italie du Sud, la Mafia en Sicile et des associations similaires. En Inde, les « castes de voleurs » et de « brigands » au rituel très élaboré ; en Chine, les sectes et associations secrètes dont l'approvisionnement économique se faisait sur des bases analogues. Toutes ces prestations [115] sont dites « discontinues » parce qu'elles se fondent sur des pratiques « illégales » ; en réalité elles prennent souvent le caractère d'un « abonnement », en échange duquel l'association offre quelques contreparties, en premier lieu de sécurité. – Un fabricant napolitain me répondit, il y a une vingtaine d'années, comme je l'interrogeais sur l'incidence de la Camorra sur la sécurité des entreprises : « *Signore, la Camorra mi prende x lire al mese, ma garantisce la sicurezza ; lo Stato me ne prende dieci volte tanto et garantisce niente.* » Les sociétés secrètes typiques de l'Afrique (rudiments de l'ancienne « maison des hommes ») exercent des fonctions analogues (à la manière des cours vehmiques) et garantissent la sécurité.

Des groupements politiques peuvent fort bien (comme l'État brigand ligurien) au départ reposer sur une économie de rapine, mais cette situation ne saurait se perpétuer.

Le financement peut être réglé (II) sur une base continue :

A. Sans exploitation économique en régie propre par le groupement :

1. Par des redevances en biens réels :

a) sur une base purement monétaire : tous les biens et prestations sont acquis contre rémunération en numéraire (économie de groupement purement monétaire). Tous les traitements de la direction administrative sont payés en argent ;

b) sur la base de la rémunération en nature (cf. § 12). Contributions en nature selon un système de spécifications (économie de groupements par prestations en nature). Possibilités :

1) la rémunération de la direction administrative se fait en *prébendes* en nature, la couverture des besoins s'opère également en nature ; ou bien

2) les contributions collectées en nature sont transformées, par la vente, toutes ou en partie, *en monnaie*, l'approvisionnement se faisant par voie monétaire.

Les contributions en numéraire ou en nature peuvent se classer en quelques types économiques élémentaires :

a) impôts, c'est-à-dire droits prélevés :

1° sur toute propriété ou, dans l'économie monétaire, sur toute fortune,

2° sur tous les produits d'exploitation ou, dans l'économie monétaire, sur tous les revenus,

3° uniquement sur la *propriété* de moyens d'approvisionnement ou d'*exploitations* à caractère lucratif (dits impôts sur le rendement » [*Ertragsabgaben*]. Ou bien, elles peuvent se présenter sous forme :

b) de taxes, c'est-à-dire de prestations résultant de l'utilisation ou de l'immobilisation d'installations, de propriétés ou de réalisations de groupement ;

c) de droits sur :

1° des utilisations et activités spécifiées,

2° des entreprises de transport spécifiées, telles que :

α) transports de marchandises (droits de douane),

β) mouvements des ventes (accises et droits sur le chiffre d'affaires).

Tous les droits et impôts peuvent être :

α) recouvrés au compte du groupement, ou

β) amodiés, ou

γ) prêtés ou *donnés en gage* à des tiers.

L'affermage des impôts (contre un *montant global*) *peut* être rationnel sur le plan fiscal, puisqu'il est seul à permettre l'*établissement d'un budget*.

Le prêt et la constitution en gage sont généralement irrationnels sur le plan fiscal et s'expliquent :

a) par une situation financière calamiteuse, ou

b) par des mesures arbitraires de l'administration : absence d'un état-major administratif de valeur.

Nous appellerons « improvidation » [*Verpfründung*] l'appropriation de chances de redevances par des créanciers de l'État, par des garants privés de prestations militaires et fiscales, par des condottieri et mercenaires impayés, et par des candidats à une fonction publique. Elle peut revêtir la forme :

[116] 1) de l'appropriation *individuelle*

2) ou de l'appropriation collective (avec changement de titulaire à volonté parmi les bénéficiaires de l'appropriation collective).

Le financement sans exploitations économiques en régie propre (II A) peut en outre se faire :

2. Par l'imposition de prestations personnelles : services personnels avec spécification des prestations en nature.

Le financement continu peut en outre se faire – en opposition aux cas II A :

II B. Par des exploitations économiques pour le compte du gouvernement :

1. Sur une base domestique (*oïkos*, domaines) ;

2. Sur une base industrielle et commerciale [*erwerbswirtschaftlich*] :

a) librement, en concurrence avec les autres exploitations, et

b) sur une base monopolistique.

Ici encore, l'exploitation peut se faire directement pour le compte du groupement ou par affermage, prêt ou mise en gage.

Elle peut finalement, à la différence des cas II A et II B, se faire :

II C. Par voie liturgique, par des imputations favorisant certains groupes :

1. Positivement : en dispensant des groupes spécifiés de certaines prestations, ou (ce qui parfois revient au même)

2. Négativement : en imposant à certains groupes spécifiés – notamment à certaines

a) corporations, ou

b) classes financières, des prestations déterminées – ou

3. Corrélativement : en liant certains monopoles spécifiés à l'obligation de certaines prestations ou livraisons. Cela peut se faire :

1) sur une base corporative : par la répartition obligatoire des membres du groupement en associations (souvent) fondées sur des dispositions héréditaires, groupant sur une base liturgique fermée certaines personnes en fonction de leur état de fortune ou de leur profession, avec octroi de privilèges corporatifs ;

2) sur une base capitaliste : par la création de guildes et de cartels fermés nantis de droits monopolistiques et soumis à des contributions financières.

Ad II. La classification (sommaire) s'applique aux groupements *de tout genre*. Mais nos exemples sont choisis dans les groupements politiques.

Ad A, 1, a. Nous n'avons pas l'intention d'analyser ici – même sommairement – le système fiscal des États modernes. Nous examinerons plus loin le « lieu sociologique », c'est-à-dire le type des rapports de domination qui a donné naissance aux différentes espèces de charges et prélèvements [*Abgabenarten*] (tels que droits, accises, impôts).

La contribution en nature – même en matière de taxes, de droits de douane, d'accises, d'impôt sur le chiffre d'affaires – était encore pratique courante au Moyen Age; son remplacement par des versements monétaires est de date relativement récente.

Ad A, 1, b. Fournitures en nature : typiques sous forme de tributs et répartitions de *produits* sur des économies non autonomes. La répartition des fournitures en nature ne peut se faire que dans des groupements de peu d'étendue et dans des conditions de transport particulièrement favorables (Nil, canal impérial). Autrement, les contributions doivent être transformées en espèces pour pouvoir toucher les destinataires éloignés (comme dans l'Antiquité), ou bien elles seront – selon l'éloignement de ceux-ci – affectées à l'achat d'objets divers d'une valeur spécifique (comme c'était l'usage, à en croire la légende, dans l'ancienne Chine).

Ad A, 2. Exemples : service armé obligatoire, service auprès d'un tribunal, service dans un jury, service de travail pour la construction de routes, de ponts, de digues, pour des exploitations minières, et toutes sortes de corvées au bénéfice de groupements de toute espèce. Types d'États esclavagistes : l'ancienne Égypte (le « Nouvel Empire »), parfois la Chine, dans une mesure moindre l'Inde, dans une mesure encore moindre le Bas-Empire romain, ainsi que de nombreux groupements au début du Moyen Age.

Type d'attribution en prébende : 1) collectivement aux candidats aux fonctions publiques : en Chine, – 2) à des garants privés de prestations militaires et fiscales : aux Indes, – 3) à des condottieri et mercenaires impayés : dans le califat finissant et dans l'empire des Mamelouks, – 4) à des créanciers de l'État ; exemple : la pratique fort répandue de l'achat de charges publiques.

[117] *Ad* B, 1. Exemples : exploitation des domaines pour les besoins domestiques du souverain, recours au droit de corvée pour obliger des sujets à subvenir à la couverture des besoins (Égypte) de la cour ou en vue d'objectifs politiques ; dans nos États modernes : manufactures de vêtements militaires et fabriques de munitions de l'État.

Ad B, 2, *A* a. Il n'existe que des exemples isolés (commerce maritime). *Ad* b. Innombrables exemples à toutes les époques de l'histoire, surtout en Occident, du XVIᵉ au XVIIIᵉ siècle.

Ad C. Exemple pour le cas 1 : en Chine, exemption des hommes de lettres de toutes les corvées, exemption des classes privilégiées des *sordida munera* dans le monde entier, exemption des enseignants du service militaire dans de nombreux pays.

Pour le cas 2 : d'une part, prélèvements liturgiques sur les fortunes dans la démocratie antique ; d'autre part, charges imposées aux groupes non dégrevés sous 1.

Pour 3. Le cas 1 représente la forme la plus importante de couverture systématique des besoins publics sur une autre base que celle de l' « État fiscal ». La Chine aussi bien que l'Inde et l'Égypte, autrement dit les pays de la plus ancienne bureaucratie (hydraulique), ont connu l'organisation liturgique sous forme de liturgie de contributions *en nature* ; c'est en partant de là qu'elle s'est répandue (partiellement) dans le monde grec et le Bas-Empire romain : il est vrai qu'elle y a pris la forme d'une liturgie monétaire *fiscale* qui a remplacé l'ancienne liturgie de contributions en nature. Elle correspond toujours à une division en corporations professionnelles. Sous cette forme, elle pourrait refaire son apparition de nos jours, si jamais la couverture des besoins publics par voie fiscale et étatique venait à faire défaut et si la couverture des besoins privés capitalistes devait être soumise au contrôle de l'État. Jusqu'ici, c'est toujours le cas 2 qui a trouvé son application en cas de difficultés financières de la couverture moderne des besoins publics : monopoles d'exploitation contre licences et contributions. Exemple le plus simple : contrôle des poudreries avec garantie monopolistique contre la création d'entreprises similaires et versements élevés à la caisse d'État (en Espagne). Il paraît concevable de réaliser la « socialisation » des différentes branches d'entreprises à caractère lucratif, à commencer par l'industrie d'extraction de la houille, en recourant à des cartels ou trusts obligatoires, qui rapporteraient à l'État des recettes fiscales, tout en maintenant l'approvisionnement en biens orienté, d'une façon (formellement) rationnelle, en fonction des *prix.*

§ 39. *Réaction sur les économies privées.*

Les modalités de la couverture des besoins du groupement dans les groupements *politiques* (et hiérocratiques) se répercutent fortement sur les structures des économies privées. L'*État fiscal intégral* [*Geldabgabenstaat*], qui encaisse les recettes fiscales pour son propre compte (et seulement lui), qui ne recourt aux prestations personnelles de ses sujets que pour des fins politiques et juridictionnelles, offre le maximum de chances au capitalisme rationnel orienté en fonction des marchés. L'État fiscal avec amodiation favorise le capitalisme d'orientation politique et non l'économie lucrative orientée aux marchés. Le prêt et l'*attribution en prébende* d'impôts contrarient généralement la naissance du capitalisme en créant des intérêts attachés au maintien des casuels et autres sources de revenus solidement implantées, et en favorisant la stéréotypisation et la traditionalisation de l'économie.

Le groupement qui recourt exclusivement aux *livraisons* en nature ne favorise pas le capitalisme et contrarie son épanouissement dans la mesure même où il oriente l'économie dans le sens d'un approvisionnement peu rationnel sous l'angle de l'économie à caractère lucratif.

Le groupement à emploi exclusif de *prestations* en nature gêne le capitalisme orienté sur le marché par sa mainmise sur la main-d'œuvre et les entraves qu'il oppose à la formation d'un *marché libre de l'emploi* ; de même qu'il empêche la naissance du capitalisme d'orientation politique en éliminant les chances typiques de sa formation.

Le financement monopolistique à base lucrative, les prélèvements en nature convertis en monnaie et l'approvisionnement liturgique qui grèvent les classes possédantes ont ceci en commun qu'ils ne favorisent guère le capitalisme *autonome* et orienté en fonction des marchés, mais qu'ils diminuent les chances commerciales par leurs mesures fiscales et irrationnelles dans la perspective de l'économie de marché : à savoir par la création de privilèges et de chances de gain irrationnelles. Il se pourrait, par contre, qu'ils favorisent – dans certaines conditions – le capitalisme économique.

L'entreprise industrielle ou commerciale à caractère lucratif [*Erwerbsbetrieb*] avec immobilisation de capitaux et compte capital rigoureux présuppose, [118] en premier lieu, la *prévisibilité chiffrée* [*Berechenbarkeit*] des charges, et – au plan matériel – une telle structure des charges qu'elles ne constituent pas une pénalisation de l'*exploitation* de capitaux, ce qui veut dire surtout des ventes sur les marchés [*Marktumsätze*]. Le capitalisme spéculatif commercial, par contre, s'accommode de tout système de couverture des besoins publics qui n'empêche pas, par des engagements liturgiques, l'utilisation commerciale de biens comme marchandise.

Il n'en reste pas moins vrai que le système de répartition des charges publiques, pour important qu'il soit, ne détermine *en aucune façon* l'évolution de l'orientation économique. Dans certains grands territoires et à certaines époques, le capitalisme rationnel (orienté en fonction du marché) *n'a pu* prendre pied malgré l'absence de toute entrave typique ; ailleurs, il s'est imposé en dépit d'empêchements (apparents) majeurs. En plus du contenu matériel de la *politique économique*, dans l'orientation de laquelle peuvent entrer des facteurs extra-économiques, en plus de l'évolution intellectuelle (dans le domaine scientifique et technologique), des obstructions idéologiques (morales et religieuses) ont souvent freiné, sur le plan local, l'épanouissement d'un capitalisme autochtone de structure moderne. Il ne faudrait, par ailleurs, jamais perdre de vue que de nouvelles méthodes d'exploitation et d'entreprise doivent être « inventées » au même titre que des produits techniques et qu'on peut bien, pour expliquer ce genre d' « inventions », signaler les influences historiques « négatives » ou les circonstances « positives » les ayant *favorisées*, mais qu'il est absolument impossible de les déduire par un raisonnement de cause à effet de *facteurs précis* : une telle déduction *strictement logique* est exclue dans le domaine des *faits individuels*.

1. Ajoutons une remarque à cette dernière phrase. Seules des circonstances tout à fait exceptionnelles permettent de réduire des phénomènes strictement *naturels* d'ordre individuel à des causes précises : sous ce rapport, ils n'offrent aucune différence avec une activité quelconque. (Cf. mon étude sur « Roscher u. Knies » II, *Gesammelte Aufsätze zur Wissenschaftslehre*, p. 56, 64 ss.])

2. Remarque concernant la section précédente :

Nous ne pouvons donner que quelques indications provisoires sur les rapports entre le régime et l'administration des groupements politiques et leurs incidences sur l'économie.

a. L'exemple le plus marquant d'obstruction à l'épanouissement d'un capitalisme orienté en fonction des marchés par l'*improvidation* de taxes et d'impôts nous est fourni par la Chine ; le *prêt* de taxes et d'impôts (souvent identique dans ses effets à l'improvidation) a entraîné des conséquences analogues au Proche-Orient depuis l'installation du califat (voir les détails au chapitre s'y rapportant). L'affermage se rencontre aux Indes, dans le Proche-Orient, en Occident dans l'Antiquité et au Moyen Age : c'est seulement dans l'Antiquité occidentale qu'il a exercé une influence décisive sur les entreprises capitalistes (chevalerie romaine), alors qu'il a suscité la formation de fortunes (domaines seigneuriaux) aux Indes et dans le Proche-Orient.

b. L'exemple le plus important de l'obstruction de l'évolution capitaliste par la couverture des besoins par voie *liturgique* est sans conteste l'Antiquité finissante, mais on pourrait citer aussi l'Inde post-bouddhique et, par intervalles, la Chine. Nous reparlerons de ce problème au chapitre s'y rapportant.

c. Le cas le plus important de l'étouffement *monopolistique* du capitalisme est, après quelques tentatives de l'époque hellénistique (ptoléméenne), la période d'acquisition de monopoles et de concessions monopolistiques princières au début des temps modernes (on peut considérer comme prélude certaines mesures de Frédéric II [1194-1250] en Sicile, inspirées peut-être par des exemples byzantins, les derniers combats d'arrière-garde se plaçant à l'époque des Stuarts) ; nous y reviendrons en temps voulu.

Nous avons entrepris cette étude quelque peu abstraite à seule fin de poser *correctement* le problème. Avant d'aborder l'examen des différentes phases et des conditions préalables à toute évolution économique, il importe d'étudier le contexte *purement sociologique* des facteurs extra-économiques.

§ 40. *Influence de l'économie*
sur la formation des groupements.

L'économie entraîne des conséquences sociologiques pour toute *formation de groupements*, surtout si, comme c'est la règle générale, ses dirigeants et ses administrateurs sont *rémunérés*. Car dans ce cas des intérêts *économiques* impérieux militent pour la pérennité du groupement, [119] même si ses bases idéologiques initiales ont perdu toute raison d'être.

C'est un fait d'observation quotidienne que – parfois selon l'aveu même des intéressés – un groupement quelconque, dont le maintien ne « rime plus à rien », continue d'exister parce que tel « secrétaire général » ou tel fonctionnaire de groupement en tire sa subsistance.

Toute chance appropriée – même si elle ne l'est pas au plan formel – *peut* avoir pour conséquence de perpétuer certaines formes stéréotypées d'action sociale. Dans le domaine des chances de gains économiques (visant à l'approvisionnement pacifique en biens de consommation courante) ce sont, en règle générale, les chances des entrepreneurs industriels ou commerciaux [*Erwerbsunternehmer*] qui constituent des puissances autochtones et d'une rationalité *révolutionnaire*. Mais il n'en est pas toujours ainsi.

Exemple : c'est ainsi que les intérêts de courtage des banquiers se sont opposés pendant longtemps à l'admission du transfert par *endossement* ; nous rencontrerons souvent de telles obstructions exercées par des institutions formellement rationnelles, même d'ordre capitaliste et lucratif, encore qu'elles soient infiniment moins fréquentes que les obstructions prébendaires, corporatives et économiquement irrationnelles.

§ 41. *Les ressorts de l'activité économique.*

Dans le cadre de l'économie transactionnelle toute activité économique est toujours le fait d'agents économiques *isolés* qui entendent satisfaire leurs *propres* intérêts idéaux ou matériels. Cela est vrai aussi d'activités s'orientant en fonction des règlements émis par des *groupements* économiques ou régulateurs, ce qu'on a parfois tendance à oublier (chap. II, § 5.)

Il en serait de même dans une économie organisée sur une base socialiste. Il est vrai que, dans une telle économie, les *dispositions* seraient prises par les dirigeants du groupement, l'action des particuliers se limitant, dans le cadre de l'*approvisionnement* en biens économiques, aux seules prestations « techniques », au « travail » selon notre définition (chap. II, § 15). Il en serait ainsi tant que l'économie socialiste serait administrée de manière « *dictatoriale* », c'est-à-dire autocratique. Tout droit de cogestion déclencherait *aussitôt* le déchaînement de conflits d'intérêts ayant pour enjeu des problèmes administratifs mais surtout les modalités des « économies » (réserves). Mais là n'est pas le problème ! Il consiste surtout en ce que chacun se poserait tout d'abord la question de savoir si les rations et les tâches qu'on lui alloue correspondent bien, comparées à celles des autres citoyens, à ses intérêts. C'est en fonction de cette question qu'il réglerait son comportement : des luttes acharnées pour la modification ou le maintien des rations allouées (suppléments pour travaux pénibles), l'appropriation ou l'expropriation d'emplois recherchés pour la rémunération ou les agréments qu'ils offrent, des arrêts de travail (grève ou lock-out), la réduction de l'approvisionnement en vue d'obtenir la modification des conditions de travail dans certaines branches, le boycottage et l'exclusion de chefs ouvriers peu aimés seraient à l'ordre du jour. Tout comme dans le système actuel, les luttes seraient livrées au niveau des groupes, les avantages principaux iraient à ceux chargés de travaux « essentiels » et aux plus aptes sur le plan physique. En tout état de cause, ce serait toujours l'intérêt du *particulier* qui se manifesterait, peut-être par des actions communes, contre les intérêts antagonistes d'autres *particuliers*. Le jeu des intérêts aurait d'autres acteurs, les moyens mis en œuvre seraient différents, mais l'essentiel ne subirait aucun changement. S'il est certain que quelques actes économiques peuvent être orientés – par des motifs purement idéologiques – en fonction de l'intérêt d'autrui, il n'en est pas moins sûr que la masse, la majorité des humains, n'agit pas ainsi et n'agira pas ainsi, s'il faut en croire les expériences passées, à l'avenir.

[120] Dans une économie socialiste intégrale (économie « planifiée ») il y aurait simplement :

1) une répartition des biens en nature selon un *plan* fondé sur les rations nécessaires ;

2) une fabrication de ces biens selon un *plan* de production. La catégorie tirée de l'économie monétaire de « revenu » ferait obligatoirement défaut. Des *rémunérations* rationnées seraient en revanche possibles.

Dans l'économie transactionnelle [*Verkehrswirtschaft*] la recherche du « revenu » est inévitablement le ressort ultime de toute activité économique. Car toute disposition nécessitant des biens ou utilités faisant défaut à l'agent économique présuppose l'acquisition et la disposition de revenus futurs, et tout droit de disposition acquis présuppose des revenus antérieurs. Tous les bénéfices industriels et commerciaux se transforment, à un *niveau* quelconque ou sous une *forme* quelconque, en « revenus » d'agents économiques quelconques. Dans une économie réglementée la réglementation vise normalement la répartition des revenus. (Dans les économies à base de troc le terme de « revenu » céderait la place à celui de « recettes », de « produits » [*Einkünfte*] de biens ou prestations en nature dont la valeur comme moyens d'échange ne peut être fixée en termes d' « unités ».)

Revenus et recettes peuvent se présenter, en termes de sociologie, sous les *principaux* aspects suivants et découler des *principales* sources suivantes :

A. Revenus et recettes de prestations (liés à des prestations spécifiques ou spécialisées).

I. Salaires :

1) salaires en numéraire ou en nature librement négociés (pour une *période* de travail donnée) ;

2) revenus et recettes fixes selon barème (traitements et appointements en nature de fonctionnaires) ;

3) salaires à la tâche librement négociés;

4) rémunérations librement négociées pour certains travaux.

II. Bénéfices :

1) bénéfices libres résultant de l'approvisionnement lucratif en biens et prestations;

2) bénéfices de même nature, mais réglementés.

Dans les deux cas (1 et 2), déductions de « frais » : bénéfices nets;

3) gains de rapine;

4) gains résultant d'affermages de pouvoirs, casuels, impôts, gains obtenus par corruption, subornation et appropriations violentes.

Déduction des frais (3 et 4) en cas de bénéfices habituels et permanents de ce genre, au cas contraire la déduction ne se faisant pas toujours.

B. Bénéfices et recettes attachés à la propriété (notamment à l'exploitation du droit de disposer de moyens d'approvisionnement importants).

I. « Rentes nettes » après déduction des frais :

1) rentes résultant de la possession de personnes humaines (esclaves, serfs, affranchis), en nature ou en numéraire, rentes fixes ou sous forme de participation à des entreprises rémunératrices (déduction des frais de subsistance);

2) rentes appropriées par les seigneurs du lieu (avec déduction des frais d'administration);

3) rentes résultant de la propriété terrienne (affermage partiel, à temps, en nature ou en numéraire, recettes des propriétaires fonciers – avec déduction de l'impôt foncier et des frais d'entretien);

4) rentes sur immeubles (avec déduction des frais d'entretien);

5) rentes résultant de monopoles appropriés (droit de contrainte, patentes – déduction des taxes).

II. Généralement sans déduction de frais :

6) intérêts de placements (en échange du placement de fonds (chap. II, § 11) contre « loyer » auprès de particuliers ou d'entreprises à caractère lucratif);

7) dîmes du bétail;

8) « intérêts » en nature et prestations en nature librement négociées ;

[121] 9) « intérêt » de l'argent prêté ;

10) intérêts hypothécaires, en numéraire ;

11) rentes de titres, en numéraire, soit :

a) fixes (appelées : « intérêts »),

b) variables en fonction de leur rentabilité (type : dividendes) ;

12) autres participations aux bénéfices (cf. A II, 1) ;

13) participation occasionnelle aux bénéfices et aux opérations rationnelles d'ordre spéculatif ;

14) participation rationnelle au bénéfice d'affaires de tout genre.

Tous les « bénéfices » et « rentes » résultant de titres ne sont pas des revenus « négociés » ou le sont seulement dans leurs préalables (prix d'échange, taux de base du salaire à forfait). Tous les intérêts fixes, les salaires, les redevances des baux à loyer et à ferme, les loyers sont des revenus « négociés » ; les bénéfices résultant d'affermages de pouvoirs, casuels, impôts, de la possession d'esclaves, de domaines, de rapines sont des revenus appropriés par la force ou la violence. Les revenus résultant de la propriété peuvent être des revenus non professionnels si le propriétaire en confie l'exploitation à d'autres. Les salaires, appointements, bénéfices de travail et d'entreprise sont des revenus professionnels ; les autres peuvent être l'un ou l'autre (il n'entre pas encore dans notre propos d'en étudier les détails).

Une valeur éminemment *dynamique* – et créatrice de structures économiques nouvelles – doit être attribuée surtout aux revenus des entreprises industrielles et commerciales (A II, 1), aux produits du travail libres ou négociés (A I, 3 et 4), ensuite, par ordre décroissant, aux échanges libres, à d'autres bénéfices, et pour finir aux rapines (A II, 3).

Éminemment *statiques* – économiquement conservateurs – sont les traitements selon barème (émoluments), salaires de régie, les bénéfices tirés des pouvoirs d'une charge et (en règle générale) toutes les rentes.

La source habituelle de revenus économiques (dans l'économie de troc) est l'appropriation monopolistique des chances d'exploiter la propriété ou des prestations contre rémunération (en nature).

Tous ces revenus s'appuient sur la simple *éventualité* d'une protection par la force des chances appropriées (voir plus haut, chap. II, § 1, 4.). La rapine et les bénéfices similaires sont le résultat de violences *effectivement* exercées. Notre ébauche, fort sommaire, ne nous a pas permis d'examiner un à un tous les cas qui peuvent se présenter.

Malgré de nombreuses divergences sur des points de détail, je considère la partie des travaux de R. Liefmann consacrée aux « revenus » comme éminemment valable. Nous n'avons pas l'intention d'approfondir ici l'aspect *économique* du problème. Les rapports entre dynamisme économique et structures sociales retiendront encore souvent notre attention.

CHAPITRE III

Les types de domination

1. LES FONDEMENTS DE LA LÉGITIMITÉ

§ 1. *Définition, condition et modes de domination.*

[122] Nous entendons par « domination » (selon la définition du chap. I, § 16) la chance, pour des ordres spécifiques (ou pour tous les autres), de trouver obéissance de la part d'un groupe déterminé d'individus. Il ne s'agit cependant pas de n'importe quelle chance d'exercer « puissance » et « influence » sur d'autres individus. En ce sens, la domination (l'« autorité ») peut reposer, dans un cas particulier, sur les motifs les plus divers de docilité : de la morne habitude aux pures considérations rationnelles en finalité. Tout véritable rapport de domination comporte un minimum de volonté d'obéir, par conséquent un intérêt, extérieur ou intérieur, à obéir

Toute domination n'utilise pas des moyens économiques. Bien moins encore toutes les dominations n'ont pas des buts économiques. Mais toute domination sur un grand nombre d'individus requiert normalement (pas toujours cependant) un état-major d'individus (direction administrative, cf. chap. I, § 12), c'est-à-dire la chance (normalement) assurée d'exercer une action spécifique, instaurée pour réaliser ses ordonnances générales et ses ordres concrets – individus déterminés et obéissant fidèlement. Cette direction administrative peut être astreinte à obéir au (ou aux) détenteur(s) du pouvoir par la seule coutume, ou par des motifs purement affectifs, ou encore par des intérêts matériels ou des mobiles idéaux (rationnels en valeur) [*wertrational*]. La nature de ces motifs détermine dans une large mesure le type de domination. Des motifs, strictement matériels et rationnels en finalité [*zweckrational*], d'alliance entre le détenteur du pouvoir et la direction administrative signifient une permanence relativement instable de celle-ci. En règle générale d'autres viennent s'y ajouter – affectuels ou rationnels en valeur. Dans des cas extraordinaires, seuls ceux-ci peuvent être décisifs. Dans la vie quotidienne, la coutume et avec elle l'intérêt matériel, rationnel en finalité, les dominent comme ils dominent les autres relations. Mais coutume ou intérêts ne peuvent, pas plus que des motifs d'alliance strictement affectuels ou strictement rationnels en valeur, établir les fondements sûrs d'une domination. Un facteur décisif plus large s'y ajoute normalement : la croyance en la légitimité.

L'expérience montre qu'aucune domination ne se contente de bon gré de fonder sa pérennité sur des motifs ou strictement matériels, ou strictement affectuels, ou strictement rationnels en valeur. Au contraire, toutes les dominations cherchent à éveiller et à entretenir la croyance en leur « légitimité ». Mais, selon le genre de légitimité revendiquée, le type d'obéissance de la direction administrative destiné à le garantir et le caractère de l'exercice de la domination sont fondamentalement différents. Et avec eux son action. Par conséquent, il faut distinguer les formes de domination suivant la revendication de légitimité qui leur est propre. Pour cela, il importe de partir de rapports modernes, donc connus.

[123] 1. Seul le résultat peut justifier le choix de ce point de départ de la distinction à l'exclusion de tout autre. Le fait que tels caractères distinctifs types s'effacent provisoirement et qu'ils puissent réapparaître par la suite ne devrait pas constituer un inconvénient décisif. La « légitimité » d'une domination – du fait qu'elle possède des rapports très certains avec la légitimité de la *possession* – n'a nullement une portée strictement « idéelle » [*ideell*].

2. On ne doit pas qualifier de domination toute « prétention » garantie par une convention ou par une règle juridique. Sinon le travailleur, dans le cadre de son droit à un salaire, serait le

« maître » de son employeur, l'huissier devant, à sa requête, se mettre à sa disposition. A la vérité, du point de vue formel, il en est un partenaire d'échanges, partenaire « fondé » à recevoir des prestations. Par contre, cela ne doit pas exclure l'idée d'un rapport de domination, même si celui-ci est engendré par un contrat formellement libre : il en va ainsi de cette domination de l'employeur sur les travailleurs qui se manifeste par les ordres et les directives de travaill, de celle du suzerain sur des vassaux librement entrés dans un rapport de vassalité. Que l'obéissance soit formellement « imposée » en vertu de la discipline militaire ou qu'elle soit formellement « volontaire » en vertu de la discipline d'atelier, cela ne change rien au fait que la discipline d'atelier elle-même correspond à une domination. La situation de fonctionnaire est elle aussi acceptée par contrat et elle est résiliable ; il n'est pas jusqu'à la condition de sujet qui ne puisse être acceptée librement et (dans certaines limites) annulée. La contrainte absolue n'existe que pour les esclaves. Mais, d'autre part, une « puissance » économique résultant d'une situation monopolistique, c'est-à-dire, dans ce cas, la possibilité de « dicter » aux partenaires de l'échange les conditions de cet échange, n'a pas plus de raisons d'être appelée « domination » que n'importe quelle « influence » qui résulterait d'une supériorité érotique, sportive, oratoire ou autre. Qu'une grande banque soit en mesure d'imposer à d'autres un « cartel de conditions », on ne pourra parler de « domination » tant que ne se sera pas produit un rapport d'obéissance immédiat et tel que suivent des directives de gestion imposées par cette banque – directives qui auront la prétention et la possibilité de servir de normes strictement en tant que telles – et dont l'exécution sera contrôlée. Naturellement, les nuances sont fluides : tous les degrés intermédiaires se rencontrent, de l'engagement de la dette à la servitude de celle-ci. Et la position qu'occupe un « salon » peut aller jusqu'à frôler celle d'une puissance autoritaire, sans être pour autant considérée comme une « domination ». En fait, un clivage rigoureux est rarement possible. Des concepts clairs sont alors d'autant plus nécessaires.

3. La « légitimité » d'une domination peut aussi n'être considérée que comme la chance qu'elle a d'être, dans une mesure importante, tenue et pratiquement manipulée comme un tel concept. Encore un peu et l'on dira que la docilité à l'égard

d'une domination donnée provient, dans la plupart des cas (voire toujours), de cette croyance. La docilité peut être feinte pour des raisons d'opportunité, imposée par des intérêts matériels particuliers, acceptée comme inévitable par des individus ou des groupes entiers du fait de leur faiblesse et de leur impuissance. Mais il n'y a rien là de déterminant pour la classification d'une domination. Le fait que sa *revendication* propre de légitimité suivant son type ait, dans une mesure importante, « du crédit », consolide son existence et détermine le genre du moyen de domination choisi. Une domination peut en outre – c'est fréquemment le cas dans la pratique – être si totalement assurée par l'évidente communauté d'intérêts du détenteur du pouvoir et de sa direction administrative (gardes du corps, prétoriens, gardes « rouges » ou « blancs ») sur ceux qu'ils dominent, du fait de l'impuissance de ces derniers, qu'elle peut se permettre de dédaigner la revendication de « légitimité ». Enfin le mode de relation de légitimité entre le détenteur du pouvoir et la direction administrative est très différent selon le type de fondement de l'autorité qui s'est établie entre eux et, dans une grande mesure, il est décisif pour la structure de la domination.

4. L'« obéissance » signifie que l'action de celui qui obéit se déroule, en substance, comme s'il avait fait du contenu de l'ordre la maxime de sa conduite, et cela simplement de par le rapport formel d'obéissance, sans considérer la valeur ou la non-valeur de l'ordre.

5. Sur le plan strictement psychologique la chaîne de causalité peut sembler différente, elle peut en particulier consister en une « suggestion » ou une « intuition ». Mais cette distinction n'est pas utile, ici, à la formation des types de domination.

6. Le domaine de l'influence à caractère de domination exercée sur les relations sociales et les phénomènes culturels est fondamentalement plus vaste qu'il n'apparaît au premier abord. Par exemple, c'est cette domination qui s'exerce à l'école, qui donne une empreinte orthodoxe aux formes du langage et de l'écriture. Les dialectes faisant fonction de [124] langues officielles *(Kanzleisprache)* des groupements politiques autocéphales, et par conséquent de leurs souverains, se sont transformés en ces formes orthodoxes de langage et d'écriture et ont entraîné des divorces « nationaux » (par

exemple, celui de la Hollande et de l'Allemagne). Mais la domination des parents et celle de l'école sont bien supérieures à l'influence exercée par ces liens culturels formels (en apparence seulement) sur la jeunesse et, par là, les individus.

7. Le fait que le chef et la direction administrative d'un groupement se présentent, quant à la forme, comme « serviteurs » de ceux qu'ils dominent n'est nullement une preuve contre le caractère de « domination ». On en reparlera, en particulier en ce qui concerne les situations matérielles de fait de ce qu'on appelle la « démocratie ». Un minimum de pouvoir de décision, et par conséquent, dans cette mesure même, de « domination », doit leur être concédé dans la quasi-totalité des cas.

§ 2. *Les types de domination légitime.*

Il y a trois types de domination légitime. La validité de cette légitimité peut principalement revêtir :

1) Un caractère *rationnel*, reposant sur la croyance en la légalité des règlements arrêtés et du droit de donner des directives qu'ont ceux qui sont appelés à exercer la domination par ces moyens (domination légale) ;

2) Un caractère *traditionnel*, reposant sur la croyance quotidienne en la sainteté de traditions valables de tout temps et en la légitimité de ceux qui sont appelés à exercer l'autorité par ces moyens (domination traditionnelle) ;

3) Un caractère *charismatique*, [reposant] sur la soumission extraordinaire au caractère sacré, à la vertu héroïque ou à la valeur exemplaire d'une personne, ou encore [émanant] d'ordres révélés ou émis par celle-ci (domination charismatique).

Dans le cas de la domination statutaire [*satzungsmäßig*], on obéit à l'ordre impersonnel, objectif, légalement arrêté, et aux supérieurs qu'il désigne, en vertu de la légalité formelle de ses règlements et dans leur étendue. Dans le cas de la domination traditionnelle, on obéit à la personne du détenteur du pouvoir désigné par la tradition et assujetti (dans ses attributions) à celle-ci, en vertu du respect qui lui est dû dans l'étendue de la coutume. Dans le cas de la domination charismatique, on obéit au chef en tant que tel, chef qualifié charismatiquement en vertu de la confiance personnelle en sa révélation, son héroïsme ou sa valeur exemplaire, et dans l'étendue de la validité de la croyance en son charisme.

1. L'avantage qu'elle offre pour parvenir à une systématique ne peut que prouver l'utilité de cette distinction. Le concept de « charisme » (« grâce ») est tiré de la terminologie du christianisme ancien. Rudolf Sohm, dans son *Kirchenrecht* [Leipzig 1893], a le premier éclairci le concept de hiérocratie chrétienne, selon le fait si ce n'est selon la terminologie ; d'autres (par exemple Holl dans *Enthusiasmus und Bußgewalt beim griechischen Mönchtum* [Leipzig 1898]), certaines de ses conséquences importantes. Ce n'est donc pas quelque chose de nouveau.

2. Le fait qu'aucun des trois types idéaux dont nous allons immédiatement discuter ne se présente historiquement à l'état « pur » ne peut empêcher la fixation conceptuelle la plus pure possible. En outre (§ 11 sqq.), la modification du charisme pur par la pratique quotidienne est discutée, et par là son rattachement aux formes empiriques de domination s'est substantiellement renforcé. Mais alors tout phénomène historique empirique de domination passe pour ne pas être « une élucubration de la pensée » [*kein ausgeklügelt Buch*]. Et la typologie sociologique offre au travail historique empirique simplement l'avantage – qu'il ne faut tout de même pas sous-estimer – de pouvoir donner, dans un cas particulier, des indications sur une forme de domination « charismatique », « charismatique héréditaire » (§§ 10, 11), « charismatique de la fonction », « patriarcale » (§ 7), « bureaucratique » (§ 4), « d'un ordre » [*ständisch*], etc. ou sur ce qui se rapproche de ces types, et cet autre avantage de travailler en même temps au moyen d'un concept à peu près clair. Nous sommes ici aussi loin que possible de croire que la réalité historique se laisse « emprisonner » dans le schéma conceptuel.

2. LA DOMINATION LÉGALE A DIRECTION ADMINISTRATIVE BUREAUCRATIQUE

REMARQUE PRÉLIMINAIRE. C'est intentionnellement que nous partons ici de la forme spécifiquement moderne de l'administration afin de la confronter par la suite aux autres.

§ 3. *La domination légale.*

[125] La domination légale repose sur la validité des conceptions connexes suivantes :

1) N'importe quel droit peut être établi rationnellement par le pacte ou l'octroi, il peut être orienté vers la rationalité en finalité ou vers la rationalité en valeur (ou les deux), avec la prétention d'être suivi au moins par les membres du groupement, mais aussi en règle générale par des personnes qui, dans le ressort du groupement (dans les groupements territoriaux, du territoire), s'engagent dans certains rapports sociaux que l'ordre du groupement déclare importants ou qui agissent socialement.

2) Tout droit est dans son essence un cosmos de règles abstraites, normalement décidées intentionnellement : justice, application de ces règles au cas particulier, administration, surveillance rationnelle des intérêts prévus par les règlements du groupement dans la limite des règles juridiques et selon des principes généralement déterminés, lesquels rencontrent l'approbation, ou du moins ne rencontrent aucune désapprobation, auprès des règlements du groupement.

3) Par conséquent, le détenteur légal type du pouvoir, le « supérieur », lorsqu'il statue, et partant lorsqu'il ordonne, obéit pour sa part à l'ordre impersonnel par lequel il oriente ses dispositions.

Ceci vaut aussi pour le détenteur légal du pouvoir qui n'est pas « fonctionnaire », par exemple pour le président élu d'un État.

4) Ainsi qu'on le formule le plus souvent, celui qui obéit n'obéit que comme membre du groupe, et seulement « au droit »,

comme membre de l'union, membre de la communauté, membre de l'Église et, dans un État, comme *citoyen*.

5) En conformité avec la conception n° 3, les membres du groupement, en obéissant au détenteur du pouvoir, n'obéissent pas à sa personne mais à des règlements impersonnels ; par conséquent ils ne sont tenus de lui obéir que dans les limites de la compétence objective, rationnellement délimitée, que lesdits règlements fixent.

Les catégories fondamentales de la domination rationnelle sont donc :

1) Une activité des fonctions publiques continue et liée à des règles, au sein d'

2) Une compétence (ressort), qui signifie :

a) un domaine de devoirs d'exécution délimité objectivement en vertu du partage de cette exécution,

b) avec l'adjonction de pouvoirs de commandement requis à cette fin et

c) une délimitation précise des moyens de coercition et des hypothèses de leur application.

Nous appellerons une activité ordonnée de cette manière une *autorité constituée* [*Behörde*].

Il y a « autorité constituée » en ce sens dans les grandes entreprises privées, les partis, l'armée, tout comme dans l'État et l'Église. Le président élu d'un État (ou le collège des ministres, ou les « mandataires du peuple » élus) et aussi une « autorité constituée », selon cette terminologie ; mais ces catégories ne nous intéressent pas encore. Les autorités constituées ne sont pas toutes dotées de « pouvoirs de commandement » de façon identique ; mais cette distinction ne nous intéresse pas ici.

A cela il faut ajouter :

3) Le principe de *hiérarchie administrative*, c'est-à-dire l'organisation d'autorités précises de contrôle et de surveillance pour toute autorité constituée, avec droit d'appel ou de requête des subordonnés aux supérieurs. Cependant la question de savoir si et quand l'instance de requête remplace elle-même la disposition à corriger par une autre qui soit « juste », ou si elle en charge le service qui lui est subordonné et devant lequel la requête est présentée, cette question est réglée de différentes manières.

[126] 4) Les « règles » selon lesquelles il est procédé peuvent être :

a) des règles techniques ;

b) des normes.

Dans les deux cas, la formation professionnelle [*Fachschulung*] est nécessaire à l'application des « règles » afin d'obtenir une complète rationalité. Normalement, seul celui qui possède cette formation est donc qualifié pour participer à la direction administrative d'un groupement, et seul un tel individu peut être nommé *fonctionnaire*. Les fonctionnaires forment la direction administrative type des groupements rationnels, qu'ils soient politiques, hiérocratiques, économiques (en particulier capitalistes) ou autres.

5) Le principe de séparation totale de la direction administrative des moyens d'administration et d'acquisition vaut dans le cas de la rationalité. Les fonctionnaires, les employés, les travailleurs de la direction administrative ne sont pas en possession des moyens pratiques d'administration et d'acquisition, mais ils les reçoivent en argent ou en nature, et sont tenus d'en rendre compte. Il existe un principe de séparation totale, d'une part, des ressources de la fonction (ou de l'exploitation) – éventuellement, du capital – et des ressources privées (budget domestique), ainsi que, d'autre part, du lieu d'activité de la fonction (bureau) et du lieu de l'habitation.

6) Dans le cas de la rationalité complète il y a absence totale d'appropriation du poste par le titulaire. Là où est constitué un « droit » à la « fonction » (par exemple pour les juges et, récemment, pour des portions croissantes du fonctionnariat, voire de la classe ouvrière), celui-ci normalement ne sert pas aux fins d'appropriation par le fonctionnaire mais à la sécurité du travail purement objectif (« indépendant ») et il est lié seulement à des normes, dans sa fonction.

7) Le principe de la conformité [*Aktenmäßigkeit*] de l'administration vaut là même où la discussion orale est une règle de fait ou une franche prescription : du moins les discussions préliminaires, les propositions et les décisions, les dispositions et les règlements de toute sorte sont fixés par écrit. Les actes et l'activité continue des fonctionnaires constituent le bureau, le centre de toute action moderne d'un groupement quelconque.

8) La domination légale peut admettre des formes très différentes, dont nous traiterons plus tard en particulier. Dans ce qui suit nous n'analyserons tout d'abord, à dessein, comme « idéaltype » que la structure la plus purement dominatrice de la direction administrative : celle du « fonctionnariat », de la « bureaucratie ».

Le fait qu'on laisse de côté le modèle type du chef s'explique par des circonstances qui ne deviendront entièrement claires que par la suite. Des types très importants de domination rationnelle appartiennent, du point de vue formel, par leur chef à d'autres types (charismatique héréditaire : monarchie héréditaire ; charismatique : président plébiscitaire) ; d'autres sont, du point de vue matériel, en grande partie rationnels, mais se situent (gouvernement de cabinet) entre la bureaucratie et le charisme ; d'autres encore sont dirigés (ministères de parti) par les chefs (charismatiques ou bureaucratiques) d'autres groupements (partis). Le type de la direction administrative, rationnelle et légale est susceptible d'application universelle et il est le plus important dans la vie quotidienne. Car avant tout, dans la vie quotidienne, la domination est *administration*.

§ 4. *Le type pur de la domination légale :* *la direction administrative bureaucratique.*

Le type le plus pur de domination légale est la domination par le moyen de la *direction administrative bureaucratique*. Seul le chef du groupement occupe la position de détenteur du pouvoir soit en vertu d'une appropriation, soit en vertu d'une élection ou d'un successeur désigné. Mais ses attributions de détenteur du pouvoir elles-mêmes constituent des « compétences » légales. La totalité de la direction administrative se compose, dans le type le plus pur, de *fonctionnaires individuels* [*Einzelbeamte*] (monocratie, le contraire de la « collégialité », dont nous traiterons plus tard), lesquels,

1) personnellement libres, n'obéissent qu'aux devoirs objectifs de leur fonction,

2) dans une *hiérarchie* de la fonction solidement établie,

3) avec des *compétences* de la fonction solidement établies,

4) en vertu d'un contrat, donc (en principe) sur le fondement d'une sélection ouverte [*frei*] selon

[127] 5) la *qualification professionnelle* : dans le cas le plus rationnel, ils sont nommés (non élus) selon une qualification professionnelle révélée par l'examen, attestée par le diplôme ;

6) sont payés par des appointements fixes en espèces, la plupart donnant droit à retraite, le cas échéant (en particulier dans les entreprises privées) résiliables de la part des patrons, mais toujours résiliables de la part des fonctionnaires ; ces appointements sont avant tout gradués suivant le rang hiérarchique en

même temps que suivant les responsabilités assumées, au demeurant suivant le principe de la « conformité au rang » [*Standesgemäßheit*] (chap. IV);

7) traitent leur fonction comme unique ou principale profession;

8) voient s'ouvrir à eux une carrière, un « avancement » selon l'ancienneté, ou selon les prestations de service, ou encore selon les deux, avancement dépendant du jugement de leurs supérieurs;

9) travaillent totalement « séparés des moyens d'administration » et sans appropriation de leurs emplois;

10) sont soumis à une discipline stricte et homogène de leur fonction et à un contrôle.

En principe, cette organisation est également applicable – et aussi démontrable historiquement (ne s'approchant plus ou moins du type pur) – aux entreprises économiques de profit, aux entreprises charitables ou à n'importe quelle autre entreprise poursuivant des buts privés idéaux ou matériels.

1. Par exemple, la bureaucratie des cliniques privées est en principe la même que celle des hôpitaux constitués par des fondations ou des ordres religieux. Ce qu'on appelle la « vicairocratie » [« *Kaplanocratie* »] moderne, c'est-à-dire la dépossession des anciens bénéfices d'église, dans une large mesure appropriés, mais aussi l'épiscopat universel (comme « compétence » universelle formelle) et l'infaillibilité (comme « compétence » universelle matérielle ne s'exerçant qu' « *ex cathedra* », donc suivant la séparation typique de l'activité « de la fonction » et de l'activité « privée ») sont des phénomènes typiquement bureaucratiques. Il en va exactement de même de la grande entreprise capitaliste, et cela d'autant plus qu'elle est plus grande, et aussi de l'activité de parti (dont nous traiterons séparément) ou de l'armée bureaucratique moderne, conduite par des fonctionnaires militaires d'un genre particulier appelés « officiers ».

2. La domination bureaucratique se réalise de la manière la plus pure là où le principe de *nomination* des fonctionnaires domine de la manière la plus pure. La hiérarchie fonctionnariale élective n'a pas le même sens que la hiérarchie des fonctionnaires nommés : la discipline ne peut jamais atteindre d'elle-même, fût-ce de manière seulement approximative, à la même

sévérité là où le subordonné peut se targuer, tout comme son supérieur, de son élection, là où les chances du subordonné ne dépendent pas du jugement du supérieur. (Sur les fonctionnaires élus, voir § 14.)

3. La nomination par contrat, par conséquent la sélection ouverte, est essentielle à la bureaucratie moderne. Là où des fonctionnaires *non libres* (esclaves, ministériaux) exercent leurs fonctions dans une structure hiérarchisée avec des compétences objectives, c'est-à-dire dans une sorte de bureaucratie formelle, nous parlerons de « bureaucratie patrimoniale ».

4. Dans la bureaucratie, l'étendue de la qualification professionnelle est en constante progression. Le fonctionnaire de parti ou de syndicat lui-même a besoin de connaissances spécialisées (acquises empiriquement). Le fait que « ministres » et « chefs d'État » modernes soient les seuls fonctionnaires pour lesquels aucune qualification professionnelle n'est exigée, prouve qu'ils ne sont fonctionnaires qu'au sens *formel* et non au sens *matériel*, tout comme le « directeur général » d'une grande entreprise privée par actions. L'entrepreneur capitaliste est tout autant approprié que le « monarque ». La domination bureaucratique a donc fatalement à sa tête un élément au moins qui n'est pas purement bureaucratique. Ce n'est là qu'une catégorie de la domination exercée par une direction administrative particulière.

5. La rétribution fixe est normale. (Nous désignerons la perception appropriée de sportules du nom de « bénéfices » : sur ce concept, voir § 8.) De même la rétribution en espèces. Du point de vue conceptuel, elle n'est pas absolument essentielle, mais correspond au type le plus pur. (Les rémunérations en nature ont le caractère de « bénéfices ». Normalement, le bénéfice est une catégorie d'*appropriation* des chances de profit et d'emploi.) Mais les nuances sont ici très subtiles, comme le montrent précisément de tels exemples. Les appropriations en vertu de l'affermage, de l'achat, de la mise en gage des offices appartiennent à une autre catégorie qu'à la bureaucratie pure (§ 7a, 3 *in fine*).

6. « Fonctions » remplies à titre de « profession accessoire » et « fonctions honorifiques » appartiennent à des catégories dont nous discuterons par la suite (§ 19 sqq.). Pour le fonctionnaire « bureaucratique », la fonction est la profession principale.

[128] 7. La séparation des moyens d'administration est réalisée exactement de la même façon tant dans la bureaucratie publique que dans la bureaucratie privée (par exemple dans les grandes entreprises capitalistes).

8. Nous examinerons plus loin (§ 15) et en particulier les « autorités constituées » à forme *collégiale*. Elles sont en rapide diminution en faveur d'une direction monocratique effective, voire, la plupart du temps, formelle (en Prusse, par exemple, des « gouvernements » collégiaux se sont effacés depuis longtemps devant le président monocratique du gouvernement). L'intérêt que présente une administration rapide, claire, libre de ce fait des compromis et des revirements d'opinion de la majorité, est décisif.

9. Il va de soi que les officiers modernes forment une catégorie de fonctionnaires nommés, catégorie dotée de caractéristiques d'état [*ständisch*] particulières dont nous traitons par ailleurs (chap. IV) ; ou bien qu'ils sont, au contraire, d'une part des chefs élus, d'autre part des condottieri charismatiques (§ 10) ; ou, troisièmement, des *entrepreneurs* capitalistes (armée mercenaire) ; enfin, en quatrième lieu, des acquéreurs de charges (§ 7*a in fine*). Les nuances peuvent être subtiles. « Serviteurs » patrimoniaux, séparés des moyens d'administration, et entrepreneurs capitalistes d'armée ont été, tout comme, souvent, les entrepreneurs privés capitalistes, des précurseurs de la bureaucratie moderne. Nous en traiterons par la suite en particulier.

§ 5. *L'administration bureaucratico-monocratique.*

L'administration purement bureaucratique, donc fondée sur la conformité aux actes, l'administration bureaucratico-monocratique, par sa précision, sa permanence, sa discipline, son rigorisme et la confiance qu'elle inspire, par conséquent par son caractère de prévisibilité pour le détenteur du pouvoir comme pour les intéressés, par l'intensité et l'étendue [*Intensität und Extensität*] de sa prestation, par la possibilité formellement universelle qu'elle a de s'appliquer à toutes les tâches, perfectible qu'elle est du point de vue purement technique afin d'atteindre le maximum de rendement – cette administration est, de toute expérience, la forme de pratique de la domination *la plus rationnelle* du point de vue formel. Dans tous les domaines (État, Église, armée, parti, entreprise économique, groupement d'intérêts, association, fondation, etc.), le développement des formes « modernes » de groupement s'identifie tout simplement au développement et à la progression constante de l'administration bureaucratique : la naissance de celle-ci est, pour ainsi dire, la spore de l'État occidental moderne. Il n'est pas permis de se laisser abuser un instant par toutes les instances contraires apparentes, qu'il s'agisse de représentations collégiales d'intérêts, de commissions parlementaires, de « dictatures-conseils », de fonctionnaires honorifiques, de chevaliers séculiers ou de quoi que ce soit d'autre (ni d'ailleurs par les invectives contre la « Sainte Bureaucratie »), sur ce fait que tout *travail continu* [*kontinuierlich*] est effectué dans les *bureaux* par les *fonctionnaires*. Notre vie quotidienne tout entière est tendue dans ces cadres. Car si l'administration bureaucratique est sans restriction – *ceteris paribus !* – la plus rationnelle du point de vue formel et du point de vue technique, elle est aujourd'hui tout bonnement inévitable de par les besoins de l'administration de masse (des personnes ou des biens). On n'a que le choix entre la « bureaucratisation » et la « dilettantisation » de l'administration, et le grand instrument de supériorité de l'administration bureaucratique est le *savoir spécialisé* dont le besoin absolu est déterminé par la technique moderne et l'économie de la production des biens, que celle-ci soit organisée par le capitalisme ou – ce qui, si une prestation technique égale devait être obtenue, signifierait un accroissement formidable de la bureaucratie spécialisée – par le socialisme. De même que les gouvernés ne peuvent normalement se défendre d'une domination bureaucratique donnée que par la création d'une organisation contraire propre également exposée à la bureaucratisation, de même l'appareil bureaucratique est lié à son propre fonctionnement ultérieur par des intérêts contraignants, matériels ou purement objectifs, ceux-ci par conséquent d'ordre idéal : sans lui, dans une société qui sépare le fonctionnaire, l'employé, l'ouvrier des moyens d'administration et où sont indispensables la discipline et une certaine formation, l'existence moderne deviendrait impossible, sauf pour ceux qui se trouvent encore en possession des moyens de subsistance (les paysans). Cet appareil continue à fonctionner pour les révolutionnaires qui parviennent au pouvoir et pour l'occupant ennemi comme il fonctionnait auparavant pour le gouvernement légal. Et toujours se pose la question de savoir qui domine l'appareil bureaucratique existant. Et toujours sa domination n'est possible que d'une manière limitée pour un non-spécialiste : [129] le conseiller privé spécialisé finit le plus souvent par l'emporter sur le ministre non spécialiste dans l'exécution de sa volonté. Le besoin d'une administration permanente, rigide, intensive et prévisible [*kalkulierbar*] telle que le capitalisme – non seulement lui, mais indéniablement lui par-dessus tout – l'a historiquement créée (il ne peut exister sans elle) et que tout socialisme rationnel devrait prendre à son compte et intensifier, conditionne ce destin inéluctable de la bureaucratie en tant que noyau de toute administration de masse. Seule la petite entreprise (politique, hiérocratique, unioniste, économique) pourrait, dans une large mesure, s'en passer. De même que, à son stade de développement actuel, le capitalisme requiert la bureaucratie – bien que l'un et l'autre soient issus de racines historiques différentes, – de même celui-là représente le fondement économique le plus rationnel grâce auquel celle-ci peut exister sous sa forme la plus rationnelle parce qu'il lui permet, par la fiscalité, de disposer des moyens financiers nécessaires.

A côté des présuppositions fiscales, il existe pour l'administration bureaucratique des conditions essentiellement liées à la technique des communications. Sa précision exige le chemin de fer, le télégramme, le téléphone, et elle est liée à ceux-ci de façon croissante. Un ordre socialiste n'y pourrait rien changer, la question restant de savoir (cf. chap. II, § 12) s'il serait dans le cas de créer, comme l'ordre capitaliste, les conditions d'une administration rationnelle, c'est-à-dire *précisément* pour lui, et rigidement bureaucratique, cela selon des règles formelles encore plus précises. Sinon il s'agirait d'un exemple de cette grande irrationalité, l'antinomie de la rationalité formelle et de la rationalité matérielle, dont la sociologie a constaté tant de cas.

L'administration bureaucratique signifie la domination en vertu du savoir : c'est son caractère fondamental spécifiquement rationnel. Par-delà l'énorme position de puissance que détermine le savoir spécialisé, la bureaucratie (ou le détenteur du pouvoir se servant de celle-ci) a tendance à accroître davantage encore sa puissance par le savoir du *service* : les connaissances de fait acquises ou « issues des dossiers » dans le cours du service. Le concept, concept spécifiquement bureaucratique, du « secret de la fonction » – plus ou moins comparable, dans ses rapports avec le savoir spécialisé, au secret de l'activité commerciale au regard du secret de l'activité technique – provient de cette aspiration à la puissance.

Normalement, seul celui qui est intéressé aux bénéfices l'emporte, dans son champ d'intérêt, sur la bureaucratie quant au savoir : savoir spécialisé et connaissance des faits. C'est le cas de l'entrepreneur capitaliste. Il est la seule instance réellement *immunisée* (du moins relativement) contre le caractère inévitable de la domination bureaucratique rationnelle du savoir. Dans les groupements de masse, toutes les autres sont inévitablement en proie à la domination bureaucratique, tout comme est inévitable la domination de la machine de précision dans la production des biens de masse.

En général, du point de vue social, la domination bureaucratique signifie :

1) La tendance au *nivellement*, dans l'intérêt du recrutement universel, de ceux qui sont les plus qualifiés dans leur spécialité ;

2) La tendance à la *ploutocratisation*, dans l'intérêt de la *formation* [*Einschulung*] spécialisée la plus longue possible (souvent jusqu'à l'âge de trente ans environ) ;

3) La domination de l'*impersonnalité* la plus formaliste : *sine ira et studio*, sans haine et sans passion, de là sans « amour » et sans « enthousiasme », sous la pression des simples concepts du devoir, le fonctionnaire remplit sa fonction « sans considération de personne » ; formellement, de manière égale pour « tout le monde », c'est-à-dire pour tous les intéressés se trouvant dans la même situation de fait.

Mais, de même que la bureaucratisation crée un nivellement des conditions sociales (dans sa tendance normale, dans la tendance qui peut être historiquement démontrée comme normale), de même, à l'inverse, tout nivellement social, en écartant celui qui tient le pouvoir *de sa condition sociale* en vertu de l'appropriation des moyens d'administration et du pouvoir administratif, et, dans l'intérêt de l' « égalité », celui qui détient, en vertu de la *possession*, une fonction propre à une administration « honorifique » ou « secondaire » [*ehrenamtlicher oder neben-amtlicher*], [130] favorise la bureaucratisation, laquelle est partout l'ombre inséparable de la « démocratie de masse » en progrès – ce dont nous traiterons à fond dans un autre contexte.

Normalement, l' « esprit » de la bureaucratie rationnelle s'exprime d'une façon générale par :

1) Le formalisme, réclamé par tous ceux qui sont intéressés de quelque façon que ce soit à la sécurité des chances personnelles de vie – parce que, sinon, l'arbitraire en résulterait et que le formalisme est la ligne de la moindre force. Apparemment, et en partie réellement, en contradiction avec la tendance de cette forme d'intérêt,

2) L'inclination des fonctionnaires à traiter dans un sens matériel et utilitaire les tâches d'administration qui sont les leurs au service du bonheur des administrés. Cet utilitarisme ne s'exprime que dans la demande de promulgation de règlements correspondants – lesquels, par contre, sont formels et sont maniés de manière formelle dans la plupart des cas. (Nous en parlerons dans la sociologie du droit.) Cette tendance à la rationalité matérielle trouve le soutien de tous ces administrés qui n'appartiennent pas à la strate sociale dessinée sous le point n° 1, de ceux qui sont intéressés à la « préservation » des chances déjà détenues. La problématique qui y touche appartient à la théorie de la « démocratie ».

3. LA DOMINATION TRADITIONNELLE

§ 6. *La domination traditionnelle.*

Nous qualifions une domination de *traditionnelle* lorsque sa légitimité s'appuie, et qu'elle est ainsi admise, sur le caractère sacré de dispositions [*Ordnungen*] transmises par le temps (« existant depuis toujours ») et des pouvoirs du chef. Le détenteur du pouvoir (ou divers détenteurs du pouvoir) est déterminé en vertu d'une règle transmise. On lui obéit en vertu de la dignité personnelle qui lui est conférée par la tradition. Le groupement de domination est, dans le cas le plus simple, principalement fondé sur le respect [*Pietätsverband*] et déterminé par la communauté d'éducation. Celui qui détient le pouvoir n'est pas un « supérieur » mais un *seigneur* personnel. Sa direction administrative ne [se compose] pas principalement [de] « fonctionnaires », mais de *serviteurs* personnels ; les gouvernés ne [sont] pas « membres » du groupement, mais 1) soit des « associés traditionnels » (§ 7*a*), 2) soit des « sujets ». Ce ne sont pas les devoirs objectifs d'une fonction, c'est la fidélité des serviteurs qui détermine les rapports de la direction administrative et du détenteur du pouvoir.

On n'obéit pas à des règlements, mais à la *personne* appelée à cette fin par la tradition ou par le souverain que détermine la tradition. Ses ordres sont légitimes :

a) En partie, d'une manière très nette, en vertu de la tradition qui en détermine le contenu, dans l'idée admise, et dans son étendue, qu'il pourrait devenir dangereux pour la situation traditionnelle même du seigneur de transgresser les limites de la tradition ;

b) En partie en vertu de l'arbitraire du seigneur, auquel la tradition assigne une relative latitude.

Cet arbitraire traditionnel repose principalement sur l'absence de limites, de principe, à l'obéissance conforme au devoir de respect.

Il existe par conséquent un double domaine :

a) De l'action du seigneur liée matériellement par la tradition ;

b) De l'action du seigneur libérée matériellement de la tradition.

Dans ce dernier cas le seigneur peut, selon une faveur ou une disgrâce librement dispensées, une inclination ou une aversion personnelles, et d'une façon strictement personnelle, en particulier par des cadeaux – origine des « taxes », – manifester sa « protection » par un arbitraire qui suborne [*erkaufender*]. Pour autant qu'il procède selon des principes, ce sont ceux de l'équité matérielle éthique, de la justice et de l'opportunité utilitaire, mais non point – comme dans la domination légale – des principes formels. Le mode effectif d'exercice de la domination se conforme à ce que le détenteur du pouvoir (et sa direction administrative) peut habituellement se permettre, face à la docilité traditionnelle des sujets, [131] sans aller jusqu'à pousser ceux-ci à la résistance. Résistance qui, lorsqu'elle survient, se dresse contre la personne du détenteur du pouvoir (ou celle de son serviteur), lequel a méprisé les limites traditionnelles du pouvoir, mais non contre le système en tant que tel (« révolution traditionaliste »).

Dans le type pur de la domination traditionnelle il est impossible de « créer » intentionnellement, par la loi, un droit ou des principes administratifs nouveaux. Les créations effectives ne peuvent donc devenir légitimes qu'une fois *reconnues* par le « droit coutumier » [*Weistum*] comme valables de tout temps. En tant que moyen d'orienter l'invention du droit, il ne peut être question que des documents de la tradition : « précédents » et « préjugés ».

§ 7. *Suite.*

Le détenteur du pouvoir domine soit sans, soit avec une direction administrative. Sur le premier cas voir § 7a, 1.

La direction administrative type peut se recruter :

a) Ou bien traditionnellement, parmi ceux qui sont liés au seigneur par des liens de respect (« recrutement patrimonial ») :

α. Membres de la famille,

β. Esclaves,

γ. Serfs, fonctionnaires domestiques, en particulier « ministériaux »,

δ. Clients,

ε. Colons,

ξ. Affranchis ;

b) Ou bien (« recrutement extrapatrimonial ») par :

α. Des rapports personnels de confiance (« favoris » de toute sorte),

β. Le lien de fidélité unissant celui qui est légitimé au détenteur du pouvoir (vassal),

γ. Enfin parmi des fonctionnaires libres, qui entrent dans une relation de respect vis-à-vis du détenteur du pouvoir.

303

Cas *a* α. – C'est un principe administratif courant des dominations traditionalistes que de pourvoir des postes les plus importants les membres de la tribu [*Sippe*] du détenteur du pouvoir.

Cas *a* β. – Dans les dominations patrimoniales, on trouve des esclaves et (*a* ξ) souvent des affranchis jusque dans les postes les plus élevés. Il n'était pas rare, jadis, de voir des esclaves grands vizirs.

Cas *a* γ. – En Europe, on trouve partout les fonctionnaires domestiques types : sénéchal (grand écuyer), maréchal (palefrenier), camérier, écuyer tranchant, maire du palais (chef du personnel, éventuellement des vassaux). S'y ajoutent, et ils sont particulièrement importants, en Orient, le grand eunuque (gardien du harem) ; chez les princes nègres, souvent le bourreau ; ici et là, souvent le médecin et l'astrologue attachés à la personne et autres charges analogues.

Cas *a* δ. – En Chine comme en Europe, la clientèle royale a été la source du fonctionnariat patrimonial.

Cas *a* ε. – Tout l'Orient a connu des armées de colons, mais aussi la domination de la noblesse romaine. Dans les Temps modernes, l'Orient islamique connaît encore des cohortes d'esclaves.

Cas *b* α. – Le régime des « favoris » est spécifique du patrimonialisme, et il est souvent l'occasion de « révolutions traditionalistes » (cf. pour ce concept la fin du §).

Cas *b* β. – Nous traiterons à part des « vassaux ».

Cas *b* γ. – La « bureaucratie » a son origine première dans les États patrimoniaux, dans le fonctionnariat recruté d'une façon extrapatrimoniale. Mais ces fonctionnaires étaient avant tout, nous le verrons bientôt, des serviteurs personnels du détenteur du pouvoir.

Il manque à la direction administrative de la domination traditionnelle de type pur :

a) La « compétence » fixe déterminée selon une règle objective ;

b) La hiérarchie rationnelle fixe ;

c) La nomination et l'avancement réglés par un contrat libre ;

d) La formation spécialisée (comme norme) ;

e) (Souvent) le traitement fixe et (plus souvent encore) le traitement payé en espèces.

Cas *a*. – Au lieu de la compétence fixe objective, il s'établit une concurrence réciproque des charges et des pouvoirs donnés tout d'abord par le détenteur du pouvoir selon son bon plaisir, puis devenus durables et, enfin, souvent stéréotypés par la tradition. [132] Cette concurrence résulte en particulier, par la mise en valeur du zèle, des chances de sportules qui sont l'apanage tant des mandataires que du détenteur du pouvoir lui-même. Les compétences objectives, et avec elles l'existence d'une « autorité constituée », se sont souvent établies pour la première fois grâce à de tels intérêts.

Tous les mandataires nantis d'une compétence durable sont d'abord des fonctionnaires domestiques du seigneur ; leur compétence, de caractère non domestique (« extrapatrimoniale »), s'appuie sur leur service domestique suivant des affinités objectives souvent assez extérieures à leur domaine d'activité, ou bien leur est assignée d'abord selon le bon plaisir du seigneur, stéréotypé plus tard par la tradition. A côté des fonctionnaires domestiques, il n'y avait tout d'abord que des mandataires *ad hoc*.

L'absence du concept de « compétence » se vérifie aisément à l'examen de la liste des dénominations des fonctionnaires dans l'Orient ancien. Il est – à de rares exceptions près – impossible de trouver en permanence et de manière fixe une sphère d'activité objective, délimitée rationnellement, du type de notre « compétence ».

On peut observer une délimitation des compétences permanentes effectives, en particulier au Moyen Âge, à travers la concurrence et le compromis des intérêts de sportule. L'effet de cet état de choses a été très important. En Angleterre, les intérêts de sportule des puissants tribunaux royaux et de l'ordre national non moins puissant des avocats en partie ont fait échec à la domination du droit romain et du droit canon, en partie ont limité celle-ci. A toutes les époques, la délimitation irrationnelle de nombreuses compétences de fonction fut stéréotypée grâce à la délimitation des sphères d'intérêts de sportule.

Cas *b*. – Toute détermination que la décision sur un objet ou sur un recours appartient à un mandataire, et dans ce cas lequel, ou au seigneur lui-même, est :

α) Soit, traditionnellement, réglée en considération de la provenance de certaines normes juridiques venant de l'extérieur ou de précédents (système du tribunal suprême), β) Soit totalement remise au bon plaisir du seigneur devant lequel, là où il apparaît en personne, plient tous les mandataires.

A côté du système traditionaliste du tribunal suprême existe ce principe du droit allemand, dérivant de la puissance du seigneur, que la présence du seigneur prime toute juridiction, [de même qu']existent le *jus evocandi* et son provin moderne, la « justice de cabinet » [*Kabinettsjustiz*], qui dérivent de la même source et de la libre grâce du seigneur. Au Moyen Age en particulier, souvent le « tribunal suprême » est l'autorité dont est issu un droit national.

Cas *c*. – Fonctionnaires domestiques et favoris sont très souvent recrutés de façon purement patrimoniale : ce sont des esclaves ou des serfs (ministériaux) du seigneur. Ou bien ce sont, quand le recrutement est extrapatrimonial, des bénéficiers (voir plus bas) que le seigneur peut déplacer selon un jugement formellement libre. L'entrée de vassaux libres et la concession des charges en vertu du contrat de vassalité changent fondamentalement cet état de choses, mais n'amènent – car les fiefs ne sont en aucune façon, dans leur genre et leur étendue, déterminés selon des points de vue objectifs – aucun changement dans les points *a* et *b*. Il n'y a d'avancement, hormis le cas d'une structure *prébendaire* de la direction administrative (cf. § 8), que selon le bon plaisir et la grâce du seigneur.

Cas *d*. – Il manque surtout aux fonctionnaires domestiques et aux favoris du seigneur une formation spécialisée rationnelle en tant que qualification de principe. Le début de la formation spécialisée des employés (de quelque type qu'ils soient) fait partout époque dans le mode d'administration.

Très tôt, un certain degré de formation empirique a été requis pour de nombreuses fonctions. C'est avant tout l'art de lire et d'écrire, à l'origine effectivement un « art » encore fort peu répandu, qui a souvent – exemple important : la Chine – influencé d'une façon décisive tout le développement de la culture par le mode de vie des hommes de plume et qui a supprimé le recrutement intrapatrimonial [133] des fonctionnaires, limitant par conséquent, par l'apparition d'une « catégorie sociale », la puissance du seigneur (cf. § *7a*, 3).

Cas *e*. – Fonctionnaires domestiques et favoris sont d'abord nourris à la table du seigneur et équipés dans ses magasins. En règle générale, leur éloignement progressif [*Abschichtung*] de la table du seigneur signifie création de *bénéfices* (d'abord en nature) dont le genre et l'étendue se stéréotypent facilement. A côté d'eux (ou en leur place) des « taxes » [*Gebühren*] appartiennent aux organes extra-domestiques mandatés par le seigneur comme au seigneur lui-même (souvent sans aucune tarification, mais convenues, pour chaque cas, avec celui qui brigue des « faveurs »).

Sur le concept de « bénéfice », voir § 8.

§ 7a. Gérontocratie, patriarcalisme, patrimonialisme.

1. Les types primaires de domination traditionnelle sont des cas d'*absence d'une direction administrative personnelle* du détenteur du pouvoir :

a) La gérontocratie ;

b) Le patriarcalisme primaire.

On appelle gérontocratie la situation dans laquelle, pour autant que la domination s'exerce en général dans un groupement social, les plus vieux (originellement, au sens littéral : par les ans), en tant qu'ils connaissent le mieux la tradition sacrée, assurent cette domination. La gérontocratie persiste souvent dans des groupements économiques ou familiaux non primaires. On appelle patriarcalisme la situation dans laquelle, au sein d'un groupement (domestique), la plupart du temps économique et familial primaire, un seul homme, désigné (normalement) selon les règles de succession fixes, exerce la domination. Il n'est pas rare que gérontocratie et patriarcalisme soient connexes. Est en outre décisif le fait que le pouvoir des gérontocrates et celui du patriarche, dans leur type pur, sont orientés l'un et l'autre dans la conception que s'en font ceux qui sont dominés (« les associés »), à savoir que cette domination est en réalité le droit traditionnel propre du détenteur du pouvoir, mais qu'elle doit être exercée matériellement comme droit prééminent des associés, par conséquent dans leur intérêt, et qu'elle ne lui est donc pas donnée en toute propriété. Dans de tels types de domination, l'absence totale d'une direction administrative purement personnelle (« patrimoniale ») du détenteur du pouvoir est déterminante. Là où il n'y a pas de direction, le détenteur du pouvoir dépend encore, dans une large mesure, de la *volonté* d'obéir des associés. Ceux-ci sont bien encore des « associés » et non pas des « sujets ». Mais ce sont des « associés » en vertu de la *tradition*, non des « membres » en vertu d'un *statut*. Ils doivent obéissance au détenteur du pouvoir, non à une règle écrite en vertu de la seule tradition. De son côté, le détenteur du pouvoir est étroitement lié par la tradition.

Sur les formes de gérontocratie, voir plus bas. Le patriarcalisme primaire lui est à ce point apparenté que la domination s'exerce seulement dans la maison ; quant au reste – comme chez les cheiks arabes, – elle n'agit que par l'exemple, donc dans le style de la domination charismatique, ou bien par le conseil et les moyens d'influence.

2. Avec l'apparition d'une direction administrative (et militaire) purement personnelle du détenteur du pouvoir toute domination traditionnelle incline au patrimonialisme et, à l'apogée du pouvoir du seigneur, au *sultanisme*.

Les « associés » se transforment d'abord en « sujets », le droit du seigneur, interprété jusqu'alors comme droit prééminent des associés, en un droit personnel, approprié (en principe) de la même façon que n'importe quel objet susceptible de possession, en principe réalisable (vénal, hypothéquable, partageable par voie de succession) comme n'importe quelle chance économique. Extérieurement, la puissance patrimoniale du seigneur s'appuie sur des esclaves (souvent marqués au fer), ou sur des colons, ou sur des sujets opprimés, ou – pour rendre la communauté d'intérêts vis-à-vis de ces derniers le plus indissoluble possible – sur des gardes du corps et une armée mercenaire (armée patrimoniale). Au moyen de cette puissance, le seigneur élargit l'étendue de l'arbitraire extratraditionnel, du favoritisme, de la grâce aux dépens de [134] l'assujettissement patriarcal et gérontocratique à la tradition. On appellera domination patrimoniale toute domination orientée principalement dans le sens de la tradition, mais exercée en vertu d'un droit personnel absolu ; sultanique, une domination patrimoniale qui, dans la manière dont elle est administrée, se meut principalement dans la sphère de l'arbitraire non lié à la tradition. La distinction est très fluide. Ces deux types de domination se séparent l'un de l'autre, et de la même façon le sultanisme du patriarcalisme primaire, de par l'existence de la *direction admi-nistrative* personnelle.

La forme sultanique du patrimonialisme est parfois en apparence – en réalité, jamais de manière effective – totalement indépendante de la tradition. Elle n'est pas rationalisée de manière objective ; au contraire, seule la sphère de l'arbitraire et de la grâce s'y est développée à l'extrême. Elle se différencie par là de toutes les formes de domination rationnelle.

3. On appellera domination d'un ordre (*ständisch*] cette forme de domination patrimoniale dans laquelle certains pouvoirs du seigneur et les chances économiques qui y correspondent sont appropriés par la direction administrative. Comme dans tous les cas semblables, (chap. ɪɪ, § 19) l'appropriation peut résulter :

a) D'un groupement ou d'une catégorie de personnes ayant un caractère particulier ;

b) Sur le plan individuel, d'une propriété viagère, ou héréditaire, ou libre [*freies*].

La domination d'un ordre signifie donc :

a) Toujours, la limitation de libre choix [*freie Auslese*] de la direction administrative par le détenteur du pouvoir, cela grâce à l'appropriation des postes ou des pouvoirs seigneuriaux

α) par un groupement,

β) par une strate sociale qualifiée et ayant le caractère d'un ordre (chap. ɪv) ;

b) Souvent – et ceci vaut comme « type » :

α) L'appropriation des postes, donc (éventuellement) des chances de profit créées par leur possession,

β) L'appropriation des *moyens objectifs d'administration*,

γ) L'appropriation des pouvoirs de commandement par les seuls membres de la direction administrative.

Historiquement, les bénéficiaires de l'appropriation peuvent cependant tout aussi bien provenir d'une direction administrative dépourvue auparavant du caractère d'un ordre que n'avoir pas appartenu à celle-ci avant l'appropriation.

Le membre d'un ordre, titulaire des pouvoirs du seigneur en vertu de l'appropriation, fait face aux dépenses de l'administration par les moyens propres d'administration qu'il s'est appropriés d'une manière inaliénable. Le titulaire des pouvoirs militaires du seigneur ou les ressortissants militaires d'un ordre s'équipent eux-mêmes, et éventuellement équipent, selon un mode patrimonial ou selon le principe d'un ordre, les contingents qu'il leur faut recruter (armée d'un ordre [*ständisches Heer*]). Sinon les moyens d'administration et la direction administrative sont directement appropriés, moyennant forfait, auprès du magasin ou de la caisse du seigneur en tant qu'objets d'une entreprise de profit, comme ce fut notamment le cas en Europe pour les armées des XVIᵉ et XVIIᵉ siècles (armée capitaliste). Dans les cas d'appropriation complète par un ordre, la totalité du pouvoir est normalement partagée, en vertu de leur droit propre, entre le détenteur du pouvoir et les membres de la direction administrative qui se la sont appropriée, ou bien il subsiste des pouvoirs personnels régularisés par des règlements particuliers du seigneur, ou des compromis particuliers avec ceux qui se la sont appropriée.

Cas 1. Par exemple, les fonctions de cour qui sont appropriées comme fiefs. – Cas 2. Par exemple, les propriétaires terriens qui s'approprient les droits du seigneur en vertu d'un privilège de celui-ci ou par usurpation (la plupart du temps, le privilège est la légalisation de l'usurpation).

[135] L'appropriation par des particuliers peut reposer sur :

1) L'affermage [*Verpachtung*] ;

2) Le gage [l'hypothèque] ;

3) La vente ;

4) Un privilège personnel, héréditaire ou librement approprié, déterminé ou non par des prestations [*Leistungen*] et concédé

a) pour rétribuer un service ou acheter une complaisance, ou bien

b) en reconnaissance de l'usurpation de fait des pouvoirs du seigneur ;

5) L'appropriation par un groupement ou une strate sociale qualifiée, ayant le caractère d'un ordre, conséquence en général d'un compromis entre le seigneur et la direction administrative ou entre le seigneur et une strate socialisée ayant le caractère d'un ordre ; cela peut :

α) Laisser au détenteur du pouvoir une liberté, totale ou relative, de choix dans des cas particuliers, ou bien

310

β) Établir des règles précises pour la possession personnelle des charges [*Stelle*] ;

6) *Le fief*, dont nous traiterons en particulier.

1. Dans la gérontocratie et le patriarcalisme pur, les moyens d'administration sont – selon la conception dominante, en vérité souvent peu claire – appropriés par le groupement administré ou par ses économies domestiques participant à l'administration : l'administration est conduite « pour » le groupement. L'appropriation par le seigneur en tant que tel appartient à la conception patrimonialiste et peut se réaliser de manières très différentes – jusqu'à la possession totale du territoire [*Bodenregal*] et l'esclavage total des sujets par le seigneur (« droit de vente » du seigneur). L'appropriation par un ordre signifie l'appropriation d'une partie au moins des moyens d'administration par les membres de la direction administrative. Alors que dans le patrimonialisme pur s'effectue la séparation totale entre les administrateurs et les moyens d'administration, c'est donc l'inverse dans le patrimonialisme d'ordre : celui qui administre est en possession de tous les moyens d'administration, ou du moins d'une partie essentielle de ceux-ci. Le vassal qui s'équipait lui-même, le comte, investi d'un fief, qui encaissait en son propre nom frais de justice, droits et impôts divers, et qui faisait face à ses obligations envers son suzerain par ses propres moyens (dont ceux qui étaient appropriés), le jagirdar indien qui levait son contingent armé sur ses bénéfices fiscaux, tous étaient en *pleine possession* des moyens d'administration ; par contre, le colonel qui, dans une entreprise personnelle, mettait sur pied un régiment de mercenaires et qui, pour cela, recevait des paiements déterminés de la caisse princière et se dédommageait du déficit en réduisant ses prestations ou par le butin ou les réquisitions, était en *possession partielle* (et réglementée) des moyens d'administration. Alors que le pharaon qui levait des armées d'esclaves ou de colons et les faisait conduire par ses clients royaux, les habillait dans ses magasins, les nourrissait, les armait, était, en tant que seigneur patrimonial, en *pleine possession personnelle* des moyens d'administration. Cependant, la réglementation formelle n'est pas toujours décisive : formellement, les mamelouks étaient des esclaves. Ils se recrutaient par « achat » du seigneur. En fait, ils monopolisaient les pouvoirs du seigneur aussi complètement que n'importe quel

groupement de ministériaux, les fiefs liges. L'appropriation d'une terre lige par un groupement fermé, mais sans appropriation individuelle, se produit aussi bien avec la nomination libre par le seigneur au sein du groupement (cas 3 *a*, α) qu'avec la réglementation de la qualification d'entrée en fonctions (cas 3 *a*, β), par exemple par l'exigence d'une qualification, militaire ou autre (rituelle), du candidat, et, en outre (quand cette qualification existe), par le droit de préférence de la consanguinité la plus proche. Il en va de même pour les places d'artisans ou de paysans à la cour ou dans les corporations, dont les prestations sont destinées aux besoins militaires ou administratifs.

2. L'appropriation par la concession (la ferme des impôts, en particulier), le gage ou la vente était connue en Occident, mais aussi en Orient et aux Indes ; dans l'Antiquité la cession des fonctions de prêtre par la vente aux enchères n'était pas rare. Le but de la concession était en partie un but purement immédiat de politique financière (en particulier, les besoins criants résultant de dépenses de guerre), en partie un but de technique financière (sécurité d'une recette budgétaire fixe). Celui du gage et de la vente, le premier sans exception, même dans l'Église, était la création de rentes népotiques. L'appropriation par gage a encore joué un rôle important en France au XVIIIᵉ siècle dans la situation des juristes (parlements) ; l'appropriation par achat (réglementé) des charges d'officiers, dans l'armée anglaise jusqu'au XIXᵉ siècle. Au Moyen Âge le privilège, comme homologation de l'usurpation, comme salaire ou moyen de recrutement du service politique, était courant en Occident tout comme ailleurs.

[136] § 8. *Suite.*

Le serviteur patrimonial peut tirer sa subsistance :

a) De son entretien à la table du seigneur ;

b) De rémunérations (surtout en nature) venant des réserves en biens et en argent du seigneur ;

c) D'une terre lige ;

d) Des chances de s'approprier des rentes, taxes ou impôts ;

e) D'un fief.

312

On appellera « bénéfices » les formes de subsistance de *b* à *d*, quand elles sont accordées et renouvelées d'une façon traditionnelle qui en détermine le volume (*b* et *c*) ou le diocèse [*Sprengel*] (*d*), et quand elles sont appropriées à titre individuel et non par voie de succession ; prébendalisme, l'existence d'une dotation de la direction administrative érigée en principe sous cette forme. Cependant il peut exister un avancement selon l'âge ou certaines prestations mesurables objectivement et la qualification d'un ordre, et par conséquent l'honneur d'appartenir à cet ordre peuvent être requis. (Sur le concept d' « ordre » [*Stand*], cf. chap. IV.)

On appellera fiefs l'appropriation des pouvoirs seigneuriaux quand ils sont accordés principalement à l'individu qualifié en vertu d'un contrat et quand les droits et devoirs réciproques sont principalement orientés vers une conception de l'honneur de l'ordre conventionnelle et en fait *militariste*. On appellera *féodalité* l'existence d'une direction administrative pourvue principalement de fiefs.

Les fiefs et bénéfices militaires s'interpénètrent souvent sans qu'on puisse les discerner (à ce sujet, voir la discussion sur l' « ordre », chap. IV).

Dans les cas *d* et *e*, parfois aussi dans le cas *c*, le détenteur par appropriation des pouvoirs seigneuriaux fait face aux dépenses de l'administration, éventuellement à celles de l'équipement, comme on l'a déjà indiqué, par les moyens tirés du bénéfice ou du fief. Son propre rapport de domination avec les sujets peut alors prendre le caractère patrimonial (se transmettre par hérédité, être aliénable, partageable par voie de succession).

1. La subsistance à la table du seigneur ou, à sa discrétion, sur ses réserves, en fut la forme première aussi bien pour les serviteurs princiers que pour les fonctionnaires domestiques, les prêtres et toute sorte de domestiques patrimoniaux (par exemple les seigneuriaux). La « maison des hommes », forme la plus ancienne d'organisation militaire professionnelle (dont nous traitons par la suite) avait très souvent un caractère de communisme seigneurial dans la gestion de la consommation [*Konsumhaushalts-Kommunismus*]. L'éloignement progressif de la table du seigneur (ou du temple, de la cathédrale) et le remplacement de ce moyen de subsistance par des prestations ou une terre lige n'ont pas toujours été considérés comme dési-

rables, mais ce fut la règle lors de la fondation d'une famille personnelle. Les prestations en nature des prêtres progressivement éloignés des temples et celles des fonctionnaires furent, au Moyen-Orient, la forme originelle de subsistance des fonctionnaires. Elles existaient également en Chine, en Inde et, à maints égards, en Occident. Dans tout l'Orient depuis la plus haute Antiquité, de même que durant le Moyen Age allemand, contre la prestation de servitudes militaires, on trouve la terre lige comme moyen de subsistance des ministériaux, fonctionnaires de cour, domestiques et autres. Les revenus des sipahis turcs, comme ceux des samouraïs japonais et de nombreux ministériaux et chevaliers orientaux de même type sont – selon notre terminologie – des « bénéfices », non des fiefs, comme nous en discuterons plus tard. Ils peuvent être constitués aussi bien par certaines rentes foncières que par les recettes fiscales d'une circonscription. Dans ce dernier cas, ils sont en général, sinon nécessairement, liés à l'appropriation des pouvoirs seigneuriaux, ou bien ils ont celle-ci pour conséquence. On discutera plus tard du concept de « fief » par rapport à celui d' « État » [*Staat*]. L'objet du fief peut aussi bien être une terre seigneuriale (c'est-à-dire une domination patrimoniale) que l'une des formes les plus variées de rentes ou de taxes.

2. Les chances appropriées à percevoir rentes, taxes et impôts sont fort étendues ; elles empruntent le caractère de bénéfices et de fiefs de toute sorte et une forme autonome très développée, particulièrement en Inde : cession de revenus contre enrôlement de contingents militaires et paiement du coût de l'administration.

§ 9. *La domination d'un ordre.*

La domination patrimoniale, en particulier la domination patrimoniale d'un ordre, dans son type pur, considère tous les pouvoirs du seigneur et ses droits économiques [137] comme autant de chances économiques privées qui ont été appropriées. Cela n'exclut pas le fait qu'elle les distingue qualitativement. Notamment en s'en appropriant un seul, en tant que prééminent, sous une forme particulièrement réglementée. Et en considérant l'appropriation des pouvoirs judiciaires ou militaires comme fondement juridique de la situation, privilégiée par un ordre, de leurs titulaires à l'égard de l'appropriation des chances strictement économiques (domaniales, fiscales ou de sportule) ; puis en distinguant dans ces dernières, d'après le mode d'appropriation, celles qui sont principalement patrimoniales de celles qui sont principalement extrapatrimoniales (fiscales). Pour notre terminologie, doit être déterminant le fait de considérer par principe les droits seigneuriaux et les chances qui y sont rattachées, quel qu'en soit le contenu, comme autant de chances privées.

C'est à juste titre que Georg von Below (*Der deutsche Staat des Mittelalters,* 1914) a souligné que l'appropriation de la souveraineté judiciaire était considérée à part, qu'elle était la source de la situation privilégiée des ordres, et que, en général, on ne pouvait déterminer le caractère purement patrimonial ou purement féodal du groupement politique médiéval. Cependant, pour autant que la souveraineté judiciaire et les autres droits d'origine purement politique étaient considérés comme droits privés, il paraît juste, pour nos fins, de parler de domination « patrimoniale ». On sait que le concept lui-même provient (dans sa formulation conséquente) de la restauration de la science politique due à Haller. Un état « patrimonial » de type idéal absolument pur n'a jamais existé historiquement.

4. On appellera *partage des pouvoirs par un ordre* la situation suivant laquelle des groupements qui, dans leur ordre, sont privilégiés par l'appropriation des pouvoirs seigneuriaux, créent par compromis avec le seigneur des règlements politiques ou administratifs (ou les deux ensemble), ou bien des réglementations administratives concrètes, ou bien encore des règles de contrôle administratif, et éventuellement vont jusqu'à exercer, parfois avec leur propre direction administrative, un pouvoir de commandement propre.

1. Le fait que même des strates non privilégiées par leur ordre (les paysans) soient à l'occasion attirées au pouvoir ne change rien au concept. Car c'est le droit propre des privilégiés qui, typiquement, est décisif. L'absence de toute strate privilégiée par son ordre déterminerait aussitôt un autre type.

2. Ce type ne s'est totalement développé qu'en Occident. Nous parlerons plus tard de sa caractéristique spécifique et de son origine.

3. Une direction administrative propre à l'ordre n'était pas la règle générale ; accompagnée d'un pouvoir de commandement propre, elle devenait l'exception.

§ 9a. *La domination traditionnelle et l'économie.*

Une domination traditionnelle agit en premier lieu sur le type économique. Par un certain affermissement de l'esprit traditionnel, ce sont surtout la domination gérontocratique et la domination patriarcale pure qui, ne s'appuyant sur aucune direction administrative spéciale au détenteur du pouvoir opposé aux associés [*Genosse*] du groupement, sont, dans la validité de leur légitimité propre, déterminées par le maintien de la tradition à tous égards.

Au demeurant, l'action sur l'économie s'oriente :

1) Suivant le type de financement du groupement de domination (chap. II, § 38).

Le patrimonialisme peut, à cet égard, revêtir les significations les plus diverses. Mais sont de toute façon typiques :

a) L'*oïkos* du seigneur avec la couverture en nature, et liturgique, totale ou partielle, des besoins primordiaux (redevances en nature et corvées). Dans ce cas, les rapports économiques sont étroitement liés à la tradition, le développement du marché est entravé, l'usage de la monnaie est un usage essentiellement en nature et orienté vers la consommation, l'apparition du capital est impossible ;

b) La couverture des besoins d'un ordre privilégié, qui se rapproche, dans ses effets, du cas précédent, auquel elle est apparentée. Ici aussi le développement du marché, même si ce n'est pas nécessairement au même degré, est limité par la [138] contribution en nature, préjudiciable au « pouvoir d'achat », de la propriété foncière et de la capacité de production des économies individuelles pour les fins du groupement de domination.

Ou bien le patrimonialisme peut être :

c) Monopolistique, avec une couverture des besoins en partie par une économie de profit, en partie par des taxes, en partie par le fisc. Dans ce cas, le développement du marché est plus ou moins limité de façon irrationnelle suivant le type de monopole, les grandes chances de profit sont entre les mains du détenteur du pouvoir et de sa direction administrative ; le développement du capitalisme est par conséquent :

α) Soit entravé immédiatement, dans le cas d'une autogestion complète de l'administration,

β) Soit détourné vers un capitalisme orienté politiquement (chap. II, § 31), dans le cas où existent comme règles financières la ferme des impôts, la concession ou l'achat des charges et la constitution capitaliste de l'armée ou de l'administration.

L'économie financière du patrimonialisme et surtout celle du sultanisme agissent d'une manière irrationnelle, même là où elles sont monétaires :

a) Par la coexistence de :

α) l'assujettissement à la tradition dans le mode et le volume des sources directes de l'impôt et de

β) la liberté totale et, par conséquent, de l'arbitraire, dans le mode et le volume (*a*) des impôts, (*b*) des taxes et (*c*) de la formation du monopole. En tout cas, tout cela existe en principe, est effectivement historique, surtout le *a* (en conformité avec le principe de l' « activité précaire » [*bittweise Tätigkeit*] du seigneur et de la direction), bien moins le *b*, d'une manière très variable le *c*.

b) Pour rationaliser l'économie, il manque cependant en général la possibilité de calculer d'une manière précise non seulement les charges, mais aussi le degré de liberté de l'acquisition privée.

c) Certes, dans des cas particuliers, le fiscalisme patrimonial peut agir de façon rationalisante par l'administration planifiée de la capacité fiscale et par la création rationnelle de monopoles. Mais il s'agit d'un « hasard » déterminé par des conditions historiques particulières qui se sont partiellement rencontrées en Occident.

Dans le *partage des pouvoirs entre des ordres* [*ständische Gewaltenteilung*], la politique financière présente cette caractéristique d'imposer des charges fixées par compromis, et de ce fait calculables, de supprimer ou du moins de limiter fortement l'arbitraire du seigneur dans la création des taxes, et surtout celui des monopoles. Jusqu'à quel point la politique financière matérielle accélère ou freine l'économie rationnelle, cela dépend du type de strate sociale qui domine la situation de puissance, surtout si cette strate est α) féodale ; β) patricienne.

La prédominance de la première, en vertu de la structure patrimoniale normalement prépondérante des droits souverains concédés en fiefs, limite strictement ou fait, intentionnellement, complètement cesser, à des fins de puissance politique, la liberté du profit et le développement du marché ; la prédominance de la seconde peut agir inversement.

1. Cela suffira ici, puisque nous avons examiné la question d'une manière plus détaillée dans les contextes les plus différents.

2. Exemples :

Pour le cas *a* (*oïkos*) : l'Égypte ancienne et l'Inde ;

Pour le cas *b* : les territoires considérables du monde hellénique, le Bas-Empire romain, la Chine, l'Inde, une partie de la Russie et les États islamiques ;

Pour le cas *c* α : l'empire des Ptolémées, Byzance (en partie) ; dans un autre genre, la domination des Stuarts ;

Pour le cas *c* β : les États patrimoniaux occidentaux à l'époque du « despotisme éclairé » (en particulier le colbertisme).

2) Le patrimonialisme normal ne cause pas seulement des retards à l'économie rationnelle par sa politique financière, mais aussi et surtout par le caractère général de son administration. Notamment :

[139] *a*) Par la gêne que le traditionalisme représente dans l'élaboration de règlements formellement rationnels et garantis quant à leur durée, par conséquent calculables dans leur portée économique et leur utilisation ;

b) Par l'absence typique d'une direction de fonctionnaires formellement spécialisés.

Comme on le verra, l'apparition d'une telle direction dans le patrimonialisme occidental a découlé de conditions qui n'existaient que là, et elle est issue, avant tout, de sources entièrement différentes.

c) Par le vaste domaine de l'arbitraire matériel et du favoritisme purement personnel du seigneur et de la direction administrative, par lequel la vénalité éventuelle (qui n'est que la dégénérescence du droit d'imposition non réglementé, et relativement insignifiante parce que pratiquement calculable) aurait une certaine importance si elle représentait une grandeur stable et non, au contraire, un facteur changeant constamment avec la personne du fonctionnaire. Si la concession des charges prédomine, le fonctionnaire est immédiatement condamné à amortir son capital investi par n'importe quel moyen d'extorsion, ce qui va encore dans un sens très irrationnel;

d) Par la tendance, inhérente à tout patriarcalisme et à tout patrimonialisme, qui provient du mode de validité de la légitimité et de l'intérêt qu'il y a de satisfaire ceux qui sont dominés, à la réglementation de l'économie orientée dans un sens matériel – vers des idéaux « culturels » utilitaires, éthico-sociaux ou matériels, – par conséquent, à la rupture de sa rationalité formelle orientée vers le droit positif. Cette action est des plus décisives dans le patrimonialisme orienté dans un sens hiérocratique, tandis que le sultanisme pur agit davantage par son arbitraire fiscal.

Pour toutes ces raisons, sont sous la domination des pouvoirs patrimoniaux normaux, et souvent avec un contenu des plus riches :

a) Le capitalisme commercial;

b) Le capitalisme de ferme des impôts, de concession et d'achat des charges;

c) Le capitalisme des fournisseurs de l'État et du financement des guerres;

d) Le cas échéant, le capitalisme de plantation et le capitalisme colonial.

Par contre, ce n'est pas le cas de l'entreprise de profit à capital fixe et à organisation rationnelle du travail libre, laquelle est orientée vers le marché des consommateurs privés, forme la plus sensible aux irrationalités de la justice, de l'administration et de l'imposition qui perturbent la *possibilité de calcul.*

Cela n'est fondamentalement différent que là où le seigneur patrimonial a recours, pour ses intérêts personnels, financiers et de puissance, à une administration rationnelle et à des fonctionnaires spécialisés. Pour cela il est nécessaire qu'existent : (*a*) une formation spécialisée, (*b*) un motif suffisamment fort, en règle générale une âpre concurrence entre plusieurs pouvoirs patrimoniaux partiels dans le même milieu culturel, (*c*) un facteur décisif particulier, l'apparition, dans les pouvoirs patrimoniaux concurrents, des groupements communaux des villes comme soutien du pouvoir financier.

1. Le capitalisme spécifiquement moderne, s'est préparé

dans les *groupements urbains* spécifiquement occidentaux, administrés d'une manière relativement rationnelle (nous parlerons plus loin de son caractère). Il s'est développé, du XVIᵉ au XVIIIᵉ siècle, principalement dans des groupements politiques, hollandais et anglais, à caractère d'ordre, groupements où s'affirmait la prédominance du pouvoir de la bourgeoisie et des intérêts d'acquisition. Leurs contrefaçons secondaires, déterminées dans un sens fiscal et utilitaire parmi les États strictement patrimoniaux ou influencés par la féodalité et les ordres, sur le continent, aussi bien que les industries monopolistiques des Stuarts, n'ont pas apporté une continuité réelle au développement capitaliste autonome ultérieur ; cela bien que des mesures particulières (de politique agraire et industrielle), pour autant qu'elles fussent orientées vers les modèles anglais, hollandais ou, plus tard, français, produisissent des conditions très favorables à sa genèse (nous en ferons également état).

[140] 2. Les États patrimoniaux du Moyen Age se différenciaient, quant au principe, de tous les autres groupements politiques de la terre par la nature formellement rationnelle d'une partie de leur direction administrative (avant tout, les juristes, laïcs et canonistes). Nous parlerons par la suite de la source de ce développement et de son importance ; les présentes remarques devraient provisoirement suffire.

4. LA DOMINATION CHARISMATIQUE

§ 10. *La domination charismatique.*

Nous appellerons *charisme* la qualité extraordinaire (à l'origine déterminée de façon magique tant chez les prophètes et les sages, thérapeutes et juristes, que chez les chefs des peuples chasseurs et les héros guerriers) d'un personnage, qui est, pour ainsi dire, doué de forces ou de caractères surnaturels ou surhumains ou tout au moins en dehors de la vie quotidienne, inaccessibles au commun des mortels ; ou encore qui est considéré comme envoyé par Dieu ou comme un exemple, et en conséquence considéré comme un « chef » [*Führer*]. Bien entendu, conceptuellement, il est tout à fait indifférent de savoir comment la qualité en question devrait être jugée correctement sur le plan « objectif », d'un point de vue éthique, esthétique ou autre ; ce qui importe seulement, c'est de savoir comment la considèrent effectivement ceux qui sont dominés charismatiquement, les *adeptes* [*Anhänger*].

Le charisme d'un « guerrier furieux » [*Berserker*] (on a attribué, apparemment à tort, les attaques maniaques auxquelles il se livre à l'utilisation de certains poisons : à Byzance, au Moyen Age, on tint un grand nombre de ces individus dotés du charisme de la frénésie guerrière pour une sorte d'instruments de guerre), celui d'un « chamane » (mage chez qui, dans le type pur, la possibilité d'attaques d'épilepsie est regardée comme condition préalable à l'extase), celui du fondateur des Mormons (qui représente sans doute, mais non pas à coup sûr, un type raffiné de charlatan), celui d'un littérateur comme Kurt Eisner, abandonné à des succès démagogiques particuliers, sont considérés par la sociologie axiologiquement neutre [*Wertfreie Soziologie*], de manière tout à fait identique au charisme des héros, des prophètes, des sauveurs « les plus grands » selon l'appréciation commune.

1. La *reconnaissance* par ceux qui sont dominés, reconnaissance libre, garantie par la confirmation (à l'origine, toujours par le prodige) née de l'abandon à la révélation, à la vénération du héros, à la confiance en la personne du chef, décide de la validité du charisme. Elle n'est pas (dans le charisme authentique) le fondement de la légitimité, mais un *devoir*, pour ceux qui sont choisis, en vertu de l'appel et de la confirmation, de reconnaître cette qualité. « Reconnaissance » qui est, psychologiquement, un abandon tout à fait personnel, plein de foi, né ou bien de l'enthousiasme ou bien de la nécessité et de l'espoir.

Aucun prophète n'a regardé sa qualité comme dépendant de l'opinion de la foule à son égard. Aucun roi couronné, aucun duc charismatique n'a traité les opposants, tous ceux qui se maintiennent à l'écart, autrement que comme déloyaux : celui qui ne prendrait pas part à l'expédition militaire conduite par un chef, dans les rangs d'une troupe formellement recrutée par volontariat, serait anéanti sous des sarcasmes unanimes.

2. Si la confirmation tarde à venir, si celui qui possède la grâce charismatique paraît abandonné de son dieu, de sa puis-

sance magique ou de sa puissance héroïque, si le succès lui reste durablement refusé, si, surtout, *son gouvernement n'apporte aucune prospérité à ceux qu'il domine*, alors son autorité charismatique risque de disparaître. C'est le sens charismatique authentique de la « grâce divine ».

Un « contempteur » apparaît même chez les anciens rois germaniques. Il en va fréquemment de même chez les peuples dits primitifs. En Chine, la qualification charismatique (non modifiée dans le sens charismatique héréditaire, cf. § 11) du monarque était si absolue que toute infortune, de quelque nature qu'elle fût, non seulement le malheur des armes mais aussi la sécheresse, les inondations, les conjonctions astronomiques funestes, etc., le contraignait à une pénitence publique, voire, éventuellement, à l'abdication. C'est que, alors, il ne possédait pas [141] le charisme de la « vertu » (celle-ci déterminée dans le sens classique) requis par l'esprit du Ciel et que, par voie de conséquence, il n'était pas le « fils du Ciel » légitime.

3. Le groupement de domination est une communauté émotionnelle. La direction administrative du seigneur charismatique n'est pas un « fonctionnariat », du moins pas un fonctionnariat pourvu d'une formation spécialisée. Il n'est choisi ni en fonction d'un ordre ni en fonction de la dépendance domestique ou personnelle. Au contraire, il est choisi en fonction de qualités charismatiques : au « prophète » correspondent les « disciples » ; au « prince de la guerre », les « partisans » ; au « chef » en général, les « hommes de confiance ». Il n'y a ni « nomination » ni « destitution », ni « carrière » ni « avancement » : seulement un appel, selon l'inspiration du chef, sur la base de la qualification charismatique de celui qui est appelé. Aucune « hiérarchie », mais seule l'intervention du chef, éventuellement sur une requête en cas d'insuffisance charismatique, générale ou particulière, de la direction administrative dans une de ses tâches. Aucune « circonscription de fonction » ni aucune « compétence », mais non plus aucune appropriation des pouvoirs de la fonction par un « privilège ». Au contraire, il n'y a (le cas échéant) que des limites territoriales objectives du charisme et de la « mission ». Aucun « traitement » ni aucun « bénéfice », mais les disciples ou les partisans vivent (principalement) avec le seigneur dans un communisme d'amour [*Liebeskommunismus*] ou de camaraderie par des moyens dus au

mécénat. Il n'y a pas d' « autorités constituées » établies, mais seulement, dans les limites du service du seigneur et du charisme propre, des émissaires mandatés charismatiquement. Il n'y a aucun règlement, aucun statut juridique abstrait et, partant, aucune invention de la jurisprudence rationnelle qui y renvoie, aucune directive ni aucune décision de droit orientée vers des précédents traditionnels. Au contraire, les *créations* juridiques actuelles se font formellement de cas à cas ; à l'origine seuls jugements de Dieu et révélations sont décisifs. Du point de vue matériel, ce principe vaut pour toutes les dominations authentiquement charismatiques : « C'est écrit, je vous le dis. » Le prophète authentique, aussi bien que le chef de guerre authentique, que tout chef authentique, d'une façon générale, prend, proclame, expédie de nouveaux ordres ; dans le sens primitif du charisme, cela a lieu en vertu de la révélation, de l'oracle, de l'inspiration, ou d'une volonté de transformation concrète, reconnue pour son origine par la communauté de croyance, de défense, de parti ou autre. La reconnaissance est conforme au devoir. Dans la mesure où, à une injonction, une injonction concurrente s'oppose en revendiquant une valeur charismatique, il y aura un combat entre chefs dont l'issue ne dépendra, en dernière analyse, que d'un moyen magique ou d'une reconnaissance (conforme au devoir) de la communauté ; combat dans lequel, de toute nécessité, ne peuvent entrer en jeu, d'un côté, que la justice, de l'autre, que l'injustice, laquelle doit être châtiée.

La domination charismatique, en tant qu'elle est extraordinaire [*Außeralltägliche*], s'oppose très nettement aussi bien à la domination rationnelle, bureaucratique en particulier, qu'à la domination traditionnelle, en particulier patriarcale et patrimoniale, ou à celle d'un ordre. Les deux dernières sont des formes *quotidiennes* spécifiques de domination, la domination charismatique (authentique) en est le contraire. La domination bureaucratique est spécifiquement rationnelle en ce sens qu'elle est liée à des règles analysables de façon discursive, la domination charismatique est spécifiquement rationnelle en ce sens qu'elle est affranchie des règles. La domination traditionnelle est liée aux précédents du passé et, dans cette mesure, également aux règles ; la domination charismatique bouleverse (dans son domaine propre) le passé et elle est, en ce sens, spécifiquement révolutionnaire. Elle ne connaît aucune appropriation des pouvoirs seigneuriaux du type de la possession de biens, ni par le détenteur du pouvoir ni par les pouvoirs d'un ordre. Mais elle n'est légitime que dans la mesure où (et aussi longtemps que) « vaut » le charisme personnel en vertu de sa confirmation ; celui-ci ne trouve reconnaissance, n'est « utilisable » auprès de l'homme de confiance, du disciple, du partisan que pour le temps qu'il est assuré de durer.

Cela, qui ne nécessite, pour ainsi dire, aucun commentaire, vaut tant pour le détenteur du pouvoir charismatique purement « plébiscitaire » (la « domination du génie » de Napoléon, [142] qui fit de plébéiens des rois et des généraux) que pour les prophètes ou les héros guerriers.

4. Le charisme pur est spécifiquement *étranger à l'économie*. Il constitue, où il apparaît, une « vocation » au sens emphatique du terme : en tant que « mission » ou « tâche » intérieure. Dans son type pur, il dédaigne et rejette l'utilisation économique de la grâce comme source de revenus – ce qui, certainement, est souvent plus une prétention qu'une réalité. Non pas que le charisme renonce à la possession et à l'acquisition, comme le font, le cas échéant, les prophètes et leurs disciples. Le héros guerrier et sa suite recherchent le butin, le détenteur du pouvoir plébiscitaire ou le chef charismatique du parti, les moyens matériels de leur puissance ; le premier, en outre, a besoin de la splendeur matérielle de sa domination pour assurer son prestige. Ce qu'ils dédaignent tous – aussi longtemps que persiste le type authentiquement charismatique – c'est l'économie quotidienne, traditionnelle ou rationnelle, la réalisation de « recettes » régulières grâce à une action économique continue dirigée vers ce but. Les formes typiques de la couverture charismatique des besoins sont la subsistance par le mécénat – par le grand mécénat (don, fondation, corruption, gros pourboire) – ou la mendicité d'une part, le butin, l'extorsion violente ou (formellement) pacifique de l'autre. C'est, eu égard à une économie rationnelle, une puissance « anti-économique » type : refusant toute compromission avec la vie quotidienne, elle pourra seulement consentir, avec une indifférence intérieure totale, à « emporter » pour ainsi dire un profit occasionnel instable. Le « rentariat », en tant que forme d'affranchissement économique, peut – pour de nombreux types – représenter le fondement

économique de l'existence charismatique. Mais cela ne vaut guère pour les « révolutionnaires » charismatiques normaux.

Le refus par les jésuites des charges d'église est une application rationalisée de ce principe des « disciples ». Il est clair que tous les héros de l'ascèse, les ordres mendiants et les combattants de la foi en font partie. Presque tous les prophètes ont été entretenus par le mécénat. La phrase de saint Paul dirigée contre le parasitisme des missionnaires : « Qui ne travaille pas ne doit pas non plus manger », ne peut naturellement passer pour une affirmation de l' « économie », mais seulement du devoir que l'on a de se procurer la subsistance nécessaire « par une profession accessoire » quelconque : la parabole, vraiment charismatique, elle, du « lys des champs » n'était pas recevable dans son sens littéral, mais seulement quant à l'insouciance du lendemain. D'autre part, il est concevable, chez des disciples charismatiques artistes principalement, que l'affranchissement des luttes économiques par la limitation des appels, au sens propre, à ceux qui sont « économiquement indépendants » (donc aux rentiers) soit de règle (ainsi, du moins à première vue, dans le cercle de Stefan George).

5. Le charisme est la grande puissance révolutionnaire des époques liées à la tradition. A la différence de la puissance, également révolutionnaire, de la « ratio », qui agit soit directement de l'extérieur en changeant les conditions et les problèmes de la vie, et par là, indirectement, la position adoptée à leur égard, soit aussi par intellectualisation, le charisme peut consister en une transformation de l'intérieur. Née de la nécessité ou de l'enthousiasme, celle-ci signifie en général changement de direction de l'opinion et des faits, orientation entièrement nouvelle de toutes les positions envers toutes les formes particulières de vie et envers le « monde ». Aux époques prérationalistes, tradition et charisme se partagent à peu près la totalité des orientations de l'action.

§ 11. *La routinisation du charisme et ses effets.*

Dans sa forme authentique, la domination charismatique est de caractère spécifiquement extraordinaire et elle présente une relation sociale strictement personnelle, liée à la valeur charismatique des qualités personnelles et à leur confirmation. Celle-ci ne reste pas éphémère, mais prend le caractère d'une relation durable : « communauté » des compagnons de la foi, [143] des guerriers ou des disciples, groupement de parti [*Parteiverband*], ou bien groupement politique ou hiérocratique. La domination charismatique, qui n'existe pour ainsi dire, dans la pureté du type idéal, que *statu nascendi*, est amenée, dans son essence, à changer de caractère : elle se traditionalise ou se rationalise (se légalise), ou les deux en même temps, à des points de vue différents. Les motifs qui y conduisent sont les suivants :

a) L'intérêt idéal ou bien matériel des disciples à la permanence et à la réanimation continue de la communauté ;

b) L'intérêt idéal et matériel, plus fort encore, qu'a la direction administrative : clientèle [*Gefolgschaft*], disciples, hommes de confiance du parti, etc., de

α) poursuivre l'existence de la relation ;

β) la poursuivre de telle sorte que la position propre s'établisse, idéalement et matériellement, sur un fondement quotidien durable : rétablissement extérieur de l'existence de la famille, ou encore de l'existence des satisfactions, au lieu des « missions » détachées de ce monde, étrangères à la famille et à l'économie.

Ces intérêts deviennent typiquement actuels, en cas de disparition de la personne du porteur du charisme, dans le problème de *succession* qui surgit alors. La manière selon laquelle celui-ci est résolu – quand il est résolu, et par conséquent quand la communauté charismatique se maintient (ou apparaît pour la première fois) – est déterminante pour la nature de l'ensemble des relations sociales.

A ce problème correspondent les modes suivants de solution :

a) La recherche d'un nouvel individu porteur du charisme, qualifié comme détenteur du pouvoir selon des caractères distinctifs.

Type à peu près pur : la recherche du nouveau dalaï-lama (un enfant qui doit être choisi selon des signes distinctifs de l'incarnation du divin, d'une manière tout à fait semblable à la recherche du bœuf Apis).

La légitimité du nouveau porteur du charisme est alors rattachée aux signes distinctifs, donc aux « règles » pour lesquelles se crée une tradition (traditionalisation) : on revient ainsi au caractère purement personnel ;

b) La révélation : oracle, sort, jugement de Dieu ou autres techniques de sélection. La légitimité du nouveau porteur de charisme dérive alors de la légitimité de la technique (légalisation).

Les *Chofetim* [juges] israélites avaient parfois, dit-on, ce caractère. Le vieil oracle de guerre avait, prétendait-on, désigné Saül.

c) La désignation du successeur par celui qui détenait jusqu'alors le charisme et sa reconnaissance par la communauté.

Forme très fréquente. Primitivement, la création des magistratures romaines avait ce caractère (conservé le plus nettement dans l'attribution du titre de dictateur et l'institution de l'*interrex*).

La légitimité devient alors acquise par la désignation ;

d) La désignation du successeur par la direction administrative qualifiée charismatiquement et sa reconnaissance par la communauté. Dans son sens authentique, on doit absolument écarter l'interprétation de ce mécanisme comme « élection », comme « scrutin éliminatoire » ou comme « droit de se présenter à l'élection ». Il ne s'agit pas d'un choix libre, mais d'un choix strictement conforme au devoir [*streng pflichtmäßig*] ; il ne s'agit pas d'un vote à la majorité, mais d'une désignation correcte [*richtig*], le choix de celui qui convient, du porteur réel du charisme que la minorité elle-même peut avoir reconnu à juste titre. L'unanimité est un postulat, la reconnaissance de l'erreur un devoir, la persistance dans l'erreur [144] une faute grave, un « mauvais » choix, une injustice (originellement de caractère magique) qui doit être expiée.

Bien entendu, la légitimité apparaît alors volontiers comme une légitimité d'acquisition juridique, obtenue avec toutes les précautions d'exactitude et la plupart du temps liée à certaines formalités (intronisation, etc.).

C'est là, en Occident, le sens primitif du couronnement de l'évêque ou du roi par le clergé ou les princes avec l'acquiescement de la communauté, et aussi le sens de nombreux procédés analogues à travers le monde entier. Nous discuterons plus tard de l'idée d' « élection » qui en est résultée.

e) La conception que le charisme est une qualité du sang, donc qu'il est fixé dans une famille, en particulier chez les parents les plus proches : *charisme héréditaire*. Dans ce cas, l'ordre de succession n'est pas nécessairement celui qui joue en faveur de l'appropriation des droits, mais il est souvent hétérogène ; ou bien alors l'héritier légitime doit être désigné dans la famille à l'aide des moyens évoqués sous les points *a, b, c, d*.

Le combat singulier entre frères existe chez les nègres. Ailleurs, en Chine par exemple, l'ordre de succession (génération suivante) est ainsi établi qu'il ne peut interrompre la relation avec l'esprit des aïeux. Le droit d'aînesse ou la désignation par les gens de la suite sont très fréquemment observés en Orient (d'où le « devoir » d'exterminer tous les candidats imaginables dans la maison d'Osman).

Ce n'est que durant le Moyen Age occidental et au Japon, outre quelques cas isolés, que le principe clairement formulé du droit de succession au pouvoir par ordre de primogéniture l'a emporté, hâtant grandement de ce fait la consolidation des groupements politiques (en évitant les luttes entre prétendants dans la famille charismatique héréditaire).

La foi ne vaut plus alors pour les qualités charismatiques personnelles, mais pour l'acquisition légitime en vertu de l'ordre héréditaire (traditionalisation et légalisation). Le concept de « grâce divine » a totalement changé de sens et s'applique alors au seigneur d'un droit propre, ne dépendant pas de la reconnaissance de ceux qu'il domine. Le charisme personnel peut lui faire entièrement défaut.

A cette catégorie appartiennent la monarchie héréditaire, les nombreuses hiérocraties héréditaires d'Asie et le charisme héréditaire en tant que caractère distinctif du rang et de la qualification aux fiefs et aux bénéfices (voir le § suivant).

f) La conception que le charisme est une qualité transmissible par des moyens rituels d'un porteur à d'autres ou qu'il peut être engendré (originellement, de manière magique) : objectivation du charisme, en particulier du *charisme de fonction* [*Amtscharisma*]. La croyance en la légitimité ne concerne plus alors la personne, mais les qualités acquises et la vertu de l'acte rituel.

Exemple le plus important : le charisme du prêtre, transmis ou sanctionné par l'onction, la consécration ou l'imposition des mains ; celui du roi, transmis par l'onction et le couronnement. Le caractère indélébile signifie séparation des capacités charismatiques de la fonction des qualités de la personne du prêtre. De ce fait même il a donné lieu – du donatisme et du montanisme à la révolution puritaine (baptiste) – à des luttes constantes (le « mercenaire » des quakers est le prédicateur doué du charisme de cette fonction).

§ 12. *Suite.*

Les intérêts quotidiens de la direction administrative sont parallèles à la routinisation du charisme du fait de la constitution d'un successeur. Ce n'est que *statu nascendi*, et aussi longtemps que le seigneur charismatique gouverne d'une manière authentiquement extraordinaire, que la direction administrative peut vivre du mécénat, du butin ou de revenus de circonstance avec ce seigneur reconnu par la foi et l'enthousiasme. Seule une petite strate enthousiaste de disciples et de partisans est disposée durablement, et seulement « par idéal », à « faire » de sa « vocation » sa vie. [145] La masse des disciples et des partisans veut faire matériellement aussi sa vie (à la longue) de sa « vocation » et elle le doit pour ne pas disparaître.

D'où il découle que :

1) La routinisation du charisme s'effectue aussi sous forme d'appropriation des pouvoirs seigneuriaux et des chances de profit par les partisans ou les disciples, selon les règles et leur recrutement ;

2) Cette traditionalisation ou légalisation (suivant qu'il y a statut rationnel ou non) peut admettre différentes formes types :

1. Le mode authentique de recrutement est celui qui se fait selon le charisme personnel. Les partisans ou les disciples peuvent, en cours de routinisation, mettre en place des normes de recrutement, en particulier

a) des normes d'éducation ;

b) des normes de mise à l'épreuve.

Le charisme peut être seulement « suscité » ou « mis à l'épreuve », au lieu d'être « enseigné » ou « inculqué » [*eingeprägt*]. Tout mode de sélection magique (magiciens, héros) et tout noviciat appartiennent à cette catégorie de *fermeture* du groupement de la direction administrative (sur l'éducation charismatique, voir le chap. IV). Seul le novice éprouvé est admis au pouvoir seigneurial. Le chef charismatique authentique peut combattre efficacement ces prétentions – non pas son successeur, du moins celui (§ 11, *d*) qui est couronné par la direction administrative.

L'ascèse du magicien et celle du guerrier de la « maison des hommes » appartiennent à ce type, ainsi que l'initiation des jeunes et les classes d'âge. Celui qui n'a pas subi l'épreuve de la guerre demeure une « femme », c'est-à-dire qu'il reste exclu de la suite armée [*Gefolgschaft*].

2. Les normes charismatiques se transforment volontiers brusquement en normes traditionnelles d'un ordre (charismatiques héréditaires). Que prévaille le charisme héréditaire (§ 11, *e*) du chef, et le charisme héréditaire de la direction administrative, éventuellement même celui des partisans, prévaut aussi comme règle de la sélection et de l'emploi. Là où le principe de charisme héréditaire régit étroitement et complètement un groupement politique, là où l'appropriation des pouvoirs seigneuriaux, des fiefs, des bénéfices, des chances de profit de toute espèce s'effectue selon ce principe, là existe le type de l' « état familial » [*Geschlechterstaat*]. Tous les pouvoirs et toutes les chances sont traditionalisés. Les chefs de famille (gérontocrates ou patriarches traditionnels non légitimés personnellement par un charisme) en règlent l'exercice, lequel ne peut être retiré à leur famille. Ce n'est pas le type de situation qui détermine le rang de l'individu ou de sa famille, c'est le rang de la famille charismatique héréditaire qui détermine les situations qui lui échoient.

Principaux exemples : le Japon avant la bureaucratisation ; dans une large mesure aussi, la Chine (les « vieilles familles ») avant la rationalisation des États particuliers ; l'Inde, dans l'organisation des castes ; la Russie avant le *mestnitchestvo*, par la suite sous une autre forme ; et, partout, tout « ordre » privilégié par la « naissance » (sur ce point, voir chap. IV).

3. La direction administrative peut provoquer, faire adopter pour ses membres, la création et l'appropriation de situations individuelles et de chances d'acquisition. Alors apparaissent, après la traditionalisation ou la légalisation :

a) Les bénéfices (improvidation, voir ci-dessus) ;

b) Les offices [*Amt*] (patrimonialisation et bureaucratisation, voir ci-dessus) ;

c) Les fiefs (féodalisation [voir ci-dessous § 12 *b*], qui ont été appropriés, au lieu de la subsistance primitive purement acosmique, par les moyens du mécénat ou par le butin.

D'une manière plus précise :

Cas *a* :

α. Les bénéfices de mendicité ;

β. Les bénéfices de rentes en nature ;

[146] γ. Les bénéfices fiscaux en argent ;

δ. Les bénéfices de sportule,

par la régulation des moyens de subsistance, au début strictement dus au mécénat (α) ou strictement de butin (β, γ), selon une organisation financière rationnelle.

Pour α : bouddhisme ;

Pour β : bénéfices en riz, en Chine et au Japon ;

Pour γ : règle, dans tous les États conquérants rationalisés ;

Pour δ : nombreux exemples partout, en particulier : clergé et chevaliers, mais aussi en Inde, pouvoirs militaires.

Cas *b* : La transformation des missions charismatiques en « fonctions » peut s'infléchir vers la patrimonialisation ou vers la bureaucratisation. Celle-là est la règle générale ; on trouve celle-ci dans l'Antiquité et, à l'époque moderne, en Occident, plus rarement ailleurs (c'est en tout cas une exception).

Cas *c* :

α. Les fiefs avec conservation du caractère de mission de la fonction ;

β. L'appropriation totale des pouvoirs seigneuriaux sous la forme d'un fief.

Les deux cas sont difficilement séparables. L'orientation vers le caractère de mission de la fonction ne disparaît pas facilement, même au Moyen Age.

§ 12 *a. Fin.*

La présupposition de la routinisation est l'élimination du caractère étranger à l'économie que présente le charisme ; c'est son adaptation aux formes fiscales (financières) de la couverture des besoins et aux conditions d'une économie d'impôts et de taxes. Les « laïcs » des missions qui ont recours à l'improvidation s'opposent au « clergé », membre intéressé (avec la « participation », $\chi\lambda\eta\ \rho o\varsigma$) de la direction administrative charismatique issue de la pratique quotidienne (prêtre de l' « Église » naissante) ; les « sujets imposables » s'opposent aux vassaux, prébendaires, fonctionnaires du groupement politique naissant, et, en cas de rationalité, de l' « État », ou encore aux fonctionnaires de parti, employés désormais à la place des « hommes de confiance ».

Cela est typique chez les bouddhistes et les sectes hindouistes (voir *RS* II). Il en va de même de tous les empires conquérants rationalisés en vue de leur durée. Il en va de même aussi des partis et des autres formations strictement charismatiques à l'origine.

Avec la routinisation, le groupement de domination charismatique débouche largement sur les formes de la domination quotidienne [*Alltagsherrschaft*], patrimoniale (en particulier par un ordre) ou bureaucratique. Son caractère primitif particulier se manifeste dans l'*honneur* de la condition charismatique héréditaire ou charismatique de fonction, des bénéficiaires de l'appropriation, que ce soit celui du seigneur ou celui de la direction administrative – par conséquent dans un type de *prestige* qui est l'apanage du détenteur du pouvoir. Un monarque héréditaire « par la grâce de Dieu » n'est pas un simple seigneur patrimonial, un patriarche ou un cheik ; un vassal n'est pas un ministériel ou un fonctionnaire. De plus amples détails sont du ressort de la théorie des « ordres » [*Stand*].

En règle générale, la routinisation ne se va pas sans lutte. Au début, il n'est pas possible d'oublier les prétentions personnelles du seigneur au charisme, et la lutte entre charisme de fonction ou charisme héréditaire, d'une part, et charisme personnel, de l'autre, est un phénomène historique type.

1. La transformation du pouvoir de pénitence [*Bußgewalt*] (remise des péchés mortels), d'un pouvoir n'appartenant qu'à la personne du martyr et de l'ascète, en un pouvoir de fonction de l'évêque et du prêtre, a été, sous l'influence du concept romain de « fonction », beaucoup plus rapide en Occident qu'en Orient. Les révolutions charismatiques de chefs contre le pouvoir charismatique héréditaire ou contre celui de la fonction se retrouvent dans tous les groupements, de l'État aux syndicats (précisément à l'heure actuelle !). Mais plus se développent les dépendances interéconomiques de l'économie monétaire, plus forte est la pression des besoins quotidiens des disciples, et plus est accentuée [147] la tendance à la routinisation qui s'est partout affirmée et, en règle générale, a rapidement triomphé. Le charisme est le phénomène initial type des dominations religieuses (prophétiques) ou politiques (conquérantes), mais il cède aux forces de la vie quotidienne dès que la domination est assurée et surtout dès qu'elle a pris un caractère de masse.

2. En tout cas, la tendance à la sécurité, c'est-à-dire la légitimation de la situation sociale du seigneur et des chances économiques de sa suite et de ses partisans, est un élément qui pousse à la quotidiennisation du charisme. Un facteur plus important [est constitué] par la nécessité objective d'adapter les règlements et la direction administrative aux exigences et aux conditions quotidiennes de l'administration. Et font partie en particulier les points de repère d'une tradition administrative et jurisprudentielle nécessaires tant à la direction administrative normale qu'à ceux qui sont dominés. En outre, toute réglementation des situations pour les membres de la direction administrative. Enfin et surtout – nous en parlerons plus loin – l'adaptation des directions administratives et de toutes règles administratives aux conditions économiques quotidiennes ; la couverture des dépenses par le butin, les contributions, les dons, l'hospitalité, telle qu'elle existe au stade présent du charisme de guerre et du charisme prophétique, ne constitue pas une base possible pour une administration quotidienne durable.

3. La routinisation ne se résume pas au problème de la suc-

cession. Elle en est même loin. Le problème principal est le passage de la direction et des principes administratifs charismatiques à la direction et aux principes administratifs quotidiens. Le problème du successeur concerne la routinisation du noyau charismatique, le seigneur lui-même et sa légitimité ; à la différence du problème du passage à des règlements et à une direction administrative traditionnels ou légaux, il fait appel à des conceptions particulières, caractéristiques, qui ne sont compréhensibles que par ce processus. Les plus importantes de celles-ci sont la désignation charismatique du successeur et le charisme héréditaire.

4. Rome, nous l'avons déjà dit, est l'exemple historique privilégié d'une désignation du successeur par le détenteur charismatique du pouvoir lui-même. Pour le *rex*, elle découle de la tradition ; en ce qui concerne la nomination du dictateur, du coprince et du successeur au principat, celle-ci est solidement établie à l'époque historique ; le mode de nomination des fonctionnaires supérieurs possédant l'*imperium* montre clairement que, là encore, la désignation du successeur par le chef militaire subsistait, sous réserve de la reconnaissance par l'armée des citoyens. L'examen des candidats et leur exclusion, à l'origine ouvertement arbitraire, par le magistrat en fonction mettent en lumière l'évolution.

5. Les exemples les plus importants de désignation du successeur par la clientèle charismatique sont la nomination des évêques – en particulier celle du pape, à l'origine, – désignés par le clergé et reconnus par la communauté et (comme U. Stutz l'a rendue vraisemblable) l'élection [*Kürung*] du roi d'Allemagne, transformée par la suite, à l'exemple de la nomination des évêques, en désignation par certains princes et reconnaissance par le « peuple » (en armes). Des formes analogues se rencontrent très souvent.

6. L'Inde a été le pays classique du charisme héréditaire. A celui-ci étaient étroitement liées toutes les qualités professionnelles, en particulier toutes les qualifications d'autorité, ainsi que la situation de seigneur. La prétention aux fiefs nantis des droits seigneuriaux était attachée à l'appartenance à la famille royale, les fiefs étant demandés en concession aux plus anciens des familles. Toutes les fonctions hiérocratiques, sauf celle, considérablement importante et influente, de gourou

(directeur des âmes), la répartition des relations publiques dans sa totalité, les situations au niveau du village (prêtre, barbier, blanchisseur, garde, etc.) étaient liées au charisme héréditaire. Toute fondation d'une secte signifiait fondation d'une hiérarchie héréditaire. Il en était de même dans le taoïsme chinois. De même, dans l' « État familial » [*Geschlechterstaat*] japonais (avant l'apparition de l'État patrimonial fonctionnarial, introduit à l'exemple chinois, qui conduisit à l'improvidence et à la féodalisation), la division sociale était de caractère purement charismatique héréditaire (plus avant, dans un autre contexte, nous en reparlerons).

Ce droit charismatique héréditaire aux places de seigneurs s'est développé de manière analogue dans le monde entier. La qualification en vertu de l'origine remplaça la qualification en vertu de hauts faits personnels. Partout, ce phénomène repose sur le développement de la condition de la naissance [*Geburtsstand*] : dans la noblesse romaine aussi bien que, selon Tacite, dans le concept de *stirps regia* des Germains, et aussi dans les règles du tournoi et des couvents de la fin du Moyen Age, et encore dans les recherches modernes de pedigree de la nouvelle aristocratie américaine – en règle générale, là où s'acclimate la différenciation « fondée sur la condition » [*ständisch*] (voir ci-dessous).

[148] *Relation avec l'économie :* La routinisation du charisme est essentiellement identique à l'adaptation aux conditions de l'économie, cette puissance qui agit d'une manière continue dans la vie quotidienne. L'économie y est dirigeante et non dirigée. Dans une plus large mesure, la transformation charismatique héréditaire ou charismatique de fonction sert en même temps de moyen de *légitimation* des pouvoirs de disposition existants ou acquis. Notamment l'attachement aux monarchies héréditaires – outre les idéologies de fidélité, qui ne sont certainement pas indifférentes – est conditionné par la considération que toute possession héréditaire légitimement acquise est ébranlée dès lors que l'assujettissement intérieur au caractère sacré de la succession au trône est supprimé ; de là qu'un tel attachement est plus adéquat aux classes possédantes qu'au prolétariat.

Pour le reste, on ne peut rien dire de général (et qui ait, en même temps, un contenu objectif et une certaine valeur) sur les relations des diverses possibilités d'adaptation à l'économie : cela doit rester réservé à une réflexion particulière. L'improvidation, la féodalisation et l'appropriation charismatique héréditaire des chances de toute sorte peuvent, dans tous les cas, exercer leurs actions stéréotypantes sur l'évolution du charisme en même temps que sur celle des conditions initiales du patrimonialisme et de la bureaucratie, et, par là, réagir sur l'économie. L'action du charisme – en règle générale fortement révolutionnaire dans le domaine économique, – d'abord souvent destructrice par son orientation nouvelle et « sans présupposition », se transforme alors en son contraire.

Il sera question en son temps de l'économie dans les révolutions (charismatiques) ; son rôle y est extrêmement varié.

6. LA FÉODALITÉ

§ 12b. Féodalité – Féodalité de fiefs.

Il nous reste à traiter du dernier cas cité dans le § 12, 3 (fief). En fait parce que peut y prendre naissance une structure de groupement de domination qui est aussi différente du patrimonialisme que du charisme authentique ou héréditaire et qui a eu une grande importance historique : la *féodalité*. Nous distinguerons comme formes pures la féodalité de fiefs et la féodalité de bénéfices. Nous ne traiterons pas ici de toutes les autres formes de concession de terres liges en échange de prestations militaires appelées « féodalité » et qui sont en réalité de caractère patrimonial (ministériel). Il sera question par la suite des diverses sortes de bénéfices [voir § 12c].

AA. Le fief implique toujours :

aa) L'appropriation des pouvoirs et des droits seigneuriaux. Peuvent s'approprier comme fiefs :

α) Uniquement des pouvoirs domestiques propres ;

β) Des droits concernant le groupement, mais économiques (fiscaux) exclusivement ;

γ) Des pouvoirs de commandement sur le groupement (voir également BB, *ff*).

La constitution en fief s'effectue par une concession faite en échange de prestations qui sont, en règle générale, *militaires*, et en même temps de caractère administratif. D'une manière très spécifique, la concession s'effectue :

bb) D'abord de façon strictement personnelle, pour la durée de la vie du seigneur et de celle du preneur en fief (vassal);

cc) Puis en vertu d'un *contrat*, donc avec un homme libre, qui (dans le cas de la relation appelée ici féodalité de fiefs)

dd) Possède un mode de vie particulier à un ordre [*ständische Lebensführung*] (chevaleresque).

ee) Le contrat de fief n'est pas une « affaire » habituelle, mais une fraternisation en un droit (librement) inégal, qui a pour conséquence des devoirs de *fidélité* réciproques,

[149] αα) Lesquels sont fondés sur l'*honneur* d'un ordre [*ständisch*] (chevaleresque) et

ββ) Strictement délimités.

Le passage du type α (§ 12, 3, dans la discussion du cas *c*) au type β s'accomplit là où :

aaa) Les fiefs ne sont héréditairement appropriés par un nouveau possesseur que dans l'hypothèse de la qualification et du renouvellement de la promesse solennelle de fidélité au nouveau seigneur ;

bbb) La direction administrative du fief impose la redistribution des fiefs vacants [*Leihezwang*], les fiefs dans leur totalité étant considérés comme fonds de subsistance des membres de l'ordre.

Le premier cas s'est présenté assez tôt au Moyen Age, le second par la suite. La lutte entre seigneur et vassaux tendit surtout à écarter (tacitement) ce principe, qui rendait impossible la création ou l'obtention d'un « pouvoir domestique » patrimonial propre du seigneur.

BB. L'administration du fief (féodalité de fiefs), dans sa réalisation complète – qu'on ne peut pas davantage observer dans sa pureté absolue que le patrimonialisme pur, – signifie que :

aa) Tout le pouvoir du seigneur se réduit aux chances de prestation existant en vertu du vœu de fidélité des vassaux ;

bb) Le groupement politique est totalement remplacé par un système de relations strictement personnelles de fidélité entre seigneur et vassaux, entre ceux-ci et leurs propres vavasseurs investis à leur tour (sous-inféodés) et, pour finir, entre ces derniers et leurs éventuels sujets. Le seigneur ne peut prétendre qu'à la fidélité de ses vassaux, ceux-ci à la fidélité des leurs uniquement, etc.

cc) Ce n'est qu'en cas de « félonie » que le seigneur peut retirer le fief à son vassal, celui-ci à son vavasseur, etc. En outre, le seigneur dispose contre les vassaux parjures de l'aide des autres vassaux ou de la passivité des vavasseurs du « parjure ». Ce qui implique que les uns ou les autres considèrent également comme réelle, de leur côté, la félonie de leur compagnon ou de leur seigneur à l'égard de son seigneur. Sinon le suzerain ne peut compter sur les vavasseurs du parjure, à moins qu'il n'ait obtenu comme exception, dans la sous-inféodation, la lutte du seigneur contre son suzerain (ce qui a toujours été tenté, mais pas toujours obtenu).

dd) Il existe, selon la succession dans la sous-inféodation, une hiérarchie féodale de l'ordre [*ständisch*] (les *Heerschilde* ou *Sachsenspiegel*). Mais ce n'est ni une « suite d'instances » [*Instanzenzug*] ni une « hiérarchie ». Une mesure ou un jugement peuvent-ils être contestés, et devant quelle instance, voilà une question qui se règle, par principe, devant le « tribunal suprême », et non pas conformément au système de la hiérarchie féodale (le tribunal suprême peut – théoriquement – être concédé à un compagnon du détenteur du pouvoir judiciaire, même si cela n'est pas en fait le cas d'ordinaire).

ee) Ceux qui, dans la hiérarchie féodale, ne détiennent pas de pouvoirs seigneuriaux patrimoniaux ou de pouvoirs sur un groupement « dépendent du seigneur » [*Hintersasse*], c'est-à-dire en dépendent patrimonialement. Ils sont soumis à ceux qui sont investis d'un fief dans la mesure où leur situation traditionnelle, en particulier leur condition [*Stand*], l'exige ou l'admet, ou encore dans la mesure où le pouvoir des possesseurs de fiefs militaires, contre lequel ils sont fort peu armés, l'obtient de force. L'adage : « Nulle terre sans seigneur » vaut aussi bien contre les seigneurs (coercition du service) [*Leihezwang*] que contre les non-détenteurs de fief. Le seul reste de l'ancien pouvoir seigneurial immédiat sur le groupement est le dogme, qui subsiste presque toujours, que les pouvoirs seigneuriaux, judiciaires surtout, appartiennent au seigneur féodal en son lieu de résidence.

ff) Les pouvoirs domestiques propres (pouvoirs de disposer des domaines, des esclaves, des serfs), les droits fiscaux (impôts et taxes) et les pouvoirs de commandement sur le groupement (pouvoirs judiciaires, pouvoirs de ban et d'arrière-ban, par conséquent pouvoirs sur les « hommes libres ») deviennent en fait, tous les trois de manière identique, l'objet de la concession du fief.

[150] En règle générale cependant les *pouvoirs de commandement* sur le groupement sont soumis à des règlements particuliers.

Dans la Chine ancienne, les purs fiefs de rente et les fiefs territoriaux étaient même distincts de nom. Ce n'était pas le cas au Moyen Age, en Occident, où les uns se distinguaient des autres par la qualité de l'ordre [*ständisch*] auquel ils se rattachaient et par de nombreux points particuliers qui ne sont pas traités ici.

L'appropriation totale des pouvoirs de commandement sur un groupement ne se réalise d'habitude qu'avec des nuances et des résidus nombreux, selon le genre de ces droits de puissance concédés en fief (nous en parlerons plus loin). Ce qui reste, en règle générale, c'est la différence de condition [*ständisch*] entre celui qui n'est doté que de droits domestiques ou purement fiscaux *(vassal politique)* et celui qui l'est de pouvoirs de commandement sur le groupement : souveraineté judiciaire (juridiction criminelle surtout) et souveraineté militaire (avec droit d'enseigne [*Fahnenlehen*] en particulier).

Dans la féodalité de fiefs de type à peu près pur, le pouvoir seigneurial est évidemment fort précaire parce que réduit à la volonté d'obéir, et, par là, à la fidélité personnelle de la direction administrative qui s'est approprié les fiefs et qui se trouve *en possession des moyens d'administration*. De ce fait, la lutte entre seigneur et vassaux pour le pouvoir seigneurial y est chronique ; l'administration féodale (conforme aux cas *aa-ff*) effectivement idéaltypique ne s'est jamais réalisée ou n'a jamais formé une relation durable effective. Mais là où c'est possible les mesures suivantes sont prises :

gg) Le seigneur cherche, contre le principe de fidélité purement personnelle (*cc* et *dd*), à obtenir :

αα) Soit la limitation, soit l'interdiction de la sous-inféodation,

Fréquemment décidées en Occident, mais souvent, précisément, par la direction administrative dans son propre intérêt de puissance (et en Chine dans le Cartel des princes de 630 A.C.)

ββ) L'annulation du devoir de fidélité des vassaux à l'égard de leur seigneur en cas de guerre contre le suzerain de ce dernier ;

γγ) Quand cela est possible, le devoir de fidélité immédiate des vavasseurs envers le suzerain de leur seigneur.

hh) Le seigneur cherche à garantir son droit de contrôle de l'administration des pouvoirs seigneuriaux sur le groupement par :

αα) Le droit de requête de ceux qui sont au bas de la hiérarchie [*Hintersasse*] auprès de lui, le suzerain, et l'appel à ses tribunaux ;

ββ) L'envoi de contrôleurs à la cour des vassaux politiques ;

γγ) Un droit fiscal propre sur les sujets de tous ses vassaux ;

δδ) La nomination de certains fonctionnaires des vassaux politiques ;

εε) L'attachement aux principes suivants :

aaa) Tous les pouvoirs seigneuriaux lui sont cédés, lorsque lui, le suzerain, est présent ;

bbb) Il peut, en tant que suzerain, porter devant ses tribunaux toute affaire déjà jugée.

Le seigneur ne peut acquérir ou affirmer ce pouvoir à l'égard de ses vassaux (comme à l'égard de ceux qui se sont approprié des pouvoirs seigneuriaux) que lorsque :

ii) Le seigneur se crée une direction administrative propre, ou bien la recrée, ou bien encore la façonne d'une manière adéquate. Celle-ci peut être :

αα) Patrimoniale (ministérielle).

Cela s'est produit souvent en Europe, au Moyen Age, au Japon dans le bakufu du shôgun, qui contrôlait de très près l'administration du daimyô.

ββ) Extrapatrimoniale, (ayant le caractère d'un ordre de lettrés).

[151] Clercs (chrétiens, brahmaniques) et *kayasth** (bouddhiques, lamaïques, islamiques) ou humanistes (en Chine, les écrivains confucianistes). Sur le caractère spécifique et l'action puissante de la culture, voir chap. iv.

γγ) Formée spécialement, en particulier dans les domaines juridique et militaire.

En Chine, elle fut vainement proposée par Wang An-shi**, au xie siècle (mais à cette époque elle était moins dirigée contre

340

les féodaux que contre les lettrés). En Occident, la formation universitaire fut adoptée pour l'administration civile dans l'Église (grâce au droit canon) et dans l'État (grâce au droit romain, en Angleterre grâce à la *Common Law* rationalisée par les formes romaines de pensée) : germe de l'État occidental moderne. En ce qui concerne l'administration militaire, elle fut réalisée en Occident à partir du XVIIe siècle (plus tôt encore en Angleterre et en France) par l'expropriation des entrepreneurs capitalistes militaires *(condottieri)*, qui avaient pris au premier chef la place du seigneur, par le pouvoir princier au moyen de son administration financière rationnelle.

Cette lutte entre seigneur et direction administrative féodale – que l'on rencontre à maintes reprises en Occident (non au Japon), et qui est en partie identique à la lutte du seigneur contre les *corporations – ordres* [groupes privilégiés organisés en corporations, *Stände-Korporationen*] – s'est partout terminée, à l'époque moderne, par la victoire du seigneur, c'est-à-dire de l'*administration bureaucratique*, d'abord en Occident, puis au Japon, en Inde (peut-être aussi en Chine), en premier lieu sous la forme de la domination étrangère. Outre des situations de force historiquement données, il y avait pour cela, en Occident, des conditions économiques décisives : d'abord, la naissance de la bourgeoisie à partir des villes (qui ne se sont développées, au sens occidental, que là) ; ensuite, la concurrence, entre États particuliers, pour la puissance au moyen d'une *administration rationnelle* (c'est-à-dire bureaucratique) et l'alliance, conditionnée par des raisons fiscales, avec les intérêts capitalistes. Nous exposerons tout cela plus loin.

§ 12c. *Féodalité de bénéfices et autres féodalités.*

Toute féodalité n'est pas une féodalité de fiefs au sens occidental. On trouve aussi :

A. La féodalité de *bénéfices*, laquelle est conditionnée par des raisons fiscales.

Typique dans le Moyen-Orient islamique et dans l'Inde de la domination mongole. Par contre, la féodalité de la Chine ancienne, qui existait avant Che Houang-ti* était, du moins en partie, une féodalité de fiefs avec laquelle voisinait d'ailleurs une féodalité de bénéfices. La féodalité japonaise est, chez les daimyô, une féodalité de fiefs largement tempérée par le contrôle personnel du seigneur *(bakufu)*, mais les fiefs des samouraï et des *buke** sont des bénéfices ministériaux, souvent appropriés et cadastrés selon le *kokudaka* (rendement du revenu du riz)**.

Nous parlerons de féodalité de bénéfices là où il s'agit :

aa) De l'appropriation de bénéfices, par conséquent de rentes évaluées et concédées en fonction de leur revenu [et où], en outre,

bb) L'appropriation (en principe si ce n'est toujours de manière effective) ne se fait que personnellement, et en fonction de prestations, éventuellement donc avec *avancement*

(Il en va ainsi des bénéfices des sipahis turcs, du moins légalement),

Mais avant tout où

cc) Ce n'est pas une relation de fidélité individuelle, libre, personnelle, qui est d'abord établie personnellement par un contrat de fraternisation avec le seigneur, et à la suite de quoi un fief individuel est accordé, mais où ce sont au premier chef les buts fiscaux du groupement imposable, au demeurant patrimonial (souvent sultanique), du seigneur qui sont en jeu. Ce qui, la plupart du temps, veut dire que les objets de revenus taxés selon un cadastre sont concédés.

[152] L'origine principale de la féodalité de fiefs résulte le plus souvent, mais non pas nécessairement, de la couverture économique des besoins (presque) strictement naturelle, et par là personnelle, du groupement politique (devoirs du service, obligation militaire). Elle veut avant tout, au lieu d'un ban et d'un arrière-ban incultes, économiquement indisponibles et incapables de s'équiper complètement eux-mêmes, une *armée de chevaliers* éduquée, équipée, liée par un honneur personnel. L'origine principale du féodalisme de bénéfices est, en règle générale, un changement dans le financement monétaire (« régression » du financement par les prestations en nature) et peut résulter :

αα) Du rejet du risque d'instabilité des recettes sur l'entrepreneur (ainsi par une sorte d'affermage de l'impôt) en échange de

aaa) La prise en charge de l'enrôlement de certains guerriers (cavaliers, éventuellement chars de guerre, cuirassiers, train, éventuellement artillerie) pour l'armée du prince patrimonial.

Il en allait ainsi fréquemment en Chine, au Moyen Age : la rémunération des différentes catégories de guerriers pesait sur une unité territoriale.

En outre, éventuellement, en échange de :

bbb) La charge des dépenses de l'administration civile ;

ccc) Le versement forfaitaire de l'impôt à la caisse du prince.

Il en va ainsi souvent aux Indes.

Au contraire, est naturellement accordée (ne serait-ce que pour pouvoir satisfaire à ces obligations) :

ddd) L'appropriation des droits seigneuriaux d'importance diverse, à l'origine, en règle générale, résiliable et rachetable, mais, à défaut de moyens, en fait souvent définitive.

Les bénéficiaires d'une telle appropriation définitive deviennent alors pour le moins *propriétaires fonciers* ; ils parviennent aussi souvent à posséder de grands pouvoirs seigneuriaux sur le groupement.

Cela, surtout en Inde, où les seigneuries des *zamindar*, des *jagirdar* et des *talukdar** sont généralement nées de cette manière. Mais aussi dans de grandes parties du Moyen-Orient, comme l'a développé C.H. Becker (qui, le premier, établit fort justement la différence avec le fief occidental). L'affermage de l'impôt est primordial, la « seigneurie » en devient secondaire. Les boyards roumains eux-mêmes sont les descendants de la société la plus mélangée de la terre : juifs, Allemands, Grecs, etc., qui se sont dès l'origine approprié les droits du seigneur comme fermiers des impôts.

ββ) L'incapacité de payer la solde d'une armée patrimoniale et l'usurpation (ultérieurement légalisée) de cette dernière peuvent conduire certains officiers et l'armée elle-même à s'approprier les sources fiscales : pays et sujets.

Ainsi, dans l'Empire des califes, les célèbres grands khans, source ou modèle de toutes les appropriations jusqu'à celles de l'armée des mamelouks (celle-ci formellement une armée d'esclaves).

Cela ne conduit pas toujours à l'attribution de bénéfices sous une forme cadastrale, mais cela en est proche et peut y mener.

Nous n'allons pas discuter ici dans quelle mesure les fiefs turcs des sipahi se rapprochaient davantage du « fief » ou du

« bénéfice » : l' « avancement » selon la « prestation » s'y pratiquait légalement.

Il est clair que ces deux catégories se relient par des traits imperceptibles et le classement dans l'une ou dans l'autre n'est que rarement possible. [153] En outre, la féodalité de bénéfices est très proche de l'improvidation pure, et là aussi existent bien des nuances.

Selon une terminologie inexacte, on trouverait, à côté de la féodalité de fiefs, celle qui repose sur un contrat libre avec un seigneur, et, à côté de la féodalité fiscale de bénéfices :

B. La féodalité (dite) de la *polis*, laquelle repose sur le synœcisme (réel ou fictif) des propriétaires fonciers qui sont égaux en droits et qui pratiquent un mode de vie strictement militaire et un honneur d'ordre [*ständisch*]. Économiquement, le *klèros** désigne l'absence de terre appropriée d'une manière strictement personnelle et selon un ordre de succession particulier pour ceux qui sont qualifiés ; ce qui détermine l'importance des services des individus réduits en esclavage et constitue le fondement de l'auto-équipement.

Il est impropre d'appeler « féodalité » la situation résultant de la « maison des hommes », qui n'existe qu'en Grèce (et, dans son développement complet, à Sparte seulement), à cause des conventions d'honneur spécifiques à un ordre et du mode de vie chevaleresque de ces propriétaires fonciers. A Rome, l'expression *fundus* (droit des compagnons [*Genossenrecht*]) correspond au χλῆρος hellène, mais nous ne possédons aucun renseignement sur la constitution de la curie (*co-viria*, maison des hommes, ἀνδρεῖου), qui aurait été formée de façon analogue.

Dans le sens le plus large on a coutume d'appeler « féodales » toutes les strates sociales, institutions et conventions militaires privilégiées par un ordre. Ce qui est tout à fait imprécis et que nous éviterons ici.

C. Cela pour la raison inverse : c'est qu'en fait l'objet concédé en fief (le fief) a alors été reçu :

1) Non en vertu d'un contrat libre (pas de fraternisation avec un seigneur ou les compagnons d'un ordre [*Standesgenossen*]), non en vertu d'un commandement du seigneur dont on dépend (patrimonial), ou bien librement ;

2) Non par rapport à un mode de vie chevaleresque et aristocratique ;

3) Non sur la base de ces deux formes à la fois.

Pour nous, ces fiefs sont aussi des bénéfices :

Cas 1. Fiefs de service concédés à des guerriers qui vivent en chevaliers, mais sont *dépendants* ;

Cas 2. Fiefs de service concédés à des guerriers qui ne sont pas chevaliers, mais sont recrutés librement ;

Cas 3. Fiefs de services concédés à des clients, colons, esclaves, utilisés comme guerriers.

Exemples du cas 1 : les ministériaux occidentaux et orientaux ; au Japon, les samouraï.

Exemple du cas 2 : à l'origine, en Orient, les guerriers des Ptolémées. Plus tard, à la suite de l'appropriation héréditaire de la terre de service, les guerriers de profession passèrent pour appropriés, ce qui est typique du stade de développement vers l'état liturgique.

Exemples du cas 3 : ce qu'on appelle la « caste des guerriers » de l'Égypte ancienne, les mamelouks de l'Égypte médiévale, les guerriers orientaux, chinois en particulier, marqués au fer (non pas toujours, mais assez souvent dotés d'une terre), etc.

On parle aussi à tort de « féodalité » à propos d'ordres [*Stand*] strictement militaires – dans ce cas, privilégiés (du moins formellement) de manière négative. Il en sera question au chapitre IV.

§ 13. *Combinaison des différents types de domination.*

Ce que nous venons de dire ne laisse aucun doute sur le fait que les groupements de domination examinés jusqu'à présent et qui n'appartiennent qu'à l'un ou l'autre des types « purs » sont extrêmement rares. D'autant que, notamment en ce qui concerne la domination légale et traditionnelle, des cas notables tels que la collégialité et le principe féodal n'ont pas encore été examinés, ou bien n'ont fait l'objet que de vagues allusions. D'une façon générale, il faut retenir que le fondement de toute domination, donc de toute docilité, est une *croyance*, croyance au « prestige » du ou des gouvernants. Cette croyance n'a que rarement une signification unique. [154] Elle n'est jamais croyance en une domination « légale », purement légale. Au contraire, la croyance en la légalité est « acclimatée », et par là même conditionnée par la tradition : l'éclatement de la tradition peut la réduire à néant. Au sens négatif elle est aussi charismatique : les échecs éclatants et répétés d'un gouvernement, quel qu'il soit, contribuent à la perte de celui-ci, brisent son prestige et font mûrir le temps des révolutions charismatiques. Les défaites militaires sont donc dangereuses pour les « monarchies » en faisant apparaître leur charisme comme non « confirmé » ; les victoires ne le sont pas moins pour les « républiques », elles qui donnent le général victorieux pour charismatiquement qualifié.

Bien des communautés purement traditionnelles ont existé. Mais elles ne furent jamais absolument durables, et – ce qui vaut aussi pour la domination bureaucratique – ce fut rarement sans une pointe personnelle de charisme héréditaire ou de charisme de fonction (le cas échéant, de pair avec une pointe purement traditionnelle). Les besoins économiques quotidiens étaient couverts sous la direction des seigneurs traditionnels ; les besoins extraordinaires (chasse, butin), sous celle des chefs charismatiques. De même, l'idée de « statuts » est assez ancienne (légitimée sans doute la plupart du temps par des oracles). Mais surtout il s'est créé, avec le recrutement extra-patrimonial de la direction administrative, une catégorie de fonctionnaires qui ne peuvent se distinguer des bureaucraties légales que par les fondements ultimes de leur validité, mais non au point de vue formel.

Sont également rares les dominations exclusivement charismatiques (voir seulement charismatiques héréditaires, etc.). Le bureaucratisme le plus strict et toutes sortes d'organisations prébendaires ou féodales peuvent résulter directement de la domination charismatique, comme ce fut le cas pour Napoléon. Par conséquent, ni la terminologie ni la casuistique ne peuvent avoir d'aucune manière la prétention de tout expliquer et d'enfermer la réalité historique dans des schémas. Leur utilité consiste à dire, dans chaque cas, sous quelle rubrique peut être approximativement classé tel ou tel groupement, ce qui n'est pas un mince avantage.

Dans toutes les formes de domination est vital le fait de l'existence de la direction administrative et de son action *continue* en vue du maintien de la docilité qui tend à l'exécution des ordres sous la contrainte. C'est ce que l'on appelle l' « organisation ». D'autre part, la *solidarité* d'intérêts (idéaux ou matériels) de la direction administrative et du détenteur du pouvoir est décisive. En ce qui concerne la relation de celui-ci à celle-là, c'est un principe que le détenteur du pouvoir qui s'appuie sur cette solidarité est plus fort vis-à-vis de chacun des membres particuliers de la direction, plus faible vis-à-vis de leur ensemble. Mais il faut une sociation concertée de la direction administrative pour mettre sur pied selon un plan déterminé, donc avec succès, toute résistance ou opposition consciente au détenteur du pouvoir, et pour paralyser ainsi sa direction. De même, qui veut briser une domination donnée doit pourvoir à la création de directions administratives *propres* rendant possible sa *propre* domination, à moins qu'il ne puisse compter sur la connivence et la coopération de la direction existante contre le détenteur du pouvoir en place. La solidarité d'intérêts avec le détenteur du pouvoir est la plus forte là où la légitimité propre et la garantie de subsistance de la direction administrative dépendent de celles du détenteur du pouvoir. Pour le particulier, très variées, selon les structures, sont les possibilités de se dérober à cette solidarité. Ce sera plus difficile en cas de *séparation* totale des moyens d'administration, c'est-à-dire sous des dominations purement patriarcales (reposant uniquement sur la tradition), purement patrimoniales et purement bureaucratiques (reposant exclusivement sur des règlements) ; plus facile, dans le cas d'une appropriation par un ordre [*ständisch*] (fiefs, bénéfices).

Enfin et surtout, la réalité historique consiste en une lutte constante, la plupart du temps latente, entre le détenteur du pouvoir et la direction administrative en vue de l'appropriation ou de l'expropriation de l'un ou de l'autre. Furent décisifs pour la quasi-totalité du développement de la civilisation :

1) L'issue de cette lutte en tant que telle ;

[155] 2) Le caractère inhérent à cette strate de fonctionnaires qui aide le détenteur du pouvoir à sortir vainqueur de la lutte contre les pouvoirs, féodaux et autres, précédemment appropriés : lettrés rituels, clercs, clients purement laïcs, ministériaux, lettrés de formation juridique, fonctionnaires des finances spécialisés, notables privés (sur ces concepts, voir plus loin).

Une bonne partie de l'histoire, non seulement celle de

l'administration mais aussi celle de la civilisation, se résume en luttes et processus de ce genre : ils conditionnaient en effet l'orientation de l'éducation et déterminaient le mode de formation des ordres [*Ständebildung*].

1. Le traitement, les chances de sportule, les rémunérations en nature, enchaînent, dans une mesure et un esprit très différents, la direction au détenteur du pouvoir (sur ce sujet, voir plus loin). Il est cependant évident que la *légitimité* des revenus en question, du pouvoir et de l'honneur sociaux qui sont liés à l'appartenance à la direction administrative paraît compromise lorsqu'une menace pèse sur la légitimité du détenteur du pouvoir qui les a octroyés et les garantit. Pour cette raison la légitimité joue un rôle qui, bien qu'important, n'est pas assez apprécié.

2. L'histoire de l'effondrement du type de domination qui fut légitime en Allemagne jusqu'en 1918 montre comment la destruction, par la guerre, de la sujétion à la tradition et la perte du prestige du fait de la défaite, jointes à l'habitude systématique d'un comportement illégal, ébranlèrent dans une égale mesure la docilité dans la discipline tant de l'armée que du monde du travail et préparèrent ainsi l'écroulement final. D'autre part, le fonctionnement ultérieur, sans heurts, de l'ancienne direction administrative et la permanence de ses règlements sous les nouveaux détenteurs du pouvoir donnent un exemple excellent, dans le cas d'une rationalisation bureaucratique, de l'attachement inévitable du membre particulier de la direction à son devoir objectif. Nous l'avons mentionné plus haut, la raison n'était en aucune manière uniquement d'origine économique privée (souci de la situation, du traitement et de la retraite, lequel de toute évidence entre en jeu, pour la masse des fonctionnaires) ; c'était au même titre une raison *objective* (idéologique) : dans les conditions de l'époque, la mise hors d'usage de l'administration aurait signifié un effondrement des moyens de subsistance de la population tout entière (y compris les fonctionnaires eux-mêmes) et l'impossibiltié de satisfaire les besoins vitaux les plus élémentaires. C'est pourquoi on en appela avec succès au « sentiment du devoir » (objectif) des fonctionnaires. Cette nécessité objective fut également reconnue par les pouvoirs jusqu'alors légitimes ainsi que par leurs partisans.

3. C'est ainsi qu'une nouvelle direction administrative vit le jour dans les conseils de travailleurs et de soldats. La technique de la création de ces nouvelles directions administratives dut d'abord être « inventée » ; au demeurant, elle fut liée aux circonstances (possession des armes) sans lesquelles l'écroulement n'eût pas été concevable (il en sera question plus loin, ainsi que des analogies historiques). La dépossession de la puissance subie par les anciens pouvoirs ne fut rendue possible que par le soulèvement de chefs charismatiques contre les supérieurs légaux et l'apparition de partisans charismatiques ; par la suite, l'affirmation de ce pouvoir ne fut techniquement réalisable que grâce au maintien de la direction de fonctionnaires spécialisés. Auparavant, toutes les révolutions avaient échoué sans espoir, précisément dans les conjonctures modernes, du fait de l'absence de fonctionnaires spécialisés et de directions administratives propres. Dans tous les cas précédents, les conditions préalables avaient été fort différentes (cf. à ce sujet le chapitre sur la théorie des révolutions).

4. Dans le passé, des renversements de domination, à l'initiative des directions administratives, se sont déroulés dans des conditions elles aussi très différentes (cf. à ce sujet le chapitre sur la théorie du renversement [*Umsturz*]). Toujours devait être présupposée une association de membres de la direction qui, selon les circonstances, empruntait davantage le caractère d'une conjuration partielle ou davantage celui d'une confraternité générale et d'une sociation. Cela devient beaucoup plus difficile avec les conditions d'existence des fonctionnaires modernes, même lorsque, comme l'a montré la situation russe, ce n'est pas tout à fait impossible. En règle générale, l'importance de ces renversements reste de l'ordre de ce que réclament et peuvent obtenir les travailleurs par des grèves (normales).

5. Le caractère patrimonial d'un fonctionnariat s'exprime avant tout en ce que l'entrée dans un rapport personnel de soumission (rapport de clientèle) est exigée (*puer regis* à l'époque carolingienne, *familiaris* sous les Angevins, etc.). Des résidus de cet état de choses ont persisté très longtemps.

7. LE CHARISME RÉINTERPRÉTÉ EN DEHORS DE TOUTE RELATION DE DOMINATION

§ 14. *Réinterprétation du charisme en dehors de toute relation de domination.*

Le principe charismatique de légitimité, interprété dans son sens premier comme autoritaire, peut être interprété au contraire dans un sens antiautoritaire. La validité effective [156] de l'autorité charismatique repose en fait entièrement sur la *reconnaissance*, à condition que celle-ci soit confirmée, par ceux qui sont dominés. Cette reconnaissance est conforme au devoir envers celui qui est qualifié charismatiquement, et par conséquent légitime. Mais, dans une rationalisation croissante des relations du groupement, il est aisé de concevoir que cette reconnaissance est considérée comme le fondement de la légitimité au lieu d'en être la conséquence *(légitimité démocratique)*, que la désignation (éventuelle) par la direction administrative l'est comme « scrutin préliminaire », par le prédécesseur comme « proposition », par la communauté elle-même comme « élection ». Le détenteur légitime du pouvoir en vertu de son charisme propre devient alors détenteur du pouvoir par la grâce des gouvernés qui l'élisent et l'installent librement (dans la forme) selon leur gré, voire, éventuellement, l'écartent – de même que la perte du charisme et de sa confirmation a entraîné la perte de la légitimité authentique. Le détenteur du pouvoir est alors le chef librement élu. De même, la reconnaissance par la communauté des injonctions juridiques charismatiques évolue alors. La conception se fait jour que la communauté pourrait établir, reconnaître, écarter le droit à son gré, tant en général qu'en particulier, tandis que les querelles sur le droit « juste » se réglaient souvent dans les faits, en ce qui concerne la domination authentiquement charismatique, par une décision de la communauté, mais sous une pression psychologique en faveur d'une décision unique conforme au devoir et juste. Ainsi le traitement du droit se rapproche de la conception légale. Le type de transition le plus important est la *domination plébiscitaire*, surtout sous la forme du « directorat de parti » dans l'État moderne. Mais elle existe partout où le détenteur du pouvoir s'est légitimé lui-même en tant qu'homme de confiance des masses et où il est reconnu comme tel. Le moyen adéquat est le plébiscite. Dans le cas classique des deux Napoléons, il fut utilisé après la conquête du pouvoir par la force, et le second l'invoqua à plusieurs reprises après la perte de son prestige. Peu importe ici l'opinion qu'on peut avoir sur sa valeur intrinsèque ; formellement, il est en tout cas le moyen spécifique de faire dériver la légitimité de la domination de la confiance libre (formellement et aussi selon la fiction) des individus dominés.

Appliqué au chef, le principe d'« élection » comme interprétation du charisme peut aussi s'appliquer à la direction administrative. Les fonctionnaires élus, qui sont légitimes en vertu de la confiance de ceux qu'ils dominent et qui, par suite, peuvent être révoqués par une déclaration de défiance de ceux-ci, sont tout à fait représentatifs des « démocraties » d'un certain type, par exemple en Amérique. Ce ne sont pas des figures « bureaucratiques ». Légitimés en toute indépendance, ils occupent leurs fonctions selon une subordination hiérarchique peu accusée, avec des chances d'avancement et une garantie de l'emploi qui échappent à l'influence du « supérieur ». (Des analogies existent en cas de charismes multiples qualitativement distincts, par exemple entre le dalaï-lama et le tachi-lama). En tant qu'« instrument de précision », une administration composée de pareils élus est loin de valoir, techniquement, celle qui est bureaucratiquement formée de fonctionnaires nommés.

1. La « démocratie plébiscitaire » – principal type de démocratie dirigée par des chefs – est, sous son aspect authentique, une espèce de domination charismatique qui se cache sous la forme d'une légitimité issue de la volonté de ceux qui sont dominés et qui n'existe que par elle. Le chef (démagogue) domine grâce à l'attachement et à la confiance de ses partisans politiques envers sa *personne* en tant que telle. Il règne d'abord sur les partisans enrôlés pour lui, puis, dans le cas où ceux-ci lui procurent la domination, au sein du groupement. Les dictateurs des révolutions antiques et modernes : les aisymnètes, tyrans et démagogues grecs ; à Rome, Gracchus et ses successeurs ; dans

les villes-États italiennes, les *capitani del popolo* ; les bourg-mestres (la dictature démocratique de Zürich en fut le type pour l'Allemagne) ; dans les États modernes, la dictature de Cromwell, les gouvernants révolutionnaires et l'Empire plébiscitaire en France – en voilà des exemples. Là où l'on tenta d'atteindre la légitimité pour cette forme de domination, celle-ci fut cherchée dans la reconnaissance plébiscitaire du peuple souverain. La direction administrative personnelle est recrutée charismatiquement parmi les plébéiens doués (en tenant compte, pour Cromwell, [157] de la qualification religieuse ; pour Robespierre, de certaines qualités « éthiques » à côté de la confiance personnelle ; pour Napoléon, exclusivement du don personnel et de l'utilité pratique pour ce qui regarde les buts de la « domination impériale du génie »). A l'apogée de la dictature révolutionnaire, cette direction a le caractère de l'administration fondée sur un pur mandat occasionnel sujet à révocation (ainsi l'administration d'agents à l'époque du Comité de salut public). Dans les villes américaines, c'est grâce à certains mouvements de réformes que les dictateurs communaux au pouvoir ont conquis le droit de nommer leurs propres forces auxiliaires. La dictature révolutionnaire ignore aussi bien la légitimité traditionnelle que la légalité formelle. La justice et l'administration de la domination patriarcale, qui agissent conformément aux principes matériels de justice, en fonction de buts utilitaires et au profit de l'État, ont leurs pendants dans les tribunaux révolutionnaires et les postulats matériels de justice de la démocratie antique et du socialisme moderne (nous en traiterons dans la sociologie du droit). La routinisation du charisme révolutionnaire révèle ensuite des transformations analogues à celles mises au jour par le processus correspondant : ainsi de l'armée mercenaire anglaise, résidu du principe de volontariat en vigueur dans l'armée des combattants de la foi ; ainsi du système français des préfets, résidu de l'administration charismatique de la dictature révolutionnaire plébiscitaire.

2. L'élection du fonctionnaire signifie partout une réinterprétation radicalement différente de la domination du chef charismatique ; le fonctionnaire élu devient le « serviteur » de ceux qu'il domine. Il n'a aucune place dans une bureaucratie techniquement rationnelle. Il n'est pas nommé par un « supérieur », il ne dépend pas de celui-ci pour ses chances d'avancement ;

devant sa place à la faveur de ceux qu'il domine et n'ayant pas à gagner l'approbation d'un supérieur, il montre peu d'intérêt pour une discipline diligente; il peut donc agir en tant que domination « autocéphale ». Il suit de là qu'en général une direction de fonctionnaires élus n'obtient pas une prestation technique élevée. (Comparer les fonctionnaires élus des États fédérés d'Amérique avec les fonctionnaires nommés de l'Union, et aussi les expériences des fonctionnaires communaux élus avec les comités mis en place, à leur discrétion, par des moyens plébiscitaires.) Au type de la démocratie plébiscitaire avec chef s'opposent les types (dont nous parlerons plus loin) de la démocratie sans chef, laquelle se caractérise par une tendance à minimiser la domination de l'homme sur l'homme.

Le caractère naturellement *émotionnel* de l'abandon au chef en qui on a confiance, d'où résulte l'inclination à suivre comme chef celui qui sort de l'ordinaire, celui qui promet le plus, celui qui opère avec le maximum de moyens d'excitation, est propre, en général, à la démocratie avec chef. Le côté utopique de toutes les révolutions a ici son fondement naturel. C'est ici aussi que se trouve, à l'époque moderne, la limite de la rationalité de cette administration, qui n'a pas toujours donné, même en Amérique, tout ce qu'on en attendait.

Relation avec l'économie : 1. L'interprétation antiautoritaire du charisme conduit normalement à la rationalité. En règle générale, le détenteur du pouvoir plébiscitaire cherchera à s'appuyer sur une direction de fonctionnaires agissant rapidement et sans heurts. Il tendra à lier ceux qu'il domine à son charisme « confirmé » soit par la gloire des armes et par l'honneur, soit par l'amélioration de leur bien-être matériel – le cas échéant, par la combinaison des deux. Son premier but sera de détruire les pouvoirs autoritaires et les chances de privilèges traditionnels, féodaux, patrimoniaux et autres ; son second but, de créer des intérêts économiques qui lui soient liés par une solidarité de légitimité. Dans la mesure où il utilise en même temps la formalisation et la légalisation du droit, il peut accélérer de façon très sensible l'économie « formellement » rationnelle.

2. Les pouvoirs plébiscitaires affaiblissent facilement la rationalité (formelle) de l'économie, pour autant que la dépendance où leur légitimité se trouve à l'égard de la foi et de l'abandon des masses les oblige, à l'inverse, à défendre économiquement

des postulats matériels de justice, par conséquent à briser le caractère formel de la justice et de l'administration au moyen d'une justice (« de cadi ») matérielle (tribunaux révolutionnaires, système des bons d'achat, tout rationnement et tout contrôle de la production et de la consommation). Dans cette mesure, il s'agit d'un dictateur *social*, ce qui ne rattache pas pour autant celui-ci à des formes socialistes modernes. [158] Le moment n'est pas encore venu de discuter ce cas et ses conséquences.

3. Le *fonctionnariat* élu est une source de trouble pour l'économie formellement rationnelle. En règle générale, c'est en effet un fonctionnariat de parti, non un fonctionnariat professionnel formé techniquement, et les chances de révocation ou de non-réélection qui sont les siennes l'empêchent de pratiquer une justice et une administration strictement objectives, indifférentes à leurs conséquences. Dans un cas seulement on peut dire qu'il ne fait pas obstacle de façon perceptible à l'économie (formellement) rationnelle. C'est lorsque, par suite de la mise en valeur, grâce à l'utilisation de conquêtes techniques et économiques de cultures anciennes, d'un pays neuf, aux moyens de subsistance non encore appropriés, les chances que présente l'économie de celui-ci laissent suffisamment de champ pour faire entrer en ligne de compte, sous forme de frais professionnels, la corruption alors presque inévitable des fonctionnaires élus tout en permettant des bénéfices fort importants.

Pour la section 1, le paradigme classique est représenté par le bonapartisme. Sous Napoléon Ier : le code civil, le partage forcé des successions, la destruction généralisée de tous pouvoirs transmis ; par contre, des fiefs pour les dignitaires de mérite ; en vérité, le soldat est tout, le bourgeois, rien, mais en revanche : gloire et – en gros – niveau de vie supportable pour la petite bourgeoisie. Sous Napoléon III : la poursuite accentuée de l'idéal naguère préconisé par Guizot : « Enrichissez-vous », la construction des chemins de fer, le crédit mobilier, avec leurs conséquences connues.

Pour la section 2, un exemple classique est fourni par la « démocratie » grecque à l'époque de Périclès et à celle qui lui est postérieure. Les procès n'y étaient pas, comme à Rome, tranchés par un seul individu assermenté et recevant des instructions contraignantes du préteur, ou lié par la loi selon un droit formel, mais par les Héliastes, qui tranchaient selon une justice « matérielle », en fait selon pleurs, flatteries, invectives et saillies démagogiques (voir les « plaidoiries » des rhéteurs attiques ; on ne retrouve l'analogue, à Rome, qu'avec les procès politiques : Cicéron). Conséquence : l'impossibilité d'un droit formel, d'une science juridique formelle de type romain. En effet, les Héliastes étaient un « tribunal populaire » tout comme les « tribunaux révolutionnaires » de la révolution française et de la révolution allemande (des Conseils) ; composés de juges profanes [*Laien-Tribunal*] ils ne se saisissaient pas seulement des procès politiquement importants. Par contre, aucune révolution anglaise n'a porté atteinte à la justice, sauf pour les procès de haute politique. Bien entendu, la justice des juges de paix était en revanche, la plupart du temps, une justice de cadi, mais seulement pour autant qu'elle ne touchait pas aux intérêts des possédants et n'avait, en conséquence, qu'un caractère de simple police.

Pour la section 3, le paradigme est offert par les États-Unis. Comme je leur demandais, il y a seize ans de cela, pourquoi ils se laissaient diriger par des hommes de parti souvent vénaux, des travailleurs américains m'ont répondu : « Parce que "our big country" offre des possibilités telles que, même si des millions sont volés, extorqués, détournés, il restera encore des bénéfices suffisants, et aussi parce que ces "professionnels" sont une caste sur laquelle "nous" (travailleurs), nous crachons », alors que les fonctionnaires de métier à la mode allemande constitueraient une caste qui, elle, « cracherait sur les travailleurs ».

Nous exposerons plus loin tous les détails des rapports avec l'économie.

8. LA COLLÉGIALITÉ ET LA DIVISION DES POUVOIRS

§ 15. *Types de collégialité et de division des pouvoirs.*

Une domination peut être limitée et restreinte, traditionnellement ou rationnellement, par des moyens particuliers.

Il ne sera pas question ici de la limitation de la domination par la sujétion à la tradition ou à la réglementation. Nous en avons déjà discuté (§§ 3 sqq.). Il s'agira de relations sociales et de groupements sociaux spécifiques, limitant la domination.

1. Une domination patrimoniale ou féodale est limitée par des privilèges d'ordre [*ständische Gewaltenteilung*], dans une mesure très importante par le *partage des pouvoirs entre les ordres* (§ 9, 4), circonstances dont il a déjà été question.

2. Une domination bureaucratique peut être limitée (et doit normalement l'être dans le développement le plus complet du type de la légalité afin [159] qu'il ne soit administré que selon des règles) par des autorités constituées, distinctes de la hiérarchie bureaucratique par un droit propre, et qui possèdent :

a) Le contrôle et la confirmation éventuelle de l'observation des règlements ;

b) Le monopole de la création de tous les règlements, ou de ceux qui déterminent la liberté de décision des fonctionnaires ;

c) Surtout le monopole de l'octroi des moyens nécessaires à l'administration.

Il sera question de ces moyens par la suite (§ 16, 4).

3. Tout mode de domination peut être dépouillé de son caractère monocratique, attaché à une personne, par le principe de la *collégialité*. Mais celui-ci peut revêtir des sens très différents. On distinguera notamment les cas suivants :

a) A côté des détenteurs monocratiques du pouvoir seigneurial existent d'autres détenteurs du pouvoir, également monocratiques, auxquels la tradition ou le règlement donnent la possibilité de siéger comme instance de renvoi ou de cassation par rapport aux décisions des premiers (collégialité de cassation). Exemples les plus importants : le tribun (originellement l'éphore) de l'Antiquité, le *capitano del popolo* du Moyen Age, le conseil des ouvriers et des soldats, avec ses hommes de confiance, pour la période allant du 9 novembre 1918 à l'émancipation de l'administration régulière à l'égard de cette instance de contrôle habilitée à « contresigner ».

b) A l'opposé, pour qu'une décision contraignante soit prise, les décisions d'autorités constituées de caractère non monocratique sont prononcées après délibération et vote. Par conséquent, la décision échappe à un seul et c'est une pluralité d'individus qui concourent à la réalisation d'un règlement donné (collégialité d'exécution entendue comme liaison collégiale de l'exécution = collégialité technique). Peuvent alors valoir α) le principe de l'unanimité ; β) le principe majoritaire.

c) Au cas *a* (collégialité de cassation) correspond en effet celui où, pour affaiblir le pouvoir monocratique, il existe de nombreux détenteurs des pouvoirs seigneuriaux, monocratiques, égaux en droit, sans spécification de leurs prestations. Pour faire face à la situation de concurrence qui s'instaure alors dans l'expédition d'une affaire, des moyens mécaniques (sort, tour de rôle, oracle, intervention d'instances de contrôle : 2 *a*) désigneront celui qui doit agir, étant entendu que chaque détenteur du pouvoir constitue une instance de cassation à l'égard de tous les autres.

Cas le plus important : à Rome, la collégialité dans l'exercice de la magistrature légitime (consul, préteur).

d) Se rapprochant du cas *b* (collégialité d'exécution [*Leistung*]) : il se trouve en fait, dans les autorités constituées, un *primus inter pares* matériellement monocratique ; normalement, les dispositions à prendre doivent résulter d'une *délibération* avec les autres membres formellement égaux, la divergence des points de vue ayant pour conséquence, dans certains cas importants, l'éclatement du collège par des défections et la mise en péril de la position du détenteur monocratique du pouvoir (collégialité d'exécution avec chef prééminent).

Cas le plus important : la situation du *Prime Minister* anglais au sein du Cabinet. Elle a beaucoup évolué. Selon la lettre, matériellement, elle remonte dans la plupart des cas à l'époque du gouvernement de cabinet.

Les collèges consultatifs placés à côté du seigneur monocratique ne produisent pas nécessairement un affaiblissement ; ils représentent éventuellement une atténuation de la domination dans le sens de la rationalisation. Ils peuvent en effet [160] l'emporter sur le seigneur. En particulier s'ils ont le caractère d'un ordre.

Cas principaux : [*texte manque*].

e) Proche du cas *d* : un corps consultatif seulement sur le plan formel se joint à un seigneur monocratique qui, en général, n'est pas lié par ses décisions, n'est contraint par la tradition ou les règlements qu'à prendre ses avis – formellement facultatifs, – mais qui, en cas d'échec, est rendu responsable de l'avoir dédaigné.

Cas le plus important : l'adjonction d'un sénat comme instance consultative des magistrats, à partir de quoi s'est développée, en fait, la domination de celui-là sur ceux-ci (par le contrôle des finances). Le type premier était, à peu de chose près, la conception décrite. Par le contrôle (de fait) des finances, davantage encore par l'identité de condition des sénateurs et des fonctionnaires (formellement) élus, se développa la participation effective des magistrats aux décisions du sénat : le *si eis placeret* qui exprimait le caractère facultatif de celles-ci ne signifia, plus tard, guère plus que notre « s'il vous plaît » dans les directives urgentes.

f) Quelque peu différente est la *collégialité spécifiée* qui existe dans les autorités constituées ; la préparation et le rapport des affaires particulières de sa compétence sont alors confiés à des experts – éventuellement divers pour une même affaire, – mais la décision dépend du vote des participants au complet.

Ce fut le cas, d'une manière plus ou moins pure, pour la plupart des conseils d'État et des formations du même genre dans le passé (ainsi le Conseil d'État anglais à l'époque de la domination du cabinet). De telles formations n'ont jamais exproprié les princes, pour grande que fût parfois leur puissance. Au contraire, le prince a cherché, le cas échéant, à s'appuyer sur le Conseil d'État contre le gouvernement de cabinet (chefs de parti) : en Angleterre par exemple, mais en pure perte. Par contre, le type correspond assez bien à la situation des ministres techniques du type charismatique héréditaire et du type plébiscitaire à partage des pouvoirs (américain), lesquels sont nommés, à sa discrétion, par le détenteur du pouvoir (roi, président) afin qu'ils le soutiennent.

g) La collégialité spécifiée peut être représentée uniquement par un corps consultatif dont les votes, positifs ou négatifs, sont soumis à la décision du détenteur du pouvoir (comme dans le cas *e*).

La différence réside alors dans le seul fait qu'ici la spécification de l'exécution se réalise de la manière la plus délibérée (cas correspondant un peu à la pratique prussienne sous Frédéric-Guillaume Ier). Cette situation favorise toujours le détenteur du pouvoir.

h) La collégialité spécifiée d'une manière rationnelle s'oppose nettement à la collégialité traditionnelle des « anciens » dont les discussions collégiales sont considérées comme garantissant la recherche du droit effectivement traditionnel et qui, éventuellement, servent à prémunir, par la cassation, la tradition contre des règlements qui lui sont contraires.

Exemples : nombre de *gérousia* de l'Antiquité ; pour la cassation : l'Aréopage à Athènes, les *patres* à Rome (qui appartiennent originellement, il est vrai, au type *l*, cf. ci-dessous).

i) Un affaiblissement de la domination peut être entrepris par l'application du principe de collégialité aux instances (aux détenteurs du pouvoir eux-mêmes) les plus (formellement ou matériellement) élevées (prépondérantes). Cas, dans sa casuistique, tout à fait analogue aux points *d* à *g*. Les compétences particulières peuvent (*a*) changer à leur tour ou (*b*) fermer les « ressorts » durables d'individus particuliers. La collégialité existe tant que la collaboration (formelle) de tous est nécessaire à la légitimité des décisions.

[161] Exemples les plus importants : le Conseil fédéral suisse, avec son partage imprécis des ressorts et le principe du roulement ; les collèges révolutionnaires des « commissaires du peuple » en Russie, temporairement en Hongrie, en Allemagne ; dans le passé, le Conseil des Onze vénitien, les Conseils des anciens, etc.

De très nombreux cas de collégialité dans les groupements de domination patrimoniaux ou fédéraux sont :

α. Des cas de partage des pouvoirs par un ordre (collégialité des directions administratives d'un ordre ou des appropriés d'un ordre) ;

β. Des cas de création de représentations collégiales du fonctionnariat patrimonial, solidaires du seigneur contre les détenteurs socialisés des pouvoirs d'un ordre (conseils d'État, cas *f* ci-dessus) ;

γ. Des cas de création de corps consultatifs, éventuellement délibératifs, que préside le détenteur du pouvoir ou bien auxquels il se joint, ou encore sur les débats et les votes desquels il est renseigné, corps composés en partie :

αα. D'experts spécialisés ;

ββ. De personnes jouissant d'un prestige d'ordre spécifique, par lesquelles le détenteur du pouvoir peut espérer perfectionner toujours davantage – eu égard aux exigences croissantes de spécialisation – une information restée dilettantiste, pour autant que lui demeure possible une décision propre et fondée (cas *g* ci-dessus).

Dans le cas γ, le détenteur du pouvoir attache naturellement de l'importance à la représentation :

αα. Des opinions techniques ;

ββ. Des intérêts les plus hétérogènes possibles, éventuellement contraires, pour, d'une part, être largement informé, d'autre part, être libre de faire jouer les oppositions les unes contre les autres.

Dans les cas β, à l'inverse, le détenteur du pouvoir attache souvent de l'importance à l'accord des opinions et des différentes positions (origine des ministères et des cabinets « solidaires » dans ce qu'on appelle les États « constitutionnels » ou dans tous autres États qui connaissent effectivement le partage des pouvoirs).

Dans les cas α, le collège qui défend l'appropriation attachera de l'importance à l'unanimité des opinions et à la solidarité, sans pouvoir toujours les réaliser, étant donné que toute appropriation par le privilège d'un ordre crée des intérêts particuliers qui se heurtent.

Au type α correspondent les assemblées et les commissions des ordres ainsi que les réunions de vassaux qui les ont précédées et qui sont fréquentes en dehors même de l'Occident (Chine). Au type β correspondent les premières autorités constituées, collégiales en général, de la monarchie moderne naissante, surtout composées de juristes et d'experts financiers. Au type γ correspondent les conseils d'État de nombreuses monarchies étrangères et, en Occident, des monarchies modernes à leur naissance (au XVIIIe siècle encore un archevêque avait place, à l'occasion, dans le Cabinet anglais), avec leurs « conseils de cour » et leur mélange de notables et de fonctionnaires spécialisés.

Cette situation d'intérêts opposés entre ordres différents peut être source d'avantages pour le détenteur du pouvoir dans son marchandage et sa lutte avec les ordres. En effet :

k) On peut désigner comme « collégiales », de par leur forme extérieure, les sociations qui doivent réunir comme représentants les délégués des intérêts idéaux, ou matériels, ou de puissance qui s'entre-heurtent, afin d'obtenir une *conciliation* des oppositions d'intérêts par le compromis (collégialité de compromis, en opposition avec la collégialité de fonction et la collégialité de vote parlementaire).

Sous une forme grossière, c'est le cas dans la division des pouvoirs « entre les ordres », qui ne parvient à une décision que par compromis entre les intéressés (comme nous le verrons bientôt). Sous une forme rationalisée, ce cas devient possible par le choix des délégués selon une situation de classe ou d'ordre permanente (cf. chap. IV) ou, actuellement, une opposition d'intérêts. [162] Dans un tel corps – aussi longtemps du moins qu'il a ce caractère – le « vote » peut ne jouer aucun rôle, mais non :

α. Le compromis sous forme de pacte des intéressés ;

β. Le compromis imposé par le détenteur du pouvoir après audition du point de vue des différents partis.

Sur la structure particulière de ce qu'on appelle l' « État fondé sur les ordres » [*Ständestaat*], voir plus loin. Trouvent leur place ici, d'une part, la séparation des curies (en Angleterre, « Lords » et « Communes », l'Église ayant ses « convocations » particulières ; en France, noblesse, clergé, tiers état ; en Allemagne, nombreuses divisions des ordres [*Stand*]), d'autre part, la nécessité, d'abord au sein des ordres particuliers, puis entre les ordres eux-mêmes, de parvenir, par le compromis, à des décisions (que le détenteur du pouvoir traite souvent comme propositions facultatives). On pourra reprocher à la théorie, aujourd'hui de nouveau en vogue, de la « représentation corporative » (cf. § 22) qu'il y manque la plupart du temps la prise en considération de ce fait que les seuls moyens adéquats sont ici les compromis, non les majorités. Dans les conseils *libres* de travailleurs les affaires se réglaient, matériellement, comme des questions de puissance conditionnée économiquement, non comme des questions de vote.

l) Enfin – cas apparenté au précédent – la collégialité de vote, lorsque plusieurs groupements, jusqu'alors autocéphales et autonomes, s'associent à un nouveau groupement, atteignant par là un droit d'influence sur les décisions (selon une hiérarchie quelconque) par appropriation des voix pour leurs chefs ou leurs délégués (collégialité de fusion).

Exemples : les représentations des *phylai*, des phratries et des tribus dans les conseils antiques, le groupement familial du Moyen Age à l'époque des consuls, la *mercadanza* des corps de métiers, les délégués des « conseils professionnels » au conseil central d'un syndicat ouvrier, le « Conseil fédéral » ou le Sénat dans les États fédéraux, la collégialité (effective) dans les ministères de coalition ou les gouvernements collégiaux de coalition (au maximum, la nomination selon la proportionnelle, comme en Suisse).

m) La collégialité de vote des parlementaires élus, dont nous traiterons à part, a un caractère particulier. En effet, elle repose α) soit sur la conduite d'un chef, et c'est alors une clientèle ; β) soit sur la direction collégiale des affaires du parti, et c'est alors un « parlementarisme sans chef ».

Mais pour cela il nous faut discuter des *partis* (cf. § 18).

La collégialité est presque inévitablement, sauf dans le cas de collégialité de cassation monocratique, un obstacle aux décisions précises, claires, et surtout rapides (à la formation spécialisée [*Fachgeschultheit*] aussi, dans ses formes irrationnelles). La plupart du temps, cet effet n'était pas indésirable pour le prince lors de l'installation d'un fonctionnariat spécialisé. Toutefois, plus le rythme nécessaire aux décisions et à l'action se précipitait, plus le prince était amené à repousser cette situation. Dans les instances collégiales dirigeantes, la situation de force du membre dirigeant parvient, en général, à une position formellement et matériellement prééminente (évêque, pape dans l'Église, ministre-président dans un cabinet). La plupart du temps, l'intérêt qu'on a de faire renaître une collégialité de direction provient d'un besoin d'affaiblir le détenteur du pouvoir en tant que tel. Il provient aussi de la méfiance et du ressentiment, moins de ceux qui sont dominés – qui souvent appellent un « chef » de leurs vœux – que des membres de la direction administrative envers la direction monocratique. Cela ne s'applique pas seulement, ou de préférence, aux classes privilégiées négativement, mais aussi, justement, aux classes privilégiées positivement. La collégialité n'a absolument rien de spécifiquement « démocratique ». Lorsque les classes privilégiées ont dû se garantir contre la menace de ceux qui sont privilégiés négativement, elles ont toujours été contraintes de faire en sorte, par ce moyen, de ne laisser grandir aucun pouvoir seigneurial monocratique qui puisse s'appuyer sur ces strates ; [163] elles ont créé et maintenu des autorités collégiales en tant qu'autorités de surveillance, et cependant délibératives, à côté d'une égalité plus stricte des privilégiés (dont il sera question dans les paragraphes suivants).

Types : Sparte, Venise, le Sénat de Rome avant les Gracques et celui de Sylla, l'Angleterre à plusieurs reprises au XVIIIe siècle, Berne et les autres cantons suisses, les villes de patriciens [*Geschlechterstadt*] du Moyen Age avec leurs consuls collégiaux, la *mercadanza*, qui comprenait les corporations de marchands et de travailleurs, ces dernières devenant fréquemment la proie des *nobili* ou des *signori*.

La collégialité garantit une plus grande « profondeur » des réflexions de l'administration. Où cette « profondeur » est préférée à la précision et à la célérité, on a l'habitude, même aujourd'hui – de pair avec les motifs évoqués ci-dessus, – d'y revenir. Quoi qu'il en soit, la collégialité partage la responsabilité et, dans les plus vastes commissions, celle-ci disparaît même entièrement, tandis que la monocratie l'établit de manière claire et incontestable. Les grandes tâches, celles qui exigent d'être accomplies rapidement et suivant un plan d'ensemble, sont tout entières (et sans doute à raison, techniquement parlant) dans la main des « dictateurs » monocratiques, responsables uniques.

Ni la politique extérieure ni la politique intérieure, l'une et l'autre énergiques, des grands États qui suivent un plan d'ensemble ne doivent être effectivement dirigées de façon collégiale. La « dictature du prolétariat » exige, en particulier pour réaliser la socialisation, un *dictateur* porteur de la confiance des masses. Cela, ce ne sont pas les « masses », mais les détenteurs parlementaires du pouvoir venant des partis et des masses, ou (ce qui ne constitue pas une nuance négligeable) qui dominent dans les « conseils », qui ne peuvent ni ne veulent le supporter. Pareil phénomène n'est apparu qu'en Russie comme produit de la puissance militaire, et il y est soutenu par les intérêts de solidarité des paysans nouvellement appropriés.

On peut encore ajouter quelques remarques qui, pour une part résument, pour une part complètent ce qui a déjà été dit :

Historiquement, la collégialité revêt un double sens :

a) L'occupation multiple de la même fonction ou l'activité de plusieurs fonctionnaires se concurrençant directement dans leur compétence avec droit de vote réciproque. Il s'agit alors d'un partage technique des pouvoirs dans le dessein de minimiser la domination. La « collégialité » a cette signification avant tout dans la magistrature romaine, laquelle tendait au premier chef à rendre possible, pour tout acte officiel, l'intercession *par potestas* afin d'affaiblir par là la domination des magistrats individuels. Tout magistrat individuel restait cependant magistrat individuel à de nombreux exemplaires ;

b) La formation collégiale de la volonté : établissement légitime d'un ordre [*Befehl*] uniquement par la coopération de plusieurs, soit selon le principe d'unanimité, soit selon le principe de majorité. C'est le concept moderne de collégialité, qui n'était pas inconnu dans l'Antiquité mais qui n'y était pas caractéristique. Ce genre de collégialité peut être soit la collégialité de la direction suprême, donc de la domination elle-même, soit encore celle des autorités exécutives, soit enfin celle des autorités consultatives.

1. La collégialité de la *direction* peut avoir ses fondements :

α. Dans le fait que le groupement de domination intéressé repose sur la communalisation ou la sociation de plusieurs groupements de domination autocéphales et que tous les associés désirent participer au pouvoir (synœcisme antique avec autorités collégiales consultatives, articulées suivant la parenté, phratries, *phylai* ; au Moyen Age, groupement des familles avec conseil des familles, groupement des corporations dans la *mercadanza* avec conseil des anciens ou députés des corporations ; « Conseil fédéral » des États fédéraux modernes ; collégialité effective dans les ministères ou les groupements gouvernementaux suprêmes, mis en place par des coalitions de partis (répartition du pouvoir suivant la proportionnelle, comme cela se produit de plus en plus en Suisse). La collégialité est alors un cas particulier du principe de représentation des ordres ou des cantons ;

β. Dans l'absence d'un chef, par suite de la rivalité des concurrents ou des efforts des individus dominés pour réduire la domination d'hommes seuls. C'est d'une conjonction de ces causes qu'est née la collégialité de la direction dans la plupart des révolutions, aussi bien comme « conseil » des officiers, voire des simples soldats des troupes révoltées, que comme comité de salut public ou conseil des « commissaires du peuple ». Dans l'administration du temps de paix la dernière cause mentionnée est presque toujours décisive pour la collégialité des autorités dirigeantes, cette aversion envers l' « homme fort » lorsqu'il est seul : [164] ainsi en Suisse et aussi dans la constitution de Bade de 1919. (En la circonstance, c'étaient les socialistes qui sacrifiaient, par crainte du « monarque électif », l'unité d'une administration rigide absolument nécessaire à la socialisation [*Sozialisierung*]. L'hostilité au chef du fonctionnariat – du syndicat, du parti, de la circonscription urbaine – fut en particulier déterminante dans le parti);

γ. Dans le caractère d'un ordre qu'ont les « notables » de la strate qui l'emporte pour la possession de la direction et qui monopolise cette possession, la collégialité de la direction étant alors le produit de la domination aristocratique d'un ordre. Toute strate privilégiée par l'ordre craint un chef soutenu par l'abandon émotionnel des masses au moins autant qu'elle craint la démocratie hostile au chef. La domination du sénat et les tentatives pour gouverner au moyen de corporations consultatives fermées appartiennent à ce type; exemple : la Constitution vénitienne et celles qui lui ressemblent;

δ. Dans la lutte du prince contre son expropriation croissante par le fonctionnariat spécialisé. L'organisation administrative moderne commence avec la direction suprême des États occidentaux (et, de manière analogue, avec celle des États patrimoniaux d'Orient, à l'époque modèles de développement : Chine, Perse, Empire des califes, Empire ottoman), direction assumée en général par des autorités collégiales. Le prince ne se borne pas à redouter la position de force d'hommes seuls; il espère surtout, par le système des votes positifs et négatifs d'un collège, conserver lui-même le droit de décision et, puisqu'il est de plus en plus un dilettante, garder une vue nécessaire de l'administration plutôt que d'abdiquer en faveur de la position de force de fonctionnaires individuels. (La fonction des autorités suprêmes fut d'abord un intermédiaire entre collèges consultatifs et délibératifs; mais l'autorité du prince, qui s'exerçait d'une manière particulièrement irrationnelle dans la gestion financière – réforme de l'empereur Maximilien par exemple, – était aussitôt brisée par les fonctionnaires spécialisés, et le prince devait céder pour des raisons pressantes);

ε. Dans le désir de compenser une orientation technique spécialisée et des intérêts divergents, de caractère matériel ou personnel, par un conseil collégial, et par suite de rendre possible des compromis. Il en va ainsi notamment de la gestion de l'administration communale qui, d'une part, a devant elle un problème local, très technique, mais qui, d'autre part, étant donné sa nature, repose surtout sur des compromis d'intérêts matériels – du moins aussi longtemps que les masses acceptent la domination des strates privilégiées par la possession et l'éducation. La collégialité des ministères a des fondements techniquement analogues : lorsqu'elle a fait défaut, en Russie par exemple, et (de manière moins marquée) dans l'Empire allemand jusqu'en 1918, il n'a jamais existé de solidarité effective des organismes gouvernementaux, mais, au contraire, on a pu observer une lutte de satrapes des plus acharnées entre les diverses compétences administratives.

Les fondements figurant sous α, γ, δ sont de caractère strictement historique. Le développement moderne de la domination bureaucratique a partout conduit, parmi les groupements de masse – États ou grandes cités, – à un affaiblissement de la collégialité dans la direction effective. Car la collégialité amoindrit inévitablement la rapidité des décisions, l'unité de direction, la pleine responsabilité d'un seul, la virulence à l'extérieur et le maintien de la discipline à l'intérieur. Partout, par conséquent, dans les États de masse – voire pour des raisons économiques et technologiques dont nous discuterons en temps voulu – la collégialité avec participation à la grande politique, si tant est qu'elle était maintenue, s'est trouvée affaiblie en faveur de la prééminence du chef politique (leader, ministre-président). De manière identique, comme d'ailleurs dans presque tous les grands groupements patrimoniaux, et spécialement dans ceux qui sont strictement sultaniques, la présence d'une personnalité dirigeante (grand vizir) à côté du prince s'est toujours imposée, d'autant que, par sa gestion, le « favori » ne se substituait nullement au prince. Il devait y avoir *un* responsable et, légalement, ce ne pouvait être le prince.

2. La collégialité des autorités *exécutives* avait pour but de renforcer l'objectivité et surtout l'intégrité de l'administration en affaiblissant la puissance d'individus particuliers. Presque partout, et pour les mêmes raisons que dans les tâches des directions, elle a cédé devant la supériorité technique de la monocratie (comme en Prusse dans les « gouvernements »).

3. La collégialité des corps exclusivement *consultatifs* a existé et existera toujours. Cela est très important sur le plan

historique, en particulier dans les cas où la « consultation » du magistrat ou du prince avait lieu en fonction de la situation de puissance, consultation alors « décisive ». Mais cette question n'appelle pas discussion pour le moment ; nous en ferons mention en son temps.

Par collégialité on entendra toujours la collégialité de la *domination*, c'est-à-dire des autorités qui, ou bien administrent elles-mêmes, [165] ou bien influent directement sur l'administration (par le Conseil). Comme ce texte l'indique, il n'est pas encore question ici de la tenue des *assemblées* d'ordres ou des parlements.

Historiquement, la collégialité a amené à son complet épanouissement le concept d'« autorités constituées » parce qu'elle fut constamment attachée à la séparation du « bureau » et de la « maison » (des membres), de la direction des fonctionnaires publics et de celle des fonctionnaires privés, des moyens d'administration et du patrimoine privé. Ce n'est pas un hasard si l'histoire administrative de l'Occident moderne commence avec le développement des autorités collégiales de fonctionnaires spécialisés, comme a commencé – dans un autre genre – l'*organisation* permanente des groupements politiques patrimoniaux traditionnels, à caractère d'ordre [*ständisch*], féodaux ou autres. Seuls des corps collégiaux de fonctionnaires, éventuellement unis par la solidarité, pouvaient, peu à peu, exproprier politiquement les princes d'Occident qui devenaient des « dilettantes ». Chez les fonctionnaires individuels, l'obéissance personnelle aurait triomphé bien plus facilement, *ceteris paribus*, de la résistance tenace aux directives irrationnelles du prince. Après le passage inévitable à la gestion des fonctionnaires spécialisés, le prince a cherché, en règle générale, à parachever le système collégial consultatif (système du conseil d'État) avec votes positifs et négatifs pour demeurer, bien que dilettante, détenteur du pouvoir. Cependant, après la victoire définitive du fonctionnariat rationnel spécialisé, s'affirma victorieusement – en particulier vis-à-vis des parlements (voir plus loin) – le besoin d'une solidarité des collèges suprêmes à direction monocratique (ministres-présidents), couverts par le prince et le couvrant en retour ; de même s'affirma la tendance générale à la monocratie, et par suite à la bureaucratie dans l'administration.

1. L'importance de la collégialité aux sources de l'adminis-

tration moderne peut être très facilement mise en valeur par la lutte des autorités financières créées par l'empereur Maximilien dans le plus grand besoin (péril turc) contre l'habitude qu'avait ce monarque de se dessaisir, suivant son humeur, des directives et des titres de garantie au profit des fonctionnaires. L'expropriation du prince, qui devenait alors un homme politique non spécialisé (dilettante), commence avec le problème financier. D'abord dans les *signorie* italiennes, avec leur comptabilité ordonnée selon celle des commerçants ; ensuite dans les États continentaux franco-bourguignons, puis allemands ; et d'un autre côté chez les Normands, en Sicile et en Angleterre *(exchequer)*. En Orient, les *divans*, en Chine, les *yamen*, au Japon, le *bakufu**, etc., ont joué un rôle identique qui n'a pourtant pas conduit à la bureaucratisation – faute de fonctionnaires techniques formés rationnellement, – du fait que ceux-ci en étaient réduits aux connaissances empiriques des « vieux » fonctionnaires ; à Rome, une place équivalente était occupée par le Sénat.

2. La collégialité a joué, dans la séparation du ménage et de l'administration publique, un rôle analogue aux grandes sociétés commerciales volontaires [*voluntaristisch*] dans la séparation du ménage et de l'entreprise de profit, du patrimoine et du capital.

§ 16. *La division des pouvoirs par leur spécialisation.*

4. La force du gouvernant peut être amoindrie au moyen d'un partage des pouvoirs selon leur spécification fonctionnelle [*spezifizierte Gewaltenteilung*] [cf. § 15 *in princ.*] : transmission, en tant que pouvoirs seigneuriaux, de certaines « fonctions » spécifiques, et, dans le cas de la légalité, déterminées *(partage constitutionnel des pouvoirs)*, à différents titulaires, de sorte que, dans les affaires qui les concernent en même temps, les dispositions ne peuvent être légitimement prises que par un compromis établi entre eux.

1. Le partage des pouvoirs « par la spécialisation » signifie, à la différence de celui « entre les ordres », que les pouvoirs seigneuriaux sont partagés « constitutionnellement » (ceci

n'étant pas nécessairement pris au sens d'une Constitution orale ou écrite), suivant leur caractère objectif, entre différents titulaires de la puissance (ou du contrôle). De sorte que des dispositions de nature différente ne puissent être légitimement engendrées que par des actions différentes, ou que des dispositions de même nature ne puissent l'être que par la coopération (il s'agit par conséquent d'un compromis non formel) de plusieurs titulaires du pouvoir. Ce ne sont pas les « compétences » qui sont ici partagées, mais les droits seigneuriaux eux-mêmes.

[166] 2. Le partage des pouvoirs par la spécialisation n'a absolument rien de moderne. A ce type appartient la séparation entre pouvoir politique et pouvoir hiérocratique autonomes (au lieu de césaro-papisme et de théocratie). On est amené également à considérer les compétences spécifiques des magistratures romaines comme une sorte de « séparation des pouvoirs ». Il en va de même des charismes spécifiques du lamaïsme. De même aussi, en Chine, de la situation largement indépendante de l'Académie han-lin (confucianiste) et des « censeurs » vis-à-vis du monarque. De même encore, dans les État patrimoniaux et dans le principat romain, de la séparation, dans les emplois subalternes, du pouvoir judiciaire et financier (civil), d'une part, et du pouvoir militaire, de l'autre. Enfin, naturellement, de tout partage de compétence en général. Toutefois, le concept de la « division des pouvoirs » perd alors toute précision. Il est plus indiqué de le limiter à la division des pouvoirs seigneuriaux suprêmes. En procédant ainsi, la forme rationnelle de la séparation du pouvoir, fondée sur un règlement (Constitution) – c'est-à-dire la forme constitutionnelle, – est absolument moderne. Dans un État non parlementaire mais « constitutionnel », le budget ne peut être établi que par un compromis entre les autorités légales (la couronne et une ou plusieurs chambres des représentants). Historiquement, cet état de choses s'est développé en Europe à partir de la division des pouvoirs *entre des ordres* ; il a trouvé son fondement théorique en Angleterre grâce à Montesquieu, puis à Burke. En remontant dans le temps, on trouve la séparation des pouvoirs comme conséquence de l'appropriation par des privilégiés des pouvoirs seigneuriaux et des moyens d'administration, et aussi comme conséquence des besoins financiers croissants, réguliers, de caractère économico-social (besoins de l'administration), et irréguliers (déterminés

surtout par la guerre), besoins auxquels le seigneur ne pouvait faire face sans le consentement des privilégiés, à qui il devait son propre consentement – souvent selon l'avis et à la demande de ceux-ci. Pour parvenir à ce résultat il était nécessaire que soit établi un compromis entre les ordres, d'où sont issus historiquement les compromis sur le budget et les compromis sur les règlements, lesquels n'appartiennent nullement, par leur esprit, à la division des pouvoirs entre les ordres, mais bien à la séparation constitutionnelle des pouvoirs.

3. La séparation constitutionnelle des pouvoirs est un principe spécifiquement instable. Sa structure réelle de domination se détermine suivant la réponse à la question : qu'arriverait-il si un compromis constitutionnellement indispensable (par exemple à propos du budget) ne pouvait se réaliser ? Un roi d'Angleterre gouvernant sans budget risquerait alors (aujourd'hui) sa couronne, mais non un roi de Prusse placé dans la même situation, car dans l'Empire allemand prérévolutionnaire les pouvoirs dynastiques étaient prépondérants.

§ 17. *Relations de la division des pouvoirs avec l'économie.*

1. La collégialité (collégialité rationnelle d'exécution) des autorités légales peut accroître l'objectivité et l'impartialité des décisions, favorisant ainsi l'économie rationnelle là même où pèse, de façon négative, l'obstacle de la précision de son fonctionnement. Pour cette raison, les grands détenteurs capitalistes du pouvoir, dans le présent comme dans le passé, préfèrent, à juste titre selon l'expérience allemande, dans la vie politique ainsi que dans la vie des partis et dans celle de tous les groupements qui sont pour eux importants, la monocratie : c'est (à leur sens) la forme de justice et d'administration « la plus discrète », la plus accessible à titre personnel et la plus facile à gagner aux intérêts des puissants. La collégialité de cassation et les autorités collégiales engendrées par les appropriations irrationnelles du pouvoir au bénéfice d'une direction administrative traditionnelle peuvent, à l'inverse, agir de façon irrationnelle. La collégialité des autorités financières existant au début du déve-

loppement du fonctionnariat spécialisé a sans doute favorisé la rationalisation (formelle) de l'économie.

C'est le *boss* monocratique du parti de type américain, et non l'administration officielle du parti, souvent collégiale, qui est « bon » pour le mécène intéressé du parti. De ce fait, il est indispensable. En Allemagne, une grande partie de ce qu'on appelle l' « industrie lourde » a, pour la même raison*, soutenu la domination de la bureaucratie et non le parlementarisme (administré jusqu'alors collégialement).

2. Le partage des pouvoirs créant, comme toute appropriation, des compétences précises, même si celles-ci ne sont pas rationnelles, et par là apportant un facteur de « calculabilité » dans le fonctionnement de l'appareil d'autorité, est d'habitude favorable à la rationalisation (formelle) de l'économie. Les tentatives d'abolition de cette séparation des pouvoirs (république des conseils, gouvernements de la Convention et du Comité de salut public) [167] visent en général à la transformation, (plus ou moins) matériellement rationnelle, de l'économie et par suite agissent contre la rationalité formelle.

Tous les cas singuliers sont du domaine de discussions spéciales.

9. LES PARTIS

§ 18. *Concept et essence des partis.*

On doit entendre par partis des sociations reposant sur un engagement (formellement) libre ayant pour but de procurer à leurs chefs le pouvoir au sein d'un groupement et à leurs militants actifs des chances – idéales ou matérielles – de poursuivre des buts objectifs, d'obtenir des avantages personnels, ou de réaliser les deux ensemble. Ils peuvent constituer des associations éphémères ou permanentes, se présenter dans des groupements de tout genre et former des groupements de toute sorte : clientèle charismatique, domesticité traditionnelle, adhésion rationnelle (en finalité ou en valeur, « fondée sur une représentation du monde »). Ils peuvent être de préférence orientés vers des intérêts personnels ou des buts objectifs. En pratique, ils peuvent en particulier, officiellement ou effectivement, se borner à l'obtention du pouvoir pour leurs chefs et à l'occupation des postes de la direction administrative par leur appareil (parti de patronage [*Patronage-Partei*]). Ils peuvent surtout s'orienter consciemment, dans l'intérêt d'ordres ou de classes (parti d'ordre ou de classe), ou vers des buts matériels concrets ou vers des principes abstraits (parti inspiré par une représentation du monde [*Weltanschauungs-Partei*]). Habituellement, la conquête des postes de la direction administrative est secondaire ; il n'est pas rare que le « programme » matériel d'un parti ne soit qu'un moyen pour provoquer les adhésions.

Conceptuellement, les partis ne sont possibles qu'au sein d'un groupement dont ils influencent ou ambitionnent la direction ; pourtant des cartels de partis inter-groupements ne sont pas rares.

Les partis peuvent employer tous les moyens pour obtenir le pouvoir. Lorsque la direction est élue par un vote (formellement) libre et que les règlements sont issus du vote, ce sont avant tout des organisations constituées pour la recherche des suffrages et, dans le cas de vote dans un sens préétabli, des partis légaux. Ce qui signifie pratiquement toujours, par suite du principe *volontariste* (reposant sur une adhésion libre) qui est celui des partis légaux, que l'exercice de la politique concerne des *gens qui y sont intéressés* (il faut mettre à part l'idée d'individus intéressés « économiquement » : il s'agit présentement de gens intéressés politiquement, donc orientés par une idéologie ou par le pouvoir en tant que tel). Ce qui signifie :

a) Que cet exercice est entre les mains des dirigeants et des appareils de parti,

b) Aux côtés desquels les membres actifs ne se rangent la plupart du temps que comme acclamateurs [*Akklamanten*]), le cas échéant comme instances de contrôle, de discussion, de remontrance, de résolution,

c) Alors que les membres non actifs et les masses associées (électeurs et votants) ne sont qu'un objet de recrutement au moment des élections ou des votes (« ceux qui font nombre » passivement), et qu'en cas de lutte pour la prise du pouvoir leurs voix n'entrent en ligne de compte qu'en tant que moyen d'orientation pour le travail de recrutement de l'appareil du parti.

En règle générale (mais pas toujours),

d) Les mécènes d'un parti demeurent cachés.

D'autres partis, organisés d'une façon formellement légale dans un groupement formellement légal, peuvent être surtout :

a) Des partis charismatiques : désaccord sur la qualité charismatique du détenteur du pouvoir, sur le détenteur charismatique du pouvoir « juste » (forme : le schisme) ;

b) Des partis traditionnels : dissentiment sur le mode d'exercice du pouvoir traditionnel dans la sphère de l'arbitraire et de la grâce du détenteur du pouvoir (forme : obstruction aux « innovations » ou révolte ouverte contre celles-ci) ;

[168] *c*) Des partis de foi, en règle générale, mais non nécessairement, sous une forme identique à *a* : désaccord sur le contenu de la représentation du monde ou de la croyance (forme : hérésie, qui peut se produire jusque dans des partis rationnels – socialisme) ;

d) Des partis de pure appropriation : différend avec le détenteur du pouvoir et sa direction administrative sur le mode de domination des directions administratives, très souvent (mais non nécessairement) sous une forme identique à *b*.

Selon leur organisation, les partis peuvent appartenir aux mêmes types que tous les autres groupements, par conséquent être orientés vers le charisme plébiscitaire (foi dans le chef), vers la tradition (attachement au prestige social du chef ou des voisins prééminents) ou vers la rationalité (attachement aux chefs et aux appareils engendrés par le scrutin « réglementaire »), aussi bien en ce qui concerne l'obédience des partisans que celle des directions administratives.

Tous développements plus approfondis sont du domaine de la sociologie de l'État.

Sur le plan économique, le *financement* du parti est une question d'importance en ce qui concerne le mode de partage de l'influence et le mode de direction matérielle des affaires du parti : petites contributions des masses, mécénat idéologique, achat (direct ou indirect) par intérêt, imposition des chances procurées par le parti ou des adversaires qui lui sont soumis. Mais cette problématique appartient elle aussi au domaine particulier de la sociologie de l'État.

1. Par définition, il n'est de partis qu'à l'intérieur de groupements (politiques ou autres) et dans la lutte pour leur domina-

tion. Au sein des partis on peut trouver – c'est fréquemment le cas – des sous-partis (associations éphémères typiques des campagnes pour l'élection des candidats à la présidence dans les partis américains, sociations permanentes représentées chez nous, par exemple, par des phénomènes tels que les « jeunes libéraux »). Pour les partis inter-groupements, voir, d'une part, les guelfes et les gibelins en Italie au XIIIe siècle (parti d'ordre [*ständisch*]), d'autre part, les socialistes modernes (parti de classe).

2. Nous considérons ici comme essentielle la caractéristique de l'*adhésion* (formellement) libre, le fondement volontariste du parti (formellement, du point de vue des règles du groupement) ; cette caractéristique implique en tout cas une différence sociologique profonde avec toutes les associations prescrites et organisées par la réglementation du groupement. Là où – par exemple aux États-Unis et dans notre système électoral à la proportionnelle – la réglementation du groupement connaît l'existence des partis, là même où elle entreprend de réglementer leur constitution, ce facteur volontariste demeure intact. Quand un parti devient une association fermée, incorporée par la réglementation du groupement à la direction administrative – comme le devint finalement le « parti guelfe » au XIIIe siècle dans les statuts de Florence, – il ne s'agit plus d'un « parti », mais d'un groupement intégré au groupement politique.

3. Dans un groupement de domination authentiquement charismatique les partis sont nécessairement des sectes schismatiques ; leur combat est un combat pour la foi et, en tant que tel, ne peut aboutir à une solution définitive. Une situation analogue peut se rencontrer dans un groupement rigoureusement patriarcal. Quand elles se présentent pures ces deux formes sont normalement étrangères aux partis entendus au sens moderne. Les clientèles des prétendants aux fiefs et aux offices, groupées autour d'un prétendant au trône, s'opposent d'une façon typique dans les groupements charismatiques héréditaires et les groupements d'ordre [*ständisch*] usuels. Les clientèles personnelles prédominent en général dans les groupements de notables (États urbains aristocratiques), mais aussi dans de nombreuses démocraties. C'est dans l'État légal à Constitution représentative que les partis prennent leur physionomie moderne. Nous en ferons la description dans la sociologie de l'État.

4. Les deux grands partis américains de la dernière génération sont des exemples classiques de partis de patronage dans l'État moderne. Des exemples de partis reposant sur des questions matérielles et une « représentation du monde » furent offerts en leur temps par l'ancien conservatisme, l'ancien libéralisme et l'ancienne démocratie bourgeoise, plus tard par la démocratie socialiste – les uns et les autres avec un accent prononcé sur les intérêts de classe – et le centre, ce dernier étant devenu, depuis la réalisation de tous ses objectifs, un pur parti de patronage. Mais pour tous, même pour les partis de classe les plus caractérisés, l'intérêt personnel (idéal ou matériel) pour le pouvoir, les places administratives et la subsistance domine d'ordinaire l'attitude du chef et de l'appareil du parti, et la prise en charge des intérêts de l'électorat ne s'opère qu'autant qu'elle ne met pas en danger, inéluctablement, les chances électorales. [169] Ce dernier facteur est une des raisons qui expliquent l'opposition aux partis.

5. Nous traiterons en particulier des formes d'organisation des partis. Commun à tous est le fait qu'à certain noyau de personnes, dans les mains desquelles repose la direction *active* – formulation des mots d'ordre et choix des candidats, – se joignent des « membres » ayant un rôle essentiellement passif, tandis que, pour sa part, la masse des membres du groupement n'est autre qu'un objet et n'a de choix qu'entre les candidats et les progammes qui lui sont présentés par les partis. Fatal dans les partis du fait de leur caractère volontariste, cet état de choses représente ce que nous appelons l'entreprise des « intéressés » [*Interessentenbetrieb*]. (Par « intéressés » il faut entendre, nous l'avons dit, ceux qui sont intéressés « politiquement », non « matériellement ».) C'est le deuxième point principal d'application de l'opposition envers les partis en tant que tels, et cela constitue la parenté formelle des activités de parti avec l'activité capitaliste, laquelle repose également sur un recrutement formellement libre.

6. Le mécénat comme fondement du financement n'est aucunement propre aux seuls partis « bourgeois ». Paul Singer, par exemple, fut un mécène du parti socialiste (de plus un mécène humanitaire) de grand style (et aux desseins les plus purs, autant qu'on sache). De là sa position de président du parti. La révolution russe de Février a été financée, quant aux

partis, par de grands mécènes moscovites; certains partis allemands « de droite », par l'industrie lourde; le centre, par des multimillionnaires catholiques.

Pour des raisons compréhensibles, le financement des partis est le chapitre le moins transparent de l'histoire de ceux-ci, et pourtant c'est un des plus importants. Dans des cas particuliers, il est vraisemblable qu'une « machine » (*caucus* : sur ce concept, voir plus loin) soit carrément « achetée ». Ou bien, seconde proposition de l'alternative, ce sont les candidats aux élections qui supportent la part la plus considérable du coût de la campagne électorale (système anglais). Résultat : ploutocratie des candidats. Ou bien c'est la « machine », avec, comme résultat, la dépendance des candidats par rapport aux fonctionnaires du parti. Il en est ainsi depuis que les partis existent comme organisations permanentes, dans l'Italie du XIIIe siècle comme de nos jours. Ces réalités ne peuvent être dissimulées sous des phrases. Le financement d'un parti comporte certainement des limites : en gros, il ne peut présenter comme moyen de recrutement que ce qui appartient déjà à un « marché ». Mais, comme c'est le cas dans l'entreprise capitaliste sous le rapport de la consommation, l'offre est aujourd'hui considérablement renforcée par la puissance des moyens publicitaires (notamment dans les « partis radicaux » – de droite ou de gauche, peu importe).

10. L'ADMINISTRATION DE GROUPEMENTS EN DEHORS DE TOUTE RELATION DE DOMINATION ET L'ADMINISTRATION PAR DES REPRÉSENTANTS

§ 19. *L'administration de groupements en dehors de toute relation de domination et l'administration par des représentants.*

Les groupements peuvent s'efforcer de réduire – dans une certaine mesure – les pouvoirs de domination liés aux fonctions d'exécution (minimisation de la domination), considérant que l'administrant agit simplement en raison de la volonté des membres du groupement, pour leur « service » et en vertu de leur mandat. Pareil résultat peut être obtenu, au mieux, dans des groupements de faible importance, lorsque leurs membres au complet peuvent se réunir en un même lieu, lorsqu'ils se connaissent et s'estiment égaux socialement, mais des groupements plus nombreux y ont également prétendu (en particulier les groupements urbains du passé et les groupements des circonscriptions territoriales [*Landesbezirksverband*]). Les moyens techniques usuels de parvenir à cette minimisation sont les suivants :

a) Durée réduite de la fonction, autant que possible intervalle entre deux assemblées des membres ;

b) Droit de rappel *(recall)* à tout moment ;

c) Principe du tour de rôle ou du sort pour la nomination, de façon que chacun ait « son tour » une fois ; il s'agit d'éviter la position de force propre au savoir spécialisé ou celle qui serait liée à la connaissance des secrets des services officiels ;

d) Mandat étroitement impératif sur le mode de gestion (compétence *concrète* et non générale) établi par l'assemblée des membres ;

e) Obligation stricte de rendre des comptes à l'assemblée des membres ;

f) Obligation de soumettre à cette assemblée (ou à une commission) toute question non prévue et de caractère particulier ;

g) Grand nombre des postes secondaires et pourvus de missions spéciales, d'où

h) Caractère de profession accessoire que possède la fonction.

[170] Quand la direction administrative est élue, cette élection a lieu au cours d'une assemblée des membres. L'administration est essentiellement orale, les documents écrits n'existant qu'autant qu'il y a lieu de défendre certains droits par acte authentique. Toutes les dispositions importantes sont présentées à l'assemblée des membres.

Nous appellerons ce mode d'administration et tout mode d'administration proche de ce type *démocratie directe* tant que l'assemblée des membres est *effective*.

1. Le *township* nord-américain et le canton suisse (Glaris, Schwyz, les deux Appenzell, etc.) sont déjà, par leur taille, à la limite où une administration « démocratique directe » (dont nous n'analyserons pas ici la technique) cesse d'être possible.

La démocratie bourgeoise attique dépasse de fait largement cette limite, le parlement de la ville italienne du début du Moyen Âge davantage encore. Les unions, les corporations, les groupements scientifiques, académiques, sportifs de toute sorte s'administrent souvent selon cette forme. Elle est transposable à l'égalité interne des groupements « aristocratiques » de seigneurs, ceux-ci ne voulant pas laisser un des leurs s'élever au-dessus des autres.

2. Une condition préalable essentielle, outre la superficie réduite ou le petit nombre de membres appartenant au groupement (au mieux, les deux), est l'absence de missions qualitatives qui ne peuvent être assumées que par des fonctionnaires professionnels qualifiés. En effet, même si l'on essaie de tenir ce fonctionnariat professionnel dans la plus étroite dépendance, il reste qu'il contient en germe la bureaucratisation et, surtout, il ne peut être ni nommé ni rappelé par les moyens d'une « démocratie directe » authentique.

3. La forme rationnelle de la démocratie directe est intimement proche du groupement primitif gérontocratique ou patriarcal. Car celui-ci s'administre lui aussi « au service » des membres. Mais il existe alors une appropriation du pouvoir administratif et (normalement) un attachement étroit à la tradition. La démocratie directe est, ou peut être, un groupement rationnel. Venons-en tout de suite aux nuances.

§ 20. *L'administration des notables.*

Nous appellerons « notables » les personnes qui

1) de par leur situation économique, sont en mesure, à titre de profession secondaire, de diriger et d'administrer effectivement de façon continue un groupement quelconque, sans salaire ou contre un salaire nominal ou honorifique ;

2) jouissent d'une estime sociale – peu importe sur quoi celle-ci repose, – de sorte qu'ils ont la chance d'occuper des fonctions dans une démocratie directe formelle, en vertu de la confiance de ses membres, d'abord par acte volontaire, puis à la longue par tradition.

La signification première de cette définition étant que les

notables peuvent vivre *pour* la politique sans devoir vivre d'elle, leur situation présuppose un degré spécifique de « disponibilité » résultant de leurs affaires privées. Notables sont, dans une large mesure, les rentiers de toute sorte : propriétaires de terres, d'esclaves, d'élevages, de maisons, de titres. Puis des personnes exerçant une activité qui leur facilite l'expédition des affaires politiques en tant que profession secondaire : dirigeants d'entreprises saisonnières (en particulier, agriculteurs), avocats (ceux-ci étant à la tête d'un « bureau »), autres types de professions libérales ; dans une proportion importante, les patriciens commerçants occasionnels ; en nombre moindre enfin les entrepreneurs industriels privés et les travailleurs. Toute démocratie directe tend à se convertir en « administration de notables ». Du point de vue idéal, parce que celle-ci passe pour spécialement qualifiée par l'expérience et l'objectivité. Du point de vue matériel, parce qu'elle est peu onéreuse, voire, le cas échéant, entièrement gratuite. Le notable peut se trouver en partie en possession des moyens matériels d'administration, ou bien il utilise ses biens comme tels ; pour une autre part, ces moyens lui sont fournis par le groupement.

1. Nous examinerons plus tard la casuistique du notabilariat en tant que qualité de l'ordre. Dans toutes les sociétés primitives la source de celle-ci est la richesse, qui suffit souvent à conférer la dignité de « chef ». (Sur les conditions, cf. chap. IV.) Peuvent ensuite venir au premier plan l'estimation que le charisme est héréditaire ou le fait de disposer d'une certaine disponibilité.

2. Si le *township* des Américains représente par excellence le roulement effectif sur la base du droit naturel, on peut aisément, dans les cantons suisses de démocratie directe, suivre sur la liste des fonctionnaires le retour [171] constant des mêmes noms de famille. Le fait de la plus grande disponibilité possible (pour une « assemblée convoquée » [*gebotenes Ding*]) fut aussi, au sein des communautés germaniques et dans les villes du nord de l'Allemagne, certaines de celles-ci étant à l'origine rigoureusement démocratiques, une des sources de la promotion des « meliores » et du patriciat du Conseil.

3. L'administration des notables se retrouve dans toute sorte de groupements dont le type est le parti politique non bureaucratisé. Elle signifie toujours une administration extensive ; par

conséquent, lorsque des besoins économiques et administratifs très pressants exigent une action définie, elle est à la fois « gratuite » pour le groupement et « coûteuse » pour ses membres pris individuellement.

Tant la démocratie directe authentique que l'administration authentique des notables se détraquent techniquement dès qu'il s'agit de groupements supérieurs à une certaine importance (quelques milliers de membres jouissent de l'intégralité de leurs droits) ou dès qu'il s'agit de tâches administratives exigeant et une formation spécialisée et une continuité de direction. Si seuls des fonctionnaires spécialisés, nommés à titre permanent à côté de chefs qui se renouvellent, y sont employés, l'administration est alors, en fait, entre les mains de ceux qui travaillent, alors que les autres, en venant « mettre leur grain de sel », acquièrent un caractère prononcé de dilettantes.

La position des recteurs [élus chaque année] qui se succèdent et administrent, à titre de fonction secondaire, les affaires universitaires, vis-à-vis des syndics, voire des fonctionnaires de la chancellerie, est un exemple frappant de cette situation. Seul le président d'une université autonome (de type américain), élu pour une durée plus longue, pourrait – abstraction faite des cas exceptionnels – créer une « auto-administration » de l'université ne consistant pas seulement en phrases et en manifestations de suffisance ; la vanité des collèges universitaires d'une part, et l'intérêt porté au pouvoir par la bureaucratie, de l'autre, rendent impossible pareille solution. *Mutatis mutandis*, la situation est la même partout.

La démocratie directe sans domination et l'administration des notables n'existent vraiment qu'aussi longtemps que des partis ne s'érigent pas en structures permanentes, ne se combattent pas et ne cherchent pas à s'approprier les fonctions. Dans le cas contraire, le chef du parti qui combat et triomphe – peu importent les moyens – devient, avec sa direction administrative, un instrument de domination, malgré le maintien de toutes les formes de l'administration antérieure.

C'est là une forme assez répandue de la destruction des « anciens » rapports.

380

§ 21. *Essence et formes de la représentation.*

Par représentation nous entendrons principalement la situation de fait déjà examinée (chap. I, § 11), qui veut que l'action de certains membres du groupement (représentants) soit imputée aux autres ou bien qu'elle doive être considérée par ces derniers comme « légitime » et que, les liant, elle le devienne en fait.

Dans les dominations de groupement [*sic*] la représentation prend plusieurs formes caractéristiques :

1. La *représentation appropriée.* Le chef (ou un membre quelconque de la direction du groupement) a un droit de représentation approprié. Forme très ancienne et qui se rencontre dans les groupements de domination patriarcaux et charismatiques (charismatiques héréditaires et charismatiques de fonction) des types les plus divers. Le pouvoir de la représentation a une étendue *traditionnelle*.

Appartiennent à ce type les cheiks de tribus ou de clans, les *schreschth* de castes, les hiérarques héréditaires de sectes, les *patel* de villages, les *Obermärker*, les monarques héréditaires, tous les chefs patriarcaux et patrimoniaux analogues des groupements de toute sorte. Dans les rapports de type par ailleurs primitifs (Australie), on trouve déjà le pouvoir de conclure des accords et des conventions de caractère réglementaire avec les anciens des groupements voisins.

[172] 2. La représentation d'un ordre [*ständisch*] (par un droit propre) se rapproche de la représentation appropriée. Ce n'est pas une « représentation », dans la mesure où elle est d'abord envisagée comme représentation et mise en valeur pure et simple de droits (privilèges) propres (appropriés). Mais elle prend un caractère de représentation (et peut même, de ce fait, être parfois considérée comme telle) pour autant que l'effet du consentement à un accord de caractère d'ordre [*ständisch*] sur la personne du détenteur du privilège agit sur les strates non pri-

vilégiées. Et non seulement sur les non-privilégiés [*Hinter-sasse*], mais aussi sur ceux qui ne peuvent prétendre, du fait de leur ordre, à un privilège, attendu que, en règle générale, leur *assujettissement* aux stipulations des privilégiés est présupposé évident, voire qu'il est expressément réclamé.

Appartiennent à ce type toutes les cours féodales et les assemblées d'états privilégiés, mais χατ'έξοχὴν les « ordres » de la fin du Moyen Age allemand et ceux des temps modernes. Quant à l'Antiquité et aux territoires extra-européens, cette institution n'est connue qu'à un petit nombre d'exemplaires et elle n'a pas constitué un « stade de transition » généralisé.

3. En très nette opposition avec ce qui précède, la *représentation liée*. Celle-ci consiste en des mandataires élus (ou désignés par roulement, par le sort ou autres moyens analogues), au pouvoir d'administration limité à l'intérieur et à l'extérieur par des mandats impératifs et un droit de rappel, et lié à l'acceptation des personnes représentées. Ces « représentants » sont en réalité des fonctionnaires au service de ceux qu'ils représentent.

De tout temps, le mandat impératif a joué un rôle dans les groupements de types les plus différents. Par exemple, en France, le rôle des représentants élus des communes était presque toujours lié aux « cahiers de doléances ». Aujourd'hui, ce mode de représentation s'observe en particulier dans les républiques de conseils ; il y est l'équivalent de la démocratie directe, impossible dans les groupements de masse. Les mandataires liés ont sûrement été connus de groupements des genres les plus différents, en dehors même de l'Occident au Moyen Age et aux temps modernes, sans jamais avoir eu pourtant une grande importance historique.

4. La *représentation libre*. Le représentant, en règle générale élu (éventuellement désigné, de manière formelle ou effective, par le sort), n'est lié par aucune instruction et il demeure le propre maître de sa conduite. Son devoir ne le renvoie qu'à ses propres convictions objectives, non à la prise en considération des intérêts de ceux qui l'ont délégué.

Il n'est pas rare que la représentation libre, en ce sens, soit la conséquence inévitable d'une lacune ou d'une absence d'instructions. Dans d'autres cas, elle découle de façon cohérente de l'élection d'un représentant qui est alors, dans cette mesure même, le *maître* choisi par les électeurs et non leur « serviteur ». Ce caractère, en particulier, est celui des représentations parlementaires modernes qui, sous cette forme, partagent l'objectivation générale, la sujétion à des normes abstraites (politiques, éthiques), caractéristique de la domination légale.

Dans une grande mesure, cette particularité vaut pour les corps représentatifs des groupements politiques modernes : les parlements. La fonction de ceux-ci ne peut apparaître sans l'intervention volontariste des partis : ce sont ces derniers qui présentent candidats et programmes aux citoyens politiquement passifs et qui définissent, par le compromis ou le vote au sein du Parlement, les normes pour l'administration, qui contrôlent cette administration, la soutiennent de leur confiance, ou bien la renversent par un refus constant de leur confiance, cela lorsqu'ils parviennent à obtenir la majorité aux élections.

Le chef du parti et la direction administrative qu'il désigne, les ministres, les secrétaires et, éventuellement, les sous-secrétaires d'État, sont les dirigeants « politiques » de l'État, c'est-à-dire qu'ils dépendent pour leur poste de la victoire électorale de leur parti et qu'ils sont contraints de se retirer en cas de défaite électorale. [173] Là où la domination de parti est pleinement réalisée, ils sont imposés au détenteur formel du pouvoir, au prince, par le choix du parti au Parlement ; le prince, exproprié des pouvoirs souverains, en est réduit :

a) Au choix du dirigeant par des tractations avec les partis et à la légitimation formelle de ce dirigeant par la nomination ;

b) A la fonction d'organe de légalisation de toutes les décisions du chef du parti au pouvoir.

Le « cabinet » des ministres, c'est-à-dire la commission du parti majoritaire, peut être organisé matériellement soit dans un sens plus monocratique,, soit dans un sens plus collégial ; cette seconde forme est inévitable dans les cabinets de coalition, la première est celle qui fonctionne avec le plus de précision. Les moyens usuels de puissance, connaissance des secrets du service et solidarité envers l'extérieur, sont utilisés contre les attaques des partisans ou des adversaires en quête de places. En cas d'absence de partage matériel (effectif) des pouvoirs, ce système signifie l'appropriation de la totalité de la puissance par les états-majors des partis. Les postes de direction, mais souvent aussi, dans une large mesure, les postes des fonctionnaires deviennent les bénéfices des partisans : *gouvernement parlementaire de cabinet*.

Pour l'exposé des faits il nous faudra revenir à plusieurs reprises au brillant pamphlet politique (faussement appelé « traité politique ») de W. Hasbach [*Die parlamentarische Kabinettsregierung* (1919)] contre ce système. Mon écrit personnel *Parlament und Regierung im neugeordneten Deutschland* [1918] a expressément mis l'accent sur ce caractère de pamphlet, né uniquement de la situation de l'époque.

Quand l'appropriation de la puissance par le gouvernement de parti n'est pas complète, mais que le prince (ou le président qui lui correspond, élu, par exemple, par plébiscite) conserve sa propre puissance, en particulier dans le patronage aux offices (y compris celui des officiers), nous nous trouvons devant un *gouvernement constitutionnel*. Celui-ci peut se présenter sous la forme d'un partage formel des pouvoirs. La concomitance de la présidence plébiscitaire et d'un Parlement représentatif, le *gouvernement représentatif plébiscitaire*, en est un cas particulier.

La direction d'un groupement affectant un caractère strictement parlementaire peut, d'autre part, être simplement mise en place par l'élection d'autorités gouvernementales (ou du chef du gouvernement) par le Parlement : *gouvernement strictement représentatif*.

Dans une large mesure, le pouvoir gouvernemental des organes représentatifs peut être limité et légitimé par une consultation directe des gouvernés : *loi référendaire*.

1. Ce qui est propre à l'Occident, ce n'est pas la représentation en elle-même, mais la représentation libre et sa réunion dans des corps parlementaires. On en trouve l'amorce dans l'Antiquité et aussi ailleurs (assemblées de délégués dans des fédérations de cités, avec cette particularité cependant du mandat impératif).

2. La disparition du mandat impératif a été largement déterminée par la prise de position des princes. Lors des convocations pour les élections des délégués aux états généraux, les rois de France exigeaient que ceux-ci fussent libres de voter en faveur des projets du roi ; sinon le mandat impératif aurait tout obstrué. La façon dont le Parlement anglais était composé et celle dont les affaires étaient menées (nous en parlerons en temps utile) conduisirent au même résultat. Le fait que, jusqu'aux réformes électorales de 1867, les députés se considéraient comme un ordre [*Stand*] privilégié n'apparaît nulle part

aussi clairement que dans l'élimination rigoureuse de la publicité. (Au milieu du XVIIIe siècle de lourdes amendes étaient encore prévues pour les journaux qui relataient les débats parlementaires.) La théorie qui veut que le député soit un « représentant de tout le peuple », c'est-à-dire qu'il ne soit pas lié par un mandat (qu'il ne soit pas un « serviteur », mais au contraire, et sans phrases, qu'il soit un maître), était déjà développée dans la littérature spécialisée avant que la Révolution française ne lui confère la forme (emphatique) qui est restée depuis lors classique.

3. Nous ne discuterons pas ici de la manière selon laquelle le roi d'Angleterre (et d'autres après lui) fut graduellement exproprié par un gouvernement de cabinet sans titre officiel et purement orienté par les partis, ni des causes de ce phénomène en lui-même singulier (moins « accidentel » qu'il n'a été souvent affirmé, vu l'absence de bureaucratie en Angleterre), mais qui a pris une signification universelle. [174] Ni du système représentatif plébiscitaire américain de partage fonctionnel des pouvoirs, ni du développement du référendum (essentiellement instrument de méfiance à l'égard de parlements corrompus), ni de la démocratie purement représentative qui, en Suisse et dans de nombreux États allemands, va de pair avec ce système. Il ne s'agit pour le moment que de définir quelques types principaux.

4. La monarchie dite « constitutionnelle », dont la première caractéristique, d'ordinaire, est l'appropriation par le monarque du patronage aux offices, y compris ceux de ministres, ainsi que du pouvoir de commandement, peut être très proche, en fait, de la monarchie purement parlementaire (anglaise). A l'inverse, celle-ci n'exclut en aucune manière la participation effective à la direction politique d'un monarque politiquement qualifié (Édouard VII). Nous en verrons plus tard les particularités.

5. Les corps représentatifs ne sont pas nécessairement « démocratiques », au sens de l'égalité des droits (droits électoraux) de tous. Bien au contraire, il apparaît qu'aristocratie ou ploutocratie constituent le terrain le plus favorable à l'établissement d'une domination parlementaire (il en fut ainsi en Angleterre).

Rapport avec l'économie. – Il est extrêmement complexe et nous en discuterons par la suite. Nous ne procéderons ici, en préliminaire, qu'aux considérations générales suivantes :

1° L'ébranlement des bases économiques des ordres [*Stand*] anciens détermina le passage à une représentation « libre »; sans égard pour son ordre, celui qui était doué pour la démagogie y avait vraiment le champ libre. La cause de ce phénomène fut le capitalisme moderne.

2° Le besoin de *calculabilité* et de confiance dans le fonctionnement de l'organisation juridique et de l'administration, besoin vital du capitalisme rationnel, conduisit la bourgeoisie à tenter de tenir en bride les princes patrimoniaux et les nobles féodaux au moyen d'un corps dans lequel les bourgeois siégeaient à titre prépondérant, qui contrôlait l'administration et les finances et participait aux modifications de l'organisation juridique.

3° A l'époque de cette transformation, le développement du prolétariat n'était pas encore tel que ce dernier pût représenter une force politique importante et apparaître comme un danger pour la bourgeoisie. En outre, toute menace contre la position de puissance des possédants était exclue grâce au droit électoral censitaire.

4° La rationalisation formelle de l'économie et de l'État, favorable au développement capitaliste, pouvait être grandement favorisée par les parlements. Il semblait facile d'influencer les partis.

5° La démagogie des partis existant alors favorisa l'extension du droit de vote. La nécessité de gagner le prolétariat dans les conflits extérieurs et l'espoir – déçu – en son caractère « conservateur », par comparaison avec celui de la bourgeoisie, incitèrent partout princes et ministres à favoriser (finalement) l'égalité du droit de vote.

6° Les parlements fonctionnèrent normalement aussi longtemps que les classes « cultivées et possédantes » – autrement dit, les notables – se trouvaient encore « entre elles », et que prédominaient non pas ceux des partis qui étaient orientés par la classe, mais ceux qui l'étaient seulement par l'ordre [*ständisch*], ainsi que les contradictions résultant des différents types de propriété. La situation des parlements a commencé de se transformer alors que les partis purement de classe, en particulier les partis prolétariens, affirmaient une puissance naissante. Mais la bureaucratisation des partis (système du *caucus*), laquelle est de caractère spécifiquement plébiscitaire et rend le député « maître » de l'électeur et *serviteur du chef de la machine du parti*, y a, d'autre part, puissamment contribué. Nous en reparlerons.

§ 22. *La représentation par les représentants d'intérêts.*

5. Nous appellerons *représentation par les représentants d'intérêts* ce type de corps dans lequel la nomination des représentants ne s'effectue pas librement en dehors de la dépendance professionnelle, de la condition [*ständisch*] ou de la classe, mais où les représentants sont divisés selon leur profession, leur condition ou leur classe, [175] sont nommés par leurs pairs et se réunissent en une « représentation des catégories professionnelles » [*berufsständische Vertretung*], comme on dit aujourd'hui.

Une telle représentation peut avoir des significations fondamentalement différentes :

1) Suivant le genre de la profession, de la condition ou de la classe ;

2) Suivant que le moyen de régler les différends sera le vote ou le compromis ;

3) Suivant, dans le premier cas, la participation numérique des catégories particulières.

Elle peut être de caractère éminemment révolutionnaire aussi bien qu'éminemment conservateur. Elle est, dans tous les cas, le produit de la formation de grands partis *de classe*.

Normalement, l'apparition de ce mode de représentation est liée à l'intention d'ôter le droit de vote à certaines strates sociales :

a) Soit aux masses, toujours prépondérantes en nombre, *matériellement*, par le partage des mandats entre les professions ;

b) Soit aux couches prépondérantes par leur puissance économique, formellement, par la limitation du droit de vote aux seuls non-possédants *(État dit État de conseils* [*soviets*]).

Bien que l'exercice exclusif de la politique par l'entremise des intéressés [*Interessentenbetrieb*] (des partis) soit affaibli – théoriquement – dans ce mode de représentation, il n'est pas exclu, du moins selon toutes les expériences connues à ce jour. L'importance des moyens financiers électoraux peut être – théoriquement – moindre, encore que cela soit plutôt douteux. Le caractère de tels corps représentatifs conduit à l'*absence de chef*. Car ne seront pris en considération comme représentants *professionnels* des intérêts que ceux qui peuvent disposer de la totalité de leur temps pour représenter ces intérêts, et qui seront donc trouvés dans les strates sociales non aisées, secrétaires appointés des groupements d'intéressés.

1. La représentation ayant le compromis comme moyen de résoudre les conflits est propre à toutes les assemblées « d'ordre » [*ständisch*] historiquement les plus anciennes. Le compromis prédomine aujourd'hui dans les « communautés de travail » et partout où les règlements sont fondés *itio in partes* et sur la discussion entre les commissions consultatives et délibératives particulières. Puisque l'expression du nombre ne révèle pas l' « importance » d'une profession, puisque, par-dessus tout, les intérêts des masses de travailleurs sont souvent très profondément antagonistes de ceux des entrepreneurs dont le nombre augmente moins vite et dont les suffrages, du fait qu'ils sont particulièrement compétents – mais à coup sûr aussi particulièrement intéressés à titre personnel, – doivent peser indépendamment de leur nombre, un « vote » formel, dans une assemblée composée d'éléments fort hétérogènes par leur classe ou par leur condition, est un non-sens mécanisé : le bulletin de vote comme *ultima ratio* est caractéristique de partis en lutte, qui cherchent à négocier un compromis, mais il n'est pas caractéristique des « ordres » [*Stand*].

2. Le bulletin de vote convient bien aux « ordres » [*Stand*] où l'assemblée est constituée d'éléments socialement à peu près égaux : par exemple, des seuls travailleurs, comme dans les « conseils ». La *mercadanza* du temps des luttes entre les corporations en fournit le prototype : assemblée de délégués des différentes corporations, vote à la majorité, en fait sous la pression du danger que représentait la sécession, le cas échéant, de corporations particulièrement puissantes. Déjà l'entrée des « employés » dans les conseils mûrit le problème : en règle générale, leur participation au vote est mécaniquement limitée. La situation se complique quand les représentants des paysans et des artisans peuvent intervenir. Elle ne peut du tout être tran-

chée par le bulletin de vote quand les professions dites « supérieures » et les entrepreneurs entrent en scène. Une assemblée « paritaire » avec vote d'une communauté de travail signifie que les syndicats « jaunes » aident les entrepreneurs à l'emporter, les entrepreneurs complaisants aidant, eux, les travailleurs : les éléments de classe les plus indignes font alors pencher la balance.

D'un autre côté, les périodes de calme feront naître des antagonismes aigus entre travailleurs dans des « conseils » purement prolétariens. Elles entraîneront vraisemblablement une paralysie effective dans les conseils, mais elles donnent en tout cas toutes ses chances, à une politique adroite, pour dresser les intéressés les uns contre les autres : c'est la raison [176] pour laquelle la bureaucratie est si favorablement disposée à cette éventualité. La même chance existerait d'ailleurs pour les représentants des paysans contre ceux des ouvriers. En tout cas, toute composition de tels corps représentatifs qui n'est pas strictement révolutionnaire revient finalement à offrir une nouvelle chance de « tripatouiller les circonscriptions électorales » [*Wahlkreisgeometrie*] sous une autre forme.

3. Les chances des représentations d' « états professionnels » [*berufsständisch*] ne sont pas minces. A l'époque de la stabilisation du développement technico-économique, elles seront extrêmement sérieuses. Alors, dans une large mesure, cessera la « vie de parti ». Tant que cette présupposition n'est pas donnée, on ne peut penser, naturellement, que les corps représentatifs des états professionnels [*berufsständisch*] peuvent éliminer les partis. Des « conseils d'entreprise » – dont nous connaissons aujourd'hui déjà le mécanisme – au Conseil économique fédéral se créent au contraire et s'exploitent une masse de bénéfices nouveaux pour les partisans éprouvés des partis. La vie économique se politise, la politique devient économie. Sur toutes ces chances, on peut professer, selon sa propre table des valeurs, des opinions radicalement différentes. Les faits n'en demeurent pas moins ce qu'ils sont, seulement ce qu'ils sont.

Tant la représentation parlementaire authentique, avec exercice volontaire de la politique par des individus intéressés, que l'organisation d'un parti plébiscitaire qui en découle, avec ses conséquences, et encore l'idée moderne de représentation *rationnelle* par des représentants d'intérêts – ce sont là des faits propres à l'Occident ; autant de faits qui ne s'expliquent que par le développement, qui eut lieu ici, des ordres et des classes et qui enfanta, ici seulement et dès le Moyen Age, des précurseurs. Des « cités » et des « ordres », *rex et regnum*, des « bourgeois » et des « prolétaires », il n'y en eut jamais qu'ici.

CHAPITRE IV

Ordres et classes

1. CONCEPTS

§ 1-2. *Situation de classe, classes.*

[177] § 1. Nous appelons « situation de classe » la chance
typique qui, dans un régime économique donné, résulte du degré
auquel et des modalités d'utilisation selon lesquelles un individu
peut disposer (ou ne pas disposer) de biens ou de services [*Lei-
stunsqualifikationen*] afin de se procurer des rentes ou des revenus ; chance [qui doit être évaluée sous les trois chefs] (*a*) de sa
capacité à se procurer ces biens, (*b*) de ses conditions de vie extérieure, (*c*) de sa destinée personnelle.

Nous entendons par « classe » tout groupe d'individus qui se
trouvent dans la même situation de classe.

a) Une classe sera dite « classe de possession » dans la
mesure où la situation de classe est essentiellement déterminée
par des différences en matière de possession.

b) Une classe sera dite « classe de production » lorsque les
chances d'exploitation du marché des biens ou des services
déterminent essentiellement la situation de classe.

c) On appellera « classe sociale » l'ensemble de ces situations
de classe à l'intérieur duquel un changement est aisément possible et se produit de manière typique, pour une personne donnée, dans la succession des générations.

Prenant appui sur ces trois catégories de classes, peuvent exister des sociations d'individus ayant des intérêts de classe (groupements de classe). Mais ce n'est pas nécessairement le cas : la situation de classe et la classe n'indiquent en elles-mêmes que des états de fait, [caractérisés par] des situations d'intérêts typiques, égales (ou analogues), dans lesquelles l'individu isolé se trouve placé ainsi que d'autres, nombreux. En principe, le pouvoir de disposer de toutes sortes de biens de consommation, de ressources, de patrimoines, de moyens de protection, de services, constitue chaque fois autant de situations de classe particulières et seul le complet « manque de qualification » des non-possédants, de ceux qui n'ont que leur travail pour toute ressource et n'ont pas la sécurité de leur emploi, constitue une situation de classe unifiante. Les passages de l'une à l'autre situation sont plus ou moins faciles et révocables ; l'unité de la classe « sociale » s'affirme, de ce fait, de façon variable.

Ad. a. La signification principale d'une *classe de possession* positivement privilégiée tient à :

α) l'accaparement des biens de consommation d'un prix élevé (grevés de coûts élevés), à l'achat,

β) la situation de monopole et la possibilité de mener une politique monopolistique planifiée, à la vente,

γ) l'accaparement des chances d'édifier une fortune à partir de surplus inemployés,

δ) l'accaparement des chances de constituer un capital par l'épargne, par conséquent la possibilité de placer ses fonds en prêtant son capital et en mettant par là la main sur les postes de direction (dans les entreprises),

[178] ε) [aux] privilèges (d'éducation) liés à la condition [*ständisch*], pour autant qu'ils sont onéreux.

A. Les classes de possession positivement privilégiées sont typiquement celles de rentiers. Ils peuvent être :

a) crédirentiers d'hommes (possesseurs d'esclaves),

b) crédirentiers de biens-fonds,

c) crédirentiers de mines,

d) crédirentiers d'installations (possédant des installations de travail et des outillages),

e) crédirentiers de navires,

f) prêteurs, et notamment : α) prêteurs de bétail ; β) prêteurs de céréales ; γ) prêteurs d'argent ;

g) crédirentiers d'effets de commerce.

B. Les classes de possession négativement privilégiées comprennent typiquement :

a) ceux qui sont des objets de possession (les non-libres, cf. infra *s. v.* « ordre » [*Stand*]),

b) des déclassés (*proletarii* au sens antique),

c) des débiteurs,

d) des « pauvres ».

Entre ces deux types de classes, il y a les « classes moyennes », qui comprennent les couches sociales de toute sorte, nanties de biens ou d'instruction, et qui en tirent profit. Quelques-unes d'entre elles peuvent être des « classes de production » (entrepreneurs à privilège essentiellement positif, prolétaires à privilège négatif). Mais elles ne le sont pas toutes (paysans, artisans, fonctionnaires).

L'articulation des classes de possession n'est pas à elle seule « dynamique », c'est-à-dire qu'elle ne conduit pas nécessairement à des *luttes* de classes et à des révolutions de classes. La classe possédante, fortement privilégiée positivement, des détenteurs d'hommes, par exemple, côtoie celle, bien moins privilégiée positivement, des paysans et même des prolétaires, souvent sans qu'il y ait aucunement opposition de classes ; elles sont parfois solidaires (par exemple, contre les non-libres). Seule l'opposition des classes de possession telles que :

1° propriétaires fonciers / prolétaires, ou

2° prêteurs / débiteurs (souvent patriciens installés en ville contre paysans installés à la campagne ou petits artisans installés en ville), peut conduire à des luttes révolutionnaires, qui n'ont pas pour but nécessairement un changement de régime économique, mais simplement la redistribution de la propriété (révolutions des classes de possession).

Dans les États du sud des États-Unis, la situation du *poor white trash* (Blanc sans esclave) vis-à-vis des planteurs était un exemple classique de l'absence d'opposition de classes. Le *poor white trash* était encore *plus* hostile aux Noirs que les planteurs souvent capables, dans leur situation, de sentiments patriarcaux. L'Antiquité fournit les principaux exemples de luttes entre déclassés et possédants, de même que ceux des antagonismes entre prêteurs et débiteurs, ou propriétaires fonciers et déclassés.

§ 2. *Ad b.* La signification principale d'une *classe de production* positivement privilégiée tient à :

α) l'accaparement de la direction des moyens de production des biens au profit des membres de la classe ;

β) la sauvegarde de leurs chances de profit en influant sur la politique économique des groupements politiques et autres.

A. Les classes de production positivement privilégiées typiques sont celles des entrepreneurs :

a) marchands,

b) armateurs,

c) entrepreneurs industriels,

d) entrepreneurs agricoles,

e) banquiers et entrepreneurs financiers, et le cas échéant :

f) membres des « professions libérales » pourvus d'une compétence ou d'une scolarisation remarquables (avoués, médecins, artistes),

[179] *g)* ouvriers possédant des qualités monopolistiques (personnelles, inculquées ou apprises).

B. Les classes de production négativement privilégiées sont typiquement constituées de travailleurs, dans la diversité de leurs qualités :

a) spécialisés,

b) qualifiés,

c) non qualifiés.

[Entre ces deux sortes de classes de production] il existe aussi des « *classes moyennes* » telles que les paysans et les artisans indépendants. Et, en outre, [on peut y ajouter] très souvent :

a) les fonctionnaires (publics ou privés),

b) la catégorie mentionnée en A *b* et les ouvriers possédant des qualités monopolistiques exceptionnelles (personnelles, inculquées ou apprises) [A *g*].

Ad c. Les classes *sociales* sont :

α) la classe ouvrière dans son ensemble, au fur et à mesure que le processus de travail s'automatise davantage,

β) la petite bourgeoisie, et

γ) les intellectuels et les spécialistes sans biens (techniciens, « employés » du commerce et autres, fonctionnaires, éventuellement très différents socialement les uns des autres, selon les dépenses faites pour leur instruction),

δ) les classes des possédants et de ceux qui sont privilégiés par leur éducation.

La conclusion inachevée du *Capital* de Karl Marx devait

manifestement traiter du problème de l'unité de classe du prolétariat malgré sa différenciation qualitative. L'importance croissante du travail « spécialisé » » à la machine, dont l'apprentissage est relativement court, aux dépens du travail « qualifié », aussi bien que parfois du travail « non qualifié », est décisive à ce point de vue. Toujours est-il que les aptitudes ainsi apprises sont souvent aussi des qualités monopolistiques (les tisserands atteignent parfois leur plus grand rendement au bout de cinq ans !). Autrefois, le passage à la petite bourgeoisie « indépendante » était le but que tout ouvrier s'efforçait d'atteindre. Mais la possibilité de le réaliser est de plus en plus mince. Dans la succession des générations, aussi bien pour α que pour β, la « montée » dans la classe sociale γ (techniciens, commis) est relativement la plus facile. De plus en plus, dans la classe δ, l'argent achète *tout* – du moins dans la succession des générations. La classe γ a des chances de monter en δ en particulier [pour les employés] des banques et des entreprises par actions [et pour] les fonctionnaires des échelons supérieurs.

L'action de classe, sociétisée, est la plus facile à créer :

a) contre un adversaire *direct* d'intérêts (travailleurs contre entrepreneurs et non contre les actionnaires, qui reçoivent réellement un revenu « sans travail », non plus paysans contre propriétaires fonciers),

b) uniquement si un grand nombre d'individus sont dans une situation de classe semblable, typiquement *de masse*,

c) quand il y a possibilité technique de réunion facile, en particulier dans la communauté de travail concentrée en un lieu (communauté d'atelier),

d) seulement lorsque des chefs proposent des buts faciles à comprendre, qui sont, en règle générale, imposés ou interprétés par des individus n'appartenant pas à la classe (intellectuels).

§ 3. *Condition (situation de rang), ordres.*

Nous appelons « condition » [*ständische Lage*] un privilège positif ou négatif de *considération* sociale revendiqué de façon efficace, fondé sur :

a) le mode de vie, par conséquent

b) le type d'instruction formelle, [articulé en] *préceptes* (α) empiriques ou (β) rationnels, et la possession des formes de vie correspondantes,

c) le prestige de la naissance ou le prestige de la profession. En pratique, la condition s'exprime avant tout par :

α) le *connubium*,

β) la commensalité, éventuellement

γ) souvent, l'appropriation monopolistique de chances privilégiées de profit ou l'aversion pour certains genres de profit,

[180] δ) des conventions (« traditions ») autres, liées à la condition.

La condition peut reposer sur une situation de classe certaine ou équivoque. Mais elle n'est pas déterminée par elle seule : la possession de l'argent et la situation d'entrepreneur ne qualifient pas *en elles-mêmes* la condition, bien qu'elles puissent y conduire ; le défaut de fortune n'est pas une disqualification *en lui-même*, bien qu'il puisse y conduire. D'autre part, une condition peut codéterminer une situation de classe ou la déterminer seule, sans pour autant s'y identifier. La situation de classe d'un officier, d'un fonctionnaire, d'un étudiant, déterminée par leur fortune, peut être extrêmement différente sans que se différencie leur condition, puisque le mode de vie créé par l'éducation est le même eu égard aux éléments qui décident de la condition de quelqu'un.

Nous appelons « ordre » [*Stand*] une pluralité d'individus qui, au sein d'un groupement, revendiquent efficacement *a)* une considération particulière – éventuellement aussi *b)* un monopole particulier à leur condition.

Des ordres peuvent naître :

a) premièrement, d'un mode de vie propre, en particulier, du genre de *profession* (ordres fondés sur le mode de vie ou la profession),

b) deuxièmement, d'un charisme héréditaire, de la revendication de prestige acceptée, en vertu de l'origine sociale (ordres fondés sur la naissance),

c) de l'appropriation monopolistique des pouvoirs politiques ou hiérocratiques (ordres politiques ou hiérocratiques).

Le développement d'un ordre fondé sur la naissance [*geburtsständisch*], est en règle générale, une forme d'appropriation (héréditaire) des privilèges par un groupement ou un individu qualifié. Toute appropriation stable des chances, en particulier des chances de commander, conduit à la formation d'ordres [*Ständebildung*]. Toute formation d'ordres incline à l'appropriation monopolistique des pouvoirs de commandement et des chances d'acquisition.

Alors que les classes de production croissent sur le terrain de l'économie orientée par le marché, des ordres [*Stand*] surgissent et se forment de préférence à partir de la couverture monopolistique, par certains groupements, des besoins de caractère patrimonial, que celle-ci soit liturgique [*leiturgisch*], féodale, ou liée à une condition sociale. Nous appelons « société d'ordres », une société qui s'articule sur le clivage des ordres ; « société de classes », une société qui s'articule de préférence autour du clivage des classes. La « classe sociale » est la classe la plus proche de l' « ordre », la « classe de production », la plus éloignée. Le noyau des ordres est souvent constitué par les « classes de possession ».

Toute société d'ordres est organisée *conventionnellement* par les règles du mode de vie ; elle crée par là des conditions de consommation économiquement irrationnelles et entrave de cette manière la libre formation du marché par des appropriations monopolistiques et par l'élimination de la libre disposition des capacités de profit propres. Nous en reparlerons plus loin.

ANNEXE

Ordres guerriers [a][A].

[181] I. *Charismatiques* :

1. La *clientèle*. Engagée en règle générale par un pacte de fidélité particulier avec le maître.

Ainsi la *trustis mérovingienne* (les « *antrustiones* * » qui in

---

a. Les pages suivantes représentent évidemment l'ébauche – inachevée – d'une casuistique de la formation des ordres. Nous avons ajouté ici, pour illustrer une suite possible, les deux esquisses, [A]-[B], qui se trouvaient dans les œuvres posthumes *truste dominica* [*sunt*] ** selon la loi salique dans sa version la plus ancienne) par le serment de fidélité avec les armes : suite militaire à cheval destinée à la défense (de là s'explique le nom, *adjutorium*, en allemand vraisemblablement *Degen*). Imitation peut-être des *scholae* *** byzantines (voir ci-dessous).

Privilèges : *a*) triple *Wergelt*. A l'origine, les Francs libres, les Romains. Les esclaves étaient dans la *trustis* ; plus tard seulement les hommes libres ; *b*) juridiction particulière (*Lex sal.* 106) ; *c*) amende en cas de témoignage contre un compagnon ; *d*) entretien à la table du seigneur *ou* – plus tard – par des concessions particulières données en fief ; *e*) participation au conseil du seigneur ; *f*) emploi préférentiel dans les affaires de service importantes et dans le service domestique.

2. La *trustis* a disparu au VIIIe siècle. Les gens de la suite carolingienne s'appelaient *satillites, milites, viri militares*, en partie vassaux libres, en partie *ministeriales*. Les *consiliarii* sont en partie des fonctionnaires de cour, en partie des notables extérieurs.

L'entrée dans la *trustis* dépendait dans une large mesure de l'*éducation* liée à la condition sociale et reçue à la cour ; pour cette raison, les propriétaires y envoyèrent de plus en plus leurs enfants.

II. *Traditionnels :*

1. Les serfs *au service* du roi : *pueri regis* ou *p. aulici* (vraisemblablement aussi les *Adelschalke* **** en Bavière), parfois les *antrustiones*. Et les *non-libres* : d'où double *Litenwergelt*.

2. Les non-libres *in horte*, les colons, les esclaves, les *ministeriales* armés militairement. En cas de professionnalisme ils s'appellent *honorati*, ont le droit des armes et la capacité de recevoir des *beneficia*.

III. *Féodaux :*

Vassaux libres du roi ; investiture avec armes par un contrat libre, pouvoirs politiques seigneuriaux, terre ou rentes reçus d'abord en usufruit en échange de la commande, du vœu de fidélité et de l'obéissance garantie par l'*honneur* de l'ordre.

Qualification d'ordre, mode de vie chevaleresque et formation militaire de cour. Cette condition préalable est initialement issue, par la différenciation des *milites* et des ministériaux du seigneur, surtout des *vassen* libres (concept celtique). Originellement, ordre professionnel et ordre [*Stand*] déterminé par le mode de relation avec le seigneur.

Inversement, avec l'appropriation des fiefs : qualification selon le charisme *héréditaire* par la vie chevaleresque des *ascendants* pour l'élévation aux fiefs.

Ordres guerriers [B].

A. *Hommes libres* [*Gemeinfreie*] :

1. Les *compagnons* de guerre charismatiques : groupement de la *maison des hommes*. Admission après examen d'ascèse héroïque et noviciat par l'initiation des jeunes hommes.

S'y opposent : 1° les enfants, 2° les vieillards, 3° les femmes, auxquels s'ajoutent tous ceux qui ne sont pas passé par l'initiation virile.

Mode de vie : sans famille dans le communisme domestique de la maison des hommes, par le butin, la chasse et la fourniture d'aliments par les économies dépendantes (femmes).

Privilèges d'ordre : « écurie [de course] », tenue des armes, travail par outils, participation [182] à l'équipage de chasse et aux razzias, prérogatives d'aliments (rôtis), participation aux orgies guerrières (cannibalisme) et au culte de la guerre, droit au tribut, disposition de la terre et des esclaves, aussi bien que certains types d'élevage.

Parfois développement de clubs secrets avec le monopole du contrôle (camorristique) des marchandises et de la sécurité. A la fin de la période de maturation : sortie de la maison des hommes, entrée dans la famille (« temps d'armée territoriale »). Une fois passé le temps d'aptitude à la milice : retraite, mise à mort ou, inversement, respectabilité comme connaisseur de la tradition magique.

2. Les *compagnons* de guerre traditionnels appropriés.

Opposition : 1° entre ordres guerriers privilégiés négativement : serfs (*Liten*, colons) et esclaves, 2° ordres guerriers privilégiés positivement.

L'homme libre est totalement *astreint* aux armes et – vis-à-vis des privilégiés négativement – le seul à avoir *qualité pour porter* les armes. Il fournit ses armes lui-même (auto-équipement) et doit, par conséquent, pour en être capable, être à l'origine suffisamment doté en propriété *foncière* propre.

Privilèges d'ordre : liberté de choisir son domicile, franchise de l'impôt, capacité de plein droit foncier, participation à la communauté judiciaire, acclamation au couronnement du prince. [...]

NOTES DE L'ÉDITEUR

1.

* [p. 135] *Vulgärrömisch*, cf. Max Weber, *Gesammelte Aufsätze zur Sozial- und Wirtschaftsgeschichte*, pp. 325, 337 n.

* [p. 136] *In quo potuerit*, cf. Max Weber, *op. cit.*, p. 58, et *Wirtschaftsgeschichte*, p. 208.

* [p. 185] *Dreschgärtner*, cf. Max Weber, « Die Verhältnisse der Landarbeiter im ostelbischen Deutschland », in *Schriften des Vereins für Sozialpolitik*, LV (1892), en particulier p. 495.

* [p. 187] *Beunden*, terrains communaux exclus de l'utilisation générale au profit du seigneur ; cf. SCHRÖDER-VON KÜNSSBERG, *Lehrbuch der deutschen Rechtsgeschichte*[7] (1932), p. 461.

* [p. 340]*Kayasth*, cf. Max Weber, *Gesammelte Aufsätze zur Religionssoziologie*, II, pp. 75 sq.

** [p. 340] Wang An-shi, cf. Weber, *op. cit.*, I, pp. 363 sq.

⁎ [p. 341] Che Houang-ti, cf. Weber, *op. cit.*, I, pp. 326 sq.

* [p. 342] *Buke*, noblesse guerrière. Cf. KOHLER-WENGER, « Allgemeine Rechtsgeschichte », in *Kultur der Gegenwart*, éd. par Paul Hinneberg, IIᵉ section, VII/1(1914) ; Karl RATHGEN, « Japans Volkswirtschaft und Staatshaushalt », in *Staats- und sozialwissenschaftliche Forschungen*, X/4 (1891), pp. 27, 32.

** [p. 342] *Kokudaka*, cf. Weber, *op. cit.*, II, p. 298 ; Karl RATHGEN, *op. cit.*, pp. 29, 32 sq.

* [p. 343] *Zamindar* et *Talukdar*, cf. Max Weber, *op. cit.*, II, p. 75 ; KOHLER-WENGER, *op. cit.*, p. 119.

* [p. 344] Le *klèros* est mis en valeur par des esclaves. Cf. Max Weber, *Gesammelte Aufsätze zur Sozial- und Wirtschaftsgeschichte*, p. 112.

* [p. 368] *Bakufu*, cf. Max Weber, *Wirtschaftsgeschichte*, p. 69 ; Karl RATHGEN, « *Japans Volkswirtschaft* », pp. 28, 42 sq.

* [p. 371] Sur ces raisons, cf. Max Weber, « Parlament und Regierung im neugeordneten Deutschland (1918) », in *Gesammelte politische Schriften*, pp. 168, 186.

* [p. 398] *Antrustiones*, cf. Andreas HEUSLER, *Deutsche Verfassungsgeschichte*, 1905.

** [p. 398] *In truste dominica*, cf. HEUSLER, *op. cit.*

*** [p. 398] *Scholae* : il doit s'agir des *scholae palatinae* byzantines.

**** [p. 398] *Adelschalke*, cf. Richard SCHRÖDER, *Lehrbuch der deutschen Rechtsgeschichte*[5] (1907), p. 229, n. 22.

OUVRAGES CITÉS
PAR MAX WEBER

BECKER (Carl Heinrich), *Islamstudien* (Leipzig, 1924), t. I [tome II paru en 1932).

BELOW (Georg von), *Der deutsche Staat des Mittelalters* (Leipzig, 1914) [2ᵉ éd. 1925].

– *Territorium und Stadt* (München/Leipzig, 1900) [2ᵉ éd. 1923].

BÖHM-BAWERK (Ernst von), *Rechte und Verhältnisse vom Standpunkt der volkswirtschaftlichen Güterlehre* (Innsbrück, 1881).

BÜCHER (Karl), art. « Gewerbe » in *Handwörterbuch der Staatswissenschaft*.

– *Die Entstehung der Volkswirtschaft³* (Tübingen, 1901).

CABET (Étienne), *Voyage en Icarie* (Paris, 1840).

CHANTEPIE DE LA SAUSSAYE (Pierre-Daniel), BERTHOLLET, LEHMANN, *Lehrbuch der Religionsgeschichte⁴* (Tübingen, 1925) [*Manuel d'histoire des religions* (Paris, 1904)].

« Der Aufbau der Gemeinwirtschaft », *Denkschrift des Reichswirtschaftsministerium*, 7 mai 1919.

ECKHART (Maître), *Meister Eckeharts Schriften und Predigten... herausgegeben von Herrmann Büttner*, (Jena, 1909).

ESCHERICH (Karl), *Die Termiten oder weißen Ameisen* (1909).

FICHTE (Johann Gottlieb), *Der geschlossene Handelstaat* (Tübingen, 1800).

FRANK (Karl), *Studien zur babylonischen Religion* (Straßburg, 1911).

GOTTL-OTTLILIENFELD (Friedrich von), *Die Herrschaft des Wortes* (Jena, 1901).

– *Grundriß der Sozialökonomik*, II Abt. (Tübingen, 1914) [2ᵉ éd. 1923].

GUMMERUS (Hermann), « Der römische Gutsbetrieb als wirtschaftlicher Organismus », *Klio*, I (Leipzig, 1906), suppl. 5.

GUTTMANN (Julius), « Die Juden und das Wirtschaftsleben », *Archiv für Sozialwissenschaft und Sozialpolitik*, XXXVI (Tübingen, 1913).

HALLER (Karl Ludwig von), *Restauration der Staatswissenschaft*[2] (Winterthür, 1820-1834), 6 vol.

HASBACH (Wilhelm), *Die parlamentarische Kabinettsregierung* (Leipzig, 1919).

HELLPACH (Willy), *Grundlinien zu einer Psychologie der Hysterie* (Leipzig, 1904).

HOLL (Karl), *Enthusiasmus und Bußgevalt beim griechischen Mönchtum* (Leipzig, 1898).

IHERING (Rudolf von), *Der Zweck im Recht* (Leipzig, 1877-1883), 2 vol. [éd. populaire, 2 vol., 1904-1905].

JASPERS (Karl), *Allgemeine Psychopathologie*[1] (Berlin, 1913) [*Psychopathologie générale* (Paris, 1923)].

KNAPP (Georg Friedrich), *Staatliche Theorie des Geldes* (Leipzig, 1905) [4e éd. 1923].

LIEFMANN (Robert), *Grundsätze der Volkswirtschaftslehre* (Stuttgart, 1917), 2 vol. [3e éd. 1923].

MARX (Karl), *Misère de la philosophie. Réponse à la Philosophie de la misère de Proudhon* (Bruxelles, 1847).

– *Das Kapital*, I (Hamburg, 1867), II (Hamburg, 1885), III (Hamburg, 1894).

MISES (Ludwig von), « Die Wirtschaftsrechnung im sozialistischen Gemeinwesen », *Archiv für Sozialwissenschaft und Sozialpolitik*, XLVII (Tübingen, 1920).

– *Die Gemeinwirtschaft*[2] (Jena, 1932).

– *Theorie des Geldes und der Umlaufsmittel* (München/Leipzig, 1912) [2e éd. 1924].

MOMMSEN (Theodor), *Abriß der römischen Staatsrechts* (Leipzig, 1893) [2e éd. 1907].

NEURATH (Otto), *Vollsozialisierung. Von der nächsten und übernächsten Zukunft* [*Deutsche Gemeinwirtschaft*, vol. 15] (Jena, 1920).

– *Antike Wirtschaftsgeschichte* (Leipzig, 1909) [2e éd. 1918], et les autres ouvrages du même auteur.

NIETZSCHE (Friedrich), *Zur Genealogie der Moral* (1887).

OERTMANN (Paul), *Rechtsregelung und Verkehrssitte* (Leipzig, 1914).

OLDENBERG (Hermann), *Die Religion des Veda* (Berlin, 1894) [*La religion du Véda* (Paris, 1903)].

PLENGE (Johann), *Von der Diskontpolitik zur Herrschaft über den Geldmarkt* (Berlin, 1913).

RANKE (Leopold von), *Geschichte der romanischen und germanischen Völker von 1494 bis 1535* (Berlin, 1824), t. I.

RICKERT (Heinrich), *Die Grenzen der naturwissenschaftlichen Begriffsbildung*[2] (Tübingen, 1913).

404

Rohde (Erwin), *Psyche, Seelenkult und Unsterblichkeitsglaube der Griechen* (Freiburg in Brisgau, 1890-1894), 2 vol. [*Psyché, le culte de l'âme chez les Grecs et leur croyance à l'immortalité* (Paris, 1928)].

Schäffle (Albert), *Bau und Leben des sozialen Körpers*[2] (Tübingen, 1896), 2 vol.

Schmoller (Gustav), *Grundriß der allgemeinen Volkswirtschaftslehre* (Leipzig, 1900-1904), 2 vol.

Schnönberg (Gustav Friedrich von), *Die Volkswirtschaftslehre* (Berlin, 1873).

Schurtz (Heinrich), *Grundriß einer Entstehungsgeschichte des Geldes* (Weimar, 1898) [d'abord publié in *Deutsche geographische Blätter*, XX (1897)].

– *Alterklassen und Männerbünde* (Berlin, 1902).

Simmel (Georg), *Die Probleme der Geschichtsphilosophie* (Leipzig, 1892) [2e éd. 1905].

– *Philosophie des Geldes* (Leipzig, 1900).

– *Soziologie, Untersuchungen über die Formen der Vergesellschaftung* (München/Leipzig, 1908).

– *Einleitung in die Moralwissenschaft, eine Kritik der ethischen Grundbegriffe* (Berlin, 1892-1893), 2 vol.

Sohm (Rudolf), *Kirchenrecht*, I (Leipzig, 1892).

Sombart (Werner), *Die römische Campagna* (Leipzig, 1888).

– *Der moderne Kapitalismus* (Leipzig, 1902), 2 vol.

– *Das Proletariat* (Frankfurt am Main, 1906).

– *Die Juden und das Wirtschaftsleben* (München und Leipzig, 1911) [*Les juifs et la vie économique* (Paris, 1923)].

Der Bourgeois (München und Leipzig, 1913) [*Le bourgeois, contribution à l'histoire morale et intellectuelle de l'homme économique moderne* (Paris, 1926)].

Stammler (Rudolf), *Wirtschaft und Recht nach materialistischer Geschichtsauffassung* (Leipzig, 1896) [2e éd. 1906].

Tönnies (Ferdinand Julius), *Gemeinschaft und Gesellschaft* (Leipzig, 1887) [*Communauté et société* (Paris, 1944)].

– *Die Sitte* (Frankfurt a. M., 1909).

Troeltsch (Ernst), *Die Soziallehren der christlichen Kirchen und Gruppen* (Tübingen, 1912).

– « Das stoisch-christliche Naturrecht und das moderne profane Naturrecht » (1911), *Aufsätze zur Geistesgeschichte und Religionssoziologie* (Tübingen, 1924).

Tugan-Baranowskij (Michail von), *Geschichte der russischen Fabrik* (Berlin, 1900).

Usener (Hermann), *Götternamen. Versuch einer Lehre von der religiösen Begriffsbildung* (Bonn, 1896) [2e éd. 1929].

WEIGELIN (Ernst), *Sitte, Recht und Moral* (Berlin/Leipzig, 1919).

WISSEL (Rudolf) et MOELLENDORF (Wichard von), *Wirtschaftliche Selbstverwaltung. Zwei Kundgebungen des Reichswirtschaftsministeriums* [publié par Erich Schairer in *Deutsche Gemeinwirtschaft* (1919)].

WITTICH (Werner), « Deutsche und französische Kultur im Elsaß », *Illustrierte Elsäßische Rundschau* (Straßburg, 1900).

TABLE DES MATIÈRES

Tome 1

LES CATÉGORIES DE LA SOCIOLOGIE

CHAP. II. – *Les catégories sociologiques fondamentales de l'économique*

Achevé d'imprimer en novembre 1998
sur les presses de l'Imprimerie Bussière
à Saint-Amand (Cher)

POCKET - 12, avenue d'Italie - 75627 Paris Cedex 13
Tél. : 01-44-16-05-00

— N° d'imp. 2553. —
Dépôt légal : septembre 1995.

Imprimé en France

Composition PCA : groupe d'Etudes Nord « 7, rue Paul Vaillant
14. 01-44-11-05-01

— N° d'imp. 8535. —
Dépôt légal : septembre 1993.
Imprimé en France